爱与勇气
印度思想家斯瓦米·辨喜传

【印】斯瓦米·尼基拉南达（Swami Nikhilananda）/著

闻 中/译

上海社会科学院出版社

[印]斯瓦米·尼基拉南达(Swami Nikhilananda，1895—1973)

辨喜是我的精神导师。

——[印]室利·奥罗宾多·高士(Sri Aurobindo Ghose)

他的这些话语,就是最伟大的音乐,是贝多芬风格的乐句,是亨德尔风格的进行曲,拥有激情昂扬、排山倒海一般的恢宏气势。这些文字,明明是散落在30年前的旧书页中,而在触碰它们时,我依然无法不浑身颤抖,如遭电击。当这些炽热滚烫的话语从这位精神界的英雄之唇间一一吐露出来时,那该是怎样的一种大震撼,大感动啊!

——[法]罗曼·罗兰(Romain Rolland)

辨喜是在人类第一次基督宗教与东方宗教正式相会的大会上最具精神权威性的人物,他超越自己的时代太远了,他所要寻找的是东西方宗教间的和谐,而不是到那时为止的冲突和对立。

——[德]汉斯·昆(Hans Küng)

作者斯瓦米·尼基拉南达　　　作者斯瓦米·尼基拉南达

出版者说明

近些年来,喜马拉雅山幻住庵中的不二论道院(Advaita Ashrama)陆陆续续出版了一些辨喜尊者的传记。比如,由尊者的东西方弟子合力撰述、规模宏大的《辨喜尊者大传》(*The Life of Swami Vivekananda*, Vol. I, Vol. II),也有像斯瓦米·特嘉桑南达(Swami Tejasananda)所著的《辨喜尊者小传》(*A Short Life of Swami Vivekananda*)。当然,还有著名的法国作家罗曼·罗兰所写的那本对辨喜的人生与思想进行深入研究的杰作:《圣者辨喜的生平与普遍真理》(*The Life of Vivekananda and the Universal Gospel*,简称《辨喜传》)[①]。然而,我们出版社认为,即便如此,出版一部篇幅中等的辨喜传记也是必要的。而眼下的这一个版本,就是合乎此一目的之理想著作。这是一位著名印度学者对辨喜生平的精湛描述。对于所有希望研究辨喜思想,而又不想错过其生平风起云涌的重要事迹的读者来说,这是一本值得郑重推荐的书。它最初是在纽约的"罗摩克里希纳-辨喜中心"出版问世;现在,它又以全新的面目在印度改版,在我们不二论道院出版社推出。本书文辞典丽,篇幅适中,价格又十分适宜,我们相信,它也一定会得到广大印度读者的喜爱与肯定。

印度不二论道院出版社
1964 年 11 月

[①] 此书已经在汉语学界问世,于 2023 年由广西师范大学出版社推出,名为《辨喜传》,纳入"梵澄译丛"系列之一,译者是朱彩虹博士。译者注。

中译者前言

一

在近代人类的思想或学术史上,我们常常知道有所谓的"西学东渐",而未必清楚"东学西渐",尤其是获"东学西渐"之极大成功的印度学代表,即辨喜尊者(Swami Vivekananda)云游弘道的西行历程。而隔着100多年的河岸,我们更不清楚他曾在世界上所创下的浩大功业。

然而,诚如印度著名的哲学家室利·奥罗宾多·高士所云:

> 辨喜在人类历史上的出现,标志着拥有圣雄之灵的大师,他注定会把世界放在自己的双手之间,改变了它的整体面貌与进程;辨喜是印度于世界面前苏醒的第一个可见的迹象,此一迹象显然不仅仅是为了印度国家的存活,更是印度精神于时代的获胜。

"存活"是关乎自身的,"获胜"则是关乎世界的。作为近代罕见的精神界之一流豪杰,辨喜凭其一人之力,居然重振印度精神,重振人类文明中最古老的吠陀(Veda)宗教。而且,作为先知式人物,在全球化的初期,借着1893年于美国芝加哥召开的人类首届"世界宗教议会"(The Parliament of Religions)的一席发言,一举成为那个时代最为辉煌的人物之一。当代宗教对话的领军人物、德国学者汉斯·昆曾带着满腔的敬意承认:

辨喜是在人类第一次基督宗教与东方宗教正式相遇的大会上，最具有精神权威性的人物，他超越自己的时代太远了，他所要寻找的是东西方宗教间的和谐，而不是到那时为止的冲突和对立。

虽然，辨喜不到 40 岁就英年早逝，但其罕见的智慧、深宏的学养与杰出的事功，以其雷霆闪电一般的雄辩和温柔和平的大慈悲力，在短短十来年岁月的四方走动之间，于世界产生了极强劲的印度文明之冲击波。这种影响目前不但在延续，而且"潮水"还在高涨。至于他当初在世界各个地方建立的罗摩克里希纳传道会，至今还是世界上规模最大、历史最久、威望最高的印度文化与思想传播机构。

二

不管是谁，只要稍稍涉足人类文明的整体进程，或者是观察过文化河流的兴衰与起伏，他多多少少会感觉到最近 100 多年来，印度文明的巨大身影，已经成了此时代的一个重要的精神背景。而这一切，若是真要追溯的话，还不得不追溯至辨喜尊者那里。

东方文明对世界的影响，其实还有很多的案例可稽，比如古典时期的波斯文化、印度的佛教文化、中东的基督教文明，以及后来以阿拉伯世界为主导的伊斯兰宗教的传播，都曾造成过经久不衰的全球性冲击，并不同程度地刷新了世界文明的面貌。但是，其中除佛教文化的传播属于标准的印度人所缔造的和平声音外，余者几乎伴有战争与杀戮。盖以文化或宗教的改宗为目的的性灵思潮，给世界带来新思想、新宗教的同时，不免造成了巨大的不安与对抗。而近代以来，就精神的强劲与和平而论，当数辨喜所带来的这一次崭新的吠檀多运动最为有力，他在新大陆是这样开篇的：

美国的姐妹们、美国的兄弟们……我所皈依的宗教教导世人要容忍和普遍地接受其他事物，对此我引以为荣。我们不仅相信普遍宽容，而且接纳所有的宗教都是真实的……我来，不是为了让你们接受新的信仰……我是要你们保持原来的信仰，我要让循理会信徒成为更好的循理会信徒，长老会教友成为更好的长老会教友，唯一神教派的教徒能够成为更好的唯一神教派的教徒。我要教会你们活出自己的真理，要启示你们内在的灵魂之光。

这种万物并育、诸道不悖而共在的理性声音，于宗教史而论，我们还真是久违了。它其实是直接呼应了2 400多年前的佛陀精神和1 900多年前的耶稣精神。在印度本土实践这种和平精神之最伟大的代表，则应该是孔雀王朝的皇帝阿育王（Ashoka），他在皈依佛教之后，曾于天竺四境立下了著名的阿育王石柱，其铭文曰：

不要诋毁别的宗教，不要无故蔑视他者，恰恰相反，应将理所应当的荣耀赋予他者。只有这样做了，你自己的宗教才会得到帮助，他人的宗教也均沾利益。否则，在伤害他人宗教的同时，你必定毁掉自己。

如今，时隔2 000多年后，这种声音又被辨喜重新说出，令时人耳目一新，倍感振奋。他进而提出了"普遍性宗教"（Universal Religion）的概念。这一概念于今日的全球化时代，价值尤其重大。其实，这也应当属于自古以来人类文明当中最有意义的灵性精神了，比如以东方文化为代表，在佛教里，此所谓一室多灯，光光相涉而不相碍；在中国文化中，则被说成"辟如天地之无不持载，无不覆帱；辟如四时之错行，如日月之代明。万物并育而不相害，道并行而不相悖……"

三

我们再缩小一下范围，即退一步讲，就印度文明本身对世界的影响而言，若仅是以西方世界的拿来主义者为例，比如英国东印度公司入驻印度，随后有威廉·琼斯爵士（Sir William Jones）在加尔各答的公园街所创立的"亚洲学会"（Asiatic Society），以及其著名会刊《亚洲研究》（Asiatic Researches）等学术活动作为文明对话与相熏的证据，这似乎又会过于孟浪、过于轻率。

彼种研究与探讨，毕竟属于西人之茶余雅兴，而非东方的真精神、真思想的传达。因为文明与文明的彼此影响，除有最基本的平等与沟通的立场之外，至少，尚需满足两个条件：第一，最好有该文明的真实代表在场；第二，其文明的精神，得依靠这类具备资格的代表，主动地并且自愿地加以传递与弘扬。这才会有真实的建构，没有此种文化精英层面的参与及互动，一切看似有形的存在，最后都会风流云散、化作虚无。而辨喜在西方世界缔造的功业，完全符合此种建构性条件，而且，最后证明这一次的东学西渐极为成功。

辨喜作为一代杰出的印度圣者，原本是真实的印度教的托钵僧，他安心恬荡，栖志浮云，曾长期漫游在五天竺（指古印度）的群山密林深处，彻底无意于尘世生涯的种种物质或令名的追求。

笔者曾朝觐过喜马拉雅山中部的阿莫拉著名的洞穴（Kasar Devi Cave），找到了辨喜当年打坐的那个洞穴。这是一个中空的怪石，嶙峋异常，里面仅可容身一人。据说，辨喜在这里曾达到了极高的性灵境界。他的东西方弟子后来记载道，其中有三天三夜，辨喜几乎全在那种深度的禅定当中。现在，边上有一个金属做的

示意牌,说明了尊者当年的修行境界,以及后来之所以远走欧美的缘由,足以见出其入世的一颗伟大悲心:

> 正是在此峰此洞,孤耸云天,辨喜进行巅峰的精神修炼,极为严酷,时在1890年的9月。他的性灵层次越来越高涨,有极强烈的精神启示,他的脸上闪耀着神圣的光芒,如同火焰在照射。但是,当他到达精神体验的顶峰时,他感到了一种巨大的冲动,想要为受苦受难的人类服务。于是,他从个人的性灵喜乐当中走了出来,准备为这个世界工作。

以印度为代表的东方世界与以美国为代表的西方世界,皆有各自的长处,也有各自的短板。比如,前者的颓于行动与后者的流于物质,都是一种人道的偏途,要让前者成为世界灵性之宝库,助益后者,才能凸显民族救亡之资格,并将力量的本质孕育于每个人心中的阿特曼(Atman,指灵魂),通过行动扫除摩耶、驱除幻觉。于是,命运使然,辨喜尊者悟得此一精髓,最后违背国家禁令,远渡重洋,抵达了西方文明最前沿的城市,传播印度最精深的吠檀多哲学与瑜伽思想,把民族的宗教变为世界性的宗教,并与无数的西方精英有了正面的切磋与较量,遂惊为天人,遽获巨大的成功。一个托钵化缘的僧人,瞬间成了一个光芒万丈的存在,开始于东西方两个世界之间奔走。

他的导师室利·罗摩克里希纳在世时,曾希望他成为一棵可以给千万人带来阴凉的大菩提树,而不是一个专注于个人解脱的山林隐士。这就是辨喜接下来一直到离世前的全部生活状态。他10年的工作,奔走东西,卓有成效,末后,便带来20世纪波澜壮阔的神秘思想之于文明世界的再度卷起,点燃西方社会持续升温的"东方热",诱发了一批又一批的西方人不辞倦怠、万里横穿来到印度恒河边的贝鲁尔道院(Belur Math)朝圣。

简言之,辨喜尊者影响之巨,几乎遍及群侪,印度本土的泰戈尔父子两代人向他致敬;室利·奥罗宾多·高士因在狱中,因得其启示,而终至人生面目的全盘改写;甘地则以未能向他成功朝圣而抱憾终生;同时,作为全球化时代早期的豪杰,他影响了列夫·托尔斯泰、威廉·詹姆斯、麦克斯·缪勒、罗曼·罗兰、亨利·柏格森、阿诺德·汤因比等人。所以,他确实是罕见的,他跋涉过东西方文明凝定于心灵内在的高度与深度,"吸尽西江水""独坐大雄峰";他领悟了梵学之枢机秘义,一朝敷布,如轮之毂,上下四方无不通达,实发大光芒、立大功业之一代巨子也。

也唯有这样的世外高人,他们曾真实地立在喜马拉雅山雄峻峰峦的至高处,呼吸过人间稀薄的空气,内心闪耀着恒定的宁静光辉。唯此等人,才有可能拥有真实的非执着之行动力,超越于诸种世俗的名缰利锁,为时代创造出生气勃勃的新福音。

其实,福音从来不是静止的,正如创世不是静止的一样,它们唯在有大能力的人的手掌中才会不断地生成。而辨喜就是这样的人。他如此浩大的功业首先是在美国展开的,后来波及欧洲,最后席卷整个文明世界,而其最初的著作,亦得益于他众多的英美诸国的弟子笔录手写,里面最重要的,也将会在我们编辑的"瑜伽哲学经典""瑜伽文库""梵澄译丛"等丛书中,分别由商务印书馆、四川人民出版社、广西师范大学出版社等陆续推出。

四

作为 19 世纪末叶的重要人物,又是近代印度精神抵达西方世界的第一位东方文化信使,辨喜的演讲为世界无数人提供了一条入世与出世并行不悖的重要路径。该路径强调行动的吠檀多与精神意义的不二论主义,强调了人世的实践价值,"用雄健的身姿涉世,以宁静的心灵超世",按照印度的圣典《薄伽梵歌》(*Bhagavad Gita*)中室利·克里希纳(Krishna)在俱卢之野(Kurukshetra)的战场上传递给英雄阿周那的无执之道,进入繁复庞杂的人间之日常生活,将人类的世俗情感升华为神圣之挚爱,参之以不二论的智慧,从而抵达性灵境界的完美。他也借此行动之道,即行动瑜伽的精蕴,沟通了东西方两个半球睽违已久的宗教。

在辨喜区区40年不到的短暂生命中,他给世界留下了大量的讲话、书信与诗歌,还有门徒记录的各种各样的笔记稿、日记稿等,最后形成了皇皇九卷本的英文著作。他在欧美弘道的时候,与西方世界的著名人物,比如思想家、科学家与艺术家的对话,大多数已散佚了,唯有少数被整理成册。这些书籍与辨喜本人的著作一样,目前已大部分被译成了各种语言。他对亚洲文明力量的充分自信,不但鼓舞了印度的自立自强,成为"近代印度的民族之父",也使他一举成了东方文明的杰出代表,令后人高山仰止。

他在宗教信仰上,着重强调的是,信仰当以人为本,而非人以信仰为本。就像许多真正的觉悟者那样,他肯定了这一重点:真正的信仰是为人类服务,而非人类背上了信仰的枷锁,弃绝了人道的生涯。

目前,关于辨喜的著作,我们曾先后翻译出版了《行动瑜伽》《胜王瑜伽》《千岛语录》《瑜伽:活在源头的秘义》等,《从科伦坡到阿莫拉》《智慧瑜伽》《奉爱瑜伽》等著作也在陆续地完成校译与修改之中,作为更全面一点的了解,也许,我们将来还应该出版他的《书信集》与《诗歌集》等。

关于辨喜的生平传记,我们知道世界上已有许多不朽之作,尤其是由他的东西方门徒所编撰而成的厚厚两卷《辨喜尊者大传》(*The Life of Swami Vivekananda*),以及他最重要的门徒尼薇迪塔修女(Margarat E. Noble，亦称为 Sister Nivedita)的第一手切近观察之作《我眼中的辨喜大师》(*The Master as I Saw Him*)。而在众多涉及辨喜生平的著作之中，法国作家罗曼·罗兰的《辨喜传》特别引人注目。此著作在云南大学朱彩虹博士与广西师范大学出版社旗下的"纯粹"品牌努力之下，以极精美而素雅的面容，在汉语学界问世了。这是相当权威的一本传记，罗曼·罗兰用一种雄浑跌宕、摇曳生姿之笔触，以云端之高昂、水渊之深默、长天阔地之大襟怀、文字世界之气象万千，还从人类宗教与性灵的本质入手，将印度精神跟西方精神做了一个深度的学理会通，堪称大家手笔。

罗曼·罗兰自身拥有一种理性与超理性的双重体证。从灵光闪现的少年时代，再到青年期的意义危机，后来，在他人生的中年阶段，于战争年代因反战而被自己的祖国孤立，跟整个时代的喧嚣声对抗，十分顽强而孤绝，所以，他深深懂得人世永恒的孤独情滋味，故对人类世界寂寞至极的圣贤英雄之赞美与歌唱，也纯是发乎内心的一份恳切。就此，他写出了一部部神光熠熠的伟人传。其中，"受难"的概念，便是罗曼·罗兰人生哲学的起点，在这上面，他是要筑起一座强固的人道寓所，中国诗人徐志摩曾经悟到了这一层，不由得在他的文章中如是写来[①]：

> 人生原是与苦俱来的；我们来做人的名分不是诅咒人生因为它给我们苦痛，我们正应在苦痛中学习，修养，觉悟，在苦痛中发现我们内蕴的宝藏，在苦痛中领会人生的真谛。英雄，罗兰最崇拜加密伦朗其罗与贝德芬一类的人道英雄，不是别的，只是伟大的耐苦者，那些不朽的艺术家，谁不曾

---

① 徐志摩：《徐志摩文集》，海天出版社 2000 年版，第 318—319 页。编者注。

在苦痛中实现生命,实现艺术,实现宗教,实现一切的奥义?自己是个深感苦痛者,他推致他的同情给世上所有的受苦痛者;在他这受苦,这耐苦,是一种伟大,比事业的伟大更深沉的伟大。他要寻求的是地面上感悲哀感孤独的灵魂。

罗曼·罗兰写传记,是在刻画一个崇高人格、刻画一个带有神性光辉的人,那容易让书写者与阅读者都面临一种匍匐样式的崇拜。显然,罗曼·罗兰不是这样的作家,他与传主往往处于平等的席位分庭抗礼,常常于文本中直接展开一些叩问与质疑,而且,他还毫不退缩地一层一层地叩问进去,直到把传主的真实生命呈现出来。

近几百年中,能够将英雄与圣贤的传记写到这个分儿上,是很罕见的。罗曼·罗兰直追古罗马帝国时代的大传记家普鲁塔克和中国西汉时代为思想家、游侠与刺客列风雷之传的司马迁。所以,罗曼·罗兰写的印度三贤——甘地、罗摩克里希纳与辨喜——的传记对西方读者这样说:"我将这一颗新秋的果实,这一脉新性灵的讯息带到欧洲来,这是一首印度的交响乐。"这是值得向众人推荐的传记类杰作,尤其是《辨喜传》——因辨喜是三人之中性格最复杂、遭遇最酷烈,对人类的精神影响也是最为深刻的,峻烈高耸,犹如被四种灵魂之风吹打的悬崖峭壁。故需要吾人深读之,三复斯言,或许能够斩获"肠千结兮服膺",终于释然。

五

我们不得不说,罗曼·罗兰确实拥有极好的书写资格与人格境界,兼之他那种浩浩荡荡的雄浑笔致,实在令人赞叹不已。尽管如此,他毕竟属于由西方文明哺育大的学者,未必全然心领神会于一种庞大复杂的异域文明,比如印度的吠檀多思想与它独有的民族性灵传统。故而，我们还是需要一部由印度人自己书写的辨喜的权威传记。这就是我们翻译本著作的强劲理由。

20世纪50年代初，这部传记于纽约甫一问世，即广受世人推崇。作者是印度学者斯瓦米·尼基拉南达（Swami Nikhilananda）。尼基拉南达不但是印度人，是一位杰出的思想家与吠檀多哲人，而且，他与辨喜所建立的学脉道统息息相关，因他本人就是室利·罗摩克里希纳的性灵伴侣莎拉达·黛薇（Sarada Devi）的一位嫡系弟子。

1895年，尼基拉南达出生在今孟加拉国（当时为英属印度）锡尔赫特县的杜迦布尔村，在加尔各答大学接受教育。毕业后，他选择了新闻专业。之后，他参加了印度的自由运动，并在英国战俘营中被关押过一段时间。1924年皈依宗教，成为罗摩克里希纳传道会的一名桑雅士，嗣后，尼基拉南达在喜马拉雅山的不二论道院静修林修行一些年月。在此静修期间，他系统地研究了印度教、世界各种哲学和宗教思想的体系。然后，他于1931年西行，去了美国纽约。1933年，他创建了纽约"罗摩克里希纳-辨喜中心"（Ramakrishna-Vivekananda Center）。一直到1973年溘然长逝，他前后驻锡此地40余载，都是这个世界吠檀多思想重镇的灵魂人物。其间，他还曾把辨喜尊者在千岛讲课的那一幢别墅找到，辟为"辨喜精舍"（Vivekananda Cottage），以供后人瞻仰。

尼基拉南达是一位天生的作家，因其一手妙笔，在英语世界深受人们喜爱，对罗摩克里希纳与辨喜等人的思想之深度传播，贡献之巨，无论怎么估量都不为过。他的作品既有翻译的印度典籍，比如《奥义书》（Upanishads）、《薄伽梵歌》《自我知识》，也有书写的罗摩克里希纳、神圣母亲（Holy Mother）与辨喜等三人的生平传记。就其杰出的翻译贡献而言，除古代典籍外，最重要的那一部，就是将记录室利·罗摩克里希纳的生平与思想之作"Sri Sri Ramakrishna

Kathamrita"从孟加拉语翻译成英语,里面有大师与弟子、信徒和来访者的详细对话,最后以《室利·罗摩克里希纳的福音》(*The Gospel of Sri Ramakrishna*)①为名在英语世界推出,第一版于1942年出版,与斯瓦米·奇塔纳南达(Swami Chetanananda)翻译的《室利·罗摩克里希纳与他的神圣游戏》(*Sri Ramakrishna and His Divine Play*)一起并美于世,将印度近代臻至圆满的性灵境界的宗教圣徒室利·罗摩克里希纳告诉世界。还有,尼基拉南达对辨喜众多的瑜伽思想著作的细致分类、编辑,以及发表在各类杂志上的文章等,一直都是现代英语世界中最重要的性灵知识之源,故而也影响了一大批敏感的西方作家,其中就有奥尔德斯·赫胥黎、托马斯·曼和亨利·米勒等大作家。总之,尼基拉南达深受西方人的尊敬,甚至得到一些著名人物的一致推崇。

而斯瓦米撰述的《爱与勇气:印度思想家斯瓦米·辨喜传》(*Vivekananda: A Biography*),更是威名远扬的经典传记,出版70多年以来,在大洋两岸一纸风行,于印度与美国几十次重版,一再修订、一再畅销,堪称洛阳纸贵。迄至今日,它还是印度提供给世界的关于辨喜生平与思想的权威之作。后来者虽多,但目前无人能出其右。

因为他除写出了辨喜尊者一生的行状风仪、思想外,还有一段内在的心路历程,皆被精细地款款道出,"这是一本阐述普遍性宗教和全人类固有神性的伟人传,是无与伦比的智慧型传记,

---

① 此书的翻译,还得到美国前总统威尔逊的女儿玛格丽特·威尔逊(Margaret Woodrow Wilson)的帮助。玛格丽特帮助斯瓦米将其文学风格凝练为"流畅的美式英语"。美国诗人约翰·莫非(John Moffitt)将里面那些神秘的赞美诗改编成了自由诗。美国著名神话学者约瑟夫·坎贝尔一起参与编辑了最初的手稿。奥尔德斯·赫胥黎(Aldous Huxley)还写了前言,将该著作比作英国的博斯韦尔所著的《塞缪尔·约翰逊的一生》这一世界名著。目前,汉语有一个选本《室利·罗摩克里希纳言行录》在宗教文化出版社问世。译者注。

它书写觉悟的灵魂,超越了宗教与民族的界限。很明显,作者本身就是一个觉悟的灵魂,因此,其阐释具有一种灵魂的深度。阅读本书,有可能会改变人们的生活,给追求真理的有志之士出之以灵启,取得人生境界的突破"。这也是西方世界的评论,笔者认为十分中肯。

尼基拉南达的文字功力极深,语言典雅,兼之对辨喜尊者怀有一番深爱,故而笔端含情。我们在书中会看到传主与传者一起于人世的道途中歌哭的悲声,但又有着一种古典式的优雅与节制,真的是"乐而不淫,哀而不伤"的好文字,是中国《诗经》式的文字品格,"盖其忧虽深而不害于和;其乐虽盛而不失其正"。于是,我们就可以顺着尼基拉南达精微的文字与笔意,如林中水滴,滴滴精纯,又十二分细密;时而又操着如椽大笔,在虚空中癫狂舞动,"大风卷水,林木为摧",待其狂歌渐渐平歇,又是沉醉过后的一番月圆天心,春满华枝,是怎样的一番秾丽、怎样的一番散淡啊!又是怎样的一番狂歌与冥想,把火焰的两端,一并收摄,置入了文字的大罗网。而阅毕全书的读者,于辨喜尊者的生平与思想,已经做了全面而深入的了解。

总之,是书的品质极高,既汪洋恣肆,又深邃精微,令人着实惊叹,又出之以如此清澈的笔触,其中涉及的东方不二论哲学极为精纯,时有惊人之语。堪称罕有其匹的一部现代杰作。难怪一经问世即成名著,被欧美世界所推崇,并迅速被译成世界各个国家的语种,包括我们旁边的日本。故此,吾人发心翻译,亦是诚惶诚恐,黾勉竭诚。前后花了不少的岁月,终于将全书译成了汉语,所谓"伏乞黾勉,并候捷音"。此刻,颇望得到对印度哲学有深思、有怀抱的读者之青睐,能够一道深入其中,一道"……玩其辞,审其音,而有以识其性情之正也"。

此书能够得以问世,我们得感谢上海黄曙辉先生的引荐,感谢上海社会科学院出版社的编辑朋友之不弃,希望借由你我的劳作,使得该书亦如旭日之东升,复如明月之照临,晨钟夕梵,庄野春林,能够与天华合彩,携手探索我们每一个人自我的深心与入世的真谛。

是为前言。

闻中
于杭州富春江畔
甲辰年秋日

辨喜尊者的素描肖像

前　　言

在19世纪末与20世纪最初的那两个10年间,辨喜尊者走出喜马拉雅山的群峰密林,来到了人类群居的世俗世界,因其无数鼓舞人心的性灵话语与人格力量,使得他在印度和美国这新旧两个世界皆广为人知。1893年,在美国芝加哥召开的世界宗教议会上,这位印度无名僧侣突然一夜成名,成了印度宗教最杰出的代表。他对东西方文明本身就拥有海洋一般广博的知识与深邃的洞察,同时他滔滔的雄辩、精彩出众的谈吐、对人类拥有博大而罕见的同情,还有他那卓尔不凡的个性,雄拔英磊的强大体魄,使他对那些稍稍与他有过接触的美国人产生了不可抗拒的魔力。那些见过或听过辨喜尊者,謦欬其侧的人,时隔半个多世纪之后,犹然强烈地怀念着他,珍藏着关于他勃勃生气之举止的美好记忆。

在美国,辨喜尊者的使命是诠释印度的精神,尤其是吠檀多不二论的哲学。他也试图通过吠檀多哲学的理性人文主义来丰富美国人的精神世界、性灵生命与宗教意识。就这样,他在新大陆成了印度精神的文化大使,为创造一个健康的东西方信仰与科学的结盟,为印度和新大陆的文明世界将有一种更深入的理解而不懈劳作,并为之进行了极雄辩的阐明。

在他自己的祖国,人们早就将辨喜尊者奉为近代印度最有影响力的爱国圣徒,他也是印度深深沉睡的民族意识的伟大唤醒者,他向印度宗教的信徒传播行动的哲学,即一种"赋予力量"(Strength-giving)的思想;也在传播一种促成个体意义上的"人的觉醒"的新信仰,即一种"使人成为人"(man-making,"造人")的宗教。作为神性存在的显现,信徒应当为整个人类提供无私的服务,这就是他为印度人开启的崇拜形式,正如过去他们虔诚于自己古老信仰的仪式与神话一样。印度有许多政治领袖都毫不讳言地承认,他们自己的生命曾大大受惠于辨喜,对他充满了感激之情。

所以,这位圣者的使命,既是民族的,也是世界的。作为一位深爱人类同胞的已然证悟第一义谛的先知,他在吠檀多不二论的性灵实在论的基础上,努力促进着人类的和平与兄弟情谊;而作为一名听从内心最高律令的神秘主义者,辨喜尊者对实相又有着最切身的直观经验。他是从那不竭的智慧源头中疏导出了他的人世理想,并且经常以诗歌一般的灵魂语言直接呈现,毫不吝啬地告诉了这个世界。

辨喜尊者的思想,自然与他伟大的古鲁(Guru)罗摩克里希纳一样,翱翔整个世界,在自己对绝对者的冥想中,他们可以彻底忘掉自我与世界。但是,在他的个人特性中,还保留了另外一部分,那就是当他看到世界在受苦时,他人格里的这一部分就开始流血。看起来,他的思想在冥想上帝和服务人类之间摇摆不定,很难找到一份安宁。尽管如此,他还是服从更高的召唤,选择为人类服务作为他在地球上的使命。这一选择,使他深受西方民众尤其是美国人的喜爱。

在他短短 39 年的生命中,只有约 10 年的时间致力于公共事业——那些年也是他经受最严重的身心痛苦之时——他为后世留下了多部经典:《行动瑜伽》(*Karma-Yoga*)、《智慧瑜伽》(*Jnana-Yoga*)、《虔信瑜伽》(*Bhakti-Yoga*)、《胜王瑜伽》(*Raja-Yoga*)等,所有这些都是印度哲学的杰出珍宝,值得世人重视。此外,他发表了无数的演讲,亲手给朋友和弟子写了大量鼓舞人心的信件,创作了篇幅不小的诗歌,并为不远千里来到他身边寻求指导的觅道者以灵魂的引领。他还创建了"罗摩克里希纳传道会",这是近现代以降的印度最杰出的宗教组织。该组织不仅在自己的祖国,而且还在美国和世界其他地区致力于传播印度的精神文化。

有一次,辨喜尊者曾戏称自己就是一个"浓缩的印度"。他的生平和教诲对西方世界了解亚洲思想具有不可估量的价值。美国哈佛大学的哲学家威廉·詹姆斯曾将辨喜尊者称作"吠檀多思想的典范"。19世纪欧洲最著名的东方学家麦克斯·穆勒和保罗·杜森对他有发乎内心的敬重和喜爱。

"他的这些话语,"罗曼·罗兰写道,"……就是最伟大的音乐,是贝多芬风格的乐句,是亨德尔风格的进行曲,拥有激情昂扬、排山倒海一般的恢宏气势。这些文字,明明是散落在30年前的旧书页中,而我在触碰它们时依然无法不浑身颤抖,如遭电击。当这些炽热滚烫的话语,从这位精神界的英雄的唇齿间一一吐露出来时,那该是怎样的一种大震撼,大感动啊!"

斯瓦米·尼基拉南达
纽约罗摩克里希纳-辨喜中心
(Ramakrishna-Vivekananda Center of New York)
1953年1月5日

目　录
CONTENTS

出版者说明 …… 001
中译者前言 …… 003
前言 …… 017

第一章　早期岁月 …… 001
第二章　圣者足下 …… 018
第三章　灵魂操练 …… 033
第四章　漫游生涯 …… 068
第五章　行脚西方 …… 099
第六章　宗教盛会 …… 119
第七章　弘道美国 …… 145
第八章　授业欧美 …… 190
第九章　荣归故里 …… 240
第十章　北方之旅 …… 275
第十一章　重访西方 …… 319
第十二章　功成身藏 …… 350

词汇略释 …… 381
专用名词 …… 393
辨喜云游路线图 …… 397
附录 …… 399
译后记　光澍千里，泽被人世 …… 421

第一章

早 期 岁 月

辨喜尊者，一个卓越的灵魂，在东西方世界广受人们的爱戴，被世界上数不胜数的人群尊敬着、热爱着，既作为印度宗教在印度大陆复兴的革新者，也是在海外将人类永恒的真理传播出去的伟大先知。

他出生于 1863 年 1 月 12 日，星期一，早上 6 点 33 分，日色尚未开启前的最初几分钟。那一天，正是印度教的一个重要节日：马卡桑格拉提（Makar Sankranti）①庆典。当时，在恒河边有许多虔敬的信徒在做着拜忏仪式。因而，未来的辨喜尊者初至人间所呼吸到的第一缕空气，应该就是交杂着圣河上空所回荡着的无数印度教男女的祈祷声、崇拜声和神圣的音乐。

在辨喜尊者诞生之前，他的母亲布瓦妮丝娃拉·黛薇（Bhuvaneswari Devi），像其他虔诚的印度教母亲一样，一直恪守着宗教誓言，以禁食和祈祷的方式，为能有福气获得一个光耀门楣的儿子而祈福。当时，她让住在瓦拉纳西（Varanasi）②的一位亲戚向

---

① 马卡节的时间在 1 月 12 日至 14 日（闰年为 1 月 15 日），庆祝太阳进入占星学中的马卡拉星座（相当于摩羯座），并开始了太阳的北行。由于这个节日与太阳北上有关，因此亦称为北上之旅（Uttarayan）；同时，马卡节是人们向印度教的太阳神苏里亚献祭的重要节日，故被认为特别吉利。人们常在这一天举行沐浴仪式。译者注。

② 印度著名城市，古代也叫作伽尸国、贝纳勒斯，佛陀第一次转法轮的鹿野苑也在这里，属于印度最古老的 7 座圣城之首，位于印度北方邦恒河中游的瓦拉纳与阿西两河之间，故因此得名。亦是晚年辨喜最后一次朝圣之著名圣地。译者注。

圣地的维雷斯瓦拉·湿婆（Vireswara Siva）做了一些重要的崇拜以寻求神的护佑与加持；那些时日，她的脑海中几乎全是湿婆，全是这样一位充满出离心的伟大神灵。一天夜里，她居然还梦见了这位至高无上的湿婆从永恒的冥想中醒来，答应她，愿意为她诞生一个儿子。当她从睡梦中醒来，心中充满喜悦。母亲黛薇，就将这一新生儿视作湿婆神的恩赐，给他取名"维雷斯瓦拉"（Vireswara）。然而，家里人又给他起了纳伦德拉纳特·达塔（Narendranath Datta）的名字，小名为纳伦德拉，或昵称作"纳兰"。

纳伦德拉纳特所诞生的家族，在加尔各答很是著名的，无论是财富、道德与学问方面，还是在精神独立与性灵传统方面，皆是当地众所周知的名门望族。纳兰的祖父杜伽查兰（Durgacharan）在其长子出生之后，便弃绝尘俗，一心求道。父亲维希瓦纳特（Viswanath）是一位律师，在加尔各答的高等法院工作；作为学者，除孟加拉语与印地语外，他还精通英语文学和波斯文学，平日闲暇，常喜欢背诵《圣经》和波斯诗人哈菲兹（Muhammed Hafiz）[①]的诗歌，以此与友人相娱，他认为这两本书都包含着真理，其无与伦比的思想，是其他地方很少见到的。他自己尤其被伊斯兰教的文化所吸引，因为他曾与印度西北受过良好教育的穆斯林有过深度交往，所以对伊斯兰传统的文化世界非常熟悉。

此外，执业律师的生涯也为他获得了大量收入，与其父亲颇为不同，他完全享受着世俗的生活。作为一名烹饪的专家，他还会做

---

① 14世纪波斯伟大的诗人，是驰名世界的波斯抒情诗人的翘楚。哈菲兹出生在波斯素有"诗都"之称的设拉子城，父亲是商人，哈菲兹自幼聪明好学，才华过人，年轻时即熟谙《古兰经》《圣训》达10万条。哈菲兹这一名字，意为"谙熟《古兰经》者"，哈菲兹研读过神学和阿拉伯文学。20岁时便诗名远播，巴格达和德里的君王曾多次邀请他入宫赋诗，做自己的宫廷诗人，然均遭崇尚独立自主精神的诗人哈菲兹的拒绝。在印度孟加拉地区的穆斯林中，他也有重大的影响。在整部波斯诗歌史中，他与萨迪、海亚姆、鲁米等齐名。译者注。

一手美味的菜肴，常常与朋友们分享。旅行也是他的一大爱好。虽然，他在宗教上持不可知论的态度，常常嘲笑印度的宗教习俗，但他心胸宽广，经常不辞辛苦地去帮助那些生活没有着落的亲戚，其中有些还是常常买醉的酒鬼与懒汉——日子过得稀里糊涂，整日醉醺醺的那些亲戚。有一次，纳伦德拉表示抗议，认为父亲缺乏判断力，他父亲说："孩子，你怎么能够理解人世生活的巨大痛苦呢？当你意识到人类苦难的深度时，你甚至会深深同情那些试图忘记自己痛苦的不幸者！尽管只有短暂的片刻，可以置身于酒精制造出来的那种遗忘当中。"纳兰的父亲，凝视着自己的儿子，不允许他有任何一点点对美德的偏离。

辨喜母亲黛薇（1841—1911年）

母亲黛薇则是另一种类型的人。她外表端庄，举止优雅，属于印度古老传统的正统女性。作为一个大家庭的女主人，她除张罗家庭事务外，主要的时间都花在了缝纫和唱诵上面，她特别喜爱伟大的印度史诗，《罗摩衍那》（Ramayana）和《摩诃婆罗多》（Mahabharata），其中大部分内容她都能够背下来。她还成为穷人的"避难所"，并赢得了普遍的尊敬，因为她对上帝的顺从，因为她内在的平静气度，以及她在许多艰巨职责中所表现出来高贵超然的品格。除纳兰外，她还生了两个儿子，四个女儿，其中两个早逝。

不久，纳兰成长为一个开朗可爱的阳光男孩，但非常淘气不安分，需要两个保姆才能管住他那旺盛充沛的精力，而且，他还常常逗弄他的妹妹们，是一个非常不容易对付的调皮家伙。为了让他安静下来，母亲黛薇经常把他的脑袋放在冰凉的水龙头下面，并且在嘴里念诵湿婆的名号，只要这样，总是能够产生奇妙效果。小纳兰热爱飞翔的、爬行的动物，这种特点在他生命的最后时光再度显现。而在童年时代，他的宠物中，就有一只奶牛、一只猴子、一只山羊、一只孔雀，还有几只鸽子和天竺鼠。家里的马车夫戴着头巾，挥舞着鞭子，穿着鲜艳的制服，这是纳兰少年时代的理想，他经常表示，说等他自己长大了，也要成为那样雄赳赳有气魄的马车夫。

纳兰与他的祖父有着惊人的相似性。他的祖父当年弃绝世俗生活，专心世外修道的生涯，许多人认为后者在他身上获得了重生。这位年轻人渐渐对漫游世外的托钵僧产生了特殊的想象，他们的视角会令他兴奋不已。有一日，一位漫游的僧人出现在了他家的门口，向他乞食，纳兰就把自己身上唯一的财物——缠在他腰上的那块新布给了他。此后，只要在附近见到僧人的踪迹，纳兰就会被大人锁在一个房间里面。但即使这样，他也会把手边的任何有价值的东西扔出窗外，作为献给苦行（Tapasya）圣者的礼物。与此同时，他也从母亲那里接受了早期教育，母亲教他孟加拉语字母和第一批英语单词，以及《罗摩衍那》和《摩诃婆罗多》中的许多美好神奇的寓言故事。

在他的童年时代，纳兰像其他许多同龄的印度小孩一样，从母亲那里学得了对印度教神灵的热爱。他尤其着迷于罗摩和他忠实的妻子悉达的英雄故事，被他们深深吸引，他买来了他们的画像，用鲜花装饰起来，并用他孩子气的方式来崇拜他们。但是，有一次听到有人强烈谴责婚姻，认为婚姻是一种可怕的世俗束缚时，他的幻想就破灭了。当他仔细考虑此事之后，他放弃了罗摩和悉达的理想，认为他们是不值得崇拜的。而在他们的位置上，从此就安置了湿婆的形象，这位弃绝之神，这位伟大的苦行瑜伽士的理想。尽管如此，他仍然对《罗摩衍那》这一部史诗情有独钟。

在那一段时日，当他入睡之际，每天都会看到一些异象。闭上眼睛，他就会发现自己的眉心间有一团颜色在变化的光球，而且会慢慢地扩大，最后涨满，使得他整个身体都沐浴在白色的光芒之中。就这样，他每夜看着这样的白光，渐渐进入睡眠之境。因为他每天都可以看到这样的景象，所以他认为看到这种现象是所有人都有的经验，直至一个朋友告诉他从未见过这种景象时，他才感到惊讶。然而，很多年之后，当纳兰遇见他的性灵导师，罗摩克里希纳时，这位性灵大师这样对他说："纳兰，我亲爱的孩子，当你入睡的时候，你是否常常看见一道白光？"罗摩克里希纳知道，这样的异象意味着一个人的过去生有着一种伟大的性灵成就，有着天生的冥想习惯。光芒的异象一直伴随着纳兰，直到他生命的尽头，尽管后来它没有了早年的规律性与那种光的强度。

当纳兰还是一个孩子时，他曾与一位朋友在湿婆像面前练习静坐。他听说，古印度的圣者会全神贯注地默想上帝，以至于他们的头发会不断地生长出来，慢慢地扎进泥土里面去，就像大榕树的根须一样。因此，当他在冥想时，会不时地睁开眼睛，看看自己的头发是否已经进入了土壤。即便如此，在静坐冥想时，他还是常常会失去对世界的知觉，进入无思虑的禅定状态。有一次，在冥想中，他看到一个异象：一位面容安详、浑身发光的人，一手拄着僧人的手杖，一手拿着一只钵碗。这个发光的影子似乎正对他说些什么，这时纳兰有些畏惧，他便起身离开了房间。他后来才有所醒觉，这应该是自己看到的佛陀异象。

6岁时，他被送进当地的小学。有一天，他在家里重复一些从同学那里学来的粗话，他的父母对此感到忧虑。于是，就把他带离了学校,请了一个私人教师,在家里的礼拜堂为他及邻舍们的孩子一起上课。

就学习方面,纳兰很快就显示出天才的早慧,并发展出极好的记忆力。比如,他很容易就能背下梵文语法,以及《罗摩衍那》《摩诃婆罗多》中的长段内容。他在这个年纪结交的一些重要朋友,后来陪伴了他的一生。在学校中,他是无可争议的领袖,在玩他们最喜爱的游戏"国王与宫廷"时,他通常会扮演国王的角色,大臣、将军与其他政府官员的角色则自然分配给他的那些朋友。他从出生起,就注定会是人类的领袖,正如他的名字纳伦德拉(Narendra,意为"人类的君主")所象征的含义那样。

甚至在他的童年时代,他就质疑为什么有些人会比另一些人优越。在父亲的办公室里,会根据客人的不同种姓,提供不同的烟斗,这是印度教传统的要求。而穆斯林所抽的烟斗则是分开放置。纳兰曾经吸了所有烟斗里的烟草,包括标记为穆斯林的那种烟斗。当父亲训斥他时,他说,"我看不出这里有什么区别。"

在这些早年岁月里,纳兰未来的人格深受他天才的父亲与圣洁的母亲之影响,他们随时都在矫正他的一些行为。父亲有他自己的管教方式。比如,有一次他与母亲争吵,这个受了刺激的毛糙男孩居然说出了几句粗鲁的话,马上有人报告给他父亲,维希瓦纳特并没有直接责骂儿子,而是用木炭在他房间的门上写道:"今天,纳兰对他的母亲说了一句……"后面加上了纳兰使用过的语句。他想让纳兰的朋友们知道他对母亲究竟有多粗鲁。

还有一次,纳兰直言不讳地质问自己的父亲:"你为我做过什么?"维希瓦纳特没有生气,而是平静地对他说:"去看看镜子里面的那个自己,然后你就知道了。"

另一天,纳兰问他父亲:"我该如何在这个世界上表现自己?"

父亲回答说:"对任何事情,都不要表现出你的惊讶!"

这个无价的忠告，使纳兰在他以后起起落落的多变生涯当中，都能保持内心的一种平静。无论彼时是和王子们一起居住在宫殿里，还是与一无所有的乞丐们一道，置身于风雨草舍之间。

　　母亲黛薇则在培养纳兰的天性与美德方面发挥了重要作用。有一天，当他告诉母亲自己在学校受到了不公待遇时，母亲安慰他说："我的孩子，如果你做对了，那别人如何说你又有什么关系？记得，永远追随真理，不要去计较结果。很多时候，你可能会因为坚持真理而遭受不公或不愉快的对待，但是，在任何情况之下，你都不能放弃真理。"许多年之后，已经名满天下的纳兰自豪地对着面前的公众说："我所获得的任何知识，都要感谢我的母亲。"

　　一天，纳兰在和他的玩伴打架时，不小心从门廊上摔了下来，前额撞在一块石头上，伤口大量流血，而且在他的右眼留下了永久性的伤疤。许多岁月之后，当导师罗摩克里希纳听说了这件小时候发生的事故时，他缓缓说道："某种程度上，这还是一件大好的事情呢。如果不是因为这次打架而流过甚多的鲜血，他就会用那多余的能量在世界上制造大灾难！"

　　1871年，8岁的纳伦德拉进入了中学。他非凡的才华很快得到了老师与同学们的赏识。虽然，起初他因为英语是外国语而不愿意学习，幸好很快就转念了，兴致勃勃地开始学了起来。那时候，学校课程只占用他很少的时间。他把自己的充沛精力用在了各种课外活动当中。各种各样的游戏，其中，有许多还是他自己发明或即兴创作的，这些事情让他忙得不亦乐乎。他仿造了一个燃气工程和一个汽水生产的设施，这两样新奇的事物刚刚在加尔各答问世。他还组织了一个业余剧社、一个健身馆，并在里面学习击剑、摔跤、划船与其他各种适合男孩子的运动。他还曾亲手尝试烹饪技术。总之，他精力无穷，热情无休，很快就会厌倦一种消遣，转而寻找一种新的娱乐方式。他和他的朋友们一起，常常参观博馆和动物园。他也是玩伴们争端的仲裁者,深受邻人们的喜爱。几乎每一个人都钦佩他的勇气、真诚与单纯。

从很小的时候起,这位非凡的青年就已经不再恐惧与迷信了。他有一位颇为淘气的朋友曾攀爬上邻居家一棵正鲜花盛开的树,摘下了花,还做了一些其他淘气之事。这棵树的主人发现自己的警告没有人理睬,一次,他就严肃地告诉纳兰的朋友们,这棵树是被一个穿着白袍的幽灵看守着,如果有什么人打扰了他的安宁,他肯定会拧断这个人的脖子。于是,男孩们吓坏了,再也不敢靠近。但纳兰不以为意,他说服同伴们跟着他回去,他仍旧爬上树,享受着他的乐事,还折断了一些枝干,以及其他一些恶作剧。然后,他转身对他的朋友们说:"你们多笨啊,这些话都相信!看,我的脖子还在。那老人所讲的话根本不可信,全是骗人的。不要轻易相信别人所说的,除非你自己已经确知那是真实的。"

这些简单而充满勇气的话语,预示了他未来要向世界传递的信息。在后来的弘道岁月,他对着面前大量的听众说道:

不要因为你在书上读到过,就相信一件事。不要因为别人说那是真实的,就愿意去相信。不要因为它们在传统上是神圣的,你就直接相信所阅读到的文字。自己去寻找真相吧,学会运用你自己的理性,找出最后的理由,这就是觉悟。

还有一个事例更能够说明他的勇气和镇定。

有一天,他想在健身馆里架起一个沉重吊架,于是,他请那儿的人一起帮忙。其中有一位是英国海员。结果,吊架掉了下来,把这位海员砸得不省人事。人们以为他死了,因为害怕警察,便一哄而散。但是,纳兰只是从他自己的衣服上撕下了一块布,包扎了这位海员的伤口,再用水清洗他的脸,渐渐使他苏醒过来。然后,他把受伤的海员转移到附近的一所学校,在那里又照顾了他一个星期。当这位海员康复、送他离开之际,纳兰从朋友那里筹来一笔钱款,一并递给了他。

在这些充满孩子气的游戏时代,纳伦德拉的内心始终保持着对托钵僧生涯的向往。他常常会对他的朋友们指着他手上的一条掌纹,说道:"我一定会成为一名桑雅士(Sannyasin,梵文)①,一位看过我手相的人预言过这一点。"

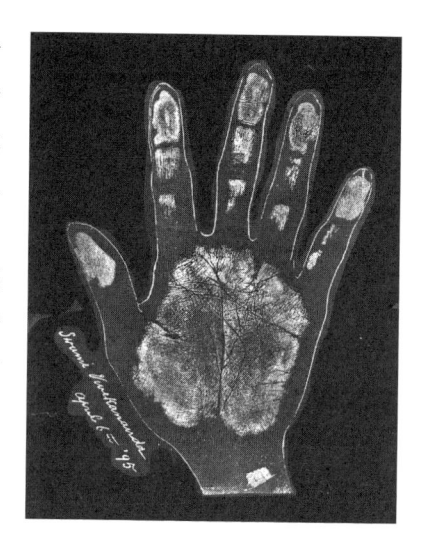

辨喜的掌纹

随着纳伦德拉进入了青春期,他的性情也发生了明显的变化。那些时候,他已经开始对深层次的知识产生一份热情,常常阅读历史与文学方面的严肃书籍,如饥似渴地阅读时兴的报纸,喜欢参加公共的集会。同时,音乐是他最喜欢的业余消遣。他坚持认为,音乐应该表达崇高的思想,应该唤醒音乐家的伟大感情,再将它表达出来。

15岁时,他第一次经历了性灵的狂喜。

那天,一家人要去印度中部省份的赖布尔(Raipur)②旅行,有一段路不得不坐牛车。在那个特别的日子里,空气清新,树木和藤蔓生气勃勃,上面爬满了绿叶和五颜六色的花朵,羽毛艳丽的鸟儿

---

① 指的是彻底出家的托钵僧人,将其全副身心性命投入灵性的修行,追求最终成道、与神性合而为一的人。印度人也以此名字来呼圣人或苦行僧。译者注。
② 恰蒂斯加尔邦首府,印度中东部著名城市,位于恰蒂斯加尔邦中部的平原,东临马哈纳迪河(Mahanadi River)。译者注。

第一章 早期岁月

在森林里鸣唱。而牛车就沿着这样一条狭窄的山路行走,两边高耸的山峰几乎一座接一座地全都相接在一起。纳兰在一个巨大的悬崖缝中发现了一个大蜂巢,突然,他的脑海中充满了对神圣天意的敬畏与感动。他一下子失去了对外部世界的知觉,就这样,静静地在车上躺了很长时间。甚至,当他恢复了对世界的正常感知时,他流露出来的那份神情,表明他还沉浸于性灵的喜乐之中。

这里,可能有必要提到另一个有趣的心理现象,因为这是纳伦德拉纳特经常经历的。自少年时代起,当他每每第一次见到某人或某地时,他会觉得自己以前就认识此人或了解此地,但是,他不记得那是什么时候的事情。有一天,他与几个同伴一起,在一位朋友家里讨论着各种各样的话题。当时,有人提到了什么,纳兰立刻觉得他在以前的某个场合谈论过同样的话题,而且是与同样的朋友,在同一所房子里面。他甚至能够准确地描述这个楼里的每一个角落,而这是他以前并没有来过的地方。最初,他试图用轮回的学说来解释这种奇异的现象,心想,也许他的前世就居住在那所房子里。但是,他又知道这种想法不太可能是真的。后来,他得出结论,认为在他自己出生之前,他一定对自己于今世的人世生活中将要遇见的人物、地方和事件有了一些预先的准备。他想,这就是为什么,他们一旦出现在了他的面前,他就马上能够认了出来。

在赖布尔,纳兰的父亲也常常鼓励他与著名学者见面,并与他们讨论各种富有挑战性的抽象问题,这些问题通常被认为对他们这样年龄的男孩来说过于深奥。在这样的讨论过程中,他显示出卓越的精神力量。纳兰从他父亲那里学会了抓住事物本质的本领,会从最广泛与最全面的角度来看待事实,在讨论中始终能够抓住真正的问题所在。

1879年,他们全家回到了加尔各答,纳兰很快就从甲级高中毕业了。在此期间,他阅读了大量的英语和孟加拉语的文学经典。彼时,历史是他最喜欢的科目。他在这个时候获得了一种不同寻常的读书方法,并迅速获得书中知识的要旨。用他自己的话说:"我可以不用阅读作者书中的每一句话就能够理解他。我会阅读一段话的第一行与最后一行,而掌握了它全部的含义。后来,我发现我可以通过阅读书页的第一行与最后一行来理解主题。再后来,我只需要阅读几行,就能理解作者的整个论点;尽管作者自己试图用 5 页或更多的纸页来解释它。"

不久,他那激情洋溢的少年时代过去了。1879 年,纳伦德拉纳特进入"加尔各答总统学院"(Presidency College of Calcutta)接受高等教育。一年之后,他又进入"联合研究学院"(General Assembly's Institution),这是一所由苏格兰传教士委员总会办的教育机构,后来也被称为"苏格兰教会学院"(Scottish Church College)。[①] 正是从他的英国文学教授威廉·哈斯蒂校长(W. Hastie)那里,他第一次听说了罗摩克里希纳的名字。大学时代的纳兰,已是一位英俊的青年了,他身体强壮,动作敏捷,尽管稍显粗壮。他也很享受严肃的学习生活。在开始的两年,他学习西方的逻辑学。此后,他专门研究西方的哲学,以及古代与近代的欧洲史。他记忆力惊人,仅仅花了 3 天时间,就消化了格林(Green)的《英国民族史》(*History of the English People*)。通常,在考试前夕,他会通宵达旦地阅读,靠着饮用浓浓的热茶或咖啡提神,让自己保持大脑的清醒。

---

① 加尔各答的苏格兰教会学院(SCC)于 1830 年奠基,当时名为"联合研究学院",1929 年更名为苏格兰教会学院。学院创始人亚历山大·达夫牧师(Alexander Duff)是苏格兰教会派往印度的第一位传教士。该学院是加尔各答历史上第二悠久的学院。作为印度最古老的基督教文理学院之一,该学院隶属于加尔各答大学,拥有众多传奇校友,比如辨喜、钱德拉·鲍斯(Netaji Subhas Chandra Bose)。译者注。

第一章 早期岁月

大约在这些时候,他开始与罗摩克里希纳有了接触。这一事件,正如我们后来所知道的那样,成为纳兰整个人生的根本转折点。因为跟罗摩克里希纳的交往,他的内心对性灵世界的追求又被激发起来,他深深地感觉这个世界的短暂与大学教育的虚空。

在文学学士考试的前一天,他突然对上帝产生了强烈的爱。那天,站在一个大学同学的房前,他满怀深情地歌唱:

歌唱吧,高山,云彩,啊,大风,你们要歌唱起来!
唱吧,唱吧,一起歌唱天神的荣耀!
歌唱吧,太阳,月亮,啊,星辰,你们也都要欢乐地歌唱!
唱吧,唱吧,一起歌唱天神的荣耀,忘情地歌唱起来!

朋友们很惊奇,提醒他第二天要考试了,但纳伦德拉并不在乎。即将到来的对修道生涯的预感很快就发生在他身上。不过,他还是参加了考试,而且,很轻松就通过了。

关于纳伦德拉的奖学金,威廉·哈斯蒂教授曾说:"纳伦德拉是一位真正的天才。我游历过许多地方,甚至在德国大学的哲学学生中,我也极少遇见如他一般的才具和潜力。这样的小伙子,他生来就是要在人世生活中留下深深烙印的人,将来必当有大的成就。"

纳伦德拉的天赋也在音乐中得到了很好的体现。他在专业老师的指导之下,学习了器乐和声乐。他能演奏许多种乐器,尤擅长唱歌。他从一位穆斯林老师那里,还学会了印地语、乌尔都语和波斯语歌曲,其中大多数都是颂神的圣歌,有极为虔敬的品质。

那时,他还与当时孟加拉地区最重要的宗教运动的组织者"梵社"(Brahmo Samaj)①联系在一起,这一轰轰烈烈的运动在他人生观念的这一形成期有着重大的影响。

在英国征服印度之后,便在印度引进了英语教育。让印度传统社会接触西方的理性知识和富有进取精神的欧洲文化。印度青年被这种崭新的、充满活力的生活方式所吸引,也认识到他们自己所在社会的许多缺点。在英国人到来之前的穆斯林统治下,印度教文化最有活力的方面也深受压制,加之种姓制度的社会分层,婆罗门(Brahmin)祭司常常为了一己之私利而控制着人们的宗教生活,毫无意义的教条与死气沉沉的仪式,取代了伟大的《奥义书》和《薄伽梵歌》中令人振奋的哲学教义。民众受到地主的盘剥,印度妇女的命运尤其可怜。后来,随着穆斯林统治的瓦解,印度生活的各个领域——社会、政治、宗教和经济等,都陷入了混乱。新引进的英语教育使社会的许多弊端成为尖锐的焦点,各种改革运动,包括自由派和正统派,开始通过各种渠道和办法使国民的生活再次流动起来,以恢复它的生机。

梵社发起的宗教运动,就是这些社会改革与自由主义运动之一,它激发了孟加拉地区受过教育的青年人的想象力。拉贾·拉姆·莫汉·罗易就是这个宗教组织的创始人,他打破了传统印度教的仪式仪轨、偶像崇拜与祭司制度,并激励他的追随者们献身"永恒的、神秘的、不变的存在"之崇拜,"这一存在就是宇宙的创造者与维系者"。罗易的天秉很高,拥有巨大的智慧,他潜心研究印

---

① 梵社是近代印度教的宗教改革运动中最早出现的社团。它由拉贾·拉姆·莫汉·罗易(Ram Mohun Roy)于1828年在加尔各答创立。它摒弃了印度教的一些传统仪式,在崇拜中采用了一些基督教的习俗。受伊斯兰教和基督教的影响,它谴责多神教、图像崇拜与种姓制度。该社团的社会改革在孟加拉地区取得了相当大的成功,其影响主要限于社会上的知识精英,从未拥有大量的民众追随者。后来越来越走向了西化,使得该运动在20世纪失去了力量,但其基本信条,至今还在理论上被印度社会所接受。译者注。

度教、穆斯林、基督教和佛教的各类经典，也是印度近代社会第一个意识到了西方理性主义方法对解决印度社会问题之重要性的印度思想家。他在印度引进英语教育方面也发挥了重要的作用，尽管最初对刚刚觉醒的印度文化的意识有一些减弱的影响，但是，最终向一些印度人揭示了他们自己固有文明的光荣传统。

在接替罗易的杰出领袖中，还有泰戈尔（他是《奥义书》最伟大的现代信徒之一）以及第三代的领袖柯沙布·钱德拉·森（Keshab Chandra Sen）（他更倾向于基督教形式的宗教仪式和教义）。在他们的领导下，梵社开始抛弃印度教的许多传统，比如，一些繁复的仪式，通过画像展开对神的崇拜。同时，它主要还主导了一场社会性的改革运动，把主要精力放在妇女解放、寡妇再嫁、废除童婚，以及普及大众教育等方面。受西方文化的影响，梵社高举理性至上的旗帜，反对不加批判地接受经典权威，并强烈支持法国大革命的口号。整个运动在本质上是理性的，是兼收并蓄的，是时代启蒙需要的一种产物。它与传统的印度宗教不同，并不是根源于古代圣人和先知的精神觉悟与生命体证。就像许许多多其他的年轻人一样，纳兰深深感受到了进步思想的魅力，并成为其中的成员之一。但是，正如后来我们将会看到的那样，梵社运动并无法满足他灵魂深处的性灵饥渴。

大概就在这个时候，纳伦德拉的父亲催促他结婚，一个机会很快出现了。有一个当地的富人，希望纳伦德拉能够接受他的女儿为新娘，并提出支付他在英国留学深造的所有费用，这样，他就有资格成为令人垂涎的印度公务员，在文职机关任职。但纳兰拒绝了。还有其他类似的机会，都没有产生什么不同的结果。显然，他命中注定不是过家居生活的人。

其实，从童年时代开始，纳伦德拉就表现出对守贞的热情。每当他的热情和年轻的本性诱惑他走向一个可疑的危险时，他就被一只看不见的大手拉了回来。他的母亲以身作则，教导他纯洁的价值，并让他把守贞视为一种荣誉，以忠于他自己和他的家族传统。但是，对纳伦德拉来说，纯洁并不仅仅是一种消极意义的美德，还是起于对肉体享乐的禁欲。他认为，保持纯洁还是为了保持一种强大的性灵力量，这种力量会在自己后来所有崇高的生活当中表现出来。于是，他遵守古老的禁欲主义，把自己视为印度教传统的梵行生（brahmacharin）。这种身份需要精勤努力，珍视苦行守贞，崇敬神圣的事物，以净思、净语和净行为人生之大乐。因为，根据印度教的经典教义，一个人，以纯洁为道路，而纯洁守贞在所有人类美德中，皆堪称至大，可以让人体验到最微妙的性灵经验。而在纳兰那里，纯洁还代表了一种专注，代表了强大的记忆力和洞察力，以及永远不屈不挠的精神体魄和毅力。

莫德·施图姆（Maud Stumm）为斯瓦米吉画的一幅画像（1899年夏，里奇利庄园）

在青年时代，纳伦德拉于每晚入睡前，会看到两幅内容截然不同的图像：一幅图像是一个世俗世界的成功男子，他有美满的家庭生活，有一位多才多艺的妻子，还有优秀的孩子，享受着人世间的财富、奢华、地位与社会名望；另一幅图像，则是一个弃绝者，是流浪的托钵僧，他失去了尘世的安逸，致力于对上帝的沉思。纳伦德拉觉得他自己有能力实现这两个理想中的任何一个。但是，当他深入思考它们各自的美德与优点时，他不可避免地被弃绝者的生活所吸引。尘世的魅力渐渐褪色了，他内心深处的那个自我，在天性的驱动下，选择了一条最艰难而又最朴素的修道之路。

有一段时间,在梵社中,众人一起祈祷,唱着充满虔敬的颂歌,这一切令纳兰的心灵颇为振奋。但是,他很快就发现,这些并没有给他带来任何真正的性灵体验。他想亲证神的存在,而这才是他信仰的目标,因此,他迫切需要一位见证过神的人来指导他。

在这样一种急切的心情之下,他就去找梵社中广有声誉、德高望重的精神领袖泰戈尔。在后者还没开口说话之前,他就直截了当地问:"先生,你看见过神吗?"

泰戈尔稍稍有些尴尬,他回答道:"孩子,你有一双瑜伽士的眼睛啊。你应该去练习冥想!"

年轻人很失望,感觉这位大人物并不是自己于性灵追求道路上的理想导师。但是,他也没有从其他教派的领袖那里得到一个更好的答案。然后,他想起自己曾经听说过的罗摩克里希纳的名字。威廉·哈斯蒂教授在讲解英国文学时,提到了华兹华斯的诗歌《远足》(*The Excursion*),他说起过狂喜的话题,他说这样一种精神的狂喜,往往是守贞和专注的结果。此外,他还说,这种崇高而神圣的体验是极为罕见的性灵现象,特别是在现代,是很稀有的。"不过,"他说,"我知道,有一个人曾确实抵达这种深受祝福的性灵境界,他就是达克希什瓦迦梨神庙(Dakshineswar Kali temple)①的祭司罗摩克里希纳。如果你去拜访这位圣者,你就会明白性灵狂喜的真正含义了。"

彼时,纳伦德拉恰好又从自己的一个亲戚,名叫拉姆钱德拉·达塔(Ramchandra Datta)那里,再次听说了罗摩克里希纳的名字,而他本人,则属于大师最重要的在家弟子之一。他得知了纳兰不愿意结婚,渴望过一种性灵的生活,拉姆钱德拉就对他说道:"如果

---

① 此女神庙是一位富可敌国的首陀罗女子拉希玛尼(Rashmani)所捐建,通常婆罗门祭司不愿去任职,后因罗摩克里希纳的主持,使其成为印度近代最重要的圣地之一。译者注。

你真的想要展开精神的修行,那就去达克希什瓦,拜访罗摩克里希纳大师吧!"

1881年11月,纳兰第一次见到了罗摩克里希纳,是在大师的奉献者苏伦德拉纳特·米特拉(Surendranath Mitra)的家中。这位年轻人被邀请到那里,要用他美好的音乐才华招待那位神圣的来访者。在那里,罗摩克里希纳对纳兰的真诚和虔敬留有很深的印象,经过几轮询问后,他就邀请纳兰去达克希什瓦看望自己。纳兰同意了,他也很想知道罗摩克里希纳是否就是那个在自己的性灵追问之途,能够真正帮助自己的人。

第二章
圣者足下

罗摩克里希纳,现代圣徒,于 1836 年 2 月 18 日,出生在印度西孟加拉邦的胡格利区域,那是一个叫作卡玛普库尔(Kamarpukur)的小村庄。他的成长环境与童年经历,跟纳伦德拉甚为不同。当纳伦德拉纳特成为辨喜以后,他也就成为罗摩克里希纳思想的世界传播者与阐明者,那是后话。罗摩克里希纳的父母,属于婆罗门种姓,但是又贫穷,又虔诚,恪守他们最古老的宗教信仰传统。

在稻田、奶牛、榕树和芒果树环绕的淳朴乡间,这个头发飘逸、声音甜美、充满童趣和天真的孩子慢慢茁壮成长。可他对学习了无兴趣,所以几乎不识字,终其一生都只能算是一个文盲。但是,他那种与生俱来的性灵天赋,借由他虔敬地颂神,跟那些神秘的游方僧人秘密交往却得到了最好的滋养。他们通过自身经历过的精神冒险的故事,激发了他孩子气的想象。

6 岁时,有一次在野外,他看到了雪白的天鹅,在乌云密布的

辨喜的老师室利·罗摩克里希纳(1836—1886 年)

黑色天空中穿行，就经历了人生的第一次性灵觉醒，当时，他立刻进入了狂喜的恍惚状态，跌入了对神性的冥想当中。后来，父亲的离世使家庭陷入困顿，这也进一步强化了他的性灵意志。因此，尽管他在16岁，去加尔各答投奔他的哥哥，他们也一起住在现代化的大城市加尔各答，但是，他拒绝在那里继续他的学业。因为，正如他自己所说的那样，他对那种仅仅为了赚取面包和黄油的教育根本没有多少兴趣。他的兴趣只在于渴望认识上帝。

各种因缘使然，当罗摩克里希纳终于在达克希什瓦的迦梨神庙担任祭司时，他那宗教情感的闸门便高涨至了顶点，也摆脱了一切形形色色的世俗束缚。就是在那里，至高神被他尊为"神圣母亲"。因为罗摩克里希纳对经典和复杂仪式一无所知，所以他就把整个灵魂都倾注在日日夜夜的虔敬祷告中，常常以祈祷与唱诵的形式进行对神的礼拜。至于食物、睡眠和其他的物质需求，则完全被遗忘在对神圣母亲异象的无比高涨的热情崇拜当中。

那时，他的许多夜晚，都是在附近的树林中以冥想的方式度过的。虽然，时而怀疑与希望交替出现，但内心的坚定与一些圣徒的见证，都会在他最绝望的黑暗时刻支持着他。传统的崇拜仪式，或仅仅是看到神像，这些都已经不能够满足他那一颗渴慕好奇的心灵。因为，他觉得一尊石像，不可能会是和平与不朽的赐予者。在这一形象的背后，一定有他决心要看到的实实在在的真灵。但这显然不是一项容易达成的任务。

在很长的一段时间里面，实在者一直与他玩一个捉迷藏的游戏，最后，屈服于这位年轻圣徒对挚爱的追求。当罗摩克里希纳感受到了神圣母亲的实相与直接存在时，他失去了知觉，倒在了地上，其内心却经历着持续不断的神圣喜乐。

这种神秘体验，使得他彻底陶醉于神性的喜悦当中，也使他原先的期待变得更加强烈，渴望获得更多的性灵经验。他希望无论睁眼还是闭眼，都能看见神的遍在。因此，他不顾一切地从事各种各样的修行，尝试各种极端甚至严酷的性灵实践。渐渐地，从他的脑海中抹去了最后一丝作为婆罗门种姓的傲慢，他常常悄然地去打扫一个贱民家里的厕所。通过深度的分辨，他逐渐消除了存在界的差别相，无论是金子还是黏土，本质皆一样。而守贞成了他每一次活着的呼吸。他再也不会把一个女子——无论是以哪一种形式，即使是在他的梦中亦然——区别于他自己的母亲或宇宙之母。很长的一段时间里面，他的上下眼皮都没有在睡眠时合拢过。终于，人们认为他疯了。

事实上，严酷的修行很快就摧垮了罗摩克里希纳脆弱的体质，他不得不返回到家乡卡玛普库尔恢复健康。他的亲戚和朋友看到他性格有了明显的变化，因为，曾经那个活泼快乐的男孩已经不见了，如今变成了一个热爱冥想的青年，他的目光总是望向遥远的天边。

他的母亲决定给他找一个媳妇，希望他能够结婚成家。一旦发现这是神圣母亲的意愿，罗摩克里希纳就同意了。他甚至指出那个女孩子家住哪里，即3英里外的贾拉姆巴蒂村（Jayrambati），那里住着莎拉达玛尼（Saradamani），一个5岁的小女孩。这位小女孩，她在许多方面都与同龄女孩子不一样。比如，她会向神祷告，希望让她的性格像晚香玉一样的幽雅芬芳；后来，在达克希什瓦，她又再次向神祷告，祈求神让她比满月更加纯洁，因为，尽管满月纯洁，但不免会有一些黑点。婚礼举行了，而作为新郎的罗摩克里希纳，却将整个

莎拉达·黛薇（1853—1920年）

事件当作一个有趣的游戏，或者视为一种新的性灵激励。

不久，他回到了达克希什瓦，再次投入宗教经验的狂风暴雨一般的精神生活当中。

他忘记了自己的母亲、他的新婚妻子、他的所有亲戚。然而，现在的他，在性灵训练方面也进入了崭新的阶段。他想在最优秀的古鲁——上帝与凡人之间的中介——指导之下，沿着印度教悠长的修道路径前行。于是，导师们一个接一个地来到了他的面前，但没有人知道这些人是从哪里来的。

其中一个老师乃是一位神奇的女子。① 在她的指导之下，他致力于密乘(Tantra)与毗湿奴信仰(Vaishnava)的性灵实践，并在令人难以置信的最短时间内取得了最高的修道成就。也正是这位导师诊断出他身上的一些疾病，其实是出于深层次的精神情感的原因，并将他外表的癫狂理解为对神深爱的结果，于是他立刻痊愈。此外，也是她第一次宣布他是神的现代化身，她在一群梵学家面前以最古老的经典为依据，证明她的声明，乃属真实不虚。②

---

① 这位神奇女士，据说出身于孟加拉的贵族家庭，来自婆罗门种姓，也是毗湿奴(Vishnu)的崇拜者。她受过良好教育，饱读圣卷，尤其是巴克提(Bhakti)经书，曾被性灵启示，要去寻找一位神启之人，并受命向这个人传达神的信息。所以，没有多余的介绍，甚至都不知道她的本名，虽然她被广泛称为帕拉维·帕拉玛尼(Bhairavi Brahmani)，意为"女婆罗门"。于是，母子关系便在这位女婆罗门和迦梨圣母的祭司之间建立了起来。译者注。

② 她在达克希什瓦召开了一个集会。在梵学家们的热烈讨论后，她倡议神学家们公开宣称罗摩克里希纳是新的阿瓦塔(Avatar)，即神的化身。于是，罗摩克里希纳声名远扬，大家都来拜访这位通晓所有形式成就法(Sadhana)的圣人。那些在不同道路上苦苦追随着的僧人、贤者、苦行者和修道士都纷至沓来，寻求处在各条智慧之路的交叉处的罗摩克里希纳的权威指引。他们描述罗摩克里希纳那令人着迷的外表，就像一个从但丁的地狱，或是从深海中走出的采珠人，在神迷的火焰中，他的身体在燃烧、在净化，散发着金色的光芒，直到生命的尽头。他的一生一直保持最纯朴的本质，从未显露过半点骄傲与自负。因为他是如此独自陶然于与神交往的愉悦当中，比起他已经达到的成就，他更加关注于如何继续前行。他并不喜欢被称为神的化身，当他抵达了所有人(包括他的女导师)认为的性灵顶点的高度时，他仍眺望那更高的峭壁，渴望登上那最后的巅峰。译者注。

另外一位导师开始指导罗摩克里希纳。这是一位托钵僧,名叫贾塔达利(Jatadhari),罗摩克里希纳日夜钻研"罗摩崇拜"的奥秘(the mysteries of Rama worship),他也体验到了罗摩的切身存在。再进一步,他通过罗摩崇拜,以及与圣父、圣母、圣友和心爱的人的神圣关系,而与神融为了一体。

还有,他跟随一位名叫托塔普里(Totapuri)的桑雅士学习。这是一位十分严厉的导师,罗摩克里希纳被纳入了僧侣的行列,几乎是在3天之内,他就领悟到了自己与梵(Brahman)的彻底合一,那种无差别的绝对境界。这一境界,是人类性灵追求的最高峰。托塔普里本人为此曾不得不奋斗了40来年,才得以亲自品尝到它的真实存在。

接着,罗摩克里希纳开始转向了基督教和伊斯兰教的信仰实践,他追寻它们各自的教义,进行了宗教的实修,同样,他获得了以往通过印度教的信仰实践所推至的一样结果。因此,他确信,这些名相不同的宗教,都是亲证神圣意识的有效途径。

最后,他开始崇拜自己的妻子——此时,莎拉达已经长成了一个19岁的年轻女子——把她视为宇宙的神圣母亲之化身,并把他过去的全部修行所得,供奉在了她的莲花足下。

从这时候开始,他已经有了答案,放下了一直以来的宗教探问。根据印度教的传统,夫妻关系正常建立起来时,这就是最牢固的世俗生活的基础。但是,这些都被罗摩克里希纳超越了。当一个男人在他自己妻子身上看到了神圣的存在时,他将在宇宙的每一处看到神。这是性灵生活的顶点。

现在,罗摩克里希纳本人已然确信,自己来到这个地球上是有一种神圣的使命。他知道,通过自己,神圣母亲将会建立起一个新的宗教组织,它是由那些愿意接受他所体验过的"普遍性宗教"信仰的人组成的。他进一步发现,任何一个曾经真诚地向上帝祈祷过的人,哪怕只有过一次这样的祈祷,和那些即将在地球上度过最后一生的人一样,都会接受他为他们准备的性灵理想,并根据他的普遍教导来重新塑造他们自己的生活。

他周围的人眼睁睁地看到这个不久前还被他们嘲笑为疯子的人,居然发生了如此巨大的变化,都感到深深的困惑,十分不解。这位青年祭司竟然成了神的奉献者;这奉献者,竟然变成一个苦行僧;这苦行僧,竟然还是一位圣人;这圣人,竟然是一个觉悟者;这已经觉悟的人,竟然会是这个新时代的一位伟大先知!

于是,就像盛开的鲜花,引来无数的采蜜者,罗摩克里希纳也吸引了不同信仰、不同智力水平与不同社会地位的男男女女来到他的身边。他慷慨地把那取之不尽的神圣智慧之宝库,赐给所有遇见的人,每一个人都会在他面前感到性灵的满足与振奋。

那时,唯有大师自己并不完全满意。因为,他渴望年轻的灵魂不受世俗的影响,为了认识上帝与为人类服务而能够勇敢弃绝。他真的着迷于这样的一种渴望。而世俗人们的谈话对他来说甚为索然。他也经常把这样的人比作牛奶与水的混合物,而且常常是后者占据了上风。他说,自己已经厌倦了从混合物中调制出浓牛奶这样的事情了。

夜晚,当他的痛苦达到极限,他就会一个人爬上神庙附近的一座建筑楼顶,扯着嗓子大喊道:"来吧,我的孩子!哦,你们都去哪儿了呢?我不能忍受没有你们的生活!"一个母亲对她心爱的孩子,一个朋友对他最亲爱的朋友,一个情人对他日思夜想的心上人,这些情感,都没有比他的这种渴望更强烈的了。

此后不久,注定要成为他弟子的那些年轻人陆陆续续抵达。其中,最重要的就是纳伦德拉纳特。

师父和纳兰在达克希什瓦的第一次会面意义重大。罗摩克里希纳当时立刻就认出了他未来的信使。纳兰对自己的衣着和外表毫不在意,与陪同他前去神庙的其他年轻人截然不同。他的眼睛令人见之不忘,印象深刻,有一部分内敛的神情,显示出一种冥想天赋的痕迹。他唱了几首歌,就像往常一样,把整个灵魂都倾注进去来吟唱。

他唱的第一首歌是这样的:

让我们返乡吧,
哦,我的心灵,回到真实的家园!
在这片陌生的大地,我们为什么要这样——
披着生人的外衣,漫无目的地游荡?
身周的万物无穷,五大元素,它们都是与你无关。
无一是你的真容。
你为何如此遗忘自己,爱上陌生的道路与陌生的人群,
是脑子蠢了吗?
你为什么会这样容易,就忘记自己?

请勇敢踏入那条真理之道,
我的心啊!不屈不挠地攀登吧!
以爱制灯,照亮你的前路,
你旅途的给养,需要自己随身携带,
你的美德,还要小心翼翼地隐藏起来,
因为,就像那样的两个强盗,
叫作贪婪和妄想,守候在你的路旁,要劫掠你的财宝。
且让美德紧随你身,
如同护卫,保护你免受损伤,
头脑要冷静,私念要驾驭。

> 这样的道路，自有圣人为伴，
> 也会有迎接你的屋宇。
> 疲惫的四肢可以得到休憩，如果有了疑惑，
> 探寻远方的道路，
> 那看着你的，他就是你的向导。
> 如果沿途有了畏惧，
> 那就大声呼喊神的名字，
> 他就是道路的主宰，死神也要向他低下头颅。

歌唱结束，罗摩克里希纳突然抓住纳伦德拉的手，把他带到北边的门廊。让纳伦德拉大惊的是，大师泪流满面，说道："啊！你为什么来得这么晚。你让我等了这么长的时间，多么不仁慈！听着那些世俗之人没有价值的谈话，我的耳朵都快被烤焦了。哦，我是多么渴望找到一个能理解我思想的人，以卸下我心灵的重担！"

然后，他双手合十地说道："主啊！我知道，你就是古代圣人纳拉亚那（Narayana）的化身——诞生于地球之上，就是为了解除人类的苦难。"

作为深受理性启蒙过的现代知识分子，纳兰将这些语言当成一个疯子毫无意义的话语。罗摩克里希纳还从他自己的房间里面拿出一些糖果，要亲手喂给他吃，这就令纳兰更加尴尬错愕了。但是，罗摩克里希纳还是让他答应，必须再次造访达克希什瓦。

他们返回到房间，纳兰就问大师："先生，你看见过神吗？"罗摩克里希纳毫不犹豫地回答他说："是的，我见过上帝。我看到他，就像我看到你一样，只是比这一切还要清晰。神是可以被看见的。你可以与他对谈。但是谁在乎神呢？人们可以为他们自己的妻子、孩子、财富和房子流泪哭泣，但是，谁会为见到神的容颜而哭泣呢？如果一个人真诚地祈求神，他就一定能够见到神。"纳兰深为

震动。这是他第一次与一位自称见过神的人面对面在一起。事实上,这也是他第一次听说,神是可见可对话的。他能够感觉到罗摩克里希纳的话是发乎内心深处的真实体验,这些话不容置疑。然而,他还是无法将这些语言与罗摩克里希纳几分钟前的奇怪行为协调起来。更让纳兰困惑的是罗摩克里希纳在其他人面前的正常表现。年轻的纳兰带着无穷的困惑回到了加尔各答,但内心有一种罕见的宁静与安详感。

在第二次拜访罗摩克里希纳时,纳兰有了更奇怪的经历。见面的几分钟后,罗摩克里希纳陷入一种神迷狂喜的状态,靠近纳兰,喃喃自语了几句,目光定定地看着他,并用右脚放在了纳兰的身上。就在此一触碰之下,纳兰看到了奇怪的景象:墙壁、房间、庙宇、花园——不,整个世界——都消失了,甚至,连他自己也消失在了虚空之中。他觉得自己肯定是面临死亡了,不由得惊喊起来:"你究竟对我做了什么?我家里还有父母,还有兄弟和姐妹啊!"

大师笑了,抚摸了一下纳兰的胸口,使他恢复了正常意识,说道:"好吧,那就让一切都在适当的时候发生吧!"纳兰完全不解,这究竟是什么意思,只是觉得罗摩克里希纳对他施了一个咒语。但是,这怎么可能呢?难道他不为自己拥有钢铁一般的坚定意志而深感自豪吗?他心中感到不快的是,自己竟然无法抵制一个"疯子"施加的影响。尽管如此,他还是感到罗摩克里希纳对他的内在世界产生了巨大的吸引力。

在他的第三次拜访中,情况并无转机,尽管纳兰一直保持着警惕。罗摩克里希纳把他带到旁边的花园,又在神迷的状态之下,触碰了纳兰。纳兰就被彻底慑服,失去了正常的知觉。

罗摩克里希纳提到这一事件时说,纳兰进入了无知觉状态后,他问了纳兰许多问题,关于他的过去,关于他在今生的使命,以及他的寿命等问题,他的回答进一步证实了大师自己的看法。罗摩克里希纳告诉他的其他弟子说,纳兰甚至在这一次出生之前,就已经达到了完美的性灵境界;他只是一个善于冥想的圣者。等到纳兰知道自己的真实身份后,他将会通过瑜伽神力,主动放弃身体而撒手人寰。人们经常听到他说,纳兰是"远古七贤"(Saptarishis)[①]之一,他们一直生活在绝对的完美境界里面。于是,他向弟子们讲述了自己所经历的一个景象,它与印度性灵世界的秘密使徒传系有关:

> 有一天,罗摩克里希纳在冥想中进入了三摩地的境界,他发现自己的思想在升腾,越过了太阳、月亮和星星等物理的宇宙,进入了宇宙之心的精微层次。当它继续上升时,众神的形式也一起被超越过去,置诸身后。它越过了分隔现象界与绝对界的那一道光的屏障,最后,进入超然的领域。就在那里,罗摩克里希纳看到了7位可敬的圣人沉浸在永恒的冥想中。他明白,这些圣人的智慧和圣洁,甚至已经超过了众神。
> 当他欣赏他们独特的性灵状态时,他看到未分化的绝对中有一部分变得凝固了,显现出一个神圣童子的模样。这童子轻轻过去,用他那柔软的手臂搂住一位圣人的脖子,然后,他又在圣人的耳边轻声说了一些什么。在这一神奇的触碰下,圣人从冥想中醒来。他半睁着眼眸,看着这个神圣童子,童子非常开心,说道:"我就要下到尘世中去了。你不愿意跟我一起去吗?"圣人用慈祥的眼神深深地看了一眼圣童,表示同意,然后,又回到了性灵的禅定之中,进入深度的冥想。罗

[①] "远古七贤",即 Saptarishis,在梵文中翻译为"七贤",其中"sapta"的意思是"七","rishi"指的是仙人、圣人或先知。"七贤"的传说,在印度教传统中占有重要的地位。在《吠陀经》《梵书》(Brahmana)与《奥义书》以及两大史诗等印度古典文献中,都有生动的记载。"七贤"被称为吠陀宗教的始祖。译者注。

摩克里希纳惊奇地发现,这位圣人的一小部分,就以光的形式落到人类的地球上,出现在纳兰所居住的加尔各答的那座房子里面。

当他第一次看到纳兰时,他就认出纳兰正是那位圣人的化身。他还坦露,那位使圣人来到人间的圣童子,不是别人,正是罗摩克里希纳他自己。

纳伦德拉纳特与罗摩克里希纳的会面,在两人的生命中都是一个重要事件。当纳兰来到罗摩克里希纳面前时,他的灵魂中已经卷起一场风暴。而罗摩克里希纳也经历过类似的挣扎,但因为与神灵的亲密交流,与自己对梵的亲证,知道梵是万物不变的本质,所以,他现在稳稳地居住在平静当中。

罗摩克里希纳的思想是印度大地的真正产物,他彻底了解印度的性灵传统,而对现代的知识一无所知。但是,纳兰则是现代精神的代表。他好奇、敏锐、理性,而且真挚。他拥有一种开放的心智,在接受任何一种结论之前,都要求有合乎理性的证据。作为梵社的忠实成员,他对一切偶像崇拜与宗教仪式皆持批评的态度。他也从来不觉得自己需要一个古鲁,甚至怀疑人间是否有这样的人存在:据说,这样的古鲁不受人性的限制,而且,求道者需要向他彻底臣服,交出自己,就像对上帝一样进行崇拜。纳兰曾公开嘲笑罗摩克里希纳与神的关系,并称这些都是无知的幻觉。

大约有5年的时间,纳兰与罗摩克里希纳关系甚为特殊,虽然十分密切,而纳兰却从不允许自己被盲目的信仰带走,不被其影响,而且,总是要在理性的熔炉中,一一检验罗摩克里希纳的一切言行。在他接受罗摩克里希纳作为导师,并接受导师的性灵生活理念之前,他付出了许多悲伤与痛苦的代价。但是,当接受的那一天真的来到之时,他是全心全意的,是最终的。导师也是,他也欣喜若狂，发现了一个会质疑自己的门徒。而且他知道，纳兰就是那个将把他的重要信息传递给全世界的人。

内在的变化慢慢发生在纳兰的身上，他完成了如蚕蛹化为一只美丽蝴蝶的内在过程，而且，再也不会退转了。这就像一切深刻的性灵秘密一样，永不被世界所知。然而，人们也注意到，在这位慈爱、耐心、宽容的导师与那专横、顽固、充满疑心的门徒之间，渐渐发展出了最亲密的关系。导师从未要求纳兰放弃理性。罗摩克里希纳在自己的性灵实践中获得了超强的理解力，对事物的本质拥有第一手经验，他以此来应对纳兰的各种挑战。当纳兰的推理未能解开最终的谜团时，导师就会给他必要的洞见。就这样，罗摩克里希纳以其无限的耐心、爱心与警觉，驯服了这位具有叛逆精神的弟子，要求他能够彻底服从道德和性灵的法则。毕竟，没有这些，宗教生活就无法建立在坚实的基础之上。

纳伦德拉纳特的出现，使罗摩克里希纳的心中充满了难以言喻的喜悦，并且常常跌入狂喜的神迷境界。他已经从许多迹象中了解了这个门徒未来的伟大，只是需要等待合适的时间，一切皆会如愿发生。别人认为纳兰固执或傲慢，而在罗摩克里希纳看来，这是他男子气概和自强不息的强大精神，纳兰的自我控制和心灵的纯洁乃是与生俱来的品格。所以，导师不能忍受别人对纳兰哪怕最轻微的批评，他经常对众人说：

> 不要草率地评价他。人们也许永远不会彻底了解他。

罗摩克里希纳深爱纳伦德拉纳特，因为他直接将纳兰视为宇宙大神纳拉亚那的化身，是神圣的大灵，无法被世界的污浊气息玷污。但因为这种深度的依恋，他也遭到了一些批评。有一位名叫哈兹拉（Hazra）的人，这是一个心灵扭曲的麻烦制造者，他与罗摩克里希纳同住在达克希什瓦的神庙里面,曾对他说:"如果你所有的时间都在渴望纳兰和其他类似的年轻人,你什么时候会想到你的神呢?"最初,罗摩克里希纳也为这个想法苦恼了一阵子。但他后来明白,虽然神确实居住在一切众生当中,却特别体现在一些纯粹的灵魂之中。而特别是像纳兰这样纯洁的灵魂,神的显现就尤为明显。于是,他解除了忧虑,然后说道:"哦,哈兹拉真是一个大傻瓜!他怎么让我心神不宁?!但为什么要责备这个可怜的家伙呢?他又怎么会明白这一切呢?"

罗摩克里希纳总是大声称赞纳兰。这也常常使这位年轻的弟子感到尴尬。他会批评导师的这种糊涂。有一天,导师高度评价梵社的两位领导人柯沙布·森和维贾伊·戈斯瓦米(Vijay Goswami)①,认为他们两位是道德高尚的杰出领导人。然后他又加上一句:"如果柯沙布拥有一种使他闻名世界的美德,纳兰则拥有18种这样的美德。我在柯沙布和维贾伊身上看到了神圣光芒,但是这些光芒有些微弱,它们就像蜡烛的火焰一样燃烧着。而在纳兰的身上,那火焰却十分强烈,闪耀着如太阳一般的光辉。"

纳兰并没有因为这些赞美而感到高兴,反而常常有些恼火,他会毫不客气地反驳师父,认为他的话有些轻率。"我也没有办法,"大师抗议道,"你以为这是我要说的话吗?是神圣母亲向我展示了你的某些信息。我只是重复它们而已。她向我透露的只有真相,再无别的!"

但是,纳兰很难被轻易说服。他认为这些所谓的启示,纯粹是人们的幻觉罢了。他向罗摩克里希纳仔细解释说,从西方科学和现代哲学的角度来看,人往往会被自己的头脑所哄骗。而且,一旦

---

① 柯沙布·森和维贾伊·戈斯瓦米都是梵社第三代领袖。维贾伊是孟加拉梵社的领袖,他经常去达克希什瓦;当时梵社思想不能完全满足他。他对罗摩克里希纳怀有深深的敬意,大师去世之后,他也在1886—1887年,放弃了与梵社运动的一切联系,开始了他进一步的内在之旅,走向最终的实相探索。译者注。

涉及个人的主观情感时,其受骗的概率就会更大。他对大师说道:"因为你喜爱我,希望看到我的伟大,这些幻觉自然就会出现在你的脑海中。这并没有什么奇怪的!"

罗摩克里希纳感到很困惑。于是,他再次向神圣母亲祈祷,他被告知:"为什么你要在意他说了什么?在很短的时间内,他就会相信你所说的每一句话,并且认为这些话都是真实的。"

还有一次,当罗摩克里希纳被纳兰指责时,他再次得到了神圣母亲的确认与安慰。于是,他笑着对纳兰说:"你是个捣蛋鬼。我再也不会听你的了。神圣母亲说了,我爱你是因为我在你身上看到了神。如果有一天我在你的身上看不到了,我甚至连看都不会看你一眼。"

因为忙于学习或其他原因,纳兰常常不能如导师希望的那样来达克希什瓦。但师父难以忍受他的长期不在。如果纳兰有好几天没有来看望他,他就会派人去加尔各答找他。有时,他也会亲自去加尔各答。

有一次,纳兰长达数周,一直未能去拜访达克希什瓦,甚至连师父的热情相邀,也没能把他邀请过来。而罗摩克里希纳知道,纳兰经常会在梵社的祈祷会上唱歌。于是那一天,他就来到了纳兰常常出席的梵社会堂。当罗摩克里希纳进入大厅时,唱诗班里面正是纳兰在唱歌。当他听到纳兰的声音,立刻陷入深深的狂喜,进入禅定。梵社会众的所有目光都转向了他,很快会堂就骚动起来。纳兰赶紧跑到他的身边。梵社的一位领导为了制止这种骚动,他就把灯熄灭了。这位年轻的弟子明白,是大师的突然造访而造成了这种秩序的混乱,便很不客气地责怪大师。后者眼中噙着眼泪,回答他说,自己是无法离开纳兰太久的啊!

还有一次,罗摩克里希纳因无法忍受纳兰的缺席,他便前往加尔各答城里去寻找纳兰。有人告诉他,纳兰正在二楼的阁楼中学习。那里只能通过一架陡峭的楼梯才能到达。当时,大师的侄子拉姆拉尔（Ramlal）正照顾着他，陪伴左右。于是，在他的帮助之下，罗摩克里希纳爬了几级台阶。可能是听到了什么声音，纳兰出现在了楼梯的尽头。一看到纳兰，罗摩克里希纳就惊呼道："纳兰，我心爱的纳兰啊！"话音未落，就立刻跌入狂喜出神的境界，不省人事。纳兰与拉姆拉尔艰难地帮扶着他，完成了一级又一级台阶的攀登，当他进入房间时，大师进入了深深的三摩地。当时有一位与纳兰一起学习的同学对宗教的这种狂喜出神一无所知，他困惑地问纳兰："这个人是谁啊？"

"别在意，"纳兰答道，"……你现在最好还是回家去吧！"

纳兰经常说的那位"老人"，即指罗摩克里希纳，这"老人"是用自己的爱将弟子永远地与自己绑在了一起。纳兰说："世俗的人，哪里知道什么是爱？他们只是做做样子，是表演着爱而已。只有我的古鲁才是真正地爱着我们！"作为对导师的报答，纳兰对罗摩克里希纳也产生了深深的爱，尽管他很少直接用语言来表达。反而，他喜欢批评导师的性灵经验是幻觉，是缺乏自我控制的证明，他还常常取笑他，笑他对神圣母亲的盲目崇拜。

"你为什么要来这里？"罗摩克里希纳曾经问他，"如果你不接受迦梨女神，我的神圣母亲！"

"什么话！我凭什么必须接受迦梨女神，"纳兰反问道，"仅仅因为我要来见你就必须接受吗？我来找你，是因为我爱你。"

"好吧，"大师说，"不久之后，你不仅会接受神圣母亲，深受祝福，而且，你还会以她的名义哭泣。"

接着，罗摩克里希纳将头转向了他的其他弟子，说道："这孩子对神的人格形象没有信心，并告诉我，我所看到的纯粹是幻觉、纯粹是想象。但他是一个有着纯洁脑袋的好孩子。他不愿意接受任何没有直接证据的事物。他学识渊博，培养出了很好的分辨力。是的，他有很好的分辨力、很好的判断力……"

第三章
灵 魂 操 练

在岁月流逝的刻度上,纳伦德拉纳特究竟何时正式接受罗摩克里希纳作为自己的精神导师?我们今天已经很难说出准确时间。然而,对罗摩克里希纳来说,他们的性灵关系是在达克希什瓦的第一次会面便已经建立,当时,他触及纳兰内心深处。从那一刻起,他就对这个弟子充满信心,并且给了他极大的爱。但是,他也鼓励纳兰独立思考。师父的圣爱和信任给这位偶尔不免有些鲁莽的年轻人以约束作用,成为他抵御世界诱惑的坚强盾牌。慢慢地,作为弟子的纳兰,由最初的重重疑虑,渐渐获得了信心的确定,而心灵的痛苦,也过渡到了精神的幸福。然而,这绝非一个轻松的过程。

罗摩克里希纳是一位完美的大师,他因材施教,诱之以思,唤之以情,待其内省自反,以醒觉其固有之灵明,他从来没有为气质不同的弟子制定过相同的教育原则。比如,对于纳兰,并没有坚持要他遵守严格的饮食规定,也没有要求他必须相信印度神话中诸神的真实性。对于纳兰那样天生的哲学头脑来说,追求具体的人格化神的崇拜,也没有任何必要。但与此同时,他对纳兰的性灵训练却毫不放松、十分严格,保持始终如一的深度关注,其中包括分辨、不执、自我控制与定期冥想的训练。罗摩克里希纳很愿意听到纳兰与其他门徒的激辩:关于宗教信仰的各种教条,众人展开热烈的争论；并且，他也很高兴看到纳兰把宗教徒不问世事的信仰撕成碎片。但是，当纳兰嘲笑温柔的拉哈尔（Rakhal）①对神圣的迦梨女神崇拜时，师父就不会容忍这些可能会动摇门徒对神的人格形象信仰的行为。

作为梵社的成员，纳兰接受了其一神论和人格神的教义。他还相信人有容易堕落的秉性。他认为，那种认为灵魂是神圣的，以及存在的一体性等吠檀多不二论学说，那是对神的大亵渎；而人与神是一体等观点，在他看来纯属无稽之谈。当罗摩克里希纳提醒他，不要限制上帝的无限性，并要求他学会向神祈祷时，就向他揭示上帝的真实本性。纳兰不以为意。有一天，他在一个朋友面前取笑罗摩克里希纳的不二论观念，他说："还有什么比说这个茶壶是神，这个杯子是神，而我们也是神更荒谬的观念。"

正好，这时候大师出现了，当他了解了他们发笑的原因后，他轻轻地触碰了一下纳兰的身体，于是，纳兰陷入了深深的三摩地。这一触碰带来的神奇经验，纳兰立时进入一个崭新的意识境界：他看到了弥漫在整个宇宙里面的性灵，看到万物皆被无边的神性充满。他迷迷糊糊回到了家，在他吃饭的时候，他感觉梵就在一切事物中存在——在食物中，在自己的身体中；当他走在大街上，看

---

① 即后来贝鲁尔道院的主席斯瓦米·布拉马南达（Swami Brahmananda），全名拉哈尔·钱德拉·戈什（Rakhal Chandra Ghosh），1863年出身于西孟加拉的一个富裕家庭，是罗摩克里希纳精神上的儿子，也是初次见面，就被大师认出；后来的岁月中，每当大师沉浸在三昧中时，他都会小心翼翼地守护大师的身体，是大师行走人间的拐杖，相当于佛教里面的阿难与佛陀的关系。1885年，大师罹患喉癌，病情越发严峻。拉哈尔请求大师向神圣母亲祈祷，以求康复。但大师不可能为自己的健康祈祷，他只是简单地回答说："这取决于迦梨女神的意思。"第二年，大师溘然长逝，拉哈尔如同失怙。他与纳兰于中学期间就认识，并由纳兰介绍，参加梵社的活动。但他与辨喜的思辨天赋不同，自幼年起，他就倾向于崇拜人格化的神，天生有虔敬的品格，喜欢献给神的圣示。大师生前曾悄悄告诉纳兰："拉哈尔拥有管理一个庞大王国的智慧和能力。"所以，他也是继辨喜尊者之后的未来贝鲁尔道院的掌门人。译者注。

到了马车、马匹、人群和他自己，仿佛都是由同一物构成。几天之后，这种幻觉的强度才稍稍有所减弱，但是，他仍然把整个世界视为一个梦境。当他独自在加尔各答的一个公园里面散步时，他竟然用头撞了几次铁栏杆，想看看它们是真的，还是纯属心灵的幻觉。

也是从此刻开始，纳兰对非二元论有了一丝瞥见，有了自己的一份体认，而这种体认最充分的发展，则是在后来于花园之屋（Cossipore）发生的，他有了一番彻悟的境界。

罗摩克里希纳总是很高兴于他的门徒们在接受自己的教导之前，深入地检验他的观点或者行为，他说："检验我，如同换钞员检验他们的钱币真伪。在没有彻底的检验之前，你们千万不要相信我。"门徒们经常听到大师说起，因为他的属灵经历，他的神经系统已经发生了彻底的改变，比如，他不能触碰任何的金属之物，无论是金，还是银。有一天，在他离开加

纳兰在花园之屋，1886年

尔各答时，纳兰将一枚硬币藏在了罗摩克里希纳的床上。大师回来，刚刚在床上坐下，忽然就痛苦地站起来，似乎是被虫子蜇了一下。当他检查床垫的时候，果然发现了一枚隐藏的金属硬币。

同时，纳兰也经常受到大师的考验。有一天，当他进入大师的房间时，大师完全忽视他的存在，连一句问候话语也没有说。一个星期后，他又来了，遇到了同样的冷遇。第三次和第四次来，他没有看到任何迹象表明大师的冷漠态度有所松动。

第三章 灵魂操练

直至月末，罗摩克里希纳对纳兰说："最近，我没有和你说过一句话，而你一直还是照样来了！"

纳兰回答道："我来这里，不是为了与你说话！我来达克希什瓦，是因为我爱你，我想看望你。"

大师欣喜若狂。他拥抱了弟子，说："我只是测试你。我想看看，你是否会因为我外表的冷漠而离开。只有一个像你这样内心强大的人，才能忍受我这样的一种冷遇。换成任何一个人，他早就离开我了啊！"

一次，罗摩克里希纳打算传给纳兰许多性灵的能量，这是他因长年苦行与对神的觉悟而获得的精神力量。纳兰毫不怀疑大师拥有这样的能力。他问大师，这些能量是否能够帮助他认识上帝。罗摩克里希纳否认了这一点，但他补充说，这些能力会帮助他在未来成为一位精神的导师，可以很好地帮助他完成往后的一些工作。

"让我先认识上帝，"纳兰说，"然后我也许会知道我是否需要超自然的能力。如果我现在接受它们，我可能会忘记上帝，私自地运用它们，那将是一个悲剧。"

罗摩克里希纳看到自己心爱的首席弟子有如此纯粹的一种虔敬精神，他非常高兴。

在纳兰成长的岁月中，一些因素塑造了他的个性。其中最重要的，就是他与生俱来的性灵天赋。而在大师的影响之下，他的性灵倾向开始显现，但是，他的理性思维却与之展开了对抗，常常需要做一番激烈的斗争。其次，是他思想高尚、行为高贵的习惯，这是从深受印度精神遗产熏陶的母亲那里获得的教养。再次，是他的开阔胸襟，对任何文化的真理都一样重视，对当时充斥于印度社会的宗教信仰和社会习俗则持着一种怀疑态度，这是他从受过英国教育的父亲那里学来的，而且他通过自己与西方文化的接触，在这方面有了进一步的强化。

19世纪中期,随着英国教育在印度的引入与普及,正如我们所看到的那样,在印度的学院和大学里面,人们都在研究西方的科学、历史和哲学,受过现代教育的印度青年,都会被这种学术时尚吸引,开始根据新的教育愿景塑造他们自己的思想,纳兰也未能逃脱这种影响。他对分析性的科学方法有极大的尊重与敬意,并将大师的许多性灵图像置于这种分析之下。英国的一些诗人曾经启示他的情感世界,特别是华兹华斯和雪莱(Percy Bysshe Shelley)。他还系统学习了西方医学,以了解神经系统的功能,特别是大脑和脊髓,以便找出罗摩克里希纳所体验到的那些幻觉的秘密。但是,所有这些还往往加深了他内心的某种混乱。

约翰·密尔(John Stuart Mill)①的《宗教三论》(Three Essays on Religion)打破了他自少年时起就一直持有的有神论思想,还有从梵社那里学到的乐观主义。人与自然中存在的邪恶深深困扰了他,他根本无法将它跟全能的造物主的爱与慈悲联系起来。而休谟的怀疑主义②和赫伯特·斯宾塞的"不可知论"也影响了他,使他的头脑中充满了坚定的哲学不可知论。在最初的新鲜和天真情感消磨殆尽之后,他又被某种理论的枯燥所困扰,再也无法像以前那样虔诚地祈祷,他的内心充满了抑郁。然而,他却将这种抑郁掩盖在他的快乐天性之下,显然,他对这一切充满失望。在

---

① 英国哲学家、经济学家和功利主义的倡导者。他是19世纪有重要影响力的思想家,以自由和探究的精神处理他所处时代的重大问题,一直受到人们的关注。主要研究的内容集中在逻辑学、政治经济学和伦理学。代表作有《论自由》。这里提到的《宗教三论》是密尔去世之后的第二年,即1874正式问世。译者注。

② 休谟(David Hume),苏格兰不可知论哲学家、经济学家、历史学家,被视为苏格兰启蒙运动以及西方哲学历史中最重要的人物之一,他还影响过康德的哲学。他的怀疑主义是一种哲学观点,认为人类的一切认识都源于感觉经验,物质和精神实体的真实状态甚至它们的存在与否都是值得怀疑的。休谟的怀疑论对科学方法和知识的确立产生了影响,强调认识的局限性和经验的不足。译者注。

人生的这一艰难阶段,音乐给了纳兰重大的帮助,因为音乐能够打动他,让他瞥见看不见的整体实在性,常常让他热泪盈眶。

纳兰对单调的阅读没有太大的兴趣,相比从生活的交流与个人经验中吸收,他也从不愿意直接从书本上吸收知识。他希望生活能被生活点燃,而思想能被思想启示。他在大学的同班朋友布拉金德拉·希尔(Brajendranath Seal)①的指导下开始学习雪莱。希尔后来成为印度当时最主要的哲学家。他们与诗人雪莱一起,深切感受到诗人的泛神论、非个人化的爱,以及对完美人性之光的憧憬。宇宙,不再是一个单纯的、无生命的、无情爱的机制,而是被视为包含统一精神原则的整体存在。此外,布拉金德拉还试图向他展示吠檀多的最高梵、黑格尔的普遍理性和法国大革命的自由、平等和博爱福音的综合体。通过接受作为至高宇宙理性的道德原则,以及对个人主义的超越,纳兰在思想上渐渐战胜了怀疑主义和机械唯物

辨喜的大学同班同学
著名学者布拉金德拉·希尔

---

① 印度著名学者,纳兰的大学同班,也是苏格兰教会学院的校长威廉·哈斯蒂的学生,同时是诗人泰戈尔的重要朋友,是国际大学落成典礼中的重要嘉宾。作为一位博学鸿儒,才华出众的大学者,希尔精通科学和人文等多个学科,其主要著作是《古印度人的科学思想史》(*The Positive Sciences of the Ancient Hindus*),该书除是一部科学史著作外,还展示了古印度哲学观念的相互关系,也是他的博士论文,其最后一章是对印度思想史的全面而权威的贡献,其精辟的见解至今仍具有现实意义。因其重要的学术成就,被英国政府封为爵士。希尔回忆辨喜尊者的文章中说道:"他(纳兰)要求我提供适合他这种情况的初学者的有神论哲学读物。我列举了一些权威论著,但直觉主义者和苏格兰常识学派的陈词滥调只能更进一步证实他的不信。此外,在我看来,他似乎没有足够的耐心去读那些无聊的书籍;他的能力显然不是从书本中汲取营养,而是从生活交流和亲身经历中汲取营养。对他来说,是生命点燃生命,思想点燃思想。"译者注。

论,但是,他的心灵并没有得到安宁。

现在,纳兰不得不面对一个新的困难。黑格尔的"无血芭蕾"("没有血肉范畴的不食人间烟火的芭蕾")和"宇宙理性"的信条,要求纳兰抑制他的艺术禀赋与快乐的天性,这种思想也败坏了他那敏锐的对感官世界的一种渴求,窒息了他的自由精神,让他失去了欢快的活力,这几乎等于扼杀了他的真正自我。此外,他还发现,在一个热血青年与激情的渴望做斗争的过程中,自己根本无法从各种各样的哲学中找到任何一种帮助。这些激情的渴望,他视之为不纯洁的,是粗俗的、肉欲的。而一些他认识的那些热爱音乐的伙伴,往往也容易道德堕落,他深深地为他们难过,也毫不掩饰自己的蔑视。

因此,纳伦德拉就问他的朋友布拉金德拉,是否知道从感官的束缚中得以解脱的方法。但他被告知——只需依靠纯粹的理性,并将自我与之认同,如此将会体验到一种难以形容的思想平静。很显然,这位朋友是一位柏拉图式的超验主义者,他并不相信,所谓的古鲁崇拜或人为恩典等。

但是,纳兰的问题和困难,显然与他的知识分子朋友颇为不同。他发现,单纯的哲学在人们遇到诱惑的时候,或者在为拯救自己灵魂的斗争中,往往是无力的。于是,他感到需要另外一只手来拯救、超拔与保护自己——这是在理性之外的沙克蒂(Shakti,女神力量),将他的无能、无力转而变为力量和荣耀。他希望在一个有血有肉的现实中建立起自己的平静、建立起自己的确定性。简言之,他需要一位活生生的大师,可以通过完美的肉身行世,与自己灵魂中的韵律合成一个美妙的乐章。

梵社的领导人,就像其他宗教教派的领导人一样,都没能给他这种印证。唯有罗摩克里希纳以前所未有的权威在对他说话,并以他的力量给纳兰不安的灵魂带来平静与清凉,治愈其精神上的创伤。起初,纳兰担心自己在大师面前所获得的安慰只是一种幻觉。但他的疑虑渐渐被罗摩克里希纳完美的梵经验(Satchidananda Brahman)——绝对的存在、智慧和喜乐(Existence, Knowledge and Bliss Absolute)——中传递出来的那一份深广的宁静彻底消解。①

　　罗摩克里希纳总是沐浴在灵魂的静穆之中,十分安详。纳兰虽然无法做到这一点,但是他发现自己灵魂里面的动荡不安与大师的这份宁静有着极鲜明的对照。于是,他恳求大师能够教他冥想之道。而罗摩克里希纳的回答对他来说,也是一种安慰和力量的甘泉。大师说:"上帝听从我们真诚的祈祷。我可以发誓,你可以看到上帝并与他交谈,就像你看到我并与我交谈一样真切。你可以倾听到他的话语,感受到他的触摸。"此外,大师还进一步解释:"也许,你可能不相信上帝的外形。但是,如果你相信有一个终极的实在,他是宇宙的掌管者,那么,你就可以这样向他祈祷——上帝啊,我不认识你。恳请你慈悲施恩,向我揭示你的真实本性吧!如果你的祈祷是足够真诚的,他肯定会听从你的恳请。"

　　于是,纳兰在大师的指导下,深入学习冥想之道,开始失去对身体的知觉,并感觉到内心的宁静,这种宁静甚至于冥想结束之后,还会持续地存在。他经常感觉到自己的身体与灵魂之间的分离。在梦中,他还会有一种奇怪的体验,产生一种飞升的感觉,这种感觉在他醒来之后也仍然存在。大师正以一种不可思议的方式在执行他的目标。纳兰的朋友们只能观察到他的外部的努力,但真正的变化,只有大师最清楚——当然,纳兰自己也知道。

　　1884年,当纳兰正准备文学学士的毕业考试时,家庭遭遇了

---

① 这段关于纳兰于大学时代的心灵斗争,由布拉金德拉写成了一篇重要的文章,发表在印度"幻住庵"的不二论道院(Advaita Ashrama)出版的《斯瓦米·辨喜尊者的一生》(Life of Swami Vivekananda)的书中。原注。

一场大变故。他的父亲突然撒手人寰，母亲和孩子们陷入巨大的悲痛。父亲维斯瓦纳特一直以来都是一个慷慨大度的人，他的生活早就超出了他的支付能力，故入不敷出，平日又没有多少积蓄。所以，他的死亡立刻使得这个家庭背上了沉重的债务。债主们像饥饿的狼群一样，开始在家门口逡巡，而更糟糕的是，某些亲戚还提起诉讼，要求分割他们的祖宅。虽然他们最后败诉，但从此以后，纳兰自己的家庭却不得不面临贫困的生活。作为家庭中最年长的男性成员，他必须找到养活七八张嘴的工作。为此，他还曾准备参加法律课程的考试。

从此，他常常穿着粗布衣服，赤着脚，饿着肚子四处奔波。他也经常拒绝朋友们的聚餐邀请，因为他想起自己还没有食物吃的母亲、兄弟和姐妹。在家时，纳兰又会谎称自己已经在朋友那里吃过饭了，以便家里人可以得到更多的食物来果腹。达塔家族的人一直都是很骄傲的，不会乞求从外人那里得到帮助。与他的同伴们在一起，纳兰表现出来的还是一贯的欢快。某些富有的朋友无疑注意到了他苍白的脸色，但是，他们没有采取任何措施来帮助他。只有一个朋友偶尔送来了匿名援助，这使得纳兰对他终生感激。

这些时候，他找工作的所有努力都失败了。那时的加尔各答，一些以不诚实的方式赚钱的朋友曾要求他加入他们，一个有钱的女人还给了他一个不道德的建议，承诺帮他走出这种贫困的生活。但纳兰对于这些都给予了直言不讳的拒绝。有时，他会想，这个世界是不是属于魔鬼的杰作？因为，如果是上帝创造，如何解释那么多的痛苦需要人类来承受？

一天，在寻找工作无果后，他疲惫地坐在加尔各答的大公园里，在奥奇特罗尼（Ochterlony）纪念碑的阴影下，双足十分沉重。在那里，一些朋友来了，其中一个还唱了一首歌，也许是为了安慰他，描述了上帝的丰盛恩典与无比的仁慈。

深处痛苦中的纳兰抬起头来，说道："你停止唱这首歌好吗？毫无疑问，这样都是一种幻想。只是用来取悦那些生来就含着金汤匙、银汤匙的人。是的，曾经有一段时间，我也有过这样的幼稚想法。但如今，这些想法在我看来简直是一种对人生异常悖谬的嘲弄。"

朋友们都讶然，感到困惑不解。

一天早上，像往常一样，纳兰从他的床上起身，念诵着神的名字，在寻求神的祝福之后，他就准备出去找工作。他的母亲听到了他的祈祷，痛苦地说："唉，你这个傻瓜孩子！从小你就在为上帝而哭得声嘶力竭。那你告诉我，上帝为你做了什么？"显而易见，家里的贫困已经让这位虔诚的母亲也无法承受了。

这些话也深深地刺痛了纳兰的心灵。他对上帝的存在和旨意产生了深深的怀疑。而纳兰的天性是不会隐藏自己的感受的。所以，他常常在自己的朋友面前，甚至在罗摩克里希纳的众弟子面前争论上帝的不存在与祈祷的无用。

他那些过分热心的朋友认为他已经变成了一位无神论者，并把许多不可告人的莫须有的罪行也归咎于他。他是为了忘记自己的痛苦而犯下这些罪行云云。这时候，连大师的一些门徒也有了这样的看法。纳兰很生气，他们竟然也相信自己已堕落至斯，感到异常的愤怒和羞耻。于是，他的态度变得强硬起来，并为喝酒和其他可疑的乐趣辩护。这些乐趣往往是可悲的人为了从痛苦中获得喘息机会而选择的生活方式。他还说，如果自己确信这种方法有效，他会毫不犹豫地采取。

他还公开宣称，只有懦夫才会因为害怕地狱之火而去信奉上帝，他争论着上帝不存在的可能性，并援引西方哲学家的一些观点来支持自己的立场。当大师的那些门徒也确信纳兰已无可救药，已经彻底迷失方向时,他感觉到了一种内心的满足。

渐渐地,这些乱七八糟的传言传到了罗摩克里希纳的耳朵里。纳兰想,大概大师也会怀疑自己的品行操守了吧。而这一想法更是令他激动起来。"没关系,"他对自己说,"如果关于一个人善恶的观点就建立在这样脆弱的理解基础之上,那我根本就不在乎。"

但纳兰错了。有一天,大师的门徒,也是纳兰的好友巴瓦纳特(Bhavanath)在对纳兰的品格进行了议论时,大师生气地说:"住嘴,你这个傻瓜!神圣母亲告诉我,不要随意诋毁,这根本就不是真相。如果你再这样说话,我就不愿意再在这里看到你的脸了。"

事实是,纳兰在内心深处是不可能不相信上帝的。他一直记得自己在童年时代经历到的性灵图景,以及他在大师身边经历的许多精神体证。在其深心处,他渴望了解上帝、了解他的用意。一天,他获得了这种理解,事情的经过是这样的。那一天,他从早上就开始冒着雨水出去找工作,一整天都没有吃上东西,也没有获得休息。晚上,他散坐在路边一栋房子的门廊上,疲惫不堪。他陷入一种人生的迷茫,脑海中开始闪现一些模糊的想法,他无法控制这些想法的出现。突然间,他看到了一个奇怪的景象,这一景象几乎持续了一整夜。他感到遮蔽在灵魂面前的那些面纱被一层又一层地揭开。最后,他看清了上帝的正义与他的仁慈是交织在一起的。他开始知道——但他从来没有说过究竟是怎么知道的——痛苦可以存在于慈悲的上帝的创造中,而不会损害上帝的主权,也不会触及人的真实自我。当他明白了这一切,得到了大慰藉,感到一种安宁。天亮前,他的身心焕然一新,回到了家中。

这一启示深刻地打动了纳兰的内心,对他影响深远。他人的意见对他再也不起作用了,并确信自己生来就不是为了过一种普通的世俗生活,比如享受妻儿的爱,享受物质的成就。他想起来,他的亲戚给他介绍的几次婚姻都没有结果。他把这一切都归功于上帝的旨意。修行生活的平静和自由对他产生了一种特别的魔力。他决定弃绝世界,并为这一行动确定了一个大体日期。很快,他就得知罗摩克里希纳将要在某一天访问加尔各答,他很高兴地想到他可以在大师的祝福下,拥抱托钵僧的自由生活。

当他们见面时,大师要纳兰陪他去达克希什瓦。就在他们到达大师的房间时,罗摩克里希纳马上进入了一种狂喜的情绪,唱起了圣歌,眼里噙满了泪水。这首歌的歌词清楚地表明,大师知道这位弟子的隐秘心愿。当其他信徒问他流泪的原因时,罗摩克里希纳说:"哦,别介意,这是我和纳兰之间的事。与其他人无关。"那天晚上,大师就把纳兰叫到身边,充满感情地说:

> 我知道,你是为神圣母亲的工作而诞生此世的。我也知道,你将会成为一个桑雅士。但是,只要我还活着,至少你为了我的缘故,请继续留在这个人世上。

说着说着,他又哭泣起来。

不久之后,纳兰找到了一份临时的工作,勉强维系他们一家人的温饱。

有一天,纳兰问自己,既然神圣母亲迦梨可以听到罗摩克里希纳的祈祷,为什么大师不向她祈祷以减轻自己的生活贫困呢?当他把这个想法告诉了罗摩克里希纳时,后者就问他为什么不自己向迦梨祈祷,并说纳兰受苦正是因为他从不愿意承认迦梨就是宇宙的主人。

"今天,"大师继续说,"是星期二,正是崇拜神圣母亲的吉日。傍晚时分,你去到她的神殿,在神像面前跪下,可以向她祈求任何一种恩典与赐予;她会满足你的一切愿望。迦梨圣母就是爱和慈悲的化身。她有梵的伟大能力,仅凭她自己的愿望就能够创造出整个宇宙,她当然可以满足信徒们的每一个真诚祈求。"

晚上9点,纳兰去了迦梨神庙。穿过花园的时候,他感觉到自己的心口有一种涌动的暖流,他的心因期待神圣母亲的景象而欢呼雀跃。进入圣殿后,他凝视着圣母的神像,发现这个石像不是别的,正是活生生的女神,是神圣母亲她自己,而且准备满足他的任何祈求,赐予恩典——要么是幸福的世俗生活,要么是精神的无上喜乐。他欣喜若狂。他祈求的恩赐是智慧、分辨、弃绝,以及不间断的神启图景,但是,他忘了向神灵乞求目前最要紧的生活财富。当他返回到师父的房间时,内心感到无比的宁静。被师父问及是否祈祷过金钱时,他自己吃了一惊。他说,他已经把这件事情全然忘光了。师父让他再次去圣殿,向圣母祈祷,以满足他生活中最迫切的需要。纳兰照做,但是,他又一次忘记了自己的任务。同样的事情,又发生第三次。后来,纳兰突然意识到是罗摩克里希纳让他忘记向神圣母亲要求世俗的东西。也许,他想让纳兰过一种弃绝的托钵生活。于是,他要求罗摩克里希纳为自己的家庭做一些事情。师父告诉纳兰,享受世俗的生活,不是他的天命。但是,他向纳兰保证,他的家庭能够维持简单的生活,不需要有任何的担心。

以上事件在纳兰的头脑中留下深刻印象,它丰富了纳兰的性灵生活。因为他对神的本体及其在现象宇宙中的活动方式有了新的认识与了解。迄今为止,纳兰对上帝的认识一直局限于一个模糊的、非人格化的实在,或者是一个远离世界之外的创造者。现在,他意识到神性就存在于一切的被造物中,当宇宙从神性自身的内部投射出来以后,神性又作为生命和意识进入所有的被造物中,无论是以显性的方式还是隐性的方式。这同一个内在之灵(Immanent Spirit),或宇宙之灵(World Soul),当我们视它为宇宙的创造、维系和毁灭的人格时,就称为他人格化的上帝(Personal God),并在不同的宗教通过以下关系对其进行崇拜:父亲、母亲、君王或爱人的关系。纳兰知道,这些关系都有其适当的象征,而迦梨女神就是其中之一。

在神圣母亲迦梨的身上,上帝就体现为创造与毁灭、爱与恐怖、生命与死亡,她是整个宇宙的象征。由宇宙的显现与不显现所构成的永恒循环,恰如神圣母亲的一次呼吸,没有它,就没有生命,而是死亡。她被涂上了鲜血,因为没有血与苦,现象世界的画面就不完整。对那些违反律法的邪恶者,她就是恐怖的化身。相反,对于那些有德行的人来说,她就是最慈祥的母亲。在创造之初,她在自己的子宫中含摄了一切宇宙的种子。这是在上一个大循环周期留下来的。宇宙万物从种子状态显现出来之后,她就成为宇宙的维系者与滋养者。当一个循环结束,她将整个宇宙收回自己的体内,并保持为无差别的沙克蒂(Sakti),即梵的创造性能量。她与梵没有本质区别。当她从宇宙的创造、维系和毁灭的行为中摆脱出来时,她就被称为"梵"。否则,当她运作时,就被称为"宇宙之灵"或"宇宙母亲"。因此,她是认识绝对者梵的必经之门;而且,她的本质即绝对者梵。对于那些想要看到超然绝对者的勇敢信徒来说,她通过撤去她在现象界的形式来直接揭示绝对。梵,就是她那超然的一面。所以,她是宇宙的伟大实相,是一切受造物的终极根源、是众生的整体。她就是主人,是宇宙的掌管者与统治者。

所有这一切,都是纳兰以前所不理解的。他接受了现象世界的真实性,但否认了迦梨女神的实相。他已经认识到了饥渴、苦乐,以及世界的其他种种变化特质,但是,他没有接受控制一切的迦梨女神。这就是他为什么需要受苦。幸好,在那个吉祥的星期二晚上,他眼睛里面蒙尘的阴影掉了下来。他接受迦梨作为宇宙的神圣之母。他成了她的奉献者。

许多年之后,他写信给一位美国的女士:"迦梨崇拜是我的特殊之爱。"但是,他没有在公开场合宣扬她,因为,他认为现代人所需要的一切，都可以在《奥义书》中找到。此外，他还意识到，迦梨的象征符号不会被一般的外人轻易把握与普遍理解。

纳兰与大师总共相伴了6年，在这期间，他的性灵生活得到了深度的塑造。罗摩克里希纳从各方面来讲，都是一位完美的导师。他从不把自己的思想强加给任何一个弟子，是通过他内心世界的无声影响，而非言语管教或个人榜样来示范。在他身边生活时，他要求门徒们要有纯洁的思想，有强大的性灵专注力。他经常在他未来的出家弟子面前表现得像他们的朋友和玩伴，通过一种轻松的嬉戏，展开灵活的教育。很多时候，他在他们面前沉浸于上帝的光辉之中。他不允许任何对身体和精神的贞洁之偏离，也不允许对真理和弃绝之道有任何的妥协。至于其他的一切，他都交给神圣母亲，由她的意愿决定。

纳伦德拉是他"受膏"的弟子，是被上帝拣选而将要执行特殊使命的人。罗摩克里希纳一直密切地关注着他，尽管他似乎每一次都给这个弟子机会，以释放他压抑在身体与灵魂里面的精神能量。在他面前，纳兰经常会像一只年幼的狮子一样，在严厉而又纵容他的父母面前嬉戏与打闹。他的性灵光芒常常让大师也感到惊讶，因为在大师看来，摩耶（Maya）这个大魔女，根本无法接近那团熊熊燃烧的火焰的"十英尺"之内，无须担忧。

纳兰总是在他精神上遇到困惑时来找大师。有一次，他抱怨说自己无法在早晨进行冥想，因为附近的工厂发出了刺耳的哨子声，大师建议他集中注意力去听那哨子的声音。于是，在很短的时间内，他就克服了注意力分散的问题。还有一次，纳兰发现在冥想时很难忘记自己的身体。罗摩克里希就猛地按住纳兰的两眉之间的空隙，要求他将注意力集中在这里。这位卓越的门徒立刻发现这个方法很奏效。

纳兰目睹过一些信徒的狂喜经验，于是，他对大师说自己也想体验一下。"我的孩子,"他被大师告知,"当一头大象进入一个小池塘时,那是会引起巨大骚乱的。但是,当它跳入恒河里面的时候,河水就会表现得很平静。这些信徒就像小池塘,一点点体验就能够让他们激动万分。但你不同啊,你是一条大河流!"

又有一天,纳兰被自己过度的性灵狂热的念头吓唬到了,他感到害怕。大师就这样安慰了他,大师说:"上帝就像一个甜美的性灵海洋,你难道会不愿意跳进去吗?假设有一个装满糖浆的碗,而你是一只饥渴的苍蝇,正渴望着甜蜜的液体。那时,你想怎么喝呢?"纳兰说,他将坐在碗的边缘,否则他可能会被淹没在糖浆中而失去生命。"但是,"大师说,"你不要忘记了,我说的是'存在-智慧-喜乐'(Satchidananda)的海洋,是不朽的甘露海。在那里,人们就无须有任何对死的害怕。只有傻瓜才会说,一个人不应该有太多的神圣狂喜。有谁会觉得自己对上帝的爱已经过量了呢?你必须深深地潜入那神性之海啊!"

还有一次,纳兰和他的一些同门展开激烈的争论,内容是关于上帝的性质——他是人格的还是非人格的,神的化身是事实还是一个神话,诸如此类的问题。纳兰以其敏锐的推理能力使他的对手们哑口无言,并为他的胜利而感到高兴。罗摩克里希纳在一旁欣赏着辩论,一等讨论结束,他便欣喜若狂地唱起歌来:

哦,我的心啊,你是如何努力
　来了解上帝的本质?
　你像疯子一样地摸索,
　被锁在一间黑暗的屋子里。
　上帝是通过神圣的爱来掌握的。

　没有爱,你怎么能理解他?

> 只有通过肯定,而不是否定;
> 只有通过确信,而不是怀疑,
> 你才能认识他;
> 既不是通过吠陀,也不是通过密教,
> 更不是六派正统的哲学。

所有的人都沉默了,纳兰意识到人类的智力无法揣测上帝的奥秘。

在纳兰的内心深处,他是一个热爱上帝的人。罗摩克里希纳指着他的眼睛说,只有虔诚的奉爱者(bhakta)才会拥有这样温柔的眼神;而哲学家(jnani)的眼睛一般都是晦涩的。在纳兰的晚年,有许多次,纳兰将自己与大师的性灵世界进行比较,"我的古鲁的内在是一位智慧瑜伽士(Jnana-Yogi),但他的外面是一个奉爱瑜伽士(Bhakti-Yogi);而我呢,内在是一个奉爱瑜伽士,外在是一个智慧瑜伽士"。他的意思是,罗摩克里希纳将巨大的智慧隐藏在奉爱者的一层薄纱之下。而纳兰自己的虔敬本性,则被海洋一般知识的外衣遮住了。

我们已经提到罗摩克里希纳对他心爱的大弟子的这份深情。他确实也很担心纳兰的家庭困境,有一天,他问一位富有的信徒,是否可以在经济上帮助纳兰。纳兰的自尊心受到了伤害。他委婉地责备了大师。后者含着眼泪说:"我的纳兰啊!我可以为你做任何事情,甚至愿意挨家挨户地乞讨。"纳兰深受感动,但什么也没说。许多天后,他说:"我的导师因爱我而让我愿意成为他的奴隶。"

罗摩克里希纳的这种伟大的爱使纳兰能够平静地面对生活中的诸多艰辛。他没有变成一个愤世嫉俗的人,而是发展出一种温柔而强大的心灵。但是,正如我们后来所看到的那样,纳兰在他生命的最后阶段也经常被他的朋友们误解。因为他是一位勇敢的思想家,远远领先于他自己的时代。有一次他说:"我为什么要期望被理解?他们爱我就够了。毕竟,我是谁?神圣母亲最清楚。她可以做她自己的工作。我为什么非要认为自己是不可或缺的呢?"

家庭的贫困并不是一个完全不受影响的邪恶。这也引出了纳兰性格的另一面。他开始对贫穷的人与受苦的人产生了强烈的同情。如果他一直是生活在富有的环境中,大师常说,那他也许会成为一个完全不同的人——比如,政治家、大律师、演说家或社会改革家。但最后,却是完全相反的道路,他把自己一生的性灵岁月全都奉献给了人类。

罗摩克里希纳预见到纳兰的未来生活是出家,要过弃绝者的生活。因此,当他得知纳兰的亲戚为他的婚姻制订各种计划时,他感到非常震惊。他在迦梨女神的神龛面前跪下来,反复祈祷:"母亲啊!打破这些无聊的计划吧。不要让他陷身于世俗的泥潭当中吧!"他密切关注着纳兰的一举一动,每当发现纳兰心中有一丝不纯粹的想法时,就会警告他。

纳兰敏锐的头脑可以很好地理解罗摩克里希纳教诲的微妙含义。

有一天,大师说毗湿奴派(Vaishnavism)的三个突出的原则就是:热爱神名、服务信徒,与对众生的慈悲。但大师不是很喜欢"慈悲"这个词,他对弟子们说:"谈论慈悲,这是多么愚蠢的事情啊!人只是在大地上爬行的一只微不足道的虫子,而它却要对众生表示同情、怜悯与慈悲!这是很荒谬的事情。它必须不是慈悲,而是为所有的人服务;意识到众生都是上帝的显现,并为他们虔心服务。"

其他门徒听到了大师的话语,难以理解这些话语的意义。然而,纳兰却理解了。他把他的同门兄弟带到一边。他说,罗摩克里希纳的言论为不二论的哲学及其不执的原则提供了最美妙的启示，也深化了二元论的哲学及其爱的原则。这两者其实并不冲突，不二论者不需要让自己的心像沙漠一样干燥，也不必逃离这个世界。梵的神性遍在所有生命之中，真正的不二论者必须爱所有人，为所有人服务。爱，就其确切的意义而言——爱，是不可能的，除非在别人身上看到了上帝的光。纳兰说，老师的话语调和了知识和行动的两条道路。一个觉悟者是不会停止行动的，他完全可以通过为其他生命的服务来与梵联结。因为，他们都是梵的化身。

"如果这是上帝的旨意，"纳兰总结道，"我有一天会在全世界面前宣布这一崇高的真理，是的，在整个世界面前。我将使它成为所有人的公共财富——无论智愚贫富，无论高低贵贱。"

多年后，他将这些观点凝结为一首高尚的诗，表达了这些情感，在诗歌的结尾，他写道：

> *神就在此时此地，就在我们的眼前，*
> *他在所有的这些形式中显现。*
> *若是拒绝他们，何处去寻觅神的存在？*
> *神自由地分享着神圣的爱，赐予每一个生命，*
> *所有真实的服务，都会抵达神的家园。*

正是罗摩克里希纳在印度的本质精神，对纳兰进行了重新教育。罗摩克里希纳实现了3亿印度人（当时）的性灵愿景，他就是印度教信仰的直接化身。纳兰在自己母亲膝下学到的信仰，被他的大学教育击碎了。但是，这个年轻人现在终于知道，印度教并不是某些经文或信条。它是一种内在的生命亲证，它深刻而且包容一切，它尊重所有的信仰、所有的思想、所有的努力，以及所有觉悟的方式。将多元性中的差异统一到不二论的一致中，正是它的一个理想。

纳兰进一步了解到,宗教是一种伟大的理想,最终会超越所有的种姓和种族的障碍,并打破时间和空间的阻隔。他从大师那里了解到,崇拜人格化的上帝和通过对上帝象征物的崇拜并无二致,最终都会导向奉献者的性灵认识,亲证与神的完全合一。大师教导他四大原则:其一,灵魂的神圣性;其二,神性的非二元性;其三,存在的统一性;其四,诸宗教的和谐性。他常常以自身为例,向纳兰展示了一个人如何在今生即可抵达的完美境界。纳兰也知道,导师通过遵循各种宗教的教导而亲证了同样的"上帝-意识"(God-consciousness)。

有一天,大师在一种迷狂神醉的状态中对门徒们说:"有许多观点和路径。我已经一一见识过,也不再追随。不同信仰的不同信徒相互争吵,没有必要。让我告诉你们一些事情——你们就是我的同胞同体者。我们的周围没有一个是陌生人。我可以清楚地看到神就是整体,而我是他的部分。他是主人,我是仆人。有时,我甚至觉得他就是我,我就是他。"

纳兰愿意视罗摩克里希纳为宗教精神的显现,他并不关心导师是否真是神的化身。因为他不愿将大师置于任何一种神学模式当中来理解。对纳兰来说,只要他能通过罗摩克里希纳的性灵体验,看到神的面容,那已经足够了。

纳兰给大师其他弟子,尤其是那些更年轻的门徒,留下什么印象呢?他是他们的偶像。他们敬畏他的智力,被他身上罕见的人格魅力所深深吸引。从外表上看,他是一位充满活力的青年,洋溢着无穷的活力与朝气,他的身躯略高于中等身材,肩膀有些粗壮。他优雅,但没有丝毫的女人气。他的下巴结实有力,显示出他有坚定的意志与行动力。他的胸膛开阔,前额宽广,这也表明他具有很强的精神力量和性灵天禀。

但是，最引人注目的地方，则是他的眼睛，罗摩克里希纳曾把他的眼睛比作莲花花瓣。它们很显眼而不咄咄逼人，有时其目光是深深内敛的，显示出有深度冥想的习惯。眼神的光彩会随着情绪的不同而发生变化。时而深邃，炯炯有神；时而欢快，洋溢着一股喜气。他有着动物一般的自然与优雅。他行动悠游自在。若是走起路来，时而步履缓慢，时而健步如飞。看过去，他似乎总是在全神贯注地思考一些深邃的问题。无论是在谈话中，还是在歌唱时，听到他洪亮而优美的嗓音，都是令人心生喜悦的，这是一件十分令人愉快的事情。

但是，一旦纳兰严肃起来，常常会让朋友们感到害怕。在激烈的讨论中，他的眼睛闪闪发光。如果沉浸在自己的思绪里面，他就会在自己的身边营造出一种冷然凝固的氛围，没有人再敢靠近他半步。

他的情绪多变，有时对身边的一切表现出极大的不耐烦，有时则温柔到可以融化所有人的心。他的笑容灿烂而富有感染力。对于有些人来说，他是一个快乐的梦想家；对于有些人来说，他生活在一个充满爱与美的真实世界里面。但是，在所有人的眼里，他始终是一个刹帝利(Kshattriya)品格威仪具足的"君王"。

那么，大师又是如何看待他心爱的弟子的呢？引用他自己的原话：

> 纳兰属于很高的生命层次——绝对者的境界。他有着男子汉的气概。那么多的信徒络绎而来，却没有一个像他这样的人。
>
> 每隔一段时间，我都会对信徒进行一次盘点。我发现有些人像十瓣莲花，有些人像百瓣莲花。但是，在这众多的"莲花"当中，唯有纳兰是拥有千瓣莲花的那一位。

在信徒当中，其他信徒可能像水壶，或者大一点，像水箱；但是，纳兰不同，他简直就是一个大水库，如同哈达普库尔（Haldarpukur）。

若比作鱼类，纳兰是一条巨大的红眼鲤鱼；其他信徒就像鲦鱼、黄鳝或沙丁鱼。

纳兰是一个"大容器"，可以容载无数的事物。他看上去像一根细细的竹子，但里面有着大大的空间。

纳兰不受任何事物的控制。他没有执念，不受感官与享乐哲学的支配。他就像一只雄鸽。如果你抓住一只雄鸽，它就会挣脱你，但雌鸽却一动不动，会任由你抓住。每当聚会时，只要纳兰在，我就会感觉到一股巨大的力量降临在现场，令人精神振奋。

时间大约是在1885年的年中，罗摩克里希纳首次出现喉咙疾病的症状，后来被医生诊断为癌症。只是他总是不顾医生的建议，继续为性灵的寻求者们提供指导，并经常陷入狂喜的出神状态。这两种做法都加剧了他的病情。为了方便医生和信徒，他先是被转移到加尔各答北部的一所房子，然后再搬到科斯珀尔（Cossipore）城郊的一座花园别墅，纳兰和其他年轻门徒一起，承担起照顾导师的任务。他们不顾家人的劝阻，这段时间都停止了各自的学业或家中的责任，为了竭尽全部的心力来服侍大师。大师的妻子，也就是信徒们口中的神圣母亲黛薇负责做饭，照顾众人的饮食；成熟一些的门徒则想办法负责生活的日常费用。总之，所有人都把这种对大师的服侍视为一种祝福与特权。

在罗摩克里希纳生病期间，纳兰一次又一次地显示出他敏锐的洞察力和成熟的判断力。许多门徒将大师视为上帝的化身，因此，他们拒绝在师父的身上看到任何人类的弱点。于是，开始对他的疾病给出超自然的解释。他们相信，这是由神圣母亲或大师本人的意志而来，是为了实现一个不可思议的目标，在目标达到之后，不需要人的努力，疾病就能自然痊愈。

然而纳兰则说，既然罗摩克里希纳是神与人的结合体，他的物质身，自然会受制于自然的律则，一样会经历"成住坏空"的过程。所以，他拒绝给大师的疾病做任何一种超自然的解释。尽管如此，他还是愿意尽自己最后的一滴血、一滴泪为罗摩克里希纳服务。①

在人类的性灵生活当中，情感于精神层次的发展往往扮演极重要的角色。每当智力消除了障碍，此时就需要情感的推进，才能指向更高的目的，以形成前进者的动力。但是，如果没有辨别与弃绝的修为，仅仅感情用事，则容易把人带入歧途。人们常常会把情感当作通往出神或狂喜的捷径。无疑，罗摩克里希纳在唱着神的圣名时，总是手舞足蹈、潸然泪下，并经常经历持续的狂喜之状。但是，在他奉爱情感的背后，是长期的苦行与弃绝的练习。他的门徒们没有亲眼看见他的精神修行。

他们中的一些人，尤其是那些年长的家居者，开始表现狂喜，在许多情况下，他们的狂喜伴随着眼泪和身体的扭曲。后来发现，在许多情况下，这些都是在家中暗暗排练的结果，或者，仅仅是对罗摩克里希纳真正入迷状态的模仿。有些门徒将大师视为神的化身，他们认为大师已经为他们做了保障，因此就放松了自己的努力。还有一些人则开始猜测，他们每个人都开始考虑着自己在罗摩克里希纳的神圣秩序的安排中注定要扮演的某某角色等。简言之，那些表现得最情绪化的人，都自诩为精神上最优先、层次上最

---

① 罗曼·罗兰说道："弟子们想知道为什么这样的考验会降临到罗摩克里希纳身上。他们的观点分成两派：以被救赎的吉里什（Girish）为首的一派认为，导师自己有生病的意愿，是想让神的使徒们能聚集在他的身边；而以纳兰（Naren）为代表的理性派则认为，导师的身体和其他人一样，都受制于自然法则。"译者注。

高级的人。

纳兰机敏的头脑很快就发现了他们生活中的这种危险在潜滋暗长。他开始取笑年长的家居者，并警告他年轻的师弟们不要沉溺于这种情绪失控，以免带来有害的影响。

他一遍又一遍地告诉他们，真正的性灵，一定是根除世俗倾向，以发展出人更高的本性。他嘲笑他们的眼泪和恍惚只是神经失调的症状，属于神经紊乱的综合病理，反而应该通过人们的意志力来纠正才对，必要时，还需要借助营养与适当的医疗手段来纠正。他说，轻率的信仰者往往会成为精神迷狂与身体崩溃的受害者。他严肃地警告说："在100个开始性灵生活的人当中，有80个会变成骗子，15个会变成疯子，只有5个人，才有望瞥见真理。因此，你们要当心！"他呼唤与提醒着他们内心的力量，告诫他们要远离一切感情用事的胡言乱语、多愁善感而来的种种荒谬念头。① 他向年轻的师弟们描述了罗摩克里希纳身上毫不妥协的自我控制、对神的热情向往以及对世俗世界的彻底弃绝。他坚持认为，热爱大师的人，应该在他们的具体生活中运用他的教导。

罗摩克里希纳也意识到自己的尘世生涯即将终结，他向门徒

---

① 这种强大的理性精神，一直到晚年，辨喜尊者都从来没有舍弃过。辨喜尊者在美国的第一部思想杰作《胜王瑜伽》中，就阐述了很多重要的观念，对于我们理解宗教与理性的关系很有帮助。他认为，只有当你知道心灵在做些什么时，你才可能控制它。而生理性与心理性的问题表现出来的，往往属于病理意义，与宗教情感只有一些表面相似，本质却完全不同。辨喜尊者认为，信仰治疗法和催眠术都是利用了一部分制感（Pratyahara）。接受信仰治疗的病人否定外在的苦难、痛苦和罪恶。接受催眠术的人，其心灵有一段时间进入消极的病理状态。但是，病人都不是用自己的意志来控制心灵，而是由信仰治疗师或催眠师来控制病人的心灵。在每一个疗程中，病人都失去了一部分精神力量，直到最后，心灵不是获得完美控制的力量，而是成为理智没有一定形态、精神软弱无力的一团乱麻，这样的病人，唯一的归宿是精神病院。还有，辨喜认为，任何人要求别人盲目服从，或用自己的优越的意志控制力吸引人们追随他，都是伤害人类，尽管他可能并非存心伤害他人。他建议每一个人应该运用自己的理性，自己来控制身体和心灵；避免盲目服从任何人，不管他多么伟大和善良。译者注。

们强调,对神的觉悟取决于对欲望和贪婪的放弃。年轻的门徒非常感激师兄纳伦德拉纳特在他们性灵生涯的成长阶段给予的重要指导。他们在闲暇时,就一起练习冥想、一起学习圣典,还有一起聆听虔诚的圣乐,并进行令人精神日益强壮起来的性灵话题的讨论。

罗摩克里希纳的病丝毫没有减轻的迹象,这些年轻的门徒在加倍努力地照顾他,而纳伦德拉纳特一直陪伴在他们身边,每当他们感到沮丧而情绪低落时,就会给他们打打气,鼓励他们的意志。有一天,他发现他们在犹豫着要不要靠近大师,因为他们被告知,这种疾病是一种会传染的病。纳兰就把他们拉到大师的房间里。角落里放着一个杯子,里面装着罗摩克里希纳无法下咽的稀粥,粥里还混合着他的唾液。纳兰一把抓起口杯,喝下了里面的所有稀粥。这才打消了这些门徒的疑虑,众人心中羞愧,但不再担心了。

纳兰明白罗摩克里希纳的病是致命的,并意识到心爱的导师将不久于人世。这些时候,他更是加强了自己的性灵修行。他对神的憧憬是极其强烈而无止境的。一天,他请求大师让他在不受打扰的冥想中,沉浸于三摩地中三到四天,而不用时不时为了吃点东西而中断冥想。"你这个傻瓜!"大师说,"还有一个比你的这种冥想更高的境界。那就是你唱出来的那句——'哦,我的主,你就是存在,你就是那所有的一切'。"

罗摩克里希纳希望纳兰在一切众生中看到神,并以崇拜的精神为众生服务。他经常说,只看到世界而看不到神,那就是无明,是愚痴(ajnana);只看到神,而看不到世界,那只是一种知识,是般若(jnana);而既看到上帝,也看到世界,即若是能够看到被上帝的精神渗透的一切众生,则是至高无上的智慧,也就是"分辨-般若"(vijnana,了别识、唯识)。只有极少数受祝福的人才能看到上帝居住在一切万物之中。他希望纳兰能臻获这种最高的智慧。于是,大师对他说道:"首先处理好你自己的家事,然后,终有一天你会知道一种比三摩地更高的心灵境界。"

在另外一个场合,针对纳兰类似的请求,罗摩克里希纳对纳兰说:"我为你感到羞耻!太丢人了吧!你居然要求如此微不足道的事物。我以为你是一棵参天的大菩提树,成千上万的人将会在你的庞大树荫下歇息,仰赖于你的庇护。但是,现在我只看到你在寻求自己个人的解脱。"受到导师这样的责骂,纳兰热泪横溢。他理解了罗摩克里希纳那一颗伟大心灵的所指。

从此,纳兰的灵魂深处燃起了一股熊熊烈火,他几乎不能再碰触他的大学课本,因为他觉得这是浪费他的时间。一天早晨,他回家时突然感到内心的巨大恐慌。他为没有得到足够的性灵进步而流泪,然后匆匆赶往科斯珀尔,几乎对外面的世界失去了知觉。他的鞋子不知掉在了哪里,当他跑过一垄稻草时,一些稻草粘在了他的衣服上。只有进入大师的房间后,他才感到平静。

罗摩克里希纳对其他在场的弟子说:"看吧,你们看看纳兰的精神状态。以前的他,根本不相信任何人格化的神或者神的形象。现在,他却一心在渴慕见到上帝。"然后,大师给纳兰一些冥想的指导。

纳兰确实被对神的热情所吞噬了。整个尘世对他都没有意义,甚至感到一些厌弃。当大师提醒他的大学学业时,纳兰说:"如果我能吞下一粒药丸,忘掉我所学到的一切,我就会感到解脱了。"一个又一个晚上,他都在达克希什瓦的潘查瓦蒂(Panchavati)[①]的树下冥想。那里即是罗摩克里希纳进行性灵修炼的日子里,曾展开过深度的对神的冥想的地方。他感受到了昆达利尼(Kundalini)[②]

[①] 印度教的圣树,相当于佛教的菩提树。据神话传说,罗摩和悉达,以及拉克斯曼曾在5棵榕树下生活过一段时间。因此,潘查瓦蒂就获得了神圣的地位。而有5棵(Pancha)榕树(Vad)的地方,因此就被称为 Panchavati。译者注。
[②] 一种精神能量,通常在人体内处于蛰伏状态,如一条深眠之中的灵蛇,但在修行过程中会被唤醒。译者注。

的觉醒,并产生其他的性灵景象。

一天,纳兰在科斯珀尔,与另一位门徒吉里什(Girish)一起,坐在一棵树下冥想。那儿有许多蚊子。吉里什竭尽全力,想集中他的注意力,结果徒劳无功。于是,他把目光投向纳兰,看见他深深地沉浸于冥想当中,尽管此刻的纳兰,身上已经披覆了一层密密麻麻的蚊子,如同一层毛毯。

一些天过去,纳兰的渴望似乎到达了一个爆发点。他花了整整一个晚上,在科斯珀尔的花园房子里走来走去,撕心裂肺地重复着罗摩的名字。清晨时分,罗摩克里希纳听到了他的声音,就把他叫过来,带着深情对他说:"听着,我的孩子,你为什么要那样做?这么急躁又能得到什么呢?"他稍稍停了一会儿,接着说:"你看,我的孩子。你现在所做的,我曾经努力了12年。那时,我的脑海里掀起了一场又一场的风暴。而你在一个晚上,能了悟到什么呢?"

但是,大师对纳兰的精勤不懈是深为喜爱的,也感到欣慰,他毫不掩饰希望纳兰成为他的性灵传人,继承他的衣钵。同时,希望纳兰能照顾好自己那些更年轻的门徒。"我把他们交给你来照顾,"他对纳兰说,"我深深地爱着他们,即使在我死去之后,也要看顾他们的性灵生活,那样的话,他们就不会再退转回去了。"他要求年轻的弟子们视纳兰为他们的精神领袖。这对他们来说,是一件容易的事情。然后,有一天,罗摩克里希纳召集门人,让他们剃度出家,开始僧侣的梵行修道的生涯,这样,他就给未来的罗摩克里希纳传道会奠定了僧团的基础。

在大师生病期间,纳兰悉心照顾大师,就是这段经历向纳兰揭示了罗摩克里希纳性灵经验的真实意义。当时纳兰惊讶地发现,大师能够通过一个意愿,就能让自己脱离身体的所有意识,从身体的觉知中抽离出来,那时他丝毫也感觉不到病痛,他可以持续享受着内在的喜乐。所以,尽管他的身体遭受痛苦,他仍能将这种快乐通过一种接触，或一个眼神向门徒们传递。对纳兰来说，罗摩克里希纳是性灵实相和物质的非实在性的活生生证明。

有一天，一位学者告诉大师说，他完全可以集中注意力于他自己的喉部，这样他就能够治愈他的疾病。罗摩克里希纳拒绝这样做，因为他永远不能把自己的心思从神那里移开。但在纳兰的一再请求之下，大师同意向神圣母亲讲述他的病情。过了一会儿，他用悲伤的声音对纳兰说："是的，我告诉了神圣母亲，因为喉咙疼痛，我无法咽下任何一种食物，并请求她为我做些什么。但是她指着你们对我说，'为什么？通过这么多的嘴巴去吃，难道还不够吗？'我感到羞愧难当，再也说不出一句话来了。"纳兰意识到罗摩克里希纳是如何将吠檀多对于存在的一体性哲学应用于生活中的，也开始明白只有通过这样的领悟，才能将一个人提升于个人的痛苦与悲伤之上。

在罗摩克里希纳生病期间，与他一起生活，这本身就是一种性灵亲证。他们见证大师自己是如何忍受病痛的折磨，真有奇妙之处。在一种情绪中，他看到的只有迦梨是快乐与痛苦的给予者，他自己的意志与神圣母亲的意志是合一的，是一体的。在另一种情绪中，他会清晰地看到神性的最高存在，没有多样性，而是神自己化身为人类、动物、植物、花园、房子与道路……是的，神还化身为"刽子手，受害者和屠杀地"，用大师自己的语言说。

纳兰从大师身上看到经典中曾指出的灵魂的神性与身体的虚幻性，这是鲜活的解释。并且，他渐渐明白罗摩克里希纳通过彻底弃绝"女人"和"金钱"从而达到那样一种状态，这的确是他的教学要旨。另一个想法也悄悄地进入纳兰的头脑之中。他开始意识到超理性范畴的神性，是如何将自身体现为人格神的，以及绝对者如何成为神圣的化身。他瞥见了所有神圣奥秘中最伟大的那一个：圣父化身为圣子，圣子道成肉身，再以肉身来到世界救赎世人。他开始相信神能够成为人,让人也能够有朝一日成为神。就这样,罗摩克里希纳向他显现了新的启示之光。

在纳兰的思想主导之下,科斯珀尔的花园别墅成了一所迷你型大学。在护理和冥想后尚有余裕之际,纳兰就会与他的同门兄弟讨论东西方的宗教和哲学。除商羯罗、克里希纳和柴坦尼亚①的教义外,还对佛陀和基督的教义进行了深入的探讨与研习。

纳兰对佛陀有着一种极特殊的感情,有一天,他突然强烈地想去菩提伽耶(Bodh-Gaya),那是伟大的佛陀悟道之地。于是,他与同门两位师兄贾力(Kali)和塔拉克(Tarak)②一道,在其他人不知情的情况下,径直前往那个圣地。他们在神圣的菩提树下冥想了很长时间。有一次,当他沉浸其中几个小时,他被强烈的情感席卷,不禁潸然泪下,与旁边的塔拉克紧紧拥抱。事后,他在解释这件事情时说,在冥想期间,他十分强烈地感受到佛陀的存在,以及经由佛陀崇高的教导,如何生动地、深刻地改变了整个印度的历史。当他沉思着所有这一切时,他无法控制自己当时的情绪。

回到科斯珀尔后,纳兰激情洋溢地向大师和师兄弟们描述了佛陀的生平、经历和教诲。罗摩克里希纳也讲述了他自己的一些经验,交换了一些相关体会。纳兰不得不承认,大师在获得最高的性灵觉悟之后,仍然按照自己的意愿,将自己的心灵停留在现象世界的层面上,关心现实众生。

---

① 柴坦尼亚(Chaitanya),生于印度孟加拉纳瓦德维帕的玛雅普尔村,是婆罗门之子,在虔诚和亲切的氛围中长大。他接受了全面的梵文经文教育,青年时期,就建立了自己的学派。22岁时,前往菩提伽耶朝圣,在那里,他经历了一次深刻的宗教体验,彻底改变了他的观念和性格。回到家乡之后,他常常沉醉于神,对世俗的一切漠不关心。作为印度教的神秘主义者,他以狂喜的歌舞崇拜克里希纳的方式,对孟加拉的毗湿奴宗产生了深远影响。1533年卒于奥里萨邦普里。译者注。
② 贾力和塔拉克,也分别是罗摩克里希纳最重要的16个核心门徒之二,前者出家,名为斯瓦米·阿贝达南达(Swami Abhedananda),后者也出家,名为斯瓦米·希瓦南达(Swami Shivananda)。译者注。

他进一步认识到，一枚钱币无论多么贵重，只要属于历史更早阶段的事物，它就不能在后来的岁月里面作为通货使用。上帝为了服务于不同时代的不同需求，就会显现出他不同的形态。

这些时候，纳兰热情不衰地进行着性灵的训练。有时他可以感受到性灵能量的觉醒，而且还能够将这些能力传送给他者。1886年3月的一个夜晚，他要求他的同门师兄弟贾力用手触碰他的右膝，然后，他就进入了深度的冥想。贾力的手不由得开始颤抖，他感受到了一股巨大的能量流，如一种触电的感觉。后来，纳兰这种做法受到了大师的批评，因为他在积累足够的性灵力量之前，这样做就可能会把它们浪费掉。大师还告诉纳兰，他把自己的一些非二元论的思想强加给贾力，对贾力的精神成长有所影响，因为迦梨的精神之路一直是二元论的虔信之路。不过，大师补充了一句，幸好这种伤害还不算太严重。

纳伦德拉纳特已经有了足够的灵视与精神能力的显现，渐渐地，他开始厌倦它们。他渴望获得吠檀多哲学不二论境界的至高体验，即梵涅槃（Mahasamadhi）的三摩地。在这种境界中，现象世界的名称和形式都会彻底消失，寻道者亲证到个体灵魂（Jiva）、宇宙存在与绝对者梵之间的彻底无差别。他告诉了罗摩克里希纳他的这一想法，但大师保持沉默。然而，一天晚上，他意外地获得了这种体验。

当时，他正沉浸在日常的冥想当中，突然，他感到自己的后脑勺好像有一盏灯亮了起来。而且，那盏灯的光芒越来越强烈，最后燃烧起来了。纳兰被那道光淹没，他立刻失去了意识。过了一段时间，当他开始恢复正常的感知力时，他只能感觉到自己头部的存在，而身体的其余部位却似乎消失了一样，无法被感知到。

他甚是焦灼，语气激动地问同在一个房间里面冥想的同门师弟戈帕尔（Gopal）[①]："我的身体在哪里？"

戈帕尔回答说："怎么啦，纳兰，它就在那里啊。莫非你感觉不到它的存在吗？"

戈帕尔担心纳兰是不是快要死了，就赶快跑到罗摩克里希纳的房间。他发现大师十分平静，显然他是知道楼下房间里面发生了什么。果然，大师听了戈帕尔的话后，说道："那就让他在这种状态里面多待一会儿吧。为此，他已经向我央求很久了。"

纳伦德拉在这种无觉知的意识中过了好一段时间。当他恢复日常意识状态后，他就沐浴在一种无法言喻的宁静之中。后来，他走进罗摩克里希纳的房间时，导师说："现在，神圣母亲已经向你展示了一切。但是，这种觉悟，就像锁在盒子里的宝石一样，我将把它收藏起来，由我来保管。只有当你完成了你在这个世界上的使命之后，盒子才会重新打开，你将会知道你应当知道的那一切。"

这种梵涅槃的体验通常会对人们的身体造成破坏性的影响。只有神的化身和神的使者才能在这样强大的性灵冲击中幸存下来。那时，罗摩克里希纳要求纳兰对食物和同伴要有高度的辨识力，只接受最纯净的那种食物。

此后的某一日，大师对其他弟子说出了一句关于纳兰的预言，他说："纳兰将按照自己的意愿放弃自己的身体，当他认识到自己的本性，知道自己究竟是谁的时候。那时，他会拒绝继续留在人间。很快，他将以其自身的智慧和精神力量震撼整个世界。我已经向神圣母亲祈祷过，让他与绝对知识保持一种距离，用幻觉的面纱遮住他的性灵之眼。因他还有许多的工作要做。但是，我也看

[①] 室利·罗摩克里希纳最重要的 16 个核心门徒之一，出家后法名为斯瓦米·阿德维塔南达（Swami Advaitananda）。译者注。

到,这一层面纱实在是太稀薄、太稀薄了,随时都可能被揭去。"

罗摩克里希纳是现代神性的化身,他为了人类的福祉,如此苦心孤诣,无限温柔地努力推动。他需要一些坚强刚毅的灵魂来承担这样的人世工作。而纳兰就是他身边最重要的人物,因此,罗摩克里希纳不希望他在完成这个世界上的工作之前,就直接沉浸于梵涅槃的三昧之中。

那些时候,弟子们十分悲伤,当他们看着罗摩克里希纳逐渐消瘦下去的身躯,他的身体变得只剩骨头上蒙着的一层皮,这种痛苦无疑是强烈的。但他还是要把剩余的精力投入对弟子们的训练当中,尤其是纳兰。他解除了纳兰的担忧,因为现在纳兰已经承认迦梨的神性,是迦梨女神的意志在掌管着宇宙万物。纳兰后来说:

自从他把我交给神圣母亲之后,他的身体只维持了6个月的生命活力。其余的时间——那是漫长的两年——他都在遭受痛苦,受尽了病痛的折磨。

有一天,大师甚至无法低声说话,他就在一张纸上写道:"纳兰将要教导世界。"纳兰不同意。罗摩克里希纳回答:"但你必须这样做。你的每一根骨头都在承诺这一点。"他还说,他自己所获得的所有超自然的能力,都将通过他心爱的弟子来运作。

在罗摩克里希纳的尘世生活落幕前不久,有一天,纳兰被大师叫到了他的床边。他用双眼深深地凝视着纳兰,然后进入了冥想状态。纳兰立刻感觉到一股类似电流的微妙能量进入了他的体内。他渐渐失去了对外部世界的觉知。一会儿过后,他重新恢复了对物质世界的认识,发现大师正在哭泣。罗摩克里希纳对他说:"纳兰啊,今天我已经把我所拥有的力量,所有的能力都毫无保留地赠给了你,现在的我不过是一个法基尔(fakir)①,一个身无分文的乞丐了。通过我授予你的力量,你将在世界上成就一番伟业,届时,你才会回到你来的源头。"

从那时起,纳兰就成了罗摩克里希纳的能量管道和代言人。

大师圆寂前二天,纳兰站在大师的床边,他的脑海中闪过一个奇怪的念头:大师真的是神的化身吗?他对自己说,如果大师在临终前,结束自己的尘世生活时候宣布自己是神的化身,他就彻底接受大师的神性。但这只是一闪而过的念头。他站在原地深切地凝视着大师的脸。慢慢地,罗摩克里希纳的嘴唇缓缓张开,用最清晰的语调说话:"我的孩子纳兰啊,你至今还不相信吗?那在过去降生为罗摩和克里希纳的人,现在以罗摩克里希纳的身体存在着——当然,这不是来自你的吠檀多观点。"这样,罗摩克里希纳解答了纳兰心中的疑虑,他将自己放在了罗摩和克里希纳之列,这两者皆被正统的印度教视作两位阿瓦塔(Avatar),即神圣的化身。

关于印度教传统中"Avatar"的含义,在此不妨略谈几句。吠檀多哲学的主要思想教义之一,是灵魂的神圣性:即每个灵魂,本质上都是梵。因此可以推定,神圣化身与普通人没有本质区别。当然,这种"没有本质区别"是从"绝对者"或"梵"的角度而论定。若从相对角度来看,哪里有多样性,哪里就存在差异。每一个人皆以其独有角度、不同程度地反映了神性。而在一位"化身"的身上,这一神性就得以充分展现。因此,道成肉身的人,不同于普通的凡人,甚至不同于觉悟的圣者。举例如下:从泥土的角度来看,泥狮子和泥老鼠并无区别,两者皆溶化为黏土之后,是同样的本质。但是,若从形态的角度来看,狮子和老鼠的区别是显而易见的。同

---

① 原指苦行僧,在神秘主义的用法中,"法基尔"也指人对神的精神追求者,而神是自足的。该词起源于穆斯林,但在印度也常被用于印度教徒,在很大程度上取代了哥斯瓦米(gosvāmin)、萨度(sadhu)、比丘(bhikku)和其他称谓。译者注。

样，作为梵，常人与"化身"的本质并无不同。当他们获得最终觉悟，则成为同样的梵。但是，在名字、形式的相对状态下，吠檀多哲学允许并接受他们之间的差异。

根据《薄伽梵歌》的启示①，在精神危机的时代，梵通过自身无所不能的摩耶之力而化身为人。尽管梵无生无死、无垢无净，从无变化，是众生之主宰，并存在于所有的生命存在当中。但是，在每个时代，梵都会为了保护正义、摧毁邪恶而以道成肉身的形式化身为人，重建正法。

如上所述，道成肉身的化身与普通人，甚至与圣人都截然不同。在众多重要的不同点当中，我们可以提到以下事实。其一，普通凡人的出生，是受因果律的支配，而化身的出生则是为救赎世人的性灵而采取的自愿行为，是自由的出生。其二，虽然"摩耶之力"是普通凡人和化身诞生的原因，但前者完全受这种幻力的控制，而后者却始终是摩耶之幻的主人，是自由的行动。其三，普通凡人虽然有梵的潜质，却常常意识不到自己的神性；而一个化身却始终能够完全意识到自己的诞生、今生今世的天命所在，是自由而完整的意识。化身的修行不是为了自身解脱，而是为了人类的福祉。就他而言，束缚和解脱这样的概念没有任何意义，他永远都是自由的，永远纯洁、永远光明。其四，化身可以赐予他人以解脱的恩惠，可以自由地赐予与点化他者。而这最后一点，即使是觉悟了的圣人，也没有这种能力。

因此，大师临终前通过自己的话语，宣布自己就是这个时代的化身，或现代的神人（God-man）。

---

① 《薄伽梵歌》中，克里希纳对英雄阿周那说："虽然我是不生不灭的，是众生的主宰，但我屈从我的原质，我由我的摩耶所生。婆罗多的后裔啊，每当正法衰微、非法盛极时，我便从自我中降生。为了保护善者，为了消灭恶人，为建立起正法，我现身每一个时代。"这三句箴言，是印度宗教的一切"化身说"之经典依据。译者注。

1886 年 8 月 15 日，大师的痛苦渐渐严重，发展到几乎无法忍受的程度。午夜过后，有几分钟痛苦稍稍感觉减轻了一些。他就把纳兰叫到自己身边，几乎是耳语，对他下达了最后的指示。弟子们都站立在他的身边。8 月 16 日凌晨 1 点过了 2 分钟，罗摩克里希纳用响亮的声音念了 3 遍他挚爱的迦梨女神的圣名，即进入了最后的究竟无余三摩地（Nirvikalpa Samadhi）。从此，他的心智再也没有返回物质的世界。

他的遗体被送往附近恒河岸边的火葬场火化。但是，在他的妻子黛薇佩上印度教寡妇的标志时，却听到了充满信心与安慰的话语：" ……我并没有死去。我只是从一个房间，迁徙到了另外一个房间。"

当弟子们从火葬场回到花园别墅的那幢洋房时，他们都感到无比的凄凉与空白。罗摩克里希纳不仅仅是他们于尘世间的精神之父，他的教诲、他的陪伴仍然在激励着他们；他们在他的房间里面感受到了他的存在；他的话语，会在他们的耳边响起。但是，现在他们却再也见不着他的身体了，也无法如沐天恩一般地"享用"他的微笑。他们都渴望有他同在，与他交流，有他陪伴的人世生活。

大师逝世后一星期，有一天的夜晚，纳兰与他的一位同门师兄弟在花园里面散步。当时，他看到一个发光的身影出现在他的面前。毫无疑问，那是罗摩克里希纳本人。纳兰保持沉默，把这一现象视为幻觉。但是他的同门却惊叹不已，叫喊起来："看呐，纳兰，看到了大师！"是的，无须怀疑！纳兰再也没有怀疑的余地了，他确信罗摩克里希纳是以一个发光的身体出现了。当他呼唤其他同门来看大师时，那个身影的轮廓就消失了。

第四章

漫 游 生 涯

在大师的众多门徒当中，塔拉克、拉图（Latu）[①]和更年长的戈帕尔已经切断与世俗的联系。罗摩克里希纳为那些注定要过僧侣与修道生涯的年轻弟子预备了一个未来的理想。他要求纳兰确保他们不要成为世俗的家居者。纳兰还清楚记得大师的临终遗言："纳兰啊，你务必要照顾好这些青年。"此外，那些家居者信徒也希望时不时地有一个可以会面谈论大师的地方，经常聚会。所以，他们也渴望与这些年轻门徒相伴，而这些门徒也已经将自己的生命彻底奉献给了亲证神性的崇高使命，成为桑雅士。但是，谁来负担他们共同居所的那些费用呢？又如何为他们提供食物和必需的生活品？

这时，罗摩克里希纳的家居者爱徒苏伦德拉纳特·米特拉（Surendranath Mitra）慷慨解囊，解决了所有问题。他挺身而出，为大师的这些无处可栖的出家修道的门徒支付了新住所的费用。房子就租在巴拉那戈尔（Baranagore），在加尔各答与达克希什瓦之间。这是一栋年久失修、破旧不堪的房子，它有着一种阴郁的氛围。据传说，邪灵一直占据着这座房子。于是，这些年轻的僧人乐于在此处避难、隐居，他们借此远离了加尔各答那尘世的喧嚣。这

[①] 罗摩克里希纳最重要的 16 个核心门徒之一，出家后法名为斯瓦米·阿杜塔南达（Swami Adbhutananda）。译者注。

座被称为巴拉那戈尔的道院,就成了罗摩克里希纳教团僧侣们的第一个修道总部。① 它的中心是一个神龛,装有大师神圣骨灰的铜罐就置放在这里,人们每天都要对它进行礼拜唱诵,把它当作大师的陪伴与临在。②

在这里,纳伦德拉纳特全身心地投入对同门师兄弟的性灵训练当中。白天,他留在自己的家里,准备着法院的一桩未决的官司,照顾与处理一些家庭事务。但在夜间,他总是与自己的同门在这所秘密道院里面相聚,鼓励他们的修行。他的存在,给众人带来了无尽的振奋与欢乐。

这些年轻人的未来生涯及未来求道团体,在巴拉那戈尔的这些早期日子里已经开始成行。而以下的事件则更是加速了这一进程。一次,应一位门徒巴布拉姆③与他母亲的邀请,他们都去了安特普尔村,在那里,他们度过几天不属于苦行的日子。此时的他们比以往任何时候都更加强烈地意识到了一个共同生活的目标、一种兄弟情谊和组织意识,这些已经将他们的思想和心灵联结为一体。他们虔敬的灵魂就像项链上的一颗颗珠光闪耀的珍宝,已经被罗摩克里希纳的像一根丝线一般的教诲,紧紧地串联在一起。

他们于彼此身上都看到了精神力量的宝库,性灵的愿景,更是增强了他们之间的爱与尊敬。纳兰向他们描述了桑雅士生活的无

---

① 从1886—1892年,道院(monastery)总部一直在巴拉那戈尔;之后,迁往达克希什瓦附近的阿兰巴扎尔(Alambazar),在那里一直运作到1897年。再之后,迁至对面的巴拉那戈尔(Baranagore),恒河岸边尼兰巴尔·穆克吉(Nilambar Mukherjee)的花园别墅。最后,道院于1898年在毗邻尼兰巴尔·穆克吉花园别墅的贝鲁尔道院落成,成为永久性的圣地。原注。
② 几天后,部分骨灰被安葬在加尔各答郊区的坎库尔加奇(Kankurgachhi),大师的弟子拉姆钱德拉·达塔在那里修建了一座舍利庙。罗摩克里希纳生前曾到访过这个地方。但今日,大师的大部分骨灰被保存在了贝鲁尔道院的那座神龛里面,以供后人朝观。原注。
③ 巴布拉姆(Baburam),罗摩克里希纳最重要的16个核心门徒之一,出家后法名为斯瓦米·帕里玛南达(Swami Premananda)。译者注。

上荣耀,要求他们放弃凡俗的学术,远离物质世界的种种令名与诱惑。当时,所有人的心中都涌动着一股弃绝的精神。还有一天的夜晚,当他们围着一个火堆静坐冥想之际,这种精神达到了巅峰。彼时,头顶星光闪烁,寂然无声,在此种宇宙一般的永恒宁静当中,只听得见木头在火中燃烧的噼啪之声。突然,纳兰睁开了双眼,带着使徒般的热忱,开始向同门讲述基督的生平,鼓励他们要像基督一样地生活,因为"狐狸有洞,天空的飞鸟有窝,人子却没有放置枕头的地方"①。这些青年僧人都被这一股新鲜的激情点燃,他们即以上帝和眼前的火焰为见证,发誓要成为弃绝尘俗的出家僧侣,成为严格苦行的桑雅士。②

---

① 《圣经·马太福音》8:2。译者注。
② 一些时日过后,这些被大师选中的弟子举行了一个名为"维拉贾"(viraja)的正式仪式,并立下独身守贞和清贫的修道誓言。此外,他们还预备将自己的生命奉献给亲证上帝的理想和为人类服务的事业。他们取了新的法号,以示与世俗世界的彻底决裂。其中,后来以斯瓦米·辨喜(Swami Vivekananda)而闻名于世的纳兰,直到1893年前往美国芝加哥时才使用这个名字。在此之前,他曾化名为维维迪沙南达(Vividishananda)和萨奇达南达(Satchidananda),以便向公众隐瞒自己的真实身份。大师逝世后不久,他的16位弟子纷纷放弃了自己的世俗生活,他们分别取僧名如下:
    Swami Vivekananda(辨喜尊者,原名 Narendra);
    Swami Brahmananda(布拉马尊者,原名 Rakhal);
    Swami Yogananda(尤迦南达尊者,原名 Jogin);
    Swami Niranjanananda(尼兰贾南达尊者,原名 Niranjan);
    Swami Adbhutananda(阿杜塔南达尊者,原名 Latu);
    Swami Premananda(普力马南达尊者,原名 Baburam);
    Swami Shivananda(希瓦南达尊者,原名 Tarak);
    Swami Turiyananda(图里雅南达尊者,原名 Hari);
    Swami Saradananda(萨拉达南达尊者,原名 Sarat);
    Swami Ramakrishnananda(罗摩克里希纳南达尊者,原名 Sashi);
    Swami Abhedananda(阿贝达南达尊者,原名 Kali);
    Swami Akhandananda(阿坎塔南达尊者,原名 Gangadhar);
    Swami Advaitananda(阿德维塔南达尊者,原名 Gopal);
    Swami Trigunatitananda(特里古纳蒂塔尊者,原名 Sarada Prasnna);
    Swami Subodhananda(苏博达南达尊者,原名 Subodh);
    Swami Vijnanananda(维贾纳南达尊者,原名 Hari Prasanna)。

当他们兴高采烈地返回到房间时,有人发现那天居然是圣诞的前夜!故而所有人都感到一种难以置信的平安与福祉。这也难怪为什么罗摩克里希纳教团的僧侣们一直对拿撒勒人耶稣怀有崇高的敬意。

这些年轻的门徒回到巴拉那戈尔道院之后,纷纷放弃了他们的世俗家庭,坚定地成了修道会的永久成员。在这段美妙的性灵训练中的一个英雄阶段,他们常常需要经受物质上的匮乏。他们在那里过着何等严酷的禁欲生涯啊!当他们沉浸在冥想、学习或虔诚的音乐时,就彻底遗忘了食物。这时,自称是他们守护者的萨希(Sashi)①,把他们强行拖到了餐厅用餐。

他们在此期间所遭受的苦难构成了一部部精彩绝伦的灵修传奇。他们经常吃不上饭,在这种情形之下,他们常常夜以继日地祈祷和冥想。有时只有米饭,连调味的盐都极为匮乏,但是,这一切没有一个人会在乎。他们就凭着吃煮熟了的米饭、少量的盐和一点点调味用的香草生活了好几个月。条件之严酷,就连恶魔也无法忍受如此艰苦的生活。每个人身上只有两片缠腰布,有几件正装的衣服可以穿,当有人需要外出时轮换穿戴。

他们睡在铺于硬地板上的草垫上,一些圣人与神灵的图像挂在墙壁上,各处还放着一些唱赞用的乐器。那儿的图书室大概有上百来本书籍。

不过,纳兰并不是想让同门师兄弟成为被艰难折磨与刻骨忍耐的苦行者,他觉得他们更应该通过吸收当前世界的思想潮流来开阔其眼界。于是,他用各国历史和各种哲学体系来帮助他们成长。他们对亚里士多德和柏拉图、康德和黑格尔、商羯罗、佛陀、罗

---

① 罗摩克里希纳最重要的16个核心门徒之一,出家后法名为斯瓦米·罗摩克里希纳南达(Swami Ramakrishnananda)。译者注。

摩努阁、摩陀婆(Madhvacharya)、柴坦尼亚与宁姆巴卡(Nimbarka)等人的思想进行了深度的讨论。印度教哲学的智慧、奉爱、胜王与行动等诸瑜伽体系，都得到了他们充分的注意与分享，而在将罗摩克里希纳的教导与经验进行调和这一点他们有较明显的不一致，但唱诵赞歌又缓解了他们枯燥与抽象的讨论。很多时候，纳兰在这些场合的妙语连珠总能让他们捧腹大笑。但他永远不会让他们忘记僧侣修道的目标：彻底控制低层次的习性，实现对至高神性的亲证。

辨喜师门的苦行阶段，1887年

"在那些日子里面，"道院中的一位同门后来回忆道，"纳兰就像一个疯子那样工作着，无日无夜。每天清晨，天还是漆黑一片，他就开始起身，唤醒其他人，唱着这样的歌——'醒来，快醒来，所有想饮用神圣甘露的人呐，快快醒来！'而午夜过后，他与同门仍然坐在道院的屋顶之上，沉浸于宗教赞歌的神圣氛围之中。邻居们提出一些抗议，但无济于事。饱学的梵学家来了，大家又常常一起讨论,展开雄辩,争论不休。一刻也不曾闲着,从不乏味沉闷。"尽管这位同门稍有抱怨之意,因为这种忙碌的节奏使得自己没有时间去亲证任何一段罗摩克里希纳的教导。

当时,大师有一些在家的居士门徒,并不赞成这些年轻人的苦行生涯,其中一位曾戏谑地询问他们——是否通过放弃世俗生活而实现了对神的觉悟。"你这是什么意思?"纳兰愤怒地反问,"假使我们没有领悟到神,我们就必须返回到感官享受的生活,让我们更高的天性就此而日趋堕落吗?"

岁月如流星,巴拉那戈尔道院的那些年轻僧侣开始不安分了,他们向往起了桑雅士的漫游生活,他们的手中除一根手杖和一只钵碗之外,可以一无所有,再无长物。他们希望借此能够学会向神性屈服,能够学会不执与超然的精神,获得内心深处的安宁。他们记起了印度的古老传统,桑雅士就像流动的水一样,始终流转不歇,保持自身内外的洁净。他们还想去参访无数的圣地圣所,从而强化他们自身的灵修生活。

纳兰也希望享受一种独处的宁静,检验一下自己内心的力量,同时想教导其他人学会精神的独立,不要总是依赖他。而且,当他开始云游时,一些同门确实已经离开了道院。

最初的云水行脚还只是临时性的,因为纳兰不得不响应道院与居士的呼吁,常常需要返回到巴拉那戈尔。但最后的那一次则是在1890年,当他踏上漫游之途时——没有姓名、没有身份,只有一根手杖与一只乞碗,迢迢陌路,孤身一人——就这样,纳兰被整个印度次大陆的辽阔大地与无边森林吞没了。当他再一次被自己的同门兄弟发现时,他已经不是那个默默无闻、寂然无名的纳伦德拉纳特了,而是那位震古烁今、声名远播者,即在1893年,于美国芝加哥创造了人类历史新刻度的托钵僧斯瓦米·辨喜了。

为了满足自己的漫游所好，纳兰来到了瓦拉纳西。这座城市因僧侣和虔诚的信徒而闻名，自古以来就被奉为一个圣地。这里出现过佛陀、商羯罗与柴坦尼亚这样的先知足迹，他们都曾在这里接受过神圣的启示，宣扬他们觉悟的信息。此处的恒河也为神圣的氛围注入了很稀有的气息。纳兰甚为振奋，他已经被弥漫于恒河两岸的弃绝与奉献精神所深深鼓舞了。他参观了一些寺庙，拜见了一些重要圣徒，比如，长年在恒河岸边冥想的斯瓦米·翠蓝加（Trailanga Swami）以及斯瓦米·巴斯卡拉南达（Swami Bhaskarananda）等圣人。后者曾质疑一个人是否可以彻底摆脱"女人"和"黄金"的诱惑①，这令纳兰甚为懊恼，因为他是亲眼看见了罗摩克里希纳的生活，一位彻底征服了自己天性的完美典范。

也是在瓦拉纳西，有一天，纳兰遇到了危险。当时，他被迦梨神庙外面的一群发了疯的猴子追赶，他有些惊慌，飞快逃离现场，结果没想到——他越跑，猴子越多。正在慌乱之际，一位在大树下冥想的僧人看到了这一幕，就遥遥地向他喊道："回身，回过身来，看着这些畜生！"于是，他站住了，回过身来，用自己的双眼看着那些凶巴巴的猴子，大胆无畏而充满蔑视。它们马上一哄而散，立刻逃走。许多年之后，作为一名伟大而成熟的布道者时，他有时就用这一次经历来激励人们："如果你害怕任何东西，永远要转过身来，面对它，别想逃避它。"面对生活的种种危险和意外，不需要逃避，

---

① 在罗摩克里希纳所传授的教义当中，"女人"和"黄金"这一对词汇反复出现，它们是用来指代性灵进步的两个主要障碍。其实这两个词，指的就是"欲望"和"贪婪"，它们的负面影响阻碍了青年有志者的精神成长。在对男性信徒讲话时，他用"女人"这个词来具体指代性本能；而在对女性讲话时，他则告诫她们要防范"男人"。贪婪是另一个障碍，"黄金"就象征着贪婪。罗摩克里希纳从未教导他的弟子们憎恨任何女人，或者说憎恨整个人类的两性存在，他甚至将女性视为宇宙神圣母亲的众多分身之一，这一点在这里尤需澄清。原注。

而是学会面对与克服。①

　　这样漫游了一些时日之后,纳兰又回到了巴拉那戈尔,并投入冥想、阅读与宗教演讲的活动当中。从那时候起,他就隐约有了自己未来使命的预感,但尚未清晰。他常常反问自己,这种伟大的哲学,宣布灵魂之神性与存在的统一性的吠檀多哲学之真理,是否应该被限制在被虫蛀的经书之中,只供给那些博学的梵学家消遣,或是取悦于山林洞穴、森林原野深处的那些平静的僧侣?难道它们对在生活中充满挣扎的普通人没有意义吗?难道普通人因为对经文的无知,就必须与吠檀多的光芒绝缘吗?就必须被排除于这种知识的光辉之外?

　　纳兰对他的同门师兄弟说,有必要向所有人宣扬吠檀多的哲学,以此给予所有人以力量的唤醒。其中,特别是对于受苦受难的底层民众,意义重大。但是,这些出家僧人一心还在渴望着自己的解脱,反对纳兰的建议。纳兰愤怒地对他们说:

　　　　我要向所有人传道,宣布这种力量与无畏的生命哲学。人们都在无意识当中做事,所以我必须学会自觉自主地、有意

---

① 辨喜后来回忆道:"贝拿勒斯的那些猴子是巨大的野兽,有时还暴躁乖戾。现在它们把它放在自己的头上,不让我穿过它们的道路,所以,当我要经过的时候,它们又是嚎叫,又是尖叫,还企图抓我的脚。当它们越来越逼近时,我就开始跑。但是我越逃得快,猴子们也就追得越紧。它们开始面目狰狞地准备咬向我,看来我已无可逃脱。就在这千钧一发之际,一位坐在树下的托钵僧看见了,就冲着我喊道:'转过身来,面对这些畜生!'于是,我就回过身来,盯着这些猴子,它们吓了一跳,最后全部逃光了。这一事件对于所有人来说,都是人生的一课:面对困难与恐惧,而且要勇敢、要大胆。就像这些猴子一样,当我们不再逃跑的时候,生活的艰辛就会退却。如果我们想要获得自由,就必须借着战胜,而绝非借着逃避而来。懦夫永不会赢得胜利,如果我们希望'猴子'在我们面前彻底消失,我们就必须迎战恐惧、烦恼和无知。"参见 *Swami Vivekananda Complete Works*(*Vol. 1*), Kolkata: Advaita Ashrama, 2005, p. 338~339。年轻的辨喜就停下来,告诉人们不需要逃避,要学会面对与克服,尤其是克服无知。人们的恐惧,若一旦细究之,则常会发现与无知有关。译者注。

识地去传道。哎,即使是你们,我的兄弟们,即使是你们在劝阻我,我也一样要去做,我将要在最底层的贫民窟中传道,向那些受社会排挤的人宣扬真理的普遍性。

在巴拉那戈尔逗留了一段时间之后,纳兰再次启程,前往瓦拉纳西。在那里,他遇到了梵语学者普拉玛达斯·米特拉(Pramadadas Mitra)。两人彼此相惜、互相尊敬。他们既通过口头,也通过书信,讨论了许多内容,包括印度人的社会习俗和深奥的经文。之后,他访问了阿逾陀(Ayodhya),《罗摩衍那》主人公罗摩出生的古都。勒克瑙(Lucknow),一座由莫卧儿王朝的纳瓦布(Nawab)建造的花园和宫殿。在他的印象中,这是一座充满光荣记忆的代表伊斯兰法则的大城。他还拜访了阿格拉(Agra),那里的泰姬陵之美,让他热泪盈眶。而在温达文(Vrindavan)圣地,他更是忆起了克里希纳生前的无数传说与事迹,深深为之感动。

在前往温达文的路上,纳兰身无分文,赤脚跋涉,当时,他看到了一个人坐在路边抽烟。他请求那位陌生人从烟缸中给他一根烟抽。但是,那人原是一个贱民,属于不可接触的阶层。这人对这种要求很是震惊,避之唯恐不及。因为印度社会认为这是亵渎神灵之举。于是,纳兰只好继续他的漫游之路,往前行走,但是,他突然自言自语起来:"真是可耻啊,可耻!我的整个一生都在思考灵魂的绝对统一性,非二元性;而现在,我自身却也陷入了这类种姓习俗的旋涡之中。可见,要克服与生俱来的倾向该是多么的困难啊!"于是,他折返回来,来到那位贱民身边,恳求他把烟斗借给自己一用,不管那个低种姓人如何惊讶、如何表态,他已经在全心享用着烟雾缭绕的乐趣。然后,抽完烟,继续赶路,去往温达文。

接下来,人们会发现纳兰已经到了哈特拉斯(Hathras)火车站,他正准备前往喜马拉雅山下神圣的朝圣中心:哈德瓦

(Hardwar)。那里车站的站长名叫萨拉特·钱德拉·古普塔(Sarat Chandra Gupta),他对纳兰极为仰慕,被他深深吸引住了。"我追随着那两双凌厉的目光而去",他后来追述说。彼时,纳兰就收萨拉特为徒,称他为"我的精神之子"。在哈特拉斯,他与来访者讨论印度教的哲学,并且常常以音乐相娱。有一天,他向萨拉特表露心迹,说自己必须离开这里了。"我的孩子,"他说,"我有一个伟大的使命要去完成,而令人绝望的是,我自身的力量太微弱、太渺小。我的导师曾要求我为印度的复兴献出一生。然而,目前的印度不但饿殍遍野,而且性灵也跌入了谷底。所以,印度若要赢得世界的尊重,必须重新焕发她的本质活力,而凭借的只能是她的性灵力量。"

萨拉特当场起念宣誓,弃绝了尘俗生涯,陪同纳兰从哈特拉斯前往哈德瓦。随后,两人结伴,来到了位于哈德瓦以北几英里、更靠近大雪山的恒河上游的赫里希凯什(Hrishikesh)。① 在那里,他们发现自己置身于不同教派的僧侣中间,这些僧侣在那里进行着艰辛的冥想和苦修。不久,萨拉特病倒了,纳兰把他带回哈特拉斯治疗。但纳兰自己也在赫里希凯什得了疟疾。现在,他也必须返回巴拉那戈尔道院。

经历过这一番漫游,纳兰如今已经看清了印度的北部,即雅利安人的圣地,雅利安瓦塔(Aryavarta),这里就是印度性灵传统的策源地,一切重要而古老的精神文化都是从这里起源和发展出来的。这一股古印度文化的性灵潮流,源于《吠陀经》和《奥义书》,其分支则为《往世书》和《密乘典籍》,后来萨克人、匈奴人、希腊人、帕

---

① 哈德瓦与赫里希凯什,两地皆位于喜马拉雅山脉的胜境之中,风光旖旎。前者意为"天神之门",后者意为"仙人之地",都是恒河上游的圣地。萨拉特出生于加尔各答的加帕尔地区,原是哈特拉斯火车站管理人员。(作者这里记录恐怕有误,应该不是站长,而是站长助理)当时立刻辞去该职位,成为辨喜尊者的第一个印度弟子,穿着赭色道袍,陪伴尊者漫游。出家后,法号为斯瓦米·萨达南达(Swami Sadananda),1897年与1898年,两次加入辨喜的北印度之旅。在加尔各答瘟疫流行期间,曾领导负责救济工作的委员会,是辨喜尊者的重要助手。译者注。

坦人与蒙古人等外来民族的进驻,他们各自的文化贡献又丰富了古印度精神的多元特质。因此,印度在多样性统一的理想基础上发展出了他们的独特文明。其中一些外来因素完全融入了传统的印度精神之中;另一些虽然受到了这片土地古老思想的影响,但仍保留了自己的个性。纳兰很早就意识到了印度和亚洲在精神上的统一性,发现了东方文明的本质特征是放弃有限,融入无限。

但是,今日印度人的生命却停滞不前,他认为这一切的罪魁祸首是那些神职人员和地主阶层。这一切让他深感悲哀。纳兰发现自己祖国的衰落,并不是因为宗教,也许恰好相反,只要印度坚持她的宗教理想,它的物质生活也一样会得到富足,国家必定会繁荣昌盛起来。但是,长期的权力占有与享乐生活已经使整个祭司阶层腐化堕落了,而普通人又被剥夺了真正的宗教性灵知识。人们完全遗忘了《吠陀经》,曾经印度文化的总源头,尤其在孟加拉地区。

此外,种姓制度原本是为了强调印度社会的有机统一之特质,但现在彻底僵化了。它的真正目的是保护弱者免受强者的无情竞逐,于军事武器、财富组织与劳动力量面前,维护性灵知识的最高权威,保障宗教精神的崇高席位。但现在,它恰是在削弱人们的活力。纳兰希望将给人重生的吠檀多智慧开放给所有人,从而实现祖国的复兴。因此,他鼓励巴拉那戈尔道院的师门兄弟一起学习帕尼尼(Panini)①语法。因为,若没有帕尼尼语法的帮助,他们就

---

① 印度古代语法学家,对后世语言学的发展有巨大影响。其生活年代不详,一般认为是在公元前4世纪。其诞生地在今巴基斯坦的白沙瓦附近。帕尼尼是印度语法学的集大成者,著有《帕尼尼经》,因内容分有八章,又称《八章书》(Aṣṭādhyāyī)。现存最早的记载见于中国僧人玄奘的《大唐西域记》第2卷,玄奘说:"是制《声明论》波你尼仙本生处也。"他接着说,远古时期,文字繁广,异道诸仙各制文字,学习者难以详究⋯⋯到了人寿百岁时,波你尼仙"捃摭群言,作为字书,备有千颂,颂三十二言矣,究极今古,总括文言"。不过,该经并非玄奘所云颂体,而是口诀经文。考虑到时代背景的变化与当代读者的习惯,本书将 Panini 的音译改为帕尼尼。在印度,《帕尼尼经》是学习梵语的圭臬。在欧洲,它促成了印欧语系比较语言学的产生。译者注。

无法获得关于吠陀经典的第一手的性灵知识。

与此同时，伊斯兰教的民主与平等精神也深深吸引了纳兰，他想创造出一个新印度，以吠檀多为头脑、以穆斯林为身躯的新印度。此外，他还开始意识到，要想改善印度人民的物质生活条件，没有像西方那样发达的科技水准是不可能的。于是，他开始梦想建造一座连接东西方的"桥梁"。但是，印度真正的领袖，必须来自印度的本土。他一次又一次地忆起罗摩克里希纳就是这块大地上诞生出来的印度儿子。他意识到，通过理解大师的性灵经验，印度有望重新获得统一、获得强大的自信与稳定的基础。

纳兰为自己这样的想法而激动，他再次变得不安起来，想要"做点什么"，但是，他又不知道如何措手。他时而也想逃离自己的亲戚，因为他无法忍受他们的贫穷。他热切地希望通过冥想来忘掉这个世界。因此，到了1889年12月下旬，当他有机会再次离开巴拉那戈尔道院时，他就一个人前往瓦拉纳西。"我想，"他在写给朋友的信中说，"在瓦拉纳西住上一段时间，看看维斯瓦纳特（Viswanath）和安纳普尔纳（Annapurn）①如何处理我的命运。我已经下定决心，要么实现我的理想，要么拿走我的生命。请助我，瓦拉纳西之神！"

在前往瓦拉纳西的途中，他听说同门斯瓦米·尤迦南达（Swami Yogananda）病倒了，人在阿拉哈巴德（Allahabad）。于是，他决定立即前往阿拉哈巴德。在去往阿拉哈巴德的途中，他遇到了一位穆斯林的圣人，"在他的脸上，几乎每一根

---

① 印度神圣的古城瓦拉纳西最重要的两座神庙所供奉的神灵。佛陀初次讲法的地点就在该城的鹿野苑。瓦拉纳西这座城与辨喜的天命息息相关，他人生的最后一次朝圣，就是在菩提伽耶与瓦拉纳西，与佛陀的影响关系不小。译者注。

线条、纹路与每一道弧度都显示出这是一位已经彻悟的灵魂（Paramahamsa）①"。接着，他又去了加济布尔，就是在那里，他认识了圣人帕夫哈里巴巴（Pavhari Baba），意思是食气巴巴，即"吃空气的圣人"（air-eating holy man）。

食气巴巴出生在瓦拉纳西附近，父母都是婆罗门。年轻时，他已经掌握了印度哲学各种流派的知识。后来，彻底弃绝了世俗世界，过着苦行安贫的生活，研习瑜伽与吠檀多，漫游过整个印度次大陆。最后，居留在加济布尔，就在那儿的恒河岸边，建造了一个地下隐修所，于是，大部分时间，他都在那里一个人冥想。几乎一无所有，因此，人们就给他起了这样一个绰号——"吃空气的圣人"，而他的谦逊和慈悲却给当地人留下极深刻的印象。

有一次，他被眼镜蛇咬了，一边忍受着剧痛，一边嘴里嚷嚷着说："哦，它是从我所爱者（Beloved）那里派来的使者啊！"另一天，一只狗叼着他的面包跑了，他追在后面，卑微地祈祷道："请停下来啊，我的主人；让我为你把面包涂上黄油以后再跑。"他常常把自己所剩无几的食物，施舍给到来的乞丐或云游僧，自己却挨饿。

食气巴巴听闻过罗摩克里希纳的事迹，十分尊敬他，并立刻视他为神圣化身。在他自己的房间里面，就放着一张大师生前的照片。而远近的人都来拜访食气巴巴，当他不进行冥想时，他就会走出自己的隐修所与他们交谈。去世前的那几天，他一直待在隐修所之内。然后，直至有一天，人们注意到地下的那个隐修所冒出了浓烟，并伴有肉体烧焦的气味。最后人们发现，食气巴巴在意识到自己的尘世寿命即将结束之际，就将自己的身体作了最后的献祭，献给了他所钟爱的上帝，这是一种至高的牺牲之举。

---

① Paramahamsa，意思为至上天鹅、至上自我、宇宙灵魂，往往指彻底解脱的伟大灵魂。译者注。

当初,在纳兰见到食气巴巴时,他自己也正在遭受剧烈的腰痛折磨,几乎无法走动、无法安坐冥想。此外,他也有心灵上的创伤,因为那时他听说了自己另一个同门斯瓦米·阿贝达南达也在生病当中。阿贝达南达当时一个人独居在雪山脚下的赫里希凯什。

"你不知道的,先生,"他在给一位朋友的信中写道,"尽管我所持的是严格的吠檀多主义的观点,但我其实是一个软心肠的人,而这也正是我的致命伤。因为无论我如何努力,虽然一开始想到的还是我自己的出路,但很快我就会奋不顾身,去考虑他者的利益。"纳兰希望通过瑜伽的练习来忘却世界与自己的身体。于是,他前往食气巴巴处求教,想要拜他为师,皈依于他。但是,食气巴巴以他一贯的谦逊,一次又一次地推托,劝阻他不要这样做。

一天晚上,当纳兰躺在床上想着食气巴巴时,罗摩克里希纳出现在了他的面前,静静地站在门边,凝视着他的眼睛。这个幻象重复了21天。纳兰明白了。他甚是自责,他为自己对罗摩克里希纳缺乏彻底的信心而痛悔。现在,他终于信服了,他在给自己朋友的信中写道:"罗摩克里希纳无与伦比。世界上没有任何一个地方,会有如此空前的完美者,他对所有人皆有如此美好的慈悲,而对深受奴役的人又拥有如此强烈的同情。"他泪流满面地回忆起罗摩克里希纳是如何从未辜负过他的任何一次祈祷,导师又是如何宽恕了他无数次的罪行,并消解了他的种种痛苦。

但是,纳兰终其一生,都珍视着自己对食气巴巴的那份真挚感情,那份执弟子礼的忠诚和敬意。只要纳兰还活着,他就会记得自己所受到的美好教导,尤其清晰记得食气巴巴的两条教示。其一,"住在你老师的屋子里,就好像一头奶牛一样。"这句话强调了师生关系中的服务和谦卑的精神。其二,"性灵的练习与性灵的成就同等重要,要学会一视同仁。"这意味着一位寻道者不应该区分因和果,不需要在目标与手段中分出一个主次来。

于是,纳兰再度安定下来,全力投入了冥想,体味了无边的平静,深深沉浸其中。几天之后,他就去了瓦拉纳西,在那里,他得知巴拉罗姆·博斯(Balaram Bose)病重的消息,博斯是罗摩克里希纳最重要的弟子之一。① 而在加济布尔,他又听说大师的另一名弟子苏伦德拉纳特·米特拉奄奄一息,也即将去世。他陷入了深深的悲痛之中,他对梵文学者普拉玛达斯(Pramadadas)说过一段话。当时,普拉玛达斯对于一个弃绝尘俗的桑雅士如此沉溺于人类世俗的情感表示惊讶。他对普拉玛达斯说:"请不要这样说。我们不是死气沉沉、干巴巴的冷漠僧侣。你以为一个人弃绝了世俗的生活,就没有人类感情了吗?"

云游期间的辨喜,1891年

---

① 巴拉罗姆·博斯(Balaram Bose),出身于一个富裕的毗湿奴宗的家庭。从年轻时候起,他就表现出了浓郁的宗教气质,并将时间投入冥想、祈祷和研究毗湿奴宗的经文当中。他与导师罗摩克里希纳初次见面时,就给导师留下了深刻的印象。他问导师,上帝是否真的存在,如果存在,人是否能认识到他。导师答:"上帝只会向那些把他当作自己最亲近者的信徒显现自己。不要因为向上帝祈祷一次没有得到回应,就认为上帝不存在。向上帝祈祷时,要把他看得比自己还要真实。因为他非常重视他的信徒,甚至会在信徒寻找上帝之前就来到他身边。没有比上帝更亲切、更深情的了。"巴拉罗姆以前从未听到过有人用如此坚定有力的言辞来描述上帝,他深信这里的每一句话都是真的。在导师的影响下,他摆脱了传统的毗湿奴宗的崇拜,成为最受众人爱戴的家居者弟子之一。导师每次在加尔各答过夜,都在他家休息,不少于100次。后来辨喜尊者从欧美荣归故里建立以导师名义命名的传道会,一些最重要的会议,就在巴拉罗姆·博斯的家中举行,虽然当时巴拉罗姆·博斯去世多年。而这个房子在2002年,正式成为传道会的一个中心。译者注。

于是,他匆忙赶回了加尔各答,待在巴拉罗姆身边,陪伴他一直到 5 月 13 日——巴拉罗姆去世。而苏伦德拉纳特·米特拉则于 5 月 25 日也离开了人世。但纳兰稳住了情绪,令自己能够平静下来,除自己平时的祈祷和冥想之外,他还再次全身心地投入对同门的指导工作当中。也是在此一期间,他萌生了想要建造一座永久性僧院或寺庙的想法,可以用来保存罗摩克里希纳的遗物与舍利。

从他的书信与谈话来看,我们约略可以了解到,当时纳兰灵魂深处已经掀起了巨大的风暴。他清楚地看到,那些受过教育的印度人,他们很大程度上已经受西方物质主义思潮的影响。因为他鄙视那种无本质的外在模仿。但是,他也意识到构建欧洲现代文明大厦的一些伟大思想之重要。他告诉他的朋友们说,在印度,个人的解脱是公认的人生目标[①],而在西方,则是不分种姓或信仰,共同致力于提高人们的普遍地位。因为在那里,无论取得什么样的成就,都是普通人所共享的利益。精神的自由就表现在了共同利益,以及通过所有人齐心协力来提高所有人地位的共同进步之上。他希望将这种健康的元素引入印度人的意识当中。

然而,他同时被自己灵魂中的那份饥渴所吞噬,他常常着迷于三摩地的宁静。在这个时候,他还有一种精神上的动荡,就像当年在科斯珀尔的花园别墅所经历的那样,那时正是罗摩克里希纳在尘世岁月的最后一段日子,外部的这个世界对他已没有了任何的

[①] 自古以来,印度文献中对生命和世界有一种特别的理解,即人生四目标:财富(artha,利益)、欢愉(kama,欲爱)、正义(dharma,法)和解脱(moksa)。前三者扎根于尘世,第四个,是最高的要求,有超拔尘世的特质。所以,解脱之品质,是印度人区别于其他许多民族的人生理想。不过,辨喜尊者这里所思考的是东西方文明的各自优劣。而解脱之道若是停留于个人的梦,往往会使得整个民族自身也陷于停滞之中。译者注。

第四章 漫游生涯

吸引力。但另一个因素,对他来说也是一个未知之谜,在他心灵里面运作着。从他完美的诞生开始,他原本就不需要为他自己的解脱而进行那些灵性训练。无论他研究什么样的学问,都是为了揭下暂时遮蔽了他真正的神性与在世界上的使命之面纱而已。甚至,在他出生之前,上帝就已经拣选了他作为自己的工具,来帮助人类的觉醒与性灵救赎。

现在,纳兰意识到,他自己的生活将与宗教隐士的生活截然不同:他要为人类的福祉与利益而工作,需要进行一番训练。每当他想品尝三摩地的极乐时,就会听到无数穷苦者的悲吟,他们都是印度的那些卑贱的、无知与无家可归的受害者。纳兰常常自问,难道他们必须永远卑躬屈膝,像畜生一样地在人间尘土中生活吗?如果不是,那谁会是他们的救赎者?

他也开始感受到表面上拥有幸福生活的西方人的内心痛苦,机械主义和物质主义的生活理念腐蚀了人们的性灵,精神活力被削弱。他看到欧洲正坐在一座熊熊燃烧的火山口上,西方文化随时都有可能被火山的烈焰所吞噬、所摧毁。所以,无论是在东方还是西方,存在界的种种苦难都会令他柔软的心灵隐隐作痛。那时,他已经意识到,只有吠檀多哲学所教导的灵魂的神圣性与存在的一体性才能够治愈包括印度在内的整个世界的创伤。但是,他那时仅仅只是一个25岁的印度小伙子,能够为此做些什么呢?那目标实在太大了!也显然是一项太艰巨、靠一己之力是不可能完成的任务。他与自己的同门讨论这些问题时,得到的鼓励很少。他决定,如果将来真的没有一个人愿意帮助他的话,他就要独自上路了。

纳兰在巴拉那戈尔的道院里越来越感到局促,他对一切琐碎事务失去了兴趣。现在,似乎整个世界都在召唤他去工作。因此,1890年的某一日,他下定了决心,带着一去不复返的诀别心情,再次离开了道院。他要去喜马拉雅山,将自己埋藏在无边的森林,埋藏于自己思想的最深幽处。他对一位同门兄弟说:"我不会再回来了,除非我获得那样的觉悟,使得我的每一次举动、每一次触碰都能改变他者的生命,我才会回来。"他向黛薇祈求,希望在他获得最高真理以前不要回来。神圣母亲以罗摩克里希纳的名义为他祈福。然后,她问他是否愿意离开他尚在人世上的母亲。"母亲,"纳兰抬头答道,"您是我世上唯一的母亲。"

在斯瓦米·阿坎塔南达(Swami Akhandananda)的陪同下,纳兰离开了加尔各答,直往印度的北方而去。两人沿着恒河岸边前行,第一个停留地点是巴加尔布尔(Bhagalpur)①。一次,纳兰对一位前来拜访他的人说,不管古代雅利安人的知识、智慧还剩下什么,你都可以在靠近恒河的两岸之地找到,离恒河越远,这种文化的迹象就越少。他认为,这一事实也解释了印度的古老经典为什么要歌颂恒河的伟大了。他还进一步评论说,"'温和的印度'这样的一个称谓并不是一个责备的词,反而应是我们国家的荣耀,因为它表达了我们伟大的精神品格。因为要想摆脱人类天性中的那种野蛮力量,即为了自我的利益而屠杀兄弟的力量,必须在道德和精神上取得多么大的进步、爱和同情的品质得到多么大的发展,它才可以成为一个民族的特质!"

他在瓦拉纳西度过了几天。离开这座城市时,这一次他还说了一句带有预言性质的话语:"直到有一日,当我的出现,就像一声惊雷落在社会上。否则,我将不再造访此地。"

在参观了一两个地方后,纳兰与阿坎塔南达来到了奈尼塔尔(Nainital),他们这次的目的地是喜马拉雅山的神圣中心巴达利卡

---

① 位于印度比哈尔邦东南部的城市,在恒河的南岸。译者注。

道院(Badrikashrama)①。他们一路行乞,全程徒步,身无分文。在阿莫拉附近的一条清澈的溪流边,他们一起静坐,在一棵古老苍劲的皮普尔树(peepul tree)下,冥想了许多个时辰。纳兰有了一种深刻的性灵体验,并将其记录在手边的笔记本上:

> 太初有道。起初,语言即是存在……
>
> 微观世界和宏观世界依照同一种原则建立在同一个计划之上。正如个体灵魂被包裹在有生命的躯体中一样,宇宙灵魂也被包裹在有生命的原质(Prakriti),即客观化的宇宙之中。
>
> 迦梨女神正拥抱着湿婆大神。这不是幻想。一个[原人(Purusha)/灵魂]被另一个(原质/自然)所覆盖,类似一个理念与表达理念的语言、思想与表达思想的名相之间的关系。它们是同一回事,只有通过精神上的抽象,人们才能将它们区分开来。没有语言,思想是不可能存在的。因此,太初有道……
>
> 这个宇宙灵魂的二元景象是永恒的。永恒有双重性。因此,我们所感知或感受到的是永恒有形(the Eternally Formed)和永恒无形(the Eternally Formless)的结合……

就这样,纳兰在冥想的深处意识到:宇宙与人的一体性,人是

---

① 这是喜马拉雅山中的森林道院,与古典时代的克里希那与圣徒乌达瓦有关。在《薄伽梵往世书》中,克里希纳临终之前这样告诉乌达瓦:"去吧,乌达瓦,听我的命令,到我的隐居地巴达利卡(Badarika)去,只要一见到从我足边流淌出来的圣河阿拉卡南达(Alakananda),我亲爱的朋友,你所有的罪孽都将被彻底清洗。用圣河之水沐浴,或仅仅是触碰这些河水,你就会得到净化。在那里,以树皮为衣、以树根与野果为食,弃绝享乐,在任何艰难困苦中持有不屈的韧性,冷静镇定、控制感官、保持专注、拥有知识、获得觉悟,沉思我的教导和你的所学,让你的言语和心意皆以我为标杆,遵循我的道路。届时你将超越三德之限制,并抵达我,至高无上者。"参见《薄伽梵往世书》(11:21)。译者注。

一个微观宇宙。他领悟到所有存在于宇宙中的物质,也存在于人类的身体当中,并且,整个宇宙也存在于一粒原子里面。

很快,其他几位同门也加入了纳兰行脚的行列。但是,他们无法前往巴达利卡道院了。因为这一年饥荒,政府下令封了那条山路。于是,他们参拜一些不同的圣地,靠乞讨为生,一起研读经文,一起进行静坐冥想。就在这些时候,一个噩耗传来,纳兰的一个姐姐在悲惨的生活条件之下,自杀身亡。① 想到印度教妇女仍然挣扎在时代最残酷的社会困境之中,他认为如果自己对这种社会不公的现象无动于衷,那简直就是在犯罪,是另一种堕落。

接着,纳兰继续孤身前往喜马拉雅山的山麓,去往赫里希凯什,那是一个美丽的幽谷,群山环抱,恒河的清澈水流穿越山谷而下。自古以来,这里就是无数桑雅士与云游苦行僧喜欢光顾的一个仙家圣地。然而,几天之后,纳兰自己却不幸生了一场重病,有一阵子,知道他的那些朋友对他的病情感到了一种绝望。待他稍稍恢复之后,他就被转移到了梅鲁特(Meerut)②去疗养。在那里,他遇到了他的一些同门。于是,他们一起研读经文,练习祈祷和冥想,并唱着虔诚的拜赞之歌,在梅鲁特,相当于他们又创造出了一个小型的巴拉那戈尔道院。

住了五个月后,纳兰闲不住了,他再次期待云游生活。但是,这一次他想一个人,安安静静地行走,以解开对同门兄弟的依恋。于是,他以孤寂为乐园,以乞食为盛馔,内住湿婆为道侣,视山河城

---

① 纳兰的姐姐自杀一事,在他的整个人生中是一件非常重大的事情。即便很多年以后,他都被这件事情所深深困扰与折磨。后来辨喜尊者的出离心如此之强烈,也应当与之有一种秘密的情感联系。同时,他不遗余力地要为印度女性的苦难而奔走,为她们的解放与自由,提供一条最大、最宽阔的社会出路。译者注。
② 印度北方邦西北部的城市,位于上游恒河-亚穆纳河的流域,德里东北方向约48公里处。公元前3世纪,阿育王在此竖立了一根石柱。19世纪初,英国人在此修建了一个大型军事屯驻点。1857年5月,印度兵变的最初起义,就是在这里发生的。译者注。

郭如梵天之幻戏,手执桑雅士的权杖,漫步独行。同时,他想深入思索一下自己下一步的行动,确实,他也时不时地会瞥见一些未来方案的蛛丝马迹。从喜马拉雅山的漫游中,他深信神灵绝不会允许他把自己封闭在一个洞穴之中的。因为,每当他想这么做的时候,他都会被一股强大的力量抛出去。印度大众的堕落与迷信正在召唤他走上一条新的行动之道。只是目前他对这一行动的外在形式还未能完全清晰起来。

1891年1月下旬,纳兰告别了他的师兄弟,动身前往德里。化名为斯瓦米·维韦迪沙南达(Swami Vividishananda)。他希望自己不会被人们认出,希望印度的尘土能够隐藏他的行踪,无论是在这个国域的大街小巷、集市与喧闹的人群之中,还是在沙漠、森林和洞穴之间,自己都是一名默默无闻的僧人。但是,他眼中燃烧的精神之火与他独具的贵族气质,使他总是成为人群中的王侯,受人注目,尽管他做了各种各样的乔装。

在德里,纳兰参观了莫卧儿的那些宫殿、陵寝和清真寺。在这座现代城市的周围,他还参访史前的摩诃婆罗多(Mahabharata)大战以来的帝国废墟,揭示了一切物质成就的无常与短促秉性。但是,欢快而总是充满活力的德里,也向他揭示了印度灵魂不死的本质。

他的一些同门又从梅鲁特来到这座城市,意外地发现了他们敬爱的大师兄在这里。纳兰却很生气。他对他们说道:"兄弟们,我告诉过你们,我只想一个人静一静。我想让你们不要再跟着我。我再重复一遍。我必须不要被人跟踪,我马上就要离开德里了,任何人都不要试图知道我的去向,我将断绝一切的旧联系。灵魂指引我到哪里,我就去往哪里。不管我是在森林中,还是在沙漠里,是在一座荒芜的山林,还是在一座繁华的都市,我都要独自四处漫游。我又要出发了,请不要再跟随了。让我们每一个人都能够根据自己内心的光明,努力去实现自己的目标吧!"

于是，纳兰朝着历史悠久的拉杰布达纳城（Rajputana）①而去，他重复着《苏塔尼帕塔》（*Sutta Nipata*）②中的话：

无路可走，也要勇往直前；
无所畏惧，也要无所牵挂；
就像犀牛一样，独自在林中游荡！

如狮子，不会因异响而颤抖；
如清风，不会因罗网而被网住；
如荷叶，不会因流水而染尘；
就像犀牛一样，独自在林中游荡！

有人指出，有几个因素影响了纳兰的一生，并塑造了他未来要传播的伟大信息，这些因素包括：其一，与罗摩克里希纳的神圣联系；其二，他自己对东西方文化的深刻理解；其三，他自己无与伦比的精神体验。除此之外，还必须加上这么一条：那就是他在漫游途中增加的对印度全面而深刻的了解。这一新的理解，对纳兰来说是一种极独特的教育与成长。在这里，生命"这本伟大之书"教会他的东西，也许比图书馆里面的印刷文字加在一起还要多。

他交友极广，几乎与所有阶层的人都打过交道——今天，在茅屋里与贱民同床共枕；明天，又与国王、首相、声名显赫的大学者及自由主义的大学教授平等对话。这样，他接触了无数人的喜怒哀

---

① 印度西北部的前王邦部落群，主要构成现在的拉贾斯坦邦。名字的意思是"拉杰普特人的土地"。译者注。
② 在佛教中叫作《经集》，又译为《尼波多经》，里面有《犀牛品》："周游四方，毫无怨忿，事事满意，克服险阻，无所畏惧，让他像犀牛角一样独自游荡……冲破这些桎梏，犹如水中鱼儿冲破渔网。犹如火苗不再返回燃烧过的地方，让他像犀牛角一样独自游荡。"译者注。译文稍有差别。

乐、无数人的希望和失望。他目睹了印度眼下的命运，也在思索其救赎的合适路径。印度人民的呼声、人性中在挣扎与隐藏的神性，以及四处焦虑的人们伸出的求援之手，这一切都深深地触动了他。在这种漫游兼冥想的途中，纳兰渐渐明白了如何让自己成为神灵的通道，俾以为人类服务。

在这些漂泊的岁月里，他既学习、汲取更深邃的传统与自然的启示，又传授他悟到的知识。他希望印度人能够回归永恒的真理之道，聆听《奥义书》的神圣信息，尊重道院、尊重各种宗教的象征与符号，并为自己出生于印度这块神圣土地而深感自豪。他希望人们既要避免被那些头脑发热的宗教领袖所鼓吹的观念所影响，也要避免被西化改革家的现代理性主义所误导。尽管印度宗教文化的形态千差万别，但其本质是统一的，这一点令他印象深刻。那些渐渐了解他的人，也会在他的身上看到印度的良知、印度精神的一致性，还有印度未来的命运。

【如前所述，纳伦德拉纳特在印度漫游时，他经常会更换名字，以免被别人认出来。从纳兰的毕生事功之成就来看，我们后面就启用"斯瓦米"或"尊者"这一僧人来称呼并无不妥。或者，偶尔也用更亲切恭敬的称谓，即"斯瓦米吉"来称谓。芝加哥宗教议会之后，他以"辨喜"一名名震世界之后，我们启用"辨喜"或"辨喜尊者"。作者说明。】

1891年2月初的一个清晨，斯瓦米吉抵达阿尔瓦尔（Alwar）[①]，

[①] 位于拉贾斯坦邦的东北部，今属印度的西北。它位于阿拉瓦利山脉的一部分的东部边缘，与德里的东北部，以及斋浦尔的西南部之间距离大致相等。1775年，阿尔瓦尔成为阿尔瓦尔王邦的首府。这里有14世纪塔朗苏丹的陵墓，一些古老的清真寺。宫殿毗邻风景如画的西里塞湖，里面有一座著名的博物馆，收藏有印地语、梵语和波斯语手稿，以及拉贾斯坦邦与莫卧儿王朝的细密画。译者注。

受到这里的印度教徒和穆斯林的热情接待。他对一位穆斯林学者说，"在《古兰经》里，有一点非常了不起。时至今日，《古兰经》仍然保留着1 100年以前的记载原样，保持了其原始的纯洁性，没有任何的篡改"。

他与这里的大君(Maharaja，当时印度土邦、地方邦林立，后文皆称统治者为"大君")进行了尖锐的交锋，大君的观点已经倾向西化。后者问，斯瓦米是个身体健康的年轻人，而且，显然还是一位学者，为什么要过一种与世隔绝的生活？斯瓦米反问道："那么，请你也一并告诉我，你为什么总是与西方人为伍，外出打猎，而忽视了你自己王室的职责呢？"大君说道："我不能说出为什么，但毫无疑问，因为我喜欢这样的生活。""甚好甚好，"于是斯瓦米笑着答道，"也正是如此，我才会像独立漫游的犀牛一般，以桑雅士的方式生活，四处游荡。"

接着，大君讥笑了印度的偶像崇拜，认为这一切毫无意义，不过是一些石头、石膏与金属的塑像而已。斯瓦米试图向他解释，印度教徒只是崇拜神，从而把图像当作一种神性的象征物。但大君不以为然。于是，斯瓦米请大君的首席大臣看挂在墙上的一幅大君画像，并要求他往上面吐一些唾液。在场的每个人都被这种大胆的挑衅行径震惊。然后，斯瓦米便回头对大君说，虽然这幅画并不是有血有肉的大君本人，但是，它会让所有的臣民回忆起大君本人来，因此，这幅画像也就备受尊崇。同样道理，所有的或由石头，或由石膏，或由金属之物而制作的塑像，也让信徒们联想到那些神圣者的存在，因而帮助他们集中注意力，尤其是在性灵生活训练的开始，其意义尤其重大。国王醒悟过来，便请斯瓦米吉原谅他的无知，也为自己刚才的无礼向他致歉。

斯瓦米希望阿尔瓦尔人除学习西方的科学思想之外，也要学习印度人自身的永恒真理，特别是要学习梵文知识，同时，他还鼓励他们阅读印度的历史文献。他说,印度的历史应该由印度人按照西方科学的方法来撰写。因为欧洲历史学家的用笔与之不同,他们主要的论调,往往是论述印度文化的颓废与衰落的迷思。

在斋浦尔(Jaipur),斯瓦米潜心研究梵文的语法;在阿杰梅尔(Ajmer),他回顾了印度教的法论与伊斯兰教法典的辉煌。在阿布山(Mount Abu),他被迪尔瓦拉(Dilwara)的耆那教寺庙所震撼,据说,这座寺庙是从巨灵时代开始兴建,最后完成于珠宝商人之手。在那里,他接受了一位穆斯林官员的盛情款待。对于他的印度教朋友来说,斯瓦米属于"至上天鹅"(Paramahamsas,音"帕拉哈马萨斯",译最高等级)的桑雅士,超越了一切的种姓规定。他还说,他与穆斯林共进晚餐的行为与印度教的教义并不相悖,尽管印度社会常常有一些思想狭隘的印度教保守派领袖可能会对此嗤之以鼻,紧皱眉头。

也是在阿布山,斯瓦米遇到了凯特里(Khetri)地区的大君,他后来成了斯瓦米最忠实的弟子之一。后者请求斯瓦米恩赐他一个法脉的继承者身份,于是,得到了尊者的祝福。

接下来,斯瓦米又漫游到印度西部的古吉拉特邦。他住在艾哈迈达巴德(Ahmedabad)①时,他温习了耆那

凯特里大君

---

① 又译阿麦达巴,是印度西部古吉拉特邦的第一大城市,印度的第七大城市。它是印度西部最大城市和纺织工业的中心,交通枢纽,置身于阿拉伯海东北岸的古吉拉特平原之上。译者注。

教的知识，一些旧日的知识在他思想中开始复苏起来。他参访了卡提瓦(Kathiawar)①，那是保存了大量印度教和耆那教遗迹的宗教圣地，因为王邦的大君信仰印度教，他恭敬地接待了斯瓦米。他还向朱纳加德(Junagadh)穆斯林王国的首相巴布强调了在全世界宣扬印度教的必要性。斯瓦米在波尔班达(Porbandar)逗留了11个月，尤其喜欢与这里的宰辅(Diwan)，也是一位伟大的梵文学者桑卡尔·潘杜朗(Pandit Sankar Pandurang)交谈。这位宰辅还从事吠陀经典的翻译工作。彼时，斯瓦米的智慧和独特人格给他留下了深刻的印象，他说："斯瓦米吉，恐怕你在这个国家做不了什么事情。在这里，能够欣赏你的人极少。你应该到西方世界去，那里的人们会理解你的，理解你的工作价值。你肯定可以向西方人阐明你对印度的深刻理解，从而让人们觉悟过来。"

斯瓦米很高兴听到这一席话，这与他一直以来的内心所思所想不谋而合。宰辅鼓励斯瓦米继续他的法语学习，因为，这对他今后的工作可能会有一些帮助。②

在此期间，斯瓦米完全无法安定下来，因为他常常觉得体内有一股无穷的能量在涌动，在寻求一个可表达的渠道。而印度复兴的问题在他的脑海中占据着重要地位，印度一旦觉醒，反过来也可以帮助到整个世界。所以，当他在现实中看到印度人的小气、嫉妒、无知、贫穷与不团结，这让他的心中产生了大苦痛。在解决印度问题方面，他对西化的改革家们并没有多少信心，因为他们与这个国家的灵魂已经失去了联系。他完全不赞成他们通过模仿西方而进行的社会改革，及其提出的宗教和政治改革

---

① 一个半岛，位于古吉拉特邦西南，西南面就是阿拉伯海。译者注。
② 后来，辨喜尊者在法国漫游时，法语确实派上了用场，也结识了一些重要人物，比如黎塞留公爵、卡尔弗夫人(参见 P183 之脚注)。他还专门研究过法语的语言特性。译者注。

的方案。

他希望印度人民能够培养出自信。他认为,繁荣富强的西方国家对印度精神文化的欣赏,反而会让印度人对自己的传统产生信心。他祈求上帝的指引。他与印度的大君们建立起了友好的关系,这些大君统治着印度近五分之一的国土,对数百万人有着巨大的影响力。他希望通过他们来推行社会的改革、改进教育的方法,并采取其他措施为人民带来物质和文化的福利。斯瓦米认为,通过这种方式,实现他的印度复兴之梦将变得相对容易。

在巴罗达(Baroda)逗留了一些时日之后,斯瓦米就来到了中印度的坎德瓦(Khandwa)。① 正是在这里,他首次表明,自己愿意参加将在美国的芝加哥举行的世界宗教议会。他在朱纳加德(或波尔班达)曾听说过这个议会。

在参访了孟买、普那和科尔哈布尔之后,斯瓦米来到了贝尔高姆。在孟买,他意外地遇到了斯瓦米·阿贝达南达,并在一次交谈中,他对斯瓦米·阿贝达南达说:"兄弟,我的身体里产生出了一股巨大的力量,有时我觉得整个身体都要燃烧起来,快要炸裂了一样。"

在他漂泊云游的生涯当中,与生活在各个阶层的人们交流过思想。他的恳切、雄辩、温和,以及丰富的有关印度和西方文化的渊博知识,也给每个人留下了深刻的印象。他当时表达的许多观

---

① 巴罗达(Baroda)城,在古吉拉特邦的中东部,位于艾哈迈达巴德东南的维什瓦米特拉河畔。关于这座城市的最早记录,是在公元前812年。曾是耆那教徒(Jains)的中心之一,后印度教文化复苏。这座城市经历了多次更名,1971年后,又被更名为瓦多达拉(Vadodara)。坎德瓦,印度中部中央邦西南部的城市。它位于萨特普拉山脉以北的高原地区,纳尔马达河的一条支流上。根据印度的传统,说它被梵文史诗《摩诃婆罗多》中描述的坎德瓦森林所环绕。公元前12世纪,该城曾是耆那教的重要朝拜地。译者注。

点,日后在美国和印度的公开演讲中被再次提起。① 但是,他最关心的还是印度穷苦人的贫穷与无知,他们是社会不公的受害者:如何改善农村的卫生条件,如何引进科学的耕作方式,如何获得纯净的饮用水,如何让农民摆脱旧知识与信仰中的愚昧,如何让他们重拾失去的信心。诸如此类的问题,日日夜夜都在折磨着他。他清楚地记得罗摩克里希纳说过,宗教不是为"饿着肚子的人"准备的,对于这些人,信仰还没有什么意义。

他对患有忧郁症的弟子哈里帕达(Haripada)②提出了以下合理建议:"总是臆想有什么用呢?弄得满身忧郁。保持心情愉快,过最虔敬的生活,心怀高尚的思想,快乐地生活,但是,千万不要沉溺于对身体有害或事后会感到懊悔的那种享乐当中。只有这样,一切都会好起来的。至于死亡,像你我这样的人死了又有什么关系呢?这不会让地球偏离它

冥想中的辨喜,1886 年

---

① 印度杰出的革命家与精神领袖提拉克曾于1892年遇见漫游途中的斯瓦米,不过那时他尚是一位籍籍无名的神秘僧人:"一次,我从孟买到普那,于维多利亚站头,几位古吉拉特贵族正为一名僧人送行,他们把他带到我的车厢里,并向我郑重引荐,希望他在普那的这段时日能够住在我的房子里。我们到了普那,一起相处了 10 天左右。当我问起他的名字时,他只是说自己是无名的托钵僧。他不在公众面前讲话。而在家里,他常常讨论不二论哲学与吠檀多。这位尊者退避世俗,在他身上绝对身无分文,他的全部财产是:一张鹿皮、一两件衣物和一只钵。在他的漫游途中,常有旁人为他施舍车票。"译者注。
② 全名哈里帕达·米特拉(Haripada Mitra),当时是一位森林官员,负责分区森林的管理工作。斯瓦米在贝拉加维时,是巴特(G. S. Bhate)教授和哈里帕达的座上宾。译者注。

的轴心！我们不应该把自己看得如此重要，以至于认为若没有我们，世界就不会转动一样。"

当他向哈里帕达提到他想去美国的愿望时，这位弟子非常高兴，并想为他筹集资金。但斯瓦米对他说，等他去拉姆斯瓦兰（Rameswaram）①朝圣并在那里祭拜神明之后，再深入考虑这件事情。

然后，斯瓦米就从贝尔高姆（Belgaum）前往迈索尔邦（Mysore）的班加罗尔。这里现在由一位印度教的大君统治着。当日，大君的首相曾将这位年轻的僧人描述为"一个威严的人物、一种神圣的魔力，注定要在他国家的历史上留下自己深刻印记的人！"大君也被他的"卓越思想的光辉、富有魅力的性格、广博的学识，以及敏锐的洞察力"所折服，印象很深。他把斯瓦米留在自己宫殿里做客。

某天，在众高官面前，大君问斯瓦米："你对我的朝臣们有什么看法？你觉得他们怎么样？"

"好吧，"尊者直言不讳，"我认为陛下有一副好心肠，真诚善良，但不幸的是，您身边的臣子们大都是阿谀奉承之辈，他们围绕着您，只是喜欢谄媚而已。朝臣们在每一个国家都是一样的嘴脸。"

"但是，"大君抗议道，"我的首席大臣可不是这样的人。他既聪明又值得信赖。"

尊者说："不过，陛下，你的首相是一个挟君王以令诸侯的人——他可以挟持陛下并让你支付政治代理费。"

大君有些尴尬，随即改变了话题，并随后警告斯瓦米在表达观

---

① 印度东南部泰米尔纳德邦东南部岛屿。它是罗摩桥的一部分，这座桥是连接印度和斯里兰卡的一系列珊瑚礁的岛屿。岛上有一座寺庙，它是印度教中最受尊崇的与罗摩有关的圣地之一，神庙建于17世纪，据说是罗摩神在从恶魔拉瓦纳手中拯救妻子悉达的途中，穿越该岛时留下的脚印，建在一个小湖上面的高地。译者注。

点时要谨慎一些,否则,那些肆无忌惮的人会陷你于威胁之中,甚至会毒死你。但斯瓦米爆发了起来,大声说道:"你说什么!你认为一个诚实的桑雅士会害怕说出真相吗?哪怕这会让他付出生命代价。假设你的儿子问我对你的看法,你认为我会把我确信你并不具备的各种美德归结于你吗?我是桑雅士,不会乱打诳语。"

在一次梵语学者的会议上,斯瓦米发表了演讲,他的吠檀多知识赢得了他们的满堂喝彩。他的西方音乐知识也让大君宫廷里的一位奥地利音乐家大吃一惊。他与大君讨论了去美国的计划。当大君提出愿意为他支付国外的旅费时,于是,他决定了访美计划,这是在访问拉姆斯瓦兰之前就做出的最终决定。也许他还不太确定上帝在这件事上的明确旨意。但在大君和首相的催促之下,斯瓦米开始接受一些礼物,越贵重越好。大概相当于是尊者从一个人手中接过了烟斗,而从另一个人手里接过了雪茄。

现在,斯瓦米要去风景如画的马拉巴尔(Malabar)了①。在特拉凡科(Travancore)的首府特里凡得琅(Trivandrum)②,斯瓦米曾与那里的大学教授、国家官员,以及有很高文化教养的人们为

---

① 印度西南部的一个地方。在《千岛语录》中,辨喜尊者说:"在马拉巴尔,当然那里并没有一妻多夫的制度了,相反,妇女是当地一切事务的领头羊。除卓越不凡的劳动力、所在各处都得以清洁干净之外,她们还拥有惊人的追求学问的动力。当年,我自己曾在那些山村行脚,便经常遇到一些女子,能够说出一口很好的梵语,而在今日印度的其他大多数地方,很可能100万个人里面,也没有一个女子能够拥有此种才能:从事最卑贱的劳役,还精通最高深的学问。马拉巴尔从来没有被葡萄牙人,或穆斯林人征服过。"译者注。
② 特拉凡科,印度西南部的小王邦之一,现为喀拉拉省的一部分。早在公元前几个世纪,特拉凡科就属于喀拉拉王国,并与世界各地进行贸易往来。18世纪中叶,该地区实现统一,成为独立的特拉万科邦,并在南印度的几次战争中与英国结盟。1795年,一项条约将其置于英国人的保护之下。一直以来,特拉凡科以其相对较高的识字率和开明进步的政府而闻名于世。印度独立之后,特拉凡科和科钦合并为特拉凡科-科钦邦,重新划定了边界,并于1956年更名为喀拉拉邦。其首府是特里凡得琅,原名瑟鲁瓦南塔普兰(Thiruvananthapuram),沿着海岸线而建。该城被英国人命名为特里凡得琅(Trivandrum),是"Thiruvananthapuram"的一种缩写方式。译者注。

伴。他们发现，无论是讨论斯宾塞还是商羯罗、莎士比亚还是迦梨陀娑、达尔文还是帕坦伽利（Patanjali）、犹太历史还是古印度的雅利安文明，他都同样从容不迫，应对裕如。他向他们指出了物理学的天限所在，以及西方心理学在理解人性的超然意识方面存在的种种局限。

正统婆罗门对食用动物肉的习惯深恶痛绝。斯瓦米则直言告知他们，吠陀时代的婆罗门就有吃牛肉的现象——当时，"5个婆罗门就能吃掉一头牛！"那一天，当被问及印度历史上最辉煌的时期是哪个时代时，斯瓦米提到了吠陀时代。他主张，印度人要想在当今强权统治下的世界与其他国家抗衡，并在世界各国当中找到它自身的一席之地，就必须食用动物的肉，无论是在大英帝国之内，还是在大英帝国之外。

在特拉凡科时，当地的一位知识分子是这样评价他的："气质非凡，人格的崇高和质朴都非常鲜明，赫然写在他的五官之上。纯洁的心灵、俭朴的生活、开放的思想、自由的精神、开阔的视野、宽广的慈悲心，这些都是他身上引人注目的个人特质。"

斯瓦米完成了特拉凡科的参访，便从特里凡得琅前往科摩林角（Comorin），这已经到了印度的最南端了，并从那里，再前往拉姆斯瓦兰。于是，在这里遇到了拉姆纳德（Ramnad）的大君巴斯卡拉·塞图帕蒂（Bhaskara Setupati）。后来，这位大君也成为他最忠诚的弟子之一。尊者与他讨论了很多方案与想法，里面涉及对印度民众的教育，如何改善他们的农耕环境等。同时，大君鼓励斯瓦米吉能够代表印度，出席在芝加哥召开的宗教议会，并且承诺，将竭力资助他的这次为游历异域而做的长途行脚。

第五章

行 脚 西 方

在科摩林角,斯瓦米兴奋得像一个孩童。他一路快跑,冲进神庙去朝拜,匍匐在女神①的面前。当他从神庙中出来看到大海时,目光就落在了水中的那一个小岛上面。他的两眼发光,突然挺身一跃,立即跳入了海水当中,穿过鲨鱼出没的海域,游到了大礁石形成的小岛,坐在最高处的一块石头上面。爬上来时,他的心还在激动地怦怦直跳。是的,他已经从白雪皑皑的喜马拉雅山,漫游到了这个大陆最南端的尽头。这一场伟大的旅程,现在终于结束了。他已经走遍了整个印度的次大陆,这就是他所挚爱的祖国啊,他是如此深深地爱着它,连同他在尘世的母亲,是的,它们"胜过天堂本身"(superior to heaven itself)。

当尊者坐在那块巨大的石头上时,他回忆起自己的一路亲眼所见:印度人民的悲惨境遇,他们是无数政客、地主与神职人员肆无忌惮的受害者,是他们胡作非为的对象。而种姓制度的暴虐则榨干了他们最后的一滴血汗。在大多数所谓的印度领袖身上,他

---

① 该庙中所供奉的女神被称为神圣母亲"卡尼亚库玛瑞"(Kanyakumari)。原注。卡尼亚库玛瑞,印度东南部泰米尔纳德邦南部城镇。该镇位于印度次大陆最南端的科摩林角,是一个朝圣的中心,因其湿婆神庙和甘地纪念馆而闻名。根据神话传说中,女神(Kanya Kumari)在此地杀死了恶魔。因辨喜在此的一些活动,当地于1970年在两块岩石上建造了纪念他的纪念碑。译者注。

看到更多的是自私自利的个人主义，他们往往就是自私的化身。现在，尊者叩问自己的内心，在这种情况下，他的责任是什么？他是否应该视世界如摩耶之梦，孤身一人在宁静的冥想中与上帝交谈而终老吗？他曾多次尝试这样去做，但都没有成功。他清晰记得，作为一名出家的僧人，一位桑雅士，曾发誓要献身于上帝。但同时他深信，上帝正是通过人性人道而显现出来。因此，他对上帝的服务，必须从服务眼前的印度人开始。"愿我一次次地出生"，他感叹道，"并且愿意遭遇千百次的苦难，只要我能奉献给我所深深信仰的那唯一的上帝。他是所有灵魂的总和，最重要的是，他还是罪人的上帝，是受苦者的上帝，也是所有民族最贫贱者的上帝！"

斯瓦米通过严格的苦行和自律储存了强大的性灵力量。他的头脑中充满了东方与西方的崇高智慧。他也接受了罗摩克里希纳的时代祝福。而且，他自己也有过许多性灵亲证的体验。他得出结论，他必须运用所有这些性灵的财富为居于人类中的上帝服务。

但是，他究竟应该怎么去做呢？

这位清醒的智者、目光敏锐的时代先知，他已经看到了，宗教正是印度这个民族真正的脊梁。印度需要通过更新与书写最高昂的宗教精神才能重新崛起，重新获其不朽的创造之力。这种精神意识曾使其在任何时候都是本民族的摇篮、伟大信仰的发祥之地。他完全不同意西方评论家以及他们在印度的追随者们的观点——是宗教才导致印度的衰落。当然，斯瓦米更指责以宗教为名义的虚假、迷信与伪善。他自己也发现，对神存在于人身之内的认识，就是人类力量和智慧的源泉。他决心要唤醒这种沉睡的神性。

他知道，印度教的两个核心宗旨非常重要——一是弃绝，二是服务。是这两个理想创造与维系了印度精神与文化之所以绵延不绝的传统。他相信，如果印度的民族生命能够通过这种渠道得以复苏与强化，那么，其他的一切问题皆会迎刃而解。为革新印度、为印度复兴而奔走操劳的行动者们必须摒弃自私、嫉妒、贪婪与对权力的欲望，他们必须献身为穷人、文盲、饥寒者与病人的服务，在他们身上看到神性的显现。为此，人们需要教育、食物、健康和现代的科技知识来提高自身的生活水平。试图向饿着肚子的人们传授形而上学纯粹是疯狂；因为无知和贫穷，各地的人们都还过着动物一般的生活呢。因此，首先必须改善人们的这类现实情境。

但是，斯瓦米到哪里去寻找同道来帮助他一起完成这项艰巨的任务呢？

他需要做这类工作的全职仆人——既无世俗牵绊，又没有既得利益的工人。他需要成千上万这样的人。于是，他的目光就落在了众多的桑雅士身上，这些僧人放弃了世俗的生活，只为寻找神圣的踪迹。但遗憾的是，在今日的印度，这些僧人大多过着毫无劳作的生活。为此，他必须想办法给他们注入时代的新精神，注入新的灵魂信念，他们才能够反哺，为人类的普遍利益而献身。他想到了一个大计划，后来，他在给一位朋友的信中透露了出来。"假设这样的一种情形，"斯瓦米在信中写道，"一些无私奉献的桑雅士一心想为他人做事奉的善事，他们走村串户，从一座山到另一座山，传播教育，通过口头传授与地图、电灯、地球仪及其他配件等各种方式改善所有人的状况，甚至包括了那些不可接触的贱民阶层。这样做，岂不是能恰当而及时地带来益处？所有这些计划我还无法在这一封简短的信件中——道出。长话短说，总之一句话，如果这座山找不到先知，那么先知就必须找到这座山。穷人真的是太穷困了，愚者真的是太愚昧了，他们又无法上得起学；而阅读宗教诗歌之类的教育，对他们毫无益处，不会有什么实在的收获。作为一个民族，我们已经失去了自己的伟大个性。我们必须把失去的个性还给我们的民族，提升民众的整体素质。"

诚然，当时在卡尼亚库玛瑞的尊者，身兼爱国的印度战士与伟大的时代先知这样双重之角色。正如他后来对一位西方弟子所说的那样，在那里，自己成了一个"浓缩的印度"。

但是，帮助他实现这一伟大理想的资源从何而来？这是一个尚待清晰化的问题。

他自己是一位桑雅士，身无分文。这个国家的富人们喜欢高谈阔论，但一直属于夸夸其谈的那一类，实际上什么都不做。他钦佩的反而是那些穷人。

突然，一个英雄的想法在他的脑海中闪现：他必须接触西方世界，吁请他们伟大的良心。但是，他又实在太骄傲了，绝不能像一个乞丐那样直接去乞求。他想告诉西方，印度的强健与否，将与整个世界息息相关。如果印度衰落，整个世界将与其一起衰落。反过来，整个世界也需要印度，需要印度的性灵和神圣的吠陀知识，需要其精神传统，需要通过不执与弃绝来实现人类真正自由的梦，需要这些理念，才能将自己从物质主义这头怪物的魔爪之下救赎出来。

那时的斯瓦米，独自一人，在印度最南端一角的大岩石上静静沉思着，他的脑海中闪现出彼岸的美洲新大陆之景象，那里是一片乐观、富饶与充满希望的陆地。在他的眼中，美国就是一个充满无限机遇的国度，在那里，人们的思想摆脱了种姓或阶级的束缚。他将向乐于接受新思想的美国人传授印度最古老的智慧，并且回报给他的祖国以现代的文明、科技的知识。如果，他自己在美国的使命取得成功，不仅会提高印度在西方的威望，而且还会在印度人中间树立崭新的信心。他尤其想起了卡提瓦的那些朋友是第一批鼓励他去西方的人，他们热切希望他代表印度，出席即将在芝加哥召开的宗教议会。他们说："去吧，带着风暴过去，去征服它，然后再返回来！"

于是,他又游回水岸那边印度的陆地上,再次绕到东边的海岸,开始向北方出发。

在此可以提及的是,在斯瓦米刚刚描述的横跨印度的旅行当中,发生了许多事件,这些事件增强了他对神的信仰,加深了他对下层劳动民众的悲悯与同情,拓宽了他对生活和社会的总体看法。

在那些漫游的途中,有好几次,当他没有东西果腹时,食物往往会不请自来,从意想不到的地方抵达他的手中。那些布施者告诉他,他们是受神的指引来的。后来有一日,斯瓦米突然想到,他没有权利过流浪僧人的生活,也没有权利挨家挨户地乞讨食物,从而剥夺了穷人本来就不宽裕的与家人分享的食物。于是,他就独自走进了一座森林,在它的深处整整走了一天,粒米未进。夜幕降临时,他坐在一棵大树底下,又累又饿,等着看看,接下来究竟会发生什么。

这时,他远远看到,一只老虎徐徐地走了过来。"哦,"他说,"这就对了,我们俩都饿了。既然我的这具躯体不能为我的人类同伴提供任何的帮助,那么,至少让它有给这只饥饿的猛兽一点点满足肚腹的价值吧。"

他平静地坐在那里。但这只老虎不知出于什么原因,改变了主意,朝着另外一个方向走了。斯瓦米就在这座森林里面度过了整整一夜,沉思着上帝不可捉摸的方式。① 第二天的黎明,他居然感觉到了一股新的力量,在身体里面鲜活地汩汩流动起来。

在喜马拉雅山山区的游荡期间,他曾到过一个藏族家庭里面做客。看到这户人家实行一妻多夫制,兄弟 6 人共"享"1 个妻子。

---

① 后来,当此事被人问及时,辨喜尊者表示,或许上帝并未打算让自己命丧虎口,而是希望他能够继续生活在人世,好为世人服务,以实现更大的价值。译者注。

对于斯瓦米的不解与抗议,他们的长兄回答道,藏族人会认为自己独享好东西而不与兄弟分享是自私的。经过深入思考,斯瓦米意识到社会伦理的相对性。他还看到,许多所谓的善行和恶行,都源于一个固有的社会传统,人们可以支持或反对几乎任何与之不同的事情。一个特定社会的惯例,总是会根据自身的标准来评判善行和恶行。有了这样一次经历之后,斯瓦米再不会轻易地、不假思索地谴责任何社会群体中的任何一种传统。

有一天,尊者与两个英国人同坐一节火车车厢。这两个英国人把他当成了不识字的普通乞丐,开始用英语开他的各种玩笑,各种调侃。在下一站,他们惊讶地听到他用流利的英语与火车站站长交谈。他们甚为尴尬,问他为什么不对他们的粗鲁言语提出抗议。斯瓦米笑了笑,回答说:"朋友,这不是我第一次看到傻瓜了。"英国人很生气,想要揍他一顿。但是,看到斯瓦米强壮的体魄,认为谨慎比勇敢更重要,于是,就向斯瓦米道歉了。

在拉杰普塔纳的一个地方,当时他住在拉贾斯坦的一个火车站。人们闻风而来,都要拜访他。他们蜂拥而至,带着各种各样的问题,其中大多是有关宗教性的内容。辨喜尊者不知疲倦地回答他们,三天三夜,都是如此。辨喜尊者如此全神贯注于性灵的谈话,以至于他甚至都没有空停下来稍稍弄一些食物来吃。找他问问题的人络绎不绝,一批批地来,又一批批地走,他们甚至没有想过应该询问一下他究竟吃过饭没有,这里没有一个人关心他的饮食和休息。

他们一一离开之后,一个属于低种姓的穷人犹豫再三,给了他一些未煮的生食。因为他是贱民,不敢给他准备好熟食。然而,斯瓦米说服了这位好心人,为他准备了饭菜,并津津有味地吃了起来。斯瓦米流着感激的泪水,自言自语道:"这样的好人数不胜数,成千上万的这种善良的人居住在茅屋里面,而我们却鄙视他们是贱民,将他们视作不可接触者!"①

在印度的中部,他不得不度过许多缺吃少穿的艰难日子。也是在这段时间里面,他曾与一户清扫工的人家生活在一起,发现这些人的身上都有无价的精神美德。而他们却蜷缩在社会最低的角落。他们的苦难让他窒息,他为此曾泣不成声:"哦,我的祖国!哦,我的祖国啊!"

言归正传,下面继续讲述斯瓦米吉的漫游生活。

斯瓦米从科摩林角出发,他徒步行走了很长的远路,抵达了马德拉斯,在拉姆纳德和钵地舍里(Pondicherry)做了停留。那时,他的名声已经传到了这南印度首屈一指的城市,迎接他的是一群热情洋溢的年轻人。在马德拉斯,他公开宣布自己打算前往美国的心愿。他在这里的信徒们开始为他筹集旅费。后来,他通过这些信徒有组织地开展了在印度的那些重要工作。

---

① 关于这个事情,还有更详细的说法:在他待在火车站的第三天晚上,当所有的拜访者都离开之后,一个贫穷的人走了上来,对尊者充满关爱,他说:"尊者啊,我注意到您已经不停不休地讲了三天了,您甚至都没有停下来喝一口水。这让我极其心痛。"那一刻,辨喜尊者觉得神在他面前以这个穷苦人的形象显现。他感激地看着他,问道:"您能给我一点吃的吗?"那个穷人是以制鞋为生,他有些犹豫,说道:"尊者,我的心渴望为您献上一些面包,但是,我可以吗?我已经碰过它了。如果您允许,我给您带一些粗面粉和豆汤,您可以自己来做吃的。"辨喜尊者说:"不,我的孩子,就请给我一些你烤出来的面包。我很乐意享用它们。"起初,那个穷苦人有些惊吓,如果这里的国王知道了这样一回事,他害怕自己会受到惩罚,因为,作为一个低种姓的人,是不能在桑雅士准备食物的。但服侍尊者的渴望又压过了他的恐惧,便匆匆地返回家里,很快就带着烤好的面包来供养尊者。这位虔诚人的善良和无私之爱让辨喜尊者热泪盈眶。有多少这样的善良人默默无闻地生活在祖国的无数寒舍里啊!尊者心里暗暗想到,他们虽然身无长物,看似卑微,但他们依然是如此的高尚和慷慨。与此同时,一些"上等人"发现辨喜尊者正在享用一个贫贱的鞋匠提供的食物,他们感觉备受侮辱。他们来到尊者面前,告诉他,接受低种姓人提供的食物是不合适的。辨喜尊者耐心地听完他们的控诉,平静地说道:"你们这些'上等人'在过去三天以来让我不停地讲话,你们甚至都不在意,也没有问我是否吃过东西,中间有没有休息?你们自称是来自高种姓的'上等人',真是可悲啊!你们居然还谴责这位低种姓的好人。你们不为自己的这种鄙夷感到羞愧吗?你们怎能小看这个人在刚刚的那些举动中展现出来的人性光辉?"译者注。

在马德拉斯,他全身心地投入各种宗教、哲学、科学、文学和历史的讨论当中。他对那些没有时间也缺乏热情而从来不进行冥想的人大加鞭挞。"什么!没有时间?"他对一位听众怒吼道,"那些古时的巨人、传统的圣贤,他们阔步行走,夜以继日,如果你站在他们的身边,你就会萎缩成一只虫子啊。先生,连他们都有时间冥想和奉献,而你却说自己没有时间!"

他对另外一位诋毁圣贤传统的无知嘲笑者说:"你怎么敢这样批评你自己可敬重的祖先?一点点的学问就把你的脑子搞糊涂了。你检验过这些圣贤之道吗?你熟悉《吠陀经》吗?你是否真正读懂过?这些圣贤抛给你们一个个挑战,如果你敢反对他们,那就接受这些挑战吧。"

在海得拉巴(Hyderabad)①,即当时尼萨(Nizam)的首府,他做了一个公开演讲,主题是"我的西行使命"。演讲给听众们留下了深刻的印象,斯瓦米高兴地看到,他自己能在这个新的活动中信心百倍地力行,去展开独当一面的事业。

当马德拉斯的信徒们给他带来前往美国的旅费时,他一开始也拒绝接受,要求他们把钱分发给穷人。他如何可以确定上帝的意思,是希望他去美国呢?也许这只是自己被自己的野心冲昏了头脑?于是,他开始虔诚地祈祷上帝的指引。他的一些富人朋友又给了他一些钱财,他又一次拒绝。他对自己的弟子们说:"如果神圣母亲希望我去西方,那就让我们向人们募捐吧。我要去西方,就是为了他们——民众与那些穷苦者!"

一天,尊者做了一个象征性的梦,他梦见罗摩克里希纳走入大海的深水,并且招手示意他跟从。他还听到了一种有权柄的声

---

① 今日安得拉邦和特兰加纳邦首府,位于德干高原,地处印南北交通要冲,是印伊斯兰教和印度教文化交会点。译者注。

音——"去吧！去吧！"然后，在回复他写给师母黛薇的一封信时，圣母给了他衷心的祝福，希望他实现这个愿望。他知道了，罗摩克里希纳希望他踏上前往美国的这一趟旅程。

现在，他终于确定了自己的西行使命。

当一切都安排妥当，准备启程时，斯瓦米吉的门徒凯特里大君的私人秘书，来到了马德拉斯，带来了一个王室子嗣出生的喜讯。人们恳切地希望斯瓦米过去，能够赐福于这位未来的继承人。他同意了，便应允前往凯特里的王庭，大君见到了他，真的是喜出望外。

在凯特里王庭还发生了一件让斯瓦米终生难忘的事。

是夜，凯特里大君特邀一歌女前来献艺助兴。

音乐响起时，辨喜尊者正于帐中静坐。此时，凯特里大君派人前来相邀，然尊者以身为桑雅士、出家修行瑜伽之僧人，不宜出席此类场合云云为由，试图婉拒之。闻此，歌女心生哀戚，随即吟唱毗湿奴圣徒苏尔达斯（Surdas）①的诗歌。夜色宁静，乐声萦绕，歌女之声音甜美而婉转，遥遥传入了辨喜尊者的耳中。

> 哦，主啊，请勿轻视我之劣习。
> 主啊，您之一视同仁，乃世人所敬仰。

> 神庙铸神之铁与屠夫屠宰之刃，同出一源。
> 然而，当哲人之石一旦触碰它们，众铁皆成黄金。
> 圣河之水与沟渠之水，同归一流。
> 然而，当众水一起汇入了恒河，众水皆显神圣。

> 哦，主啊，请勿轻视我之劣习。

---

① 一位伟大的印度盲诗人，著名的虔信派代表诗人之一。译者注。

> 主啊，您之一视同仁，乃世人所敬仰。

歌声语意深切，触动了斯瓦米的心弦。歌女以此歌为喻，提醒尊者，世间万物皆为主神之所造，众生皆为主神之显现。为此，斯瓦米深受感动，这个被社会谴责为不洁的歌女给他上了人生很重要的一课：梵，永远纯净、永远自由、永远光明；梵，即是众生的唯一本质。在梵面前，无善与恶、纯净与不纯净之分别。只有当梵的光芒被摩耶幻相遮蔽时，这种对立才会显现。而桑雅士既已入了道途，就应该从梵的立场来看待一切的存在；不应该谴责任何事物与任何的人，即使是所谓的不洁者。当日，斯瓦米深心中经受到这番触动，遂不再推辞，加入了众人的聚会，眼中含着热泪，对那歌女说道："母亲，是我有罪。我拒绝来到这个房间，只显示出我对您的不尊重。但是，您的歌声却唤醒了我沉睡中的那一份意识。"于是，入座聆听，也一并遂了王公与歌女之心愿。①

也是在这个时候，斯瓦米在凯特里大君的请求之下，从此开始用"辨喜"（Vivekananda，音"维韦卡南达"）②的法号行走天下。当他启程前往孟买时，大君一直陪伴着他，一起走到了斋浦尔。在去孟买的途中，辨喜尊者在阿布车站停留，遇到了长久未见的同门师兄弟布拉马南达（Brahmananda）和图里雅南达（Turiyananda）两位尊者。他告诉他们说，自己就要去美国参加世界宗教议会了。两位同门听了非常激动。他向他们解释了自己去美国的原因——印度深重的苦难。

---

① 多年之后，辨喜尊者谈及此事，言其已去除眼中之翳、心中之障（that incident removed the scales from my eyes）。洞悉众生皆为神之不同显现后，他便再无法对任何人加以谴责，也无人应受无端之责备。译者注。
② 辨喜这个名字如今已经誉满全球，也是近代印度文明崛起的标志之一。辨喜尊者常被视作近代印度的民族之父。我们后面不再用俗世的名字"纳伦德拉纳特"或"纳兰"，也不用"斯瓦米"这个通称，而是改用"辨喜尊者"或简称"尊者"。译者注。

"我曾经长年旅行,"他说,"走遍了五个印度。但是,我的兄弟,我亲眼看见了印度人民的贫困,我无法抑制自己悲伤的泪水!现在,我坚信,如果不首先设法消除他们人生的贫困和苦难,只是在他们中间宣扬宗教,那是徒劳的。正是出于这个原因——为了找到解决贫穷问题的方法——我决定要去美国。"

辨喜尊者还对图里雅南达说:"我的兄弟,我无法理解你所谓的那种宗教。"他当时激动得有些发抖,气血上涌,脸膛隐隐发红,被升腾上来的热血染成了这种色彩,就把手放在自己的心口上。尊者继续说道:"但我的心灵已经变了很多,我已经学会了感受。相信我,我感到了一种深刻的悲伤。"他说这些话时,哽咽着,然后沉默了。泪水顺着他的脸颊一滴一滴地滚落下来。

许多年之后,图里雅南达描述到这一事情时,他说:"当我听到这些充满感情的话语,看到斯瓦米高贵而庄严的神色,你们可以想象我脑海中所想的。'这难道不是,'我想,'佛陀真正的语言和感受吗?'"并且,他还记起了很多年以前,纳兰曾经参观过菩提伽耶,还在深深的冥想中感受到了佛陀的存在。

另一个同样性质的场景,尽管发生得更晚一些,但不妨也在此加以叙述。辨喜从美国胜利归来之后,图里雅南达曾在加尔各答的博斯家中拜访了他这位杰出的师兄。当时,他发现辨喜尊者独自一人在阳台上踱着步,陷入沉思之境,没有注意到图里雅南达的出现。他开始小声哼唱一首米拉拜(Mirabai)的名曲,眼泪从他的眼中溢出,只见他突然停了下来,靠在栏杆上,把脸藏在了手掌当中。他用痛苦的声音悲吟起来,重复了好几遍这样的话语:"哦,没有人能够理解我的悲伤!没有人能理解我的痛苦究竟是为了什么!"他又自言自语:"只有受苦的人,才会知道我的悲伤有多么沉重!"当时,周围的空气都变得十分凝重。这一痛苦的呻吟,就像箭矢一般地刺痛了图里雅南达的心。但他最初还是无法理解辨喜痛苦的原因。直至他突然醒悟，辨喜的痛苦，其实缘于他对人世受苦与受难者的巨大同情。他经常为此流下灼热的泪水；而这一切，世人恐怕永远不会轻易知道的。

最后，辨喜在凯特里大君的私人秘书护送下，抵达了孟买。大君已经为他准备了一件橙色的丝绸长袍、一条赭色头巾、一个漂亮的钱包与一张东方公司的"半岛"号油轮的头等舱船票。

该船于1893年5月31日启航。大君还建议他启用日后闻名遐迩的"辨喜"之名，这个名字，注定要提高印度在世界上的地位，赢得全世界的尊敬。

轮船在规定的日子起航，缓缓驶出了巨大的港口，进入了海洋。人们可以想象这样的一幕：辨喜尊者静静地站在甲板上，倚着船上的栏杆，凝视着正在渐渐远去的他深爱的祖国景象。那个时刻，他的脑海中一定浮现出无数的画面：罗摩克里希纳、师母黛薇、同门兄弟的形象，他们或是住在巴拉那戈尔道院，或是在印度的平原和高原之间一起漫游！这个29岁的小伙子，一位如此年轻的僧侣，他身上背负着多么沉重、何等庞大的思想重担啊，也背负着无数的记忆！高贵的父母留给他的精神、伟大上师的深沉祝福与期许，从印度经典中学到的深邃智慧，还有西方的知识，他自己的性灵经历，加上印度过去的辉煌、现在的悲哀与未来的梦想……

另外，无数在热带烈日下于黑色土地上劳作的印度人的渴望与追求，他们躬耕田亩，皮肤被晒成了棕黑色。《往世书》中虔敬的奉爱故事、佛教哲学令人炫目的精神高度、吠檀多哲学的超验真理、印度六派哲学体系的无穷精妙、古代的诗人与神秘主义者动人魂魄的歌吟，埃洛拉（Ellora）和阿旃陀（Ajanta）石窟的石刻和壁画、拉杰普特（Rajput）和马拉他（Mahratta）战士的英雄故事、南印度阿尔瓦尔人的圣歌、高耸入云的喜马拉雅山的雪峰、潺潺流淌而下的恒河、不朽的音乐诸如此类的思想与记忆全都融合在了一起，在辨喜尊者的脑海中翻滚,创造出了印度母亲的形象,一个迷你的微型宇宙,她的历史、她的文化,生动地展示了其多元一体的哲学学说。是的,印度还能派出比辨喜尊者更优秀的儿子代表她去参加宗教议会吗？这个印度之子的胸怀之开阔,足以包容全人类的思想,其博大的同情心,也一直为所有人类的未来而着想。

很快,辨喜就适应了船上的新生活——一种与漫游的僧侣完全不同的生活。他发现,照看自己的行李箱、行李袋和衣服是一件十分麻烦的事情。他的橙色长袍引起了许多乘客的好奇。不过,他们很快就被他庄严的品格与渊博的学识所深深折服。船只在蔚蓝色的大海之中穿行,沿途也需要在多个港口停靠。辨喜尊者就像一个孩童般兴奋,享受着这一次远程的航行,对所见的一切皆是兴味盎然,久久凝望而不餍足矣。

在科伦坡时,他参观了小乘佛教的寺庙。在去往新加坡的途中,他看到了马来海盗最喜欢去的那些地方。现在,这些海盗的后裔,正如辨喜在写给一位印度朋友的信中所说,在"现代炮塔与战舰等庞然大物的炮火下,他们的后代被迫寻找更和平的人世生活"。在异常繁忙的香港港口,辨喜尊者第一次与中国相遇了。成百上千艘大帆船和小舟艇在水中来来往往,每一艘船上都有船夫的妻子在掌着舵,因为这个浮动的船上通常都住着一家人。人们饶有兴致地注意到那些中国的婴儿。

大多数婴儿都被绑在母亲的后背上,而母亲往往忙碌地推着重物,或敏捷地从一艘船跳到另一艘船。还有各式蒸汽船的进进出出,港口真的是热闹非凡。

"中国的小约翰,"辨喜给自己印度朋友的信中幽默地写道,"每时每刻都有被打碎小脑袋的危险,头上的一枚小辫子还在风中飘扬,但这小家伙一点也不在乎那些危险。世界上的忙碌生活似乎对他毫无吸引力,他很满足于'研究'忙忙碌碌的母亲递给他一

第五章　行脚西方

小块年糕，他就心满意足地学习如何解开它。当我们的印度男孩还不能自如爬行的时候，中国男孩已经是一个小小的哲学家了，开始平静而安定地工作着。他已经从贫困的生活中很好地学会了'接受你必须接受'的哲学。"

在广州的一座佛教寺庙里面，辨喜作为来自印度的伟大瑜伽士受到了人们的尊敬。他在中国，后来又在日本，都曾看到许多的寺庙都有用古孟加拉文字书写的手稿，这让他意识到了印度文化在自己国度之外的影响力，并再一次坚定了他对亚洲精神统一的信念。

接下来的几日，船又到了日本，辨喜上岸访问了横滨、大阪、京都和东京。宽阔的街道、小笼子一般的房子、松树覆盖的山丘，以及由灌木、绿草、人工的水池和小桥组成的花园，皆给他留下了深刻的印象，日本人似乎有着与生俱来的艺术天赋。另一方面，日本的军队组织严密，装备有日本制造的火炮，海军也在不断地扩大，庞大的商船和工业时代的大工厂也向他展示了一个新觉醒的亚洲民族，它在科学与技术上的成就。但是，他也被这里的人们告知，印度是"一切崇高和伟大事物的梦想之地"。

他的思绪总是会返回到印度、返回到印度人民这里来。他给马德拉斯的一位弟子写道：

> 出来，做一个男子汉吧！印度至少需要一千名年轻人的奉献——请注意，是男子汉，而不是人类生物。马德拉斯有多少的男子汉——无私的、彻彻底底的男子汉——能够被提供出来。他们将视死如归，至死奋斗，把自己作为祭品献出，以实现印度未来新文明的理想境界：给穷人以同情，给饥寒者以面包，给广大的民众以智的启迪。谁愿意生来就活在祖先的暴政与权威之下！广大民众的生活沦为了兽类的生活。这，有谁愿意呢！

他从横滨横渡太平洋,抵达了英属哥伦比亚省的温哥华。接下来,再乘坐火车,前往芝加哥。这是他此行的目的地,即宗教议会召开的那座现代城市。

终于,辨喜抵达了芝加哥,这是新大陆的第三大城市,也是美国中西部伟大的城市皇后,坐落在密歇根湖的湖畔,人口密集,有着独特的生活方式——既有东海岸的精致,又有蛮荒落后之地的粗犷,这一切让这位来自印度的年轻旅者深感困惑、兴奋,也有一丝恐惧。辨喜穿过了世博会的大广场,惊讶得讲不出话来。他惊奇于美国人通过自己的辛勤劳动、友好合作,以及科学知识的普遍应用所取得的崇高成就。

不久之前,芝加哥只有几间渔民的小屋,而现在,在人类巧妙心智与伟大智慧的神奇作用之下,芝加哥已经变成了一个地上的生活乐土。辨喜从未见过一个国家可以积累如此之巨的财富、能力与发明的天才。在广场上,他也吸引了人们的目光。小伙子们追着他跑,被他的橙色袍子和头巾迷住了。他们很好奇。小店店主和搬运工则把他当作来自印度的土邦大君,不断地打扰他。辨喜的第一感觉是对这座城市的无尽钦佩。但是,痛苦的幻灭即将到来。

到达芝加哥后不久,有一天,他去了世博会的信息局,咨询即将召开的宗教议会情况。他被告知该会已经推迟到了九月份的第一周(当时才七月末)召开。而且不持有宗教组织的正式代表证者,是不能被接纳为参会发言人的。他还被告知,现在登记为代表为时已晚。所有这些,都是辨喜尊者殊未料想到的。

因为在印度,他的朋友当中居然没有一个人——马德拉斯的热心门徒、凯特里大君、拉姆纳德与迈索尔的王公、各邦的大臣首辅,以及安排他这次美国之行的众弟子们——曾细心了解过该议会的具体流程与细节,比如会议日期,会议的入会条件与发言要求。辨喜自身也没有带来任何宗教组织的授权书。大概所有的人都认为,这位年轻僧人是不需要持有任何授权书的,他的人格就足以证明一切似的!如今看来,这一横渡万里大洋来此参会,是如何荒唐兼疯狂的一种举动!

"辨喜尊者本人,"就像他的爱尔兰弟子尼薇迪塔修女(Sister Nivedita)几年之后写的,"他与他的弟子们一样单纯,不谙世事。当他一旦确信自己是受到神灵召唤,由他来进行这样一次行动时,他不会去看这一路上是否还有其他的障碍,全然无知于道路上的任何困难与任何危险。印度教本身缺乏组织性的最典型表现之一是莫过于印度教代表在没有正式授权证书的情况下贸然出走、进入世界财富和权力的森严大门。"

与此同时,辨喜从印度带来的资费也越来越少,因为在美国的花销比他与自己的印度朋友们所想象的要昂贵很多。他在芝加哥的生活费远远不足以维系到 9 月。在焦急万分的情况之下,他曾向神智学会(Theosophical Society)[①]求助过,神智学会对印度的

[①] 近现代重要的跨越东西方精神的文化学社,起源于 19 世纪中叶在抗拒物质主义影响下而后逐渐兴起的神秘主义运动,准确时间为 1875 年,由海伦娜·彼得罗芙娜·布拉瓦茨基夫人(Helena Petrovna Blavatsky)、亨利·奥尔科特(Henry Steel Olcott)等人在纽约一起创立,进而影响了近代的神秘思想。布拉瓦茨基夫人是俄罗斯的贵族,在欧洲和中东游学很多年,于 1873 年移民美国。奥尔科特则是美国的一名律师、新闻记者,也是灵修主义与佛学的信徒,很快受到了布拉瓦茨基夫人思想的影响。1878 年,他们将总部迁移到了南印度马德拉斯的阿迪雅尔(Adyar),直至今日,这里仍是该协会的世界总部。1888 年,他们在伦敦成立了第二个组织,接着,在印度各地,以及欧洲和北美的主要城市都设立分会。布拉瓦茨基夫人撰有《伊希斯的启示》(1877 年)、多卷本的《秘密教义》(1888 年)以及其他被公认为阐述神秘主义教义的经典著作。该学会的学术根源可以追溯到古代的诺斯替主义与新柏拉图主义。"Theosophical"一词源于希腊语"神"(Theos)和"智慧"(Sophia),一般理解为"神圣的智慧"。这种学说的形式在古代原是由波斯二元论教派摩尼教派(Manichaeans)持有,在中世纪由两个二元论异端教派继承,即保加利亚和拜占庭帝国的博戈米尔教派(Bogomils),以及法国南部和意大利的卡塔里教派(Cathari)。近代,玫瑰十字会和共济会也持有一些神智学社的观念。世界宗教议会期间,神智学社的贝赞特夫人见过宗教议会上发言的辨喜尊者,有过印象深刻的一些回忆文字。译者注。

神秘文化一直有着强烈的兴趣与好感。只是辨喜被告知,他必须接受该组织的信条才可以参会。但被辨喜拒绝了,因为他不相信神智学会的大部分教义。于是,神智学会的首领们拒绝给予他任何一种帮助。辨喜绝望了,只好向他在马德拉斯的朋友发去电报求助,希望他们能够寄一些钱来。

最后,有人建议他去波士顿碰碰运气,因为那里的生活费用要便宜一些。于是,尊者上路了。在火车上,他那别致的衣服与王者一般的威仪吸引了同车的一位富有女子。她居住在波士顿的郊区,热情地邀请辨喜尊者,为了节省他日益缩水瘪下去的钱包,他就接受了这一番美意。这位女士把他带到了位于马萨诸塞州梅特卡夫(Metcalf)的"微风草甸"(Breezy Meadows),它的女主人凯特·桑伯恩小姐很高兴向她好奇的美国朋友引荐这位来自遥远东方的奇人。

于是,辨喜就遇到了很多人物,其中大多数人都向他问一些古怪的问题,这让他很不高兴。因为,在基督教传教士的小册子上,他们也确实阅读过有关印度教与印度社会各种习俗的信息。但往往是道听途说,一知半解,而那些也大都是一些哗众取宠的小册子。然而,其中也有一些人是有严肃思考力的人,比如约翰逊夫人,她是一家女子监狱的典狱长;比如哈佛大学的希腊语教授赖特先生(J. H. Wright)。

一次,在女典狱长的邀请之下,辨喜尊者访问了该城的监狱。这里面的工作人员对因犯的人道主义态度给辨喜尊者留下了深刻的印象。顿时,在他脑海中马上出现了印度民众的悲惨

哈佛大学希腊语教授赖特

境况，他在1893年8月20日给自己在印度的一位朋友写道：

> 他们是多么仁慈地对待这些犯人啊。囚犯们又是如何改过自新，如何被送回社会成为有用的人——多么崇高，多么美好。你们必须亲眼看见这些，才能相信这一切是真的！还有，一想到我们对印度穷人的看法，我的内心就十分沉痛。他们没有机会，没有出路，没有任何一种路径可以出人头地、朝上迈步。他们只能一天比一天沉沦下去，他们感受着一个残酷社会对他们的各种打击，却不知道这些打击自何而来。他们甚至忘记了自己也是一个堂堂正正的人。结果，其命运只是被奴役、被盘剥。啊，专制啊，可恶的暴政！人们不知道暴政的反面就一定是奴役，它们原是一体两面！

辨喜在异国他乡虽无朋友，但他一点也没有丧失信念。在那些漂泊的日子里，难道不是一直有仁慈的上天在眷顾他吗？在同一封信中他写道："我在圣母马利亚之子的国度中间，主耶稣帮助过我。"

赖特教授鼓励辨喜尊者代表印度的宗教参加大会。因为只有这样，他才能被介绍给这个国家。然而，当他宣布自己还没有参会资格证时，教授回答道："尊者啊，要求你提供证明，就像人们向太阳询问它是否有发光权力一样。"于是，他就把辨喜尊者的情况介绍给了许多与议会有关的重要人物，特别是代表遴选委员会的主席，也是他的重要朋友之一。① 赖特如此写道："这个人比我们所

---

① 即邦奈先生（Charles Carroll Bonney），芝加哥的著名律师、法官，也是杰出的作家和演说家。他是1893年整个哥伦比亚世界博览会的主席，也是世界宗教议会的第一负责人。他非常熟悉并热爱瑞典神秘主义大师斯威登堡的信条，故这次大会也是因缘际会，成了全球化开端的一个伟大信号，他所持的建议得到了理事会的赞成："团结所有的宗教，反对所有的敌意与不信任，使这种团结拥有基本的黄金法则，并向世界提供……团结不同宗教的实际基础，在于宗教生活中的宗教善行。"译者注。

有博学的教授加在一起,还要更加博学。"赖特教授就给尊者买了去芝加哥的火车票。

那一天,载着辨喜尊者前往芝加哥的火车是在傍晚时分抵达,而不幸的意外又发生了——他居然把负责委员会的那位代表地址给弄丢了!现在,他连一个人都不认识,也不知道应该向谁求助,也没有人愿意向这位相貌奇特的外国人提供任何有用的信息。此外,车站位于芝加哥城的一个区域,这里的居民大多是德国人,他们几乎听不懂他所说的任何一句话。他知道自己被困在那里了。渐渐暮色四合,他四处寻找,所幸看到铁路的货场上还有一辆巨大的废弃货车。于是,他就在那里过了一夜,度过了没有食物和床铺的一个晚上。

早上醒来,他"闻到了新鲜流水的味道",用他自己的话说。那时,他沿着时髦的湖滨大道行走,这条道路两旁,是芝加哥城里那些富豪的宅邸。他一边沿着湖滨前行,一边向路人打听如何去议会大厦的道路。但是,他遇到的大都是人们的冷漠。又是饥饿又是疲倦,饥肠辘辘的他也敲开了好几户人家的门,如同在印度一样地乞讨食物,却遭到仆人们粗鲁的对待。他的衣服脏兮兮的,脸也没有刮过,看起来就像一个野蛮的流浪汉。此外,他忘记了自己身处的这片土地确实还有成千上万种赚钱与谋生的方法,但是,这片土地却从来不曾习惯于方济各式①的乞食,或印度托钵

乔治·黑尔女士

---

① 圣方济各(San Francesco),又称圣弗朗西斯科,是天主教隐修会方济各会的创始人。他出身于富贵家庭,后放弃财产,过清贫隐修的生活。1208年起开始讲道,第二年,方济各修会正式成立,至今未衰。其性质相当于印度的桑雅士。译者注。

第五章 行脚西方

僧的弃绝之道。最后,他筋疲力尽地坐在一条人行道上,恰好,对面窗户里面有一个人注意到了他这样古怪的相貌。房子的女主人居然派了一个人过去,把他叫来,询问尊者是不是参加宗教议会的一位外国代表。他向女主人诉说了自己的困窘。这位女士,乔治·黑尔(George W. Hale)女士,正是芝加哥这座城市的一位社交名媛。于是,她为他准备了一份早餐,照顾他歇息。待他一切休整之后,她就陪他去了宗教议会的那间办公室。见到议会的主席巴罗斯(J. H. Barrows)博士,他是黑尔女士颇有私交的朋友。

他们热情地帮助尊者,接受辨喜尊者作为印度教的一位参会代表。接着,将他送到里昂(John B. Lyons)夫妇的家中。黑尔夫妇和他们的孩子,也和里昂夫妇一样,后来都成为辨喜尊者毕生的朋友。这一次遭遇,更是让辨喜尊者坚定了最初的信念,相信上帝在指引着他的脚步。于是,他更是不间断地祈祷,希望自己能够成为一个无愧于上帝的助手,能够忠实地履行他在大地上的旨意。

第六章

宗 教 盛 会

1893年9月11日,星期一,世界宗教议会开始了其庄重的审议程序。这次大会原是美国召开世界博览会的一个分会。世界博览会是为庆祝哥伦布发现美洲400周年而组织起来的会议,其目标之一,就是传播经由西方学者而来的人类进步的知识,尤其是通过物理科学和现代技术给世界带来的社会启示。不过,因为宗教在人类文化当中具有一种至关重要的地位,所以,整个会务方最后决定,在世界博览会召开的同时,另外组织一个宗教的议会。

巴罗斯博士在他的《宗教议会史》手册中写道:

> 鉴于人类相信他们为之服务和奉献的宗教信仰是一种神圣力量,一直以来像太阳一样,它是人类智性和德行发展中赋予生命、促进成就与境界的力量;鉴于宗教一直是奇妙的印度文学及其秘密发展的原动力,是欧洲艺术——无论是希腊的雕像,还是哥特式大教堂——的背后支撑,还是美国的自由思想,以及最近几百年人们为争取一个更公正的社会踔厉奋发的力量之源;而且还鉴于一种如此显而易见的原因,即基督宗教促成了现代文明中最重要与最高贵的社会发展,故此,宗教似乎应该像教育、艺术或电学一样,不应该被排除在哥伦比亚

博览会之外。

在这次议会的发起者中,一些相当狂热的基督教神学家认为,这次议会将给他们一个机会,借此来证明基督教——这种被先进的西方人所信奉的宗教——确实优于世界的其他宗教。至少,最初他们显然是存有这种想法的。

很久以后,辨喜以一种诙谐的口吻说道,神圣母亲本人有意促成这次议会,以便给自己一个机会,使得印度不朽的"普遍性宗教"在全世界面前展示出来。而且,舞台已经为他搭好,让他善加扮演这样一种重要的角色,余者,尽是次要之事矣。

在这一重大事件发生60年之后的今天[1],我们从这样一个事实中完全可以体会到这番话并非虚语:整个议会中所说与所讨论的一切,都已渐次被人遗忘,但是,当年辨喜尊者所宣示出来的宗教思想,至今还在美国深受珍视,由他发起的那一场性灵运动也深得无数美国人的喜爱。

"其中的一个重要价值在于,"引用宗教议会科学组的主席梅尔文·斯内尔先生(Merwin Snell)的话说,"它给基督教世界,尤其是美国人民带来了重大的启示,即存在着某种比基督教更受人尊崇的宗教,这些宗教在哲学深度、精神强度与思想的自由活力,以及在人类的悲悯之心之广度和真诚度方面,都超过了基督教,同时,在伦理的美感与有效性方面,也一样毫不逊色。"

9月11日的上午10点,议会准时开始。在它里面有各种形式的宗教信仰组织,代表了世界12亿人口。在非基督教的团体中,包括了印度教、耆那教、佛教、儒教、神道教、伊斯兰教和拜火

---

[1] 本书写于20世纪50年代初。译者注。

教,等等。①

那一天,在宽敞的议会大厅和艺术大殿的画廊里面,挤满了近7 000 人——这些男男女女代表着美国发达的新兴文化。主办的官方代表以盛大庄严的队伍走向最前面的高台,正中央坐着身披猩红色大袍的吉本斯主教(James Cardinal Gibbons)②,他是西半球在新大陆的罗马天主教会的最高权威,坐在主席台上。然后,吉本斯主教用他的祷告开启了这场大会的序幕。在他的左右边坐着的,都是东方宗教的代表:加尔各答梵社的代表普拉特普·钱德拉·马祖姆达(Pratap Chandra Mazoomdar),孟买的纳加尔卡(Nagarkar),代表佛教的锡兰人达磨波罗(Dharmapala),代表耆那教的甘地,以及神智学会的查克拉瓦尔提(Chakravarti)和安妮·贝赞特。与他们同坐一起的辨喜,他不代表任何特定教派,而代表吠陀文献启示出来的"普遍性宗教"(Universal Religion);如后文

---

① 按照印度学者斯瓦米·塔帕夏南达的话说:"彼时,西方世界的大多数人仍坚信基督教才是唯一真正的宗教,此类对话的举行,使得印度教、耆那教、佛教、犹太教、儒教、神道教、伊斯兰教、拜火教等宗教的代表们得以与天主教的红衣主教和主教们,以及新教徒们汇聚一堂。这标志着西方世界的普世教会主义精神日益强盛,战胜了存在已久的顽固的基督教教会原教旨主义。该主义认为,真理、道德与神圣皆属基督教所专有。宗教议会也许还有另一个微妙的目的:以此国际集会为媒介,弘扬基督形象。然而事与愿违,辨喜尊者适时出现了。"这里,特别需要说明的是,当时的中国没有真正的宗教代表参席,中国的宗教被西洋传教士代表,如李佳白、丁韪良、保灵、何德兰、花之安等人,他们在会议上代表中国说话,但他们的发言与中国宗教关系不大,主要是指责中国人缺乏宗教的心灵,故需要他们这些基督教的传教士。唯一的中国代表是清朝驻美二等参赞彭光誉,但他不代表任何宗教,而是作为大使馆的官员出席大会。彭光誉在会议上发表了《说教》,阐述了儒教与宗教的关系,并对英文中的"religion"一词进行了解释,说中国重视礼教,不重视宗教,宗教在中国只是巫祝云云。译者注。
② 当时的美国主教,1877—1921 年担任巴尔的摩的大主教,是罗马天主教与美国天主教价值观之间的桥梁。作为美国天主教会的领袖,吉本斯直言不讳地赞扬美国的民主制度,所以,在教育和其他社会问题上,吉本斯寻求将天主教的信条与美国的民主原则相协调的方法。在吉本斯的职业生涯中,他一直是一位受人尊敬和具有影响力的公众人物。在 1893 年 9 月的世界宗教议会期间,他被推举为宗教大会的第一主席。译者注。

世界宗教议会与会者（部分），1893年

所示，他将为全人类的宗教精神一齐发声。那一天，他穿着绚丽的袍子、黄色的头巾，有着古铜色的皮肤与精致的五官，其堂堂仪表在台上格外触目，吸引人们的注意。而按照数字的顺序，尊者演讲席位的序号是第三十一位。

于是，按照席位的序号，大会代表们一个接着一个，陆续站起来，走到演讲席，宣读预先备好的演讲词。但是，这位印度的托钵僧完全没有准备。而且，他也从来未在规模如此庞大的人类集会上发过言。所以，当他被要求演讲时，他深感紧张，请求主席稍后再叫他，就这样，他几次推迟了上台发言的要求。正如他后来坦陈的那样："当然，我的心在发抖，舌头几乎僵硬。我如此紧张，根本无法在上午的会议上有发言的勇气。"

最后，辨喜尊者走上了演讲的台上，巴罗斯博士介绍了他。①尊者在心中向印度的智慧女神萨拉斯瓦蒂（Sarasvati）祈祷之后，他站到了讲台，他的开腔讲话是这样的——"美国的姐妹们、美国的兄弟们"。一瞬间，许许多多的人从自己的座位上站了起来，热烈鼓掌。他们被深深感动了，因为他们终于看到一个放弃正式官方措辞，只是那种以兄弟般的情义，以最自然、最坦诚的热情与他们进行思想分享的一个代表。

这时，足足用了两分钟才平息下这一激动的掌声②，尊者开始他接下来的演讲，代表了世界上最古老的僧侣团体——以吠陀苦修者的名义，感谢了这世上最年轻的国家。他讲话的主旨是普遍

---

① 据沃尔多女士说："整个上午，每次轮到他时，他都不得不往后推延，向大会的主席说道：'请让其他的代表先做发言吧。'直至傍晚，临近5点，巴罗斯博士站了起来，介绍了他的名字，并说，他就是下一位的演讲者。"译者注。
② 罗曼·罗兰在《辨喜传》中说道："1893年9月，当这个29岁的无名青年在由红衣主教吉本斯发起的芝加哥世界宗教议会开幕式上现身。在他面前，所有与会者黯然失色。他的力与美，他优雅庄严的举止，他闪亮的黑色双眸，他的堂堂相貌，以及从他开口那一刻起，他深沉的嗓音发出的壮丽音乐，迷住了美国的广大盎格鲁—撒克逊听众。"译者注。

的宽容和接纳。他告诉听众,印度曾在古代为其他国家的宗教难民提供庇护——比如,以色列人的犹太教和波斯人的拜火教——并引用了如下两段经文,揭示了印度教的宽容精神:

> 正如不同的溪流,在不同的地方有着它们各自的源头,它们最后全都要汇入大海,同样地,万能的主啊,人们通过不同的能力走上了不同的道路,尽管他们看起来不同,道路也曲直不一,但所有的道路,最终都将通向你。
>
> 凡是来找我(Me)的人,无论以何种形式,我都会接纳他。所有的人都在通过不同的道路在努力,而最终,所有的这些道路都会通向我(Me)。

最后,他呼吁尽快终止宗派主义,以及由此而来的宗派偏执和狂热。回应他的是震耳欲聋、经久不息的掌声。这显示出所有的听众都在耐心地期待着这个宗教和谐的伟大信息。

多年以后,一位犹太教的知识分子对本书的作者说起,在听完辨喜尊者的讲话后,他首次意识到他自己的信仰,犹太教,是真实的,也是正确的。并且,辨喜在他自己的演讲中,代表的不仅仅是他的信仰,也代表了世界上所有的宗教。而其他的每一位代表都还在为他们自己所在的传统理念辩护,或他们自己的宗派发言,所讲述的立场明显不同。辨喜尊者讲到上帝(God),他是以"上帝"作为所有信仰的终极归宿与目标,是一切宗教最内在的本质。他已经在罗摩克里希纳足下受教,从导师的教导与直接的经验中已经学习到,所有的宗教只是通向同一目标的不同道路。辨喜尊者表达了现代世界需要打破种姓、肤色和阶级的壁垒,需要将所有的人类都融入同一广大人性的渴望之中。

从他的口中,没有一句谴责的话语,没有一句迎合他人的不诚恳的话语，人们也感受不到他对任何其他宗教的非议，不管那些宗教是多么的粗糙，多么地不合乎人们的理性。他不认为某些宗教正确，某些宗教谬误；对他来讲，所有的宗教都是有效的，苍松翠柏，高处相逢，都在引导着他们各自的信徒，用不同的方式、不同的特点，为抵达同一个完美的目标而努力着。

世界宗教议会中的辨喜，1893年9月

多年以前，年轻的纳兰曾经在自己的导师面前以新信仰者的热忱，谴责了一个以信仰为名而纵容不合理性与道德行为的可疑宗派。那时，罗摩克里希纳斥责道："你为什么批评那些人？他们的道路，最终也是导向上帝的道路。你要知道，进入一座豪宅会有许多扇门，不仅仅只有正大门。清扫工可以从后门进入。虽然你并不需要使用这扇门。"

大师的这些话语多么富有预见性，以至于他最心爱的纳兰以法号"辨喜"为名，有朝一日将以此类思想贡献出去，今日震撼了整个世界！S. K. 布洛杰特夫人是在洛杉矶接待尊者的女主人，谈到她对大会的印象："我在1893年参加了芝加哥的宗教大会。当那个年轻人站起来说,'美国的姐妹们、美国的兄弟们'时,整整7 000人站了起来,向他们自己也不知道那究竟是什么的某种事物致敬。当结束时,我看到许多的女性穿过长椅,走近他,我当时心中低语道,'哦,好吧,我的小伙子,如果你能抵挡住这样一类攻击,你就真的是一个神了!'"①

在整个议会期间,辨喜总共发表了12次演讲。他有一次重要的演讲是一篇关于印度教思想的论文,其中讨论了印度的形而上学、心理学和神学、灵魂的神性、存在的一体性、神圣的不二论,以及诸宗教的和谐等。这些就是在他的讲演中反复出现的基本主题。他教导说,人类的最终目标,即是通过认识神圣而成为神圣,而人类就是永恒的"不朽至福"(Immortal Bliss)的孩子。在会议的最后部分,辨喜以他这样的讲话结束:

> 基督教徒不是要变成一位印度教徒或者一位佛教徒;同样,一位印度教徒,或者一位佛教徒也不需要变成一位基督教的教徒。不,不是这样的!每个宗教在吸收其他宗教的精神,同时,要保持其自身的独立性,根据它自己的法则来发展宗教。如果宗教会议向这个世界展示了什么精神的话,那就是:它已经向世界证明了,圣洁、纯净与慈悲,并不是世界上任何一个宗教所独有的,每一个宗教都曾诞生过具有最高贵品格的伟大圣徒。面对这样一个证据,如果有任何人试图梦想他

---

① 据斯瓦米·塔帕夏南达所载:余下的议会当中,辨喜已经成为最受欢迎的演讲者。当听众们为其他演讲者的沉闷言辞感到厌倦而烦躁不安时,议会的主席就找到了令他们回心转意的最好方法——宣布辨喜尊者将是下一位演讲者。新闻界也开始尊其为名人,称其为"天生的演说家",大人物们和普通与会者们,也挤挤挨挨地与他握手,争先恐后地邀请他莅临其家乡演讲。总之,1893年9月11日这一天,辨喜尊者以短短数语创造了人类崭新的历史,他自己也从寂寂无名的云游者,一跃成为备受追捧的风云人物。译者注。

自己的宗教独存，而其他的宗教毁灭，我就从心底里面怜悯这样的人。我要向他指出，不管会有怎样的一种反对声音，我们应当在每一种宗教的旗帜上面，都要写上："帮助而非争斗""同化而非破坏""和谐与和平，而绝非冲突与诋毁！"

宗教大会为辨喜提供了一个长久以来所一直希望的机会，向西方的文明世界展示他自己雅利安祖先觉悟到的永恒与普遍的真理。于是，他抓住了这个机会，并且应付自如。当他站在演讲台上传达他的思想时，他仿佛就是两条伟大思想之流的汇合处，这两大理想塑造了人类整体文化的面容。在他的面前，这些数量庞大的听众，代表了西方的思维——年轻、敏锐、不安、好奇、诚实、有严明的纪律意识，并且，他们与物质现象相处合契，但是，对于超物质、超感知的世界之深邃则持一种怀疑的态度，不愿意在没有理性证明的情况下，贸然接受灵性的真理。

而在他的身后，则是古老的印度世界，连同它多元的宗教和哲学，以及通过自我控制与专注冥想来探究人生实相的圣人和先知，他们不受短促生命中变迁的事物之影响，专注于永恒真理的沉思。辨喜自身的西式教育、教养和求学经历，还有他与现代印度圣人的深度接触，使得他恰好代表了这两种理想，并消除它们表象的冲突。

对辨喜尊者来说，基于吠陀教义的印度教，足以创造出必要的思想综合。我们需要知道，他所说的吠陀，并不单指任何包含某些先知言辞的特定书籍，或者源于超自然权威的某些典籍，不是的，他所指的乃是那个无古今、无东西之别的性灵宝藏，它的法则被不同时代的不同圣人先后发现，被重述（或者，被遗忘）。但是，诚如物理界的引力定律，在被人们发现之前，就已然存在一样，即使全人类都忘记了它，它仍会继续存在着，并支配着世界的现象。这些法则,独立于我们对它们的认识而存在。灵魂与灵魂之间、个体灵魂与所有灵魂之间的种种关系：道德、伦理和精神联系,在被人类发现之前就已预先存在；即使我们忘记它们,它们也仍旧存在。关于印度教的这种普遍性,辨喜尊者是这样说的：

> 从吠檀多哲学崇高的性灵突破,到各种偶像崇拜的低层次观念,以及各种各样的神话故事,再到佛教的不可知论与耆那教的无神论等,所有的这些思想,在印度教的传统中,皆有其自身的一席之地。

这位年轻的印度僧人,似乎就在一夜之间成名了,变成了彼时的世界宗教学界的第一流豪杰,最杰出的代表人物之一。从一无名小卒一跃而为世界知名人士。与他的真人等大的肖像与海报也随即在芝加哥的大街小巷张贴出来,上面写着："僧人辨喜"(The Monk Vivekananda),许多人路过海报的时候,则会驻足,会鞠躬致敬。

出席议会的辨喜(着装照之一),1893年

宗教大会委员会的主席巴罗斯博士说："辨喜对他的听众产生了奇妙的影响。"而梅尔温·斯内尔先生则更是热情洋溢地表示道："辨喜无疑是印度教最重要和最典型的代表,事实上,他是整个宗教大会上最受人们欢迎和最有影响力的那个人物……他所造

成的冲击力,超过了所有其他的演讲者,无论此人隶属于基督教还是其他的宗教。无论他走到哪里,都会有人围堵着他,热切地希望倾听从他嘴里说出来的每一句话语。就连最严格的正统基督徒都会这样说他:'他,辨喜尊者,确实是,一位"人中之王"!'"

报纸刊登了一些他的演讲内容,立刻又激发了全国热烈的讨论与关注,人们饱含兴趣地阅读着关于辨喜的消息。《纽约先驱报》这样说:"他无疑是这次宗教大会上最杰出的人物。听完他的演讲,我们现在感到,向这个博学的人所在的国家派遣传教士,是多么愚蠢的行为!"《波士顿晚邮报》则说:"他因其宏伟的思想和庄重的外表,成为本次大会最受欢迎的人物。只要他一走上讲台,人们就会自发地报以热烈的掌声,以示欢迎;而他则以孩子般的满足接受了成千上万人的热烈肯定,但毫无自负自傲之态……在宗教的会议上,他们总是把辨喜留到演讲的最后,以便人们可以等到会议的当天议程结束……在哥伦比亚演讲厅里面,通常有4 000名听众,人们在微笑着等候,十分耐心,一等就需一两个小时,只是为了聆听辨喜尊者讲15分钟的话。可见,大会的主席深知那项古老的法则——把最好的,保留到最后的那个时刻。"

这也正是美国人民的杰出特质之一,他们总是能够发掘出他人潜在的伟大与崇高。美国为世界发现了辨喜,并将他作为一份"礼物",再回赠给印度。

出席议会的辨喜(着装照之二,美国报纸上的辨喜形象),1893年

第六章 宗教盛会

于是，宗教大会的报道也在印度的各种杂志与报纸上刊登出来。辨喜尊者对印度宗教信仰的辩护，让他的同胞——从科伦坡到阿莫拉、从加尔各答到孟买的印度人心目中——充满了民族的自豪感。而巴拉那戈尔道院的那些师兄弟最初并不知道这位"Vivekananda"是谁。直至大会结束6个月之后，一封来自大洋彼岸的美国、由尊者亲手写就的书信寄到，才彻底消除了他们的猜疑，知道了整个事情的原委。他们非常兴奋，对自己所心爱的纳兰取得如此巨大的成就，感到无比骄傲！

辨喜尊者本人对这一胜利是如何反应的呢？这应该正是他长久以来的愿望得以实现。他知道，作为一个与上帝时刻保持交流的僧侣，其隐遁、孤独与冥思的生活已经结束了；他不再默默无闻地生活于自己的梦想与愿景当中了。从此，他从平静和安宁的栖息的日子中走出来，被抛入了一个充满无尽动荡与逼迫性的公共事业中，如同置身于时代的旋涡。当他参加完宗教大会的第一个夜晚，回到自己居住的那家宾馆时，他哭得就像一个孩子。

自从他在大会上传达了他的信息之后，尊者再不会遭受物质的匮乏了，那些富人的大门纷纷向他敞开。他们奢华的款待与优渥的恩遇时常让他内心疼痛，因为，他想起了自己祖国的那些过着贫困悲惨日子的民众。有一个夜晚，他的痛苦变得如此强烈，以至于他在地上打滚，口中呻吟道："哦，母亲，当我的祖国仍然沉浸在最深的贫困中时，我还在乎什么名望和荣誉？当我们这些可怜的印度人竟然过着如此悲惨的生活，数以百万计的人们因缺乏一把米而活活饿死时，而在这里，人们却每日花费数百万的卢比来追求一个人的舒适！谁来救救印度人？谁来给他们一些填饱肚子的面包？哦，母亲，请告诉我，我该如何帮助他们！"在宗教大会的一次讲演当中，尊者曾说过，印度所需要的不是宗教，而是面包。

现在，他开始研究美国生活的方方面面，特别是这个国家高水平生活的秘密,并向他在印度的弟子们表达了他对促进物质生活与社会福利的鲜明看法。

那些时候,辨喜接受了一个讲座机构之邀,希望他在美国的各大城市巡讲,他马上接受了这个提议。因为他想要获得一些财物与资金,以摆脱对富人朋友的依赖,同时他希望能够帮助印度的各项慈善与宗教项目的展开。此外,他还认为,通过讲座的机构,正好可以有效地传播他的思想,消除人们对印度宗教和社会的错误观念。

于是,他很快就开始了一场奔走在美国的东部、中部与西部各大城市的席卷式巡讲。人们也愿意称他为"旋风一般的印度人"。就这样,他访问了艾奥瓦城、得梅因、孟菲斯、印第安纳波利斯、明尼阿波利斯、底特律、水牛城、哈特福德、波士顿、坎布里奇、纽约、巴尔的摩市和华盛顿等地。他对芝加哥最初帮助他的黑尔一家怀有深深的感情,因此,黑尔的家,就成了他在芝加哥的总部。

但是,他的海外弘道之路显然并不总是由一些玫瑰花瓣铺就得那样美好。因尊者历来是一个直言不讳的思想家。每当他在美国社会中发现那种残暴、狭隘、傲慢与不人道,以及对其他文化的无知论断时,他就会说出他的批评之言,并不虚与委蛇地留些情面。在美国巡讲之际,常常会遇到一些狭隘的人,他们只是根据某些错误甚至恶意的报道,向他提出一些挑衅性的问题,尊者就会像雷电一样地对他们进行反驳。《艾奥瓦州报》(*Iowa State Register*)曾如此报道:

> ……那些可怜的人,试图在自己不熟悉的领域与这位印度僧人叫板对抗,而殊不知这正是这位僧人全盘掌握并理解了最为深入的地方。于是,他的回答直如闪电一般迅猛,那冒险的提问者定会被这位印度僧人闪亮的智慧长矛直接刺穿……渐渐地,辨喜与他的事业,开始在每一个真正的基督徒

的心中找到了重要的位置。

许多基督教的牧师成了他亲密的朋友，并邀请他在他们的教堂中演讲。

辨喜对虚假的基督徒，还有基督教许多领袖的宗教虚伪感到特别愤怒。在底特律的一次演讲中，他表达了他愤怒的情绪，并在演讲的过程中宣称：

> 你们训练、教育，为人们提供衣服与供奉究竟是为了什么？来我们的国家诅咒和侮辱我们的祖先吗？嘲笑我们的宗教、我们的一切生活习俗吗？那些人就是这样的，走到一座寺庙附近，说道："你们这些拜偶像者，你们会下地狱的！"但是，印度人一贯温和，他们只是微笑着走过，心想："让那些愚蠢的人这样说去吧。"然而，就是你们那些训练他人进行侮辱和批评的人，如果我稍微用一点批评的语气触碰一下，哪怕仅仅出于一番善意的提醒，你们就会退缩，并大喊大叫："不要碰我们！我们是美国人；我们批评、诅咒并侮辱世界上所有的异教徒，但是，请不要碰我们，我们是最敏感的'植物'。"每当你们这些传教士批评我们印度的时候，请记住这一点：如果整个印度站起来，把印度洋底部所有的泥土都抛向西方国家，那也只是你们对我们所做的事情的一小部分回报而已。

辨喜继续说，奇怪的是，西方国家的武力征服与基督教传教士的活动，两者往往是并道进行的。而且，大多数人是出于世俗原因而改变信仰，皈依了基督教。为此，尊者劝告他们：

> 你们这样做的根基是不稳固的，是很容易崩溃的；如果宗

教的信念只是建立在世俗的沙土上面,必无法保持长久。所有以自私为基础、以竞争为路径、以享乐为自己目标的事物,或迟或早,都会灭亡。

如果你们想让信念复活,那就请回到耶稣基督那里。现在的你们还不是基督徒。不,只是作为一个现代国家的公民,你们显然还不是基督徒。只有回到基督那里去,回到那个没有任何地方可以安放头颅的人①那里去。你们的宗教,仅仅是在奢华的名义下进行宣扬。这是多么大的讽刺！如果你们想让信念复活,你们就要逆转这一切、改变这一切。你们不能同时侍奉两个上帝:你们的神与你们的财富。所有这些繁荣都来自基督吗？基督会否认所有这些异教现象的。如果你们能把这两者结合起来,这种美好的繁荣与基督的理想,那当然很好；但是,如果你们做不到,那最好回到他那里去,放弃这些虚幻的物质追求。宁愿与基督一起生活在破烂的旧衣衫里,也不要安住在没有他在场的宫殿中。

在波士顿,尊者常常被邀请去讲述他的古鲁（罗摩克里希纳）,这当然是他心中最为珍视的话题。当他看到那些听众——那些人为造作,甚至全是世俗世界里的人们——一旦将这些人与自己古鲁的纯洁与弃绝精神相比较时,他几乎放弃了这样一种话题,开始毫不留情地抨击起西方的物质文化。听众感到了一种冒犯,许多人愤怒离席。不过,尊者自身也得到了教训。回到房间后,他就回想自己晚上所说的话,不禁泪流满面。是的,他深深忏悔了:他的古鲁从未对任何人,甚至是对最为邪恶的人说过一句谴责的话语。然而,他自己却在讲到罗摩克里希纳时,狠狠地批评那些渴望从他

---

① 指《新约·福音书》中的耶稣形象。译者注。

的古鲁那里学习的善良的人。他觉得自己也不值得提到或写出罗摩克里希纳的圣名，关于罗摩克里希纳的一切事情。

辨喜常常直言不讳的讲话风格，也引起了一些传教士及其美国赞助人的不满，还有一些基督教狂热分子的强烈敌意。他们充满了仇恨，开始公开或私下诋毁他。他们试图通过编写一些虚假故事来损害他的声誉，诽谤他的人格。一些参加过宗教大会的印度教代表也因嫉妒尊者在美国受欢迎的程度与巨大的名望，也加入了诋毁者的行列。在印度工作的传教士和一些印度教的组织一道，发起了针对尊者人格的攻击、一场污名化的诋毁运动。神智学会的一些人尤其表现出了强烈的妒忌与报复之心。他们对外宣称说，辨喜尊者在美国违反了出家人的戒律，他吃僧人禁忌的食物，违背种姓的规定，等等。

甚至，连他在印度的朋友和弟子们也都很害怕，给他寄来了印度报纸的一些内容剪报。因为上面有一些恶意的诽谤。其中，有一篇文章煞有介事地写道：一家招待过尊者的美国女主人考虑到尊者在屋子中的存在，不得不解雇了一名女仆。但这位女主人后来发表了郑重的公开声明，宣称绝无此事，并说道，辨喜尊者是她家里最尊贵的客人，她会一直以亲切和尊敬的态度招待尊者的来访。尊者写信给他在印度的那些受了惊吓的弟子，并谈及某家美国报纸对他的种种污蔑。他说，该报在美国一般被称为"蓝鼻子长老会报"(blue-nosed Presbyterian paper)，没有一个受过教育的美国人把它当一回事，该报采用了美国佬惯用的伎俩。

他向他们保证，整个美国的人民和开明的基督教神职人员，几乎是他彼此敬重的朋友。他请他们不要再给自己寄这种垃圾报纸了，还有他的诽谤者们的文章。此外，他还告诉他们说，自己从未偏离过修道生活的两个基本誓言，即守贞和安贫。至于其他方面，他正在努力调整，以适应当地的社会习俗。对于一些正统印度教

徒指责尊者在异教徒的餐桌上吃禁忌食物的说法,他直接反驳道:

> 你的意思是说,我生来就要像那些困守于种姓、盲信、无情、虚伪、不敬神的懦夫一样生老病死吗?你们在其中发现受过教育的印度教徒吗?我讨厌懦弱,我与懦夫之举毫无瓜葛。我属于世界,如同我属于印度,这一点毫无疑问。哪一个国家可以对我有特殊的绝对要求?我会是哪一个种族与民族的奴隶吗?……我看到一股比人类、上帝或魔鬼更强大的力量在支持着我。我不需要任何人的帮助。相反,我一生都在帮助别人。

他在给另一位印度信徒的信中,也用同样的愤懑心情写道:

> 我很惊讶你对传教士的胡言乱语如此认真……如果印度人民希望我严格遵守印度教的饮食习惯,那么,请告诉他们给我派一个厨师与足够的工资来养活他……另一方面,如果传教士告诉你,说我已经犯了托钵僧的两大戒律:守贞和安贫,那么,请告诉他们,他们就是言过其实的大骗子。至于我,请注意,我并没有服从任何人的命令,也没有任何沙文主义可以对我起作用……我憎恨懦弱;我不会与懦夫或任何政治废话扯上一点关系。我不相信任何的党派与宗派。上帝和真理,就是这个世界上唯一的政治,其他的一切都是垃圾。①

所以,辨喜并不为这些言辞所动。他的讲座深受人们的欢迎,

---

① 关于辨喜尊者的思想当中,有一种主动与政治保持合适距离的清醒态度。后文另有深入阐述。译者注。

到处都有知名人士参加他的东方宗教与哲学的演讲。也有许多人来到这里,寻求私人的指导。而他的目标则是宣扬宗教的永恒真理,并帮助真诚的人们塑造其自己的性灵生活。很快,他的大无畏精神、与生俱来的纯粹、崇高的理想主义、灵性的品格与无瑕的个性吸引了一批又一批真挚而忠诚的美国弟子。于是,他开始有意识地把这些人培养成未来美国的吠檀多工作者。

我们必须承认,关于尊者的到来,美国的思想界并非完全没有预备,相反,已经有很好的接受尊者传播的信息的土壤了。彼时,美国人生活的强健作风,在风景如画、充满欢乐与活力的社会现象的表面之下,某些精神与思想已经开始暗暗发酵,而这些思想正十分有利于辨喜尊者所提供的吠陀理想之播种。自由、平等和正义,一直都是美国人心目中的珍宝。辨喜尊者的到来,还为这些原则提供了深刻的精神基础与阐释,美国人将这些原则应用于他们的政治和社会治理当中,以促进人类的物质与道德的福祉。

而从美国最初的殖民史开始,宗教就扮演着十分重要的角色。1620年11月,乘坐"五月花号"横渡大西洋,在科德角(Cape Cod)[①]贫瘠与荒芜的土地上登陆的那些朝圣者,他们都是英国人。首先,他们离开英国,前往荷兰寻求信仰的自由;后来,其他一些持不同政见者也加入了他们的行列。他们不能屈从于当时的英国统治者对于他们信仰的限制。这些人就是坚毅、有宗教信仰的新英格兰人的祖先。两个世纪之后,他们成了美国思想和精神文化的先驱与领袖。而辨喜尊者在他们的后代那里,也常常发现了许多忠实而热情的追随者。

基督教的《圣经》与英国思想家洛克的哲学,都对"人权法案"

---

① 欧洲移民到达美洲大陆的第一站——1620年11月的某一天,在历经了无尽的海上漂泊后,"五月花号"到达了这个充满鳕鱼的角。译者注。

和"美国宪法"产生了影响。深受基督文化熏陶的美国国父们,一起将圣父、博爱和人类的兄弟情谊等基督教的理想,写进了《独立宣言》的第二段,明确阐明了其政治的理想,即在上帝、国家和人民面前,人人平等。托马斯·潘恩(Thomas Paine)[1]是美国革命的大祭司之一。他毫不妥协地反对一切的暴政,维护人类珍贵的自由,并为捍卫自由而到处奔走。他对于平等、自由、正义、持久的和平与公正有着同样的热情。后来,这种热情也渗透到了美国总统林肯的伟大言论之中。

美国的政治结构显示出政治家的睿智与崇高的理想主义。这些政治家在独立战争之后建立了这个国家。最初,从英国手中夺回了13个殖民地的自由,逐渐发展成为美利坚合众国。美国政府的设计师们可能会效仿英国的帝国主义模式,建立一个以最初的十三州为母国的美利坚帝国,其余各州则是其殖民地。但是,最后的政治结构是让新获得的领土获得了完全平等的地位。还可以提及的是,除了1845年的墨西哥战争,美国从未发动过一次对外战争[2]。

在获得独立后的100年之内,美国显示出了空前的物质成就,社会日渐繁荣。欧洲的移民发掘出了这个国家隐藏着的巨大财富。这些移民不仅带来了古老文明的传统气息,还带来了新的技术技能、不屈不挠的勇气与伟大的开拓精神。科学家与技术人员的新发明充斥这个国家。蒸汽船、铁路网和各种机械设备,一起帮

---

[1] 出生于英格兰诺福克郡泰特福德,是那个时代的政治宣传家,他的小册子《常识》在美国革命中产生了重要影响。他的其他作品包括《人的权利》,为法国大革命的共和原则辩护;《理性时代》,阐述了宗教在社会中的合理地位。这些作品使他成为历史上最伟大的政治宣传家之一。他1809年6月8日卒于美国纽约市。译者注。
[2] 19世纪后半叶是美国的和平时代,也是美国作为新兴资本主义国家发展的黄金时期。在19世纪后半叶,美国的宗教、哲学发展迅猛,其科学技术也是突飞猛进。译者注。

助创造了新的社会财富。村庄发展为城镇,城镇发展成为城市。随着大企业的扩张,工人和技师成立了工会等人权保护组织,到处都是踌躇满志的雄心,到处都是解放身心的思想,人们的行为举止也随着新的社会活力而发生着翻天覆地的改变。

在物质日趋繁荣的同时,人们的思想和意识也有了新的觉醒。甚至连监狱也根据人道主义原则,被改造成了感化院的系统,反奴隶制的协会也应运而生。在1850—1855年的5年中,这是美国文学史最辉煌的岁月,出版了一大批伟大的著作,其想象力和生命力很少被后来者超越。而民主运动也如火如荼,到处都是人民的节庆。原始的边疆时代正在迅速消失。

"超验主义运动"(Transcendentalist Movement),以爱默生为领袖、以梭罗和奥尔科特为重要成员,给当时的美国人民带来了精神上的震撼,他们也将印度的性灵精神植入美国社会生活的湍急洪流之中。

新旧大陆并不完全陌生。当初,印度以其惊人的财富闻名于世,哥伦布下定决心为要找到一条通往印度的捷径,而展开大航海的探索,结果,却意外地发现了美洲大陆。后来,波士顿茶会的一箱箱茶叶更是引发了美国的独立战争,而这些茶叶,大都来自印度。此外,英国人在18世纪的印度殖民战争中战胜了法国人,也为美国殖民地在1775年开始的争取自由的斗争取得成功提供了一个范例。最后,1853年,海军准将马修·佩里(Matthew C. Perry)①使美国的商船与远东进行贸易,从而访问了印度,在长途的旅行中,他们一一拜访了印度沿海的各大城市。

---

① 美国海军军官,他率领一支远征军,迫使日本在与西方世界隔绝两个多世纪之后,于1853—1854年重新缔结了关系,与西方建立起了贸易和外交关系。在他的努力下,美国在东亚经济开发方面成为能与英国、法国和俄国在东方世界分庭抗礼的国家。译者注。

爱默生与生俱来的精神与性灵的禀赋，以理想主义的方式召唤美国人的精神觉醒。在他发动的这场超验主义运动当中，他的思想得到了希腊哲学、中国道德哲学、波斯的苏菲派诗歌与印度神秘主义的重大启迪。比如，爱默生本人就是《薄伽梵歌》的忠实学生，他也熟悉《奥义书》的哲学，并亲自出版了东方的宗教和哲学小册子的译本。他优美卓越的诗歌《梵天》(*Brahma*)和散文《论超灵》(*The Over-Soul*)清楚地表明了他的思想曾受惠于印度，并在创作中有所借鉴。但爱默生的精神中，首先是伦理的和知识性的，他无法透彻领会印度神秘主义的至高境界；他只能接受与他的精神相匹配、相一致的那部分思想，故未免常常落在一些肤浅的乐观主义思想上面。爱默生的著作后来影响了"新思想运动"(New Thought movement)[①]和玛丽·艾迪(Mary Baker Eddy)的基督教科学派(Christian Science)[②]。

作家梭罗，是与爱默生毗邻而居25年的信徒。他与爱默生一起，阅读并讨论了大量的印度古典宗教的典籍。梭罗写道："我的智慧沐浴在《奥义书》和《薄伽梵歌》惊人的宇宙论中，与之相比，我们现代世界创造出来的文学成就显得微不足道，渺小而不堪。"他希望自己能够从亚洲的典籍中收集一些素材，撰写出一部综合版

---

① 一种基于宗教和形而上学预设的思想运动，起源于19世纪的美国。流派众多，思想复杂，几乎无法确定该运动的成员或追随者的具体人数。许多追随者都认为自己是基督徒，但关于他们与基督教关系的概括却深受质疑。其起源可以追溯到人们对科学经验主义的不满，以及他们对17和18世纪宗教怀疑论的反应，19世纪初于欧洲掀起的浪漫主义思想，也对新思想运动产生了一些影响。译者注。

② 由玛丽·艾迪于1879年在美国创立，兴盛于19世纪末。当时，因达尔文主义、圣经批判和其他世俗化运动的影响，削弱了欧洲新教的正统思想地位。艾迪称之为"令人怀疑的自由主义"。艾迪在新罕布什尔州农村的一个严格的公理会教派家庭长大，她因健康原因，长期关注上帝对人类苦难的责任问题。最后，创立了基督教的科学派，因为它能够提供精神的治疗，为人们重拾信仰的承诺，激发了新大陆的神秘主义思潮。译者注。

第六章　宗教盛会　139

的圣经,并将"光从东方来"(Ex Oriente Lux)①作为他自己的座右铭。

奥尔科特是印度文化的真正朋友。是他在美国首次出版了英国诗人阿诺德爵士(Sir Edwin Arnold)的《亚洲之光》(*The Light of Asia*),使人们第一次了解到佛陀的生平和教诲。

超验主义俱乐部成立于波士顿附近的康科德,到1840年达到鼎盛时期。美国的东方学会(The American Oriental Society)成立于1842年,②其宗旨与欧洲的东方学会颇为类似,有着相似的目标。

沃尔特·惠特曼,与康科德哲学家同时代的美国大诗人,其思想非常接近吠檀多哲学的观念论。但是,目前没有任何一种可靠的证据表明,惠特曼本人曾受过印度思想的直接影响。据说,他自己也否认过这一点。不过,惠特曼是一个伟大的宗教个人主义者,他摆脱了一切有组织的教会之习俗与信条。对他来说,宗教完全是人类内心的一种自我照亮,它是"秘密的、无声的神秘狂喜"。我们不知道他是否奉行过任何一条清晰明确的宗教修行之路,很可能他根本就没有这种经历。然而,辨喜却称诗人惠特曼为"美国的桑雅士"(the sannyasin of America)。他自己确实阅读过惠特曼的《草叶集》,其中蕴含的精神是:所有生命的同一灵魂与同一精

---

① 从欧洲中世纪后期到文艺复兴时期,伴随着对于东方文明的兴趣,首先是阿拉伯世界的思想介入,然后是整个东方世界被重新发现,当时出现的一句拉丁文谚语——Ex oriente lux——借此流行开来。也是源于这种新世界的发现,后来引发的大航海运动带来的西方往东方的殖民运动,与之也息息相关。译者注。
② 美国历史最悠久的专门从事某一领域学术研究的学会之一。在它之前只有美国哲学学会(1743年)、美国艺术与科学院(1780年)和美国古文物协会(1812年)等杰出的综合性学术组织。从一开始,美国的东方学会的目标就是人文主义。鼓励亚洲语言和亚洲文学的基础研究一直是其传统的核心。这一传统包括文字学、文学批评、文本批评、古文字学、图像学、语言学、传记学、考古学以及东方文明的思想史和想象力方面的研究,尤其是哲学、宗教、民俗和艺术方面的研究。译者注。

神。而《大路之歌》充满了最贴近辨喜尊者心灵的情感。我们在这里选取三节①：

> 我在广大的世界里面呼吸，
> 　东边和西边属于我，
> 　北边和南边属于我。
> 我比我自己所想象的还要巨大，还要美好，
> 　我从没想到我会有这么多的美好品质。
> 从此我不再希求好运气，我自己就是好运气，
> 　我想，在大路上不管遇见什么，我都会喜欢，
> 　遇见我的，也都会喜欢我，
> 　我想我看见的人必定幸福。
> 　那么来吧！我们不能就此止步！
>
> 无论这里的储藏多么丰富，
> 　无论这里的住宅多么舒适，
> 　　我们不能就此止步！
> 无论这里的港口建筑得多么美好，
> 　无论这里的水域多么平静，
> 　我们不能就此下锚，停泊在这里！
> 无论我们周围的人群多么好客、多么殷勤，
> 　我们也只能作片刻的应酬。
> 　来吧！我们不能就此止步！
>
> 让没有写过字的纸，放在桌上不要再写，

---

① 选自《草叶集》(*Leaves of Grass*)。译者自译。

让没有阅读过的书，放在架上不要再读，
　　　把工具留在车间里！把钱留给鬼去挣！
　　让那些说教中止吧！别理会学校里老先生的叫嚷！
　　　让布道者在教堂里布道！让大律师在法庭上辩论，
　　　　让法官去解释法律好了。
　　　哦，伙伴啊，我把我的手给你！
　　　　我把比金钱更珍贵的我的爱给你，
　　　　　我先于说教和法律把我自己给你；
　　你会把你自己给我吗？你会来和我同行吗？
　　　我们会彼此忠诚至生命的尽头吗？
　　　　来吧！我们不能就此止步！

　　爱默生和梭罗所梦想的东西方世界联姻之所以没有实现，其中有几个重要原因：1849年，加利福尼亚的淘金热，将人们的注意力转移到了其他方面；随后，美国又发生了南北战争，在这场内战中，人类的欲望与激情被肆意张扬；最后，科学技术的发展也给人们的观念带来巨大的变化，加深了他们对物质财富的渴望。

　　1859年，达尔文的《物种起源》出版，更是改变了整个西方传统的世界观(Weltanschauung)。而对此一新学问，在新大陆引起的反应，居然比在欧洲本土还要强烈。10年间，知识分子纷纷宣布放弃对《圣经》创世故事的信仰，几乎没有丝毫犹豫地将人类的起源追溯到了类人猿的祖先，进而追至原始的原生质。进化论开启出来的含义也被纳入了各个思想领域——法律、历史、经济、哲学、宗教、艺术与新兴的社会学；先验论与形而上学，皆被经验主义、工具主义和实用主义所取代。美国的生活潮流由此进入了一个新的渠道。只有在美国相对比较贫困的时候，她才珍视自己的性灵遗产。在为生存而奋斗的过程中，她保留了自己对性灵的敏感。但是，自南北战争后，对"更巨大、更美好的事物"之欲望却无处不在，到处施展其魔力。大型的公共建筑和大型公司也应运而生，原始垦荒与边疆时代的精神，还有最初的浪漫光辉，渐渐堕落为肮脏的物质竞技。同时，来自欧洲的拜金主义也随着新移民在不断涌入，使得美国文化难以沉淀出自身的精神实质。

南北战争之后，爱默生自己的幻想也破灭了。他曾希望"在这样一场战争之后的和平时期，这个国家心灵会有巨大的发展，各方面的宏伟蓝图——政治、宗教与社会学，都可看到高尚的观点，带来真正的思想自由"，但是，这个国家的能量，"似乎都在这场战争中消耗殆尽矣！"

惠特曼更为尖锐地讥讽了这一切，他痛心疾首地写道：

> 美国社会的狭窄、粗俗、迷信、腐朽……过去大概从未有过像现在的美国人那样，心灵如此地苍白与空虚。真正的信仰似乎也在渐渐远离了我们……大城市里面卑鄙的偷盗行为跟伟大可敬的行为一样地多。在时代的生活中，轻浮、暧昧、软弱的异教徒、目光短浅，或者根本就没有生活的目标，人们活着只是为了消磨时光……我要说，我们的新大陆民主政治，无论在使大众摆脱物质发展的泥沼方面取得了多么大的成功，如今，在某种极具欺骗性的肤浅的大众知识中，在社会层面导致的情况几乎彻底失败。我们徒然地以前所未有的大踏步迈向如此巨大、超越古代的帝国，超越了亚历山大，超越了罗马时代最值得骄傲的权势与统治。我们吞并了得克萨斯州、加利福尼亚州、阿拉斯加州，向北伸展到了加拿大，向南直达古巴。但是，那又怎么样呢？仿佛我们只是被赋予了一个庞大而机械的躯体，其中却没有灵魂。

第六章　宗教盛会

但是，无论是物质的繁荣或科学技术的高歌猛进，并不能摧毁美国人头脑中与生俱来的理想主义。它们就像灰中余烬一样，一直都在隐藏着。有思想、有灵性的美国人渴望一种哲学，这种哲学既不违背科学的方法，又能为更广阔的人生视野指明方向，使美国人的理想与现实精神协调一致，有着自然科学、人文科学与神秘主义等不同主张的大和谐。现在，实现梭罗关于东西方文化的联盟、科学与宗教的真正具有深度的综合梦想，其时机已然成熟。而要实现这一梦想，没有比从印度来的这位托钵僧人辨喜更合适的人选了。就是这位印度文化的杰出代表，他把古老而又充满活力的生命哲学带到了美国，这就解释了为什么他会受到人们如此热烈而自觉的欢迎。

第七章

弘 道 美 国

在宗教议会结束之后,如前章所述,辨喜展开了一系列的弘道行动,以便在美国这片肥沃适宜的土地播撒一些吠陀真理的种子。但是,他很快就发现目前这个讲座机构是不合适的,显然在盘剥他。此外,他还很不喜欢它的广告词,深深地觉得自己被当成了类似马戏团一般的角色。在演讲的海报说明书上,印有他的大幅肖像,并附有一些题词,以宣扬他的主要优点,比如:天生的演说家、东方民族的典范、完美的英语大师、世界宗教议会上的偶像级人物。它还描述了他的外貌特征:体态、身高、肤色与衣着等。尊者对自己被当作医学的专利或大象表演一般的做法深感厌恶。于是,他主动断绝了与该组织的合约,由自己来安排自己的讲座。同时,他会接受一些教会、俱乐部和私人聚会的邀请,在美国的东部和中西部进行了广泛的巡回演讲,足迹遍布美国的各大州,每周演讲12到14场,有时甚至更多。

当成千上万的人自发来到他的现场,这意味着尊者要面对的听众也是五花八门的。其中,有大学的教授、有教养良好的女士、有追求文化真理的人,还有一些是怀着孩童般信仰的上帝信徒。当然,里面也常常夹杂着一些江湖骗子、猎奇者、游手好闲的人和无业游民。他并不总是能够遇到合适的人群、有利的环境。莱昂·兰茨贝格(Leon Landsberg),尊者的一位美国弟子这样描述了辨喜当时所经历的挑战：

> 美国人历来开放，是一个善于接受新思想的民族。这就是为什么这个国家会是各种宗教和非宗教"怪物"的温床。没有一种理论如此荒谬，没有一种学说如此不合情理，没有一种主张如此夸张、偏执，没有一种骗局会如此透明，但是，它们总是能够找到足够多的信徒，找到现成的市场。为了满足这样一种需求，满足人们的轻信心理，数以百计的组织与教派就应运而生了，都来宣布他们的救世主张。于是，这些"先知"轻轻松松地将25—100美元不等的入会费收入囊中。而那些"怪物""幽灵""仙人"和"新的先知"，几乎每一天都在崛起。就在这种宗教狂热者的喧闹氛围之中，这时候，辨喜出现了，他也来此地传授崇高的吠陀宗教、深奥的吠檀多哲学，以及古老的"仙人"藏身喜马拉雅山中而体悟出来的卓越智慧。显然，对于这样一个远大目标来说，这种环境是极为不利的！

于是，尊者就遇到了各式各样的障碍与麻烦。在这些障碍当中，自然也包括了狂热的基督教传教士们的联手反对。他们也曾答应帮助他，只要他愿意传扬他们的基督教教义。而一旦辨喜拒绝，他们就散布各种流言，传播关于他的各种污蔑诋毁的话语，他们甚至成功地说服了一些之前准备邀请尊者来演讲的美国人，这些美国人纷纷放弃了对他的邀请。

但是，辨喜尊者一样宣扬爱的宗教、弃绝的宗教，他宣扬的，其实正是耶稣的真理。耶稣作为人类的救世主，尊者对他显示了崇高的敬意。而他的话又是多么地意味深长："在教堂里出生是好事，但死在那里就是坏事了。出生时是小孩自然是好事，但最终到老，还是一个小孩，那就是坏事了。"不用说，他所说的"教堂"，指的就是一切被组织化的宗教机构。有一天,他感慨道:"永远不要忘记人性之荣光!我们乃是最伟大的神……基督、佛陀和克里希那,其实也只不过是无限的'我是'(I am)之意识海洋中的一朵朵浪花而已!"

这样一句话落在他的听众的耳中,该是多么巨大的一声惊雷。

然后,辨喜尊者遇到的就是那些十分暴躁、自私和充满欺骗性组织的领导者。他们试图引诱尊者参与到他们的人生事业,开始是许诺给尊者以支持,如果拒绝结盟,他们就威胁他,试图伤害他。但是,辨喜尊者既没有被收买,也没有被吓唬住——正如波兰的谚语所云:"镰刀砍在了石头上!(指'硬碰硬',形容双方互不相让,形成了一种对峙的局面)"对所有的这些结盟提议,他唯一的答复就是:"我站在真理这一边。真理永远不会与谬误为伍。即使整个世界都在反对我,最终,真理也必会得胜。"

在这里面,辨喜尊者必须面对的最强大的敌手,就是那些自由思想家,其中包括无神论者、唯物主义者、不可知论者、理性主义者,以及其他持有类似观念的人他们反对任何与上帝或与宗教有关的东西。他们认为,通过近代西方的哲学与科学的论证,可以轻而易举地击碎辨喜尊者所持有的那些古老信仰。他们就曾在纽约组织过一次会议,并且邀请尊者介绍他的思想。辨喜尊者的一位美国弟子后来回忆道:

> 我永远也不会忘记那个神奇的夜晚。当斯瓦米单枪匹马出现时,他面对的是那些身披法律、理性、逻辑、常识、物质、权力、遗传以及其他一切厚重"铠甲"的唯物主义者组成的势力,与旨在威慑和恐吓无知者的那种陈词滥调。
>
> 我们不妨想象一下,当他们发现斯瓦米非但没有被这些发言所吓倒,反而证明他自己才是挥舞这些语言武器的绝顶

高手。而且，斯瓦米习于唯物主义，如同习于吠檀多不二论的哲学精髓，都一样地轻车熟路。他们当时该有多少震撼啊！

他告诉这些人，他们大肆吹嘘的西方科学，根本无法回答生命和存在的重要问题；他们所津津乐道的永恒不变的法则，其实，除了属于人类的思想，这些并不存在。因为，物质的概念本身，就是一种形而上学的观念，而他们的唯物主义，正是建立在备受他们鄙视的形而上学基础之上。他以一种不可抗拒的逻辑力量证明，他们的知识所展开的基础本身就是不正确的。

当然，这不是通过与真实的知识进行比较，而是通过其赖以建基的规律来证明：纯粹的理性，不能不承认其自身的局限，并指向超理性的事物。理性主义如果发展到最后，最终必然会让人们找到一种超越物质、超越力量、超越感官与思想，甚至超越意识的事物，而所有这些现象，都只是它的各种表现形式。

自由思想家团体中的一些人参与了辨喜尊者的讲座，聆听了他关于上帝和宗教的振奋人心的演讲，也借此解释了科学的局限性。对于辨喜尊者来说，消除人们的无知、迷信，与对宗教，尤其是对印度宗教的歪曲，那是一项多么艰巨的工作。难怪他有时也会感到一种沮丧。在这种情绪之下，他于1894年3月15日，从底特律写信给芝加哥的黑尔姐妹：

但是，我还不知道——自从来到这里，我的内心变得非常悲伤——确切的原因，究竟是为了什么。我猜自己大概是厌倦了这样的授课和那些无稽之谈的吧？！与成百上千的人类动物为伍，不管是男是女，都让我心情沉郁、内心悲伤。我要告诉你,什么才是我真正喜欢的方式。

  我可以不写字,也不说话,但我能深深思考,进入冥想之境。当我言说,我的话语必须是火焰。但是,这只能是面对拣选出来的少数人才好——对,那应该是极少数人的事情。如果他们愿意,就让他们带走并且传播我给出的那些理念吧,而余下来的事不能由我来做。这会是一种公正的分工。同一个人,不能既冥想,又处处铸造自己的社会理想,这样做,很少有人真正成功过。如果能够传播出来,那样的思想往往也一文不值。真的,我根本不是什么"旋风一般的印度人",根本不是的。我想要的方式不是这样的,而且,我也无法长期忍受这种"旋风一般"的气氛。

  我更需要的是平静、温和、美好、深邃、透彻、独立、探求的思想场合——一些高贵而纯洁的心灵镜子。它们自会彼此辉映、互相调焦,直到所有的心灵都发出一致的光辉,光光相耀。如果其他人愿意,也可以把它援引到外面更广大的世界中去,那是他们的事情。总之,那种方式才是人们通往精神完美的道路——成为完美者,让一些人成为完美者。是的,让极少数人完美起来。我对做好事的想法是这样的——培养出几个巨人,而不是把"宝珠"一起撒向"猪群",浪费了时间、生命和精力……啊,我不想再这样讲课了。不想再去迎合任何人或任何听众的口味和时尚了,这一切,真的令人厌恶透了。

辨喜尊者渐渐厌倦了他所说的"大众生活和报纸宣传的废话"。

在美国人中,尊者当然有真诚的崇拜者和信徒,他们照顾他的生活起居,在他贫困拮据时给他钱财,并遵从他的教导,听从他的指示。在此,他特别感谢美国的女子,他曾经给自己在印度的朋友

写了很多信件,赞扬她们的美德,给予了崇高评价。比如,在一封信中,他这样写道:

> 世界上没有任何一个地方的女子,能够像我所在这个国家的女性一样。她们是多么纯洁、多么独立,而且多么自食其力啊,有着一颗善良之心!女子就是这个国家的生命与灵魂。所有的学问和文化都以她们为中心展开,才能生机勃勃,次第展开。

在另一封书信中,尊者说道:

> 美国人历来尊崇女性。女子在人们的社会生活当中扮演着极重要的角色。在这里,这种崇拜形式几乎达到了完美的境界——这是它的特点,也是它的长处。看看这个国家的女子吧,这几乎就是我的最高理想所指了。她们就是拉克希米(Lakshmi)——美与财富的女神;就是萨拉斯瓦蒂——智慧与美德的女神;她们是神圣母亲的一个个真实化身。如果我能够在自己死前于我们自己的国家培养出一千位这样的神圣女子,我将在无限的平静中死去,无比安详。因为,只有这样的女子出现了,我们的"同胞共体"之心愿,才会名实相副。

1894年,辨喜尊者在一封写给凯特里大君的信中,看到他对美国女性的钦佩之情,或许已经达到了顶点:

> 哦,伟大的美国女性!我即使有100次性命,都不足以偿还我对你们的感激之情!去年夏天,我来到了这个国家,一个来自遥远的彼岸国度的流浪僧,他既没有任何名望,也没有财

富,更没有将自己售出去的谋生本领。异地他乡,无依无靠,几乎处于彻底的穷困潦倒之境地,我却得到了美国女子的帮助。她们与我结交,给我提供住所和食物,带我到她们的家中做客,把我当成她们的亲儿子、亲弟兄。即使在她们自己的牧师试图警告她们放弃这个"危险的异教徒",要求她们与我断绝交往时,她们依旧坚持做我的朋友。甚至在那个时候,一次又一次,她们最好的朋友告诉她们说,不要帮助这个"陌生的外国人,他可能是一个危险的人物,是一个大祸端"。但是,她们是人类品格和灵魂的更好判断者,因为她们就是一面面纯净的"镜子",把精神眉目都照得十分清晰。

在这里,我曾见过多少美好的家庭、多少纯洁品格的母亲,还有,多少母亲对自己孩子的无私的母爱。哦,我如何能够尽数表达!多少的女儿、多少纯洁的少女啊,她们的纯洁,就像"月神戴安娜神殿上的冰柱",并且,她们那么有文化、有教养,有着最高程度的性灵天禀!那么,美国是否只有女人模样的无翼天使?确实,无论哪一个国家,都有善恶好坏之分。但是,我们判断一个国家,不能只是看它的弱点,即所谓的恶人,因为他们只是一些意外的杂草,甚至不要停留于这个民族的平均值,而是要看看那些善良的、高尚的和纯洁的人,只有他们,才能够表明这个国家的生命之流是如何清澈而充满活力。

当辨喜尊者回忆起印度妇女的悲惨生活时,他不禁感到一种疼痛。他尤其回忆起自己的姐姐,在如此悲惨的境遇之下,选择了自杀。他常想,印度的苦难,在很大程度上是因为印度社会对女子的残酷与虐待。他把自己授课所赚的一部分财富捐给了加尔各答巴拉那戈尔的一个寡妇基金会(a foundation for Hindu widows);

他还萌生出了从西方向印度派遣女教师的想法,以促进印度女性的知识革新。

辨喜尊者非常尊重美国文化的基本要素,对它们的创建者显示出了极高的敬意。他研究了这个国家的经济政策、工业组织、公共教育及其博物馆和艺术馆,在写给印度的书信中,他热情洋溢地介绍了这些内容,高度赞扬了科学、卫生、研究所和社会福利组织工作的进步价值。他意识到,灵魂的神性和人类的手足情谊等崇高理想,在今日的印度还只是一种学术概念,而在美国则展示出了如何将它们体现在生活当中。当他把美国富人在社会服务事业中的慷慨、大方与印度富人对本国人民的冷漠无情相比时,他感到非常愤慨。

所以,他用气愤的语气写道:

> 在这个世界上,没有任何一种宗教像印度教那样,以如此崇高的姿态来宣扬人类的尊严,同样,在这个世界上,也没有任何一种宗教像印度教这样,以如此卑贱的方式来践踏贫苦人与底层百姓的脑袋。宗教没有错,错的是宗教里面的法利赛人和撒都该人①。

---

① 辨喜尊者在这里用"法利赛人和撒都该人"(Pharisees and Sadducees),是指代一切宗教里面的形式主义与虚伪的信仰。按照历史学说,法利赛人和撒都该人,原指古代犹太教中两个强大的宗教派别,最初,他们因意识形态的对立而发生冲突。法利赛人属于普通中产阶级,在政治和宗教事务中都拥有较大的权力,与犹太的民众有紧密的联系。他们相信公义、复活和上帝的参与,坚持圣殿被毁后形成的信条,强调个人祷告与会堂集会等。他们还相信弥赛亚会预示一个世界和平的时代,相信来世的存在,上帝会在来世惩罚恶人,奖赏义人。可以说,他们就是现代犹太教的精神之父。而撒都该人则是精英主义者,他们希望保留祭司的种姓,维护特权,故而其生活的重心是与圣殿有关的仪式,掌握着经济大权,控制圣殿。同时,撒都该人坚持字面主义,按字面解释成文的律法,拒绝口头律法,因此,他们不相信来世,因为《旧约圣经》中没有提到来世,还有,他们否认复活。公元70年左右,第二圣殿被毁之后,撒都该人彻底消失了,其著作无一流传下来,因此,后人对他们(转下页)

当想起在印度的种姓制度之种种罪恶时,他的心情是多么沉重啊!"印度的命运就这样被封锁住了吗?"他如此写道,"就在他们发明'mlechcha'①这一个观念的那一天,停止了与他人交流的那一天,印度的厄运就已经注定了吗?!"当他在纽约看到一位富有的女子和一位膝上放着洗衣篮子的黑人妇女并排坐在一辆电车的车厢里时,他对美国人的民主精神印象深刻。他希望在印度也能够"建立一个让印度人学会互助、学会感恩"的社会组织,以效仿西方民主国家的先进模式。

他不断地写信给自己的印度弟子,讨论民众的复兴问题。他在落款为1894年写于芝加哥的一封书信中如此说道:

> 让我们每个人都日夜祈祷,为印度无数受压迫、受奴役的民众祈祷,他们被贫穷、被祭司和暴政牢牢控制,让我们日夜为他们祈祷。我的宗教更愿意为他们祈祷,而不是向达官贵人、富人阶层。是的,我不是形而上学家、不是哲学家,更不是圣人。但我是穷人,我热爱这些穷人……在今日的印度,有谁

(接上页)的一点点了解,主要来自他们的对手——法利赛人。两者虽然有对立的思想,但在《新约》里面,他们都是耶稣批判的对象。耶稣针对法利赛人和撒都该人的信仰和行为,指出他们的律法主义与伪善。耶稣还针对他们的物质主义,鼓励自己的追随者寻求属灵的真理、真正的公义,强调真诚、谦卑、仁慈和灵性的辨别力,而不是宗教律法主义与形式主义。于是,在耶稣的受难中,两者扮演了结盟的角色。当时的犹太宗教派别当中,除了法利赛人、撒都该人,还有艾塞尼人(Essenes)。该派别认为前两派败坏了圣殿。于是,他们搬出耶路撒冷,在沙漠中过着修士的生活,制定了严格的饮食,并承诺独身。1947年,一位贝督因牧羊人偶然发现了一个洞穴,里面有各种古代文物和罐子,罐子里的不少手稿描述了艾塞尼派的信仰,史称《死海古卷》。目前的学界判断,认为耶稣大概与该派关系密切,受其苦修思想的影响很深。译者注。

① 这是一个梵语概念,原指古印度的外族人。吠陀时代的印度人使用它的方式与古希腊人使用野蛮人(barbaros)的方式类似,最初是指外国粗俗难懂的语言,后来扩展到他们奇怪陌生的行为。在历史上,印度种姓制度认为,与他们(指"mlechcha")的接触就是一种污染。作者斯瓦米·尼基拉南达说:"这些是非印度教徒,印度种姓制度禁止印度教徒与他们有任何的社会交往。"译者注。

会为沉浸在贫困和无知中的三亿男男女女感到难过？他们有出路吗？如果有，请问出路在哪里？有谁同情过他们？让这些人成为你们的上帝吧——想着他们，为他们工作，不停地为他们祈祷——上帝会为你指明道路与方向。我称这样的人为"伟大的灵魂"（mahatma），他们的心在为穷人而流血；否则，他就是"邪恶的灵魂"（duratma）……只要千百万人还生活在饥饿和无明之中，我就认为我们每个人都是背叛者，因为我们所受的教育，都是以穷人为牺牲、为代价，却反而对他们不闻不问，丝毫不关心……我们是穷人，我的兄弟们，我们就是无名小卒，但始终应该是至高者（the Most High）的一件伟大的工具。①

在美国的舒适与奢华的现代生活中，辨喜尊者没有一刻忘记这样的宗教理想，即使是在他一路乘着胜利的飞翼，从一座城市穿行至另一座城市，也从未忘记印度穷人的救赎事业。当年，当他还是一个无名的托钵僧，从最北端的喜马拉雅山的森林里面，流浪到最南端的科摩林角时，他已亲眼看见了印度人民的无尽苦难。而如今，新大陆的繁荣只会更加激起他对自己人民深切的同情与悲心。他看到了人类的努力、智慧和勤奋能够取得怎样的一种成就，从而能将贫穷、迷信、肮脏、疾病和其他影响人类福祉的一切障碍一一清除。

---

① 辨喜的宗教革新之一重大举措，就是革新了新的事奉，以服务穷人与贫病交加的人群为事奉神性的路径，而且，他还说："若神赐恩典于你，让你有了此类机会，能帮助到他的一个儿女，你就是有福气，不要为自己考虑太多。你拥有了这个行善之机会，而他人则无，这就是你的福气。把事情当祭献与崇拜神一样地来做，只管去做，我们要在穷人中看到神的存在，这就是我们的救赎，我们要去崇拜他们。贫穷和苦难皆为我们的救赎之门，好让我们通过侍奉来到我们眼前的一切——或病、或疯、或癫、或罪等形式不一的人——以便我们可以侍奉到神"；"这种宗教将给予我们自我信仰，民族自尊，以及力量去喂养和教育穷人、解除我们周围的不幸……如果你想要找到神，就去服务于穷人！"果然，辨喜尊者建立起来了道院系统，100多年以来，这样的服务，至今还是他们最主要的社会工作。译者注。

1893年8月20日,他写信给印度的弟子,为他们消沉沮丧的心灵灌注了一股勇气的火焰:

> 用真理束起你们的腰,穿上正义的胸甲,我的孩子们!上帝在召唤你们……希望就在你们的身上,在温柔、谦卑而又忠诚的人们中间。你们要感受到苦难者的苦难、贫穷者的贫穷,为此而乞求帮助,则帮助必将到来。这12年以来,我一直背负着这个沉重的包袱,带着这样的想法。我挨家挨户地拜访所谓的"富人与强者"。后来,我又带着一颗泣血的心灵,穿越了大半个世界,来到了这片陌生的国度,寻求它的帮助。上帝是伟大的,我深知他会助我。也许,我可能会在这片土地上因饥寒交迫而死去,即便如此,我也要把这一份同情,这一份为穷人、无知者与被压迫者而奋斗的精神传递给你们这些青年人……在上帝面前,学会俯首,做伟大的侍奉,奉献出你们全部的生命,上帝为了这些人,一次又一次降临,这些人就是上帝的至爱——穷人、卑微者、被压迫的人。那么,就发誓把你们的一生全部献给这三亿人的事业吧,每日深入,每日努力。荣耀归于主!我们会成功的。成百上千的人将在战斗中倒下,又有成百上千的人将准备接手。是的,信念!是的,同情!烈火一般的信念,烈火一般的同情!以此信念为稳固的根基,当作鞋子穿在你们的脚上。生不算什么,死也不算什么;饥饿吗?寒冷吗?这些也不算什么的。让一切荣耀都归于主!前进吧,主就是我们的将军,是我们的首领。不要回头看是谁倒下了。记得,只是向前,向上!

另外,辨喜尊者通过对印度与印度人民的深入了解,使他完全相信,这个民族的生命激流绝不会消亡,目前的境况只是被淹没在无知与贫穷的一潭死水里面。即便如此,印度仍然在孕育着它最伟大的圣徒,而西方世界非常需要这些人传递出的性灵消息。因为没有合适的珍宝盒,这些圣徒所发现的性灵宝石,都被隐藏在了一堆杂乱的污秽之中。而西方以强健的社会形式,创造并保存了宝石盒,偏偏里面空无一物,根本没有珍宝。与此同时,他花了很长时间明白了一个重要道理,那就是,物质主义的文化之中,蕴含着毁灭自身的种子。他一次又一次地警告西方社会即将面临的种种危险。西方地平线上的亮光,很可能不是新黎明的预兆,而是巨大的火葬堆上在焚烧的红色火焰。西方的文明世界陷入了一种无休止的追逐与活动的迷宫当中——那是一种没有目标与方向的无休止循环。对于物质享乐的渴求,没有更高的性灵目标,也没有普遍的同情,这一切,很可能会让整个西方国家沉入它的嫉妒和仇恨的深渊,最终导致自身的毁灭。

辨喜尊者热爱全人类。人是上帝的最高体现,而很不幸,上帝在东方和西方,正以不同的方式被人类钉上了十字架。因此,他在美国肩负着双重使命:他想从美国人那里获得财富、科学与技术的帮助,以便实现印度社会的复兴;另外,他也想把印度人发现的永恒精神与智慧传统倾囊相授给美国人,使得他们在物质进步的同时,具有一种精神的平衡,为他们的成就赋予更大的意义。任何一种美国式的虚假骄傲都不能够阻止辨喜尊者向美国学习其社会的种种优点;他还曾劝诫过一些美国人,千万不要让种族的傲慢阻止了他们接受印度赠予的性灵礼物。通过这种相互接受与相互尊重的律法,他梦想未来能够创造出一种健康的人类社会,最终实现人类的肉体和灵魂的福祉。

在宗教议会结束后的第二年,辨喜尊者的演讲活动,主要是在密西西比河沿岸到大西洋西岸的广大地区进行。他在底特律度过了6个星期,先是作为密歇根州前州长的遗孀约翰·巴格利(John Bagley)夫人的贵宾,然后,他又作为世博会委员会主席托马斯·W. 帕尔默(Thomas W. Palmer)的客人。帕尔默先生曾任美国的参议员,也曾是美国驻西班牙的政府公使。巴格利夫人说,辨喜尊者在她家中出现,这是"极大的荣耀与祝福"。正是在底特律,格林斯泰德小姐(Miss Greenstidel)第一次听到了尊者的演讲。后来,她以克莉丝汀修女(Sister Christine)的名字,成为尊者最忠实的西方弟子之一,并与尼薇迪塔修女一道,将在加尔各答从事提高印度的妇女教育与女性社会地位的工作。

这次底特律之行结束后,辨喜尊者又开始在芝加哥、纽约和波士顿之间奔波。1894年夏天,他应邀参加了在马萨诸塞州的格林纳克(Greenacre)举行的一次"人道大会"。① 在大会上,他先后做

辨喜在格林纳克,1894年

---

① 辨喜前往西方弘扬印度吠陀的"普遍性宗教"时,在格林纳克的这次会议是很重要的深入了解东西方文化一致性的重要机会,他也借此而找到了灵感。也是在这里,著名的发明家特斯拉(Nikola Tesla)结识了辨喜,并且深受启示。这个地方曾经属于麻省,今日属于缅因州。当时的众人讨论过宇宙大母神的命题,辨喜还曾与巴哈伊教的阿布杜·巴哈(Abdu'l-Baha)等人进行了深度的交流。他们一起批评殖民主义与等级制度,共同寻求人类精神的和解,所有这些问题都涉及吠陀智慧的普遍启示性问题。这一切也给了辨喜重要的印证。译者注。

过几次演讲。当时，基督教科学派、神秘主义者、信仰领域的治疗师，还有具有类似观点的团体参与了该次会议。辨喜尊者在1894年7月31日给芝加哥的黑尔姐妹写信，以他一贯的幽默，谈起了参会的人们，他说道：

在这里，人们一起度过了一段愉快的时光。有时，大家都穿上你所说的那种科学的外衣。同时，几乎每天都有人在演讲。波士顿的科尔维尔（Colville）先生也在这里，每一天他都有演讲任务，据说，他是在某某精灵的控制之下讲话的。来自顶楼的吉米·密尔（Jimmy Mills）已经在这里安顿下来了，她是《世界真理》的编辑，正在主持宗教的仪式，举办各种关乎精神疾病的疗愈班。我希望他们很快就能够给盲人治病……毕竟，这是一个很古怪的大会。他们都不太在乎社会的法律，非常自由、非常快活……这里还有一位来自波士顿的伍德先生，他是你们这个教派的杰出代表之一。但是，他反对加入沃尔浦（Whirlpool）夫人的教派。所以，他干脆宣称自己为各种奇怪路径的治疗师，比如，有形而上学的、化学的、物理-宗教的，以及"什么都不是"（what-not）等方面的一位精神疗愈者。

昨天，刮起了一场大风，给我们的帐篷做了一次很好的"治疗"。他们举办讲座的大帐篷在大旋风的"洗礼"之下性灵大增，以至于完全从凡人的视线中消失了，大约有两百把椅子在精神的狂喜之下，开始在会议现场的草地上跳起舞来。米尔斯（Mills）公司的菲格斯（Figs）夫人每天早上都会给大家上课，而米尔斯夫人则在这里跳来跳去。反正，他们都兴致勃勃的。我尤其为科拉（Cora）感到高兴，因为她在去年冬天受了不少苦，热闹一下，显然对她很有好处。他们在营地里所享有的自由，一定会让你大吃一惊，但是，他们都是非常善良、非常纯洁的人——只是稍稍有点反复无常。亦仅此而已。

关于他自己在格林纳克的工作,辨喜尊者在这同一封信中写道:

> 那天晚上,野营的人都要到一棵松树下睡觉,而就是这一棵松树,我每天早上都会在它的下面静坐,像是在印度的菩提树下一样,与它定时相约对晤。当然,那个晚上,我也和他们一起去,我们在星空之下度过了一个美好的夜晚,睡在大地母亲的怀抱里,我很享受这样的每一点每一滴时光。我无法向你描述那一晚的宁静与荣耀——这是我过了一年动荡不安的生活之后,能够睡在大地上,在森林的一棵大树之下冥想的时光啊!住在宾馆里面的人或多或少都很富裕,营地里的人则是健康、年轻、真诚与圣洁的男男女女。我教他们吟诵"西沃哈姆""西沃哈姆"(Sivoham)——"我是湿婆,我是湿婆"的意思——他们都在重复着这句话,是如此之天真和纯洁,如此之勇敢,超越了一切的束缚,而我,却感到无比的幸福和荣耀。
>
> 感谢上帝让我变得贫穷!感谢上帝让野营帐篷里面的孩子们变得一无所有!让那些纨绔子弟、日子优渥的花花公子睡在宾馆里吧,但是,具有金属一般的神经、精钢一般的魂魄与火焰一般的精灵,都一起睡在营地里。如果你看到昨天——当大雨滂沱,旋风掀翻一切的时候——的他们紧紧地抓住帐篷的绳索,以防它们被大风刮走,这些勇敢者以他们灵魂的威严,屹立不倒,牢牢站立——这一切,一定能够让你的心灵更加美好坚强起来。我愿意走一百英里去看望他们这样的人。哦,愿上帝保佑他们。
>
> 至于我,一刻也不要为我担心。我会得到照顾的,如果没有,我也会知道,那意味着我的大限已到,然后安静地离

开……现在,做一个好梦吧,希望你一切如愿以偿,想你之所想。你是善良和高贵的。与其把精神物质化——像某些堕落的家伙,总是把精神拖到物质的层面——不如把物质精神化。是的,把物质转化为精神——至少每天都能瞥一眼那无限美丽、无限宁静与纯洁的精神世界,并努力日日夜夜生活于其中。不要用你的脚趾去寻找、去触碰任何不可思议的事物。让你自己的灵魂像一根日夜绵延不断的音弦,直抵至爱者的莲花足下,丝弦震颤,恒久不绝,而那至尊的王座,就是你的心灵,这就是你生命的本质。至于其他的,即身体和身体之外的一切,就让它们自己去解决自己的问题吧。生命是一场飘忽不定、瞬息万变的梦,美与青春都会——逝去,终将褪色,一无所余。要学会日夜的祈祷,说:"你是我的父、我的母,你是我的丈夫、我的爱人,你是我的主、我的上帝。除了你,我别无所求;除了你,我什么都不想要。你就在我里面,我也在你里面——我就是你,你就是我。"财富会流逝,容颜会凋悴。生命在无常飞逝,权力在远遁他乡。但是,至尊的神性永存,爱也永存。如果说让身体保持一种良好的状态是一种荣耀,那么让灵魂不与躯体一起受苦,则更是一种荣耀,因为,这就是你的"非物质"身份的唯一证明、唯一示范——把物质彻底舍弃。

请牢牢记住永恒的神性,与它保持一种深度的联结。谁会在乎别的什么事将发生呢?关心那些身体,或任何与身体有关的什么会到来吗?请在邪恶的恐惧中学会说:"哦,我的上帝,我的爱!"在死亡的煎熬与剧痛中学会说:"哦,我的上帝,我的爱!"在经历太阳之下的所有邪恶,请仍然能够说出:"哦,我的上帝,我的爱!你在这里,我能够看见你。你与我同在,我可以感觉到你。我是你的,请带我走吧。我不隶属于这个世界,而只是属于你……请不要离开我。"不要为了一枚玻璃的珠子,而离开钻石的矿。而此生是一个巨大的机会。什么!你还在寻找尘世间的快乐吗?上帝就是一切喜乐与幸福的源泉。记得,去追寻那至高的,以至高者为你的目标,你就会抵达那个最高的。

也是在格林纳克,辨喜尊者成了路易斯·G. 简斯博士(Dr. Lewis G. Janes)的朋友。他是格林纳克会议中比较宗教社的理事,也是布鲁克林伦理协会的主席。第二年的秋天,他将会在巴尔的摩和华盛顿讲学。

辨喜尊者在拜访纽约期间,他是朋友们的座上宾,她们大多是都市的富有女士。然而,他在那里还没有开始任何正式的工作。很快,他就开始感到自己的行动受到一些限制。因为,这些朋友几乎很少有人能够理解他所传达之信息的真正含义;她们只是把他当作来自印度异域的新奇人物而感兴趣。

对于她们来讲,辨喜尊者是一个风云人物。她们希望他只与上流社会的"正派人士"交往。但很显然,他在她们的这种支配下感到有些恼火,有一天他叫喊道:"湿婆!湿婆!由富人来创造伟大事业的时代难道还没有过去吗?进行创造的是人类的心灵和大脑,而不是钱袋子。"他想摆脱她们的安排与权势,以便自己能全身心地投入培养一批严肃的学生一起进入性灵的生活中。因为现在的他,已经厌倦了公开的演讲,更愿意默默地塑造个体性的人格。他无法忍受金钱的枷锁,以及随之而来的一切烦恼。他要俭朴地生活,无偿地奉献,就像古时印度的圣人一样。很快,这样的一个机会出现了。

简斯博士邀请辨喜尊者在布鲁克林伦理协会举办了一系列关于印度教的讲座。1894 年 12 月 31 日晚,他进行了第一场讲座。根据《布鲁克林准报》(*Brooklyn Standard*)的报道,当日热情洋溢的听众包括了医生、律师、法官和教师等。众人为他的口才之雄辩而着迷，尊者为印度的宗教所做的辩护与阐明，也令到来的听众如痴如醉。他们不得不承认：辨喜尊者本人，比他遐迩闻名的名气还要伟大得多。① 演讲结束时，他们强烈要求辨喜尊者在布鲁克林开设定期的正式课程。尊者同意了。

于是，尊者在伦理协会举行会议的帕奇大厦开始公开讲座。可以说，正是这几次讲座正式开启了辨喜尊者希望在美国开展的永久性工作。在这片肥沃的土地播撒吠陀真理的种子之隐秘初衷由来已久，如今，正式开始了。

不久之后，几个虽不富有但属于十分认真的学生为辨喜尊者在纽约的一个贫民区租用了一个没有家具的房屋。他居住其中一间，宿舍二楼的一个普通房间用于尊者的演讲与上课。尊者讲课时席地而坐，而越来越多的听众如潮水涌来，大家随意而坐，有坐在梳妆台上面的大理石上、有坐在沙发的扶手上，甚至是放脸盆架的角落里。门是敞开着的，因为过多的人挤满了大厅，有些人只好坐在楼梯上。辨喜尊者，就像一位典型的印度古鲁，感觉自己进入了自己的世界。而学生们忘记了所有的不便，对老师所讲的每一句话都充满了好奇，津津有味。这些话语，都来自辨喜尊者他丰富的个人经历或广博的知识。

在一个星期里面，每天的上午，还有几个晚上的讲座，都是免费的。房屋的租金除了由学生们自愿支付，若是还不抵房租的那一部分赤字，则由辨喜尊者通过自己的某些讲座赚取的钱来解决。

---

① 沃尔多女士回忆道："……那已经是1894年的最后一天了。在伦理协会举行会议的帕奇大厦（Pouch Mansion）里面，尊者的讲演吸引了无数的听众，他们挤满了整个演讲的大厅。他所讲的内容是关于'印度教'（Hinduism）的。那天，他穿着长袍，裹着头巾，阐述了他自己出身的那块土地上的古老宗教。当夜色渐浓，而听众们的兴味却丝毫未减。于是，大家明确地要求尊者在布鲁克林能有他固定的课程。此正是尊者的悲心所系，所以他自然答应了。"译者注。

这些讲座的内容,则大都是关于印度世俗社会的。不久,因为人越来越多,聚会的地点不得不搬到了楼下,占据了整个客厅。

这些时候,他也开始了一些特殊的工作,尊者暗中指导几位被自己选中的弟子,帮助他们研习智慧瑜伽,以澄清他们对吠檀多哲学中最精微部分的认识。同时,他还教他们修习胜王瑜伽,传授给他们一些自我控制、集中定力、静坐冥想的方法。他对自己这些工作的成果甚为满意。他要求这些弟子在饮食方面严格遵守,选择简单的食物,强调了守贞的必要,并警告他们不要追求通灵术与神秘能力。同时,他还通过吠檀多的普遍性教义拓宽了他们的知识视野。每天,他都与这些已经上路的学生一起静坐冥想。他经常会失去对自己身体的意识,就像当年的罗摩克里希纳一样,为此,他必须教给弟子们一些曼陀罗,通过重复这些神圣咒语来让他重新恢复意识,返回到日常世界的认知当中。

大约是在1895年的6月份,辨喜尊者已经完成了他的名著《胜王瑜伽》的写作。这本重要的书吸引了哈佛大学的哲学家威廉·詹姆斯(William James)的注意,后来,随着该书的传播,又激发了远在俄罗斯的大作家列夫·托尔斯泰的兴趣。① 该书是尊者对帕坦伽利《瑜伽经》的翻译与阐述,故在其中加入了尊者的系统解释。尤其是他亲自撰写的导言部分,具有很深的启发性。帕坦

---

① 托尔斯泰知道辨喜尊者,而辨喜尊者似乎不知道托尔斯泰,但那时候辨喜在西方世界已经闻名遐迩,而托尔斯泰对东方世界又有很深的兴趣。罗曼·罗兰在《托尔斯泰传》中写到这么一件遗憾之事:"托尔斯泰的广博的知识,自然是知道他们的。他读过斯瓦米·达耶南陀(Dayananda)的文章。1896年开始,他已醉心于辨喜的各类作品,体味罗摩克里希纳的语录。辨喜于1900年再度漫游欧洲的时候,没有到雅斯纳雅·波良纳去,真是人类的一大不幸。作者对于这两个欧洲与亚洲的伟大的宗教心魂没有尽联合之责,认为是一件无可补赎的憾事。"托尔斯泰晚年还阅读过辨喜的一些记录。比如,在1908年3月10日的日记中,写道:"昨天读了印度人辨喜写的一篇绝妙文章《神与人》,纳日温译。我不清楚的思想,被他给表达得再清楚不过的了。"译者注。

伽利通过这些极其简约的箴言(Sutra),阐述了瑜伽与数论的哲学,指明了瑜伽研习的主要目标,即是为灵魂摆脱物质(即原人摆脱原质)的束缚提供方向。其中,讨论了各种集中注意力,修习禅定的路径。这本书很好地实现了两个目的:其一,辨喜尊者证明了宗教真理与科学真理一样,都是建立在实验、观察和校正的基础之上,因此,真正的性灵体证,不应被视为缺乏理性的依据,而被人们教条式地抛弃;其二,辨喜尊者清晰地解释了各种专注的修习方法,将瑜伽的科学性加以阐明。

不过,尊者也告诫大家,若是没有合格的老师,不应轻率而贸然地进入这些课程的学习。

布鲁克林的沃尔多(S. Ellen Waldo)[1]女士,是辨喜尊者在纽约收下的一位女门徒,也是他当时的课程助手与记录员。她当时是这样描述他创作与口述这本书的方式:

> ……在对这些箴言进行注释时,他会让我在一旁等待,而他自己已经进入了深沉的冥想状态。然后,我就等着他从这种沉思中走出,给我一些具有极大启示性的阐释。此时的我不得不始终将水笔蘸在墨水里面,预备着他的灵感跃出。也许,他会沉入其中,在很长的时间之后,沉默突然被打破,一些急切的表达,一些由沉思而来的精彩教诲,皆从尊者的口中汩汩而出,犹如天启一般。

---

[1] 辨喜尊者在纽约的第一批门徒之一,出身世家名门,是美国著名哲学家爱默生的亲戚。1894年12月31日,她在布鲁克林伦理协会初次听了斯瓦米吉的讲座后非常着迷,此后参加了他在纽约的所有讲座和课程。1896年2月20日她在纽约接受辨喜尊者的梵行灌顶,皈依印度教,法号"哈瑞达思"(Haridasi),其意为"服侍神的仆人"。她帮助辨喜尊者整理了《胜王瑜伽》,还有《千岛语录》的听课记录。在纽约时,她常常为尊者操持家务。她在纽约吠檀多协会的早期运作中,发挥了积极作用。她与F. 莱格特先生合作,负责在美国出版辨喜尊者的书籍。译者注。

这种课程是很费心力的。到了1895年的春末夏初,辨喜尊者已经精疲力竭。而且大量的讲座、私人授课,还有不断增加的信件往来,尤其是《胜王瑜伽》的写作,皆使得他身心俱疲。在异国他乡传播印度文化与宗教的信息,同时按照弃绝的最高理想塑造他个人的生活,这是一项十分艰巨的任务。此

沃尔多(Ellen Waldo,1845—1926)

外,热心但善意的朋友,尤其是女性朋友,也给他带来了一些烦恼。其中,有些建议他去上雄辩滔滔的口才课;有些则劝他穿得更时髦一点,以便影响社会上那些有身份的人参与进来;还有一些,则干脆建议他不要与形形色色的人混在一起,要远离他们。这一切使得辨喜尊者深感疲倦,有时不免会有些愤懑,他说:

> 我为什么要被这些废话束缚住?我只是一个僧人,我已经认识到尘世间的一切都属虚无!我没有时间来修饰我的举止。我找不到足够的时间来徐徐地传递我的信息。我只能按照自己的方式来进行工作。难道要把我拽入你们的传统当中,按照你们一贯的思维模式去适应生活吗?哦,不,我绝不!

于是,他曾有这样的一封书信,写给自己的一位门徒:

> 哦,我多么渴望我衣衫褴褛,渴望我剃光头发,可以睡在菩提树下,能够重新托钵行乞,遍地行脚。

第七章 弘道美国

辨喜尊者需要从这些繁重的工作中调整出来,得到必要的歇息,于是,他接受了他忠实的朋友弗朗西斯·莱格特(Francis H. Leggett)的邀请,来到他在新罕布什尔州的珀西(Percy)举行的夏令营。于是,尊者就可以在寂静的松林中休养。在此期间,他的学生伊丽莎白·杜切尔小姐(Miss Elizabeth Dutcher),即尊者在纽约的学生之一,诚挚地邀请他去她在纽约千岛公园的夏日别墅中度假。这所别墅位于圣劳伦斯河的千岛公园,十分美丽。辨喜尊者很是感动,这两个邀请他都接受了。

关于他在珀西举行的夏令营生活,1895年6月7日,尊者有一封写给朋友的信中有所提及,他说道:"这里充满了希望,它给了我崭新的生命。我一个人可以孤身行走,可以独自走进那深深的密林之中,阅读我至爱的《薄伽梵歌》,我深感身心的愉悦。"

在珀西的短促停留之后,他于6月中旬抵达千岛公园,在那里度过了七周。后来的事实证明,这是他在西方世界生活中最重要的时期之一。

当那些一直在纽约追随尊者课程的学生听说了杜切尔小姐发出邀请,知道了尊者准备去千岛公园的提议后,她们都非常欢喜,因为她们也不希望这些课程受到任何的干扰。辨喜尊者在美国进行了两年公开而广泛的工作之后,他也迫切希望能够塑造个别学生的性灵生活,并能够培养出一个有战斗力的团队,以便将来可以在美国继续展开工作。他在写给一位朋友的信中说,他自己打算用这些课程的材料培养出"几个真正的瑜伽士"。所以,他希望少数能够完全深入精神实践的人,跟随他到千岛公园,他说自己很乐意承认这些人就是自己的门徒。

在这里,一个奇特的巧合是,在夏季的千岛公园静修期间,只有12名弟子接受了辨喜尊者的教导,尽管不是所有人都在那里待满七周。出席人数最多的,也都没有超过10名弟子。玛丽·路易丝夫人（Marie Louise）和兰茨贝格先生两人正是在千岛公园开始了他们的修道生活。前者出生于法国，但现在已加入美国籍，是一位唯物主义和社会主义者，还是一位无所畏惧的具有进步思想的新女性，为各大媒体和讲坛所熟知，她被尊者赐名为阿巴亚南达（Abhayananda）；后者原是一位俄罗斯裔的犹太人，如今是纽约一家著名报社的记者，尊者赐名为克里帕南达（Kripananda）。二者都立下了安贫和守贞的誓言。

尊者在千岛公园（Thousand Island Park），1895年

从很多方面来说，杜切尔小姐的别墅非常切合辨喜尊者的教学目的，这是一个理想的选择。在这里，他向这群最亲近的核心弟子展现出了神圣启迪的光辉、滔滔不绝的辩才，以及深邃无比的智慧。整个生活状态，会让人不禁回想起达克希什瓦的日子，当时，尊者还是一个年轻的大学生纳兰，正在他的古鲁罗摩克里希纳的莲花足下，开启了性灵生活的神秘探索，并且在探索之中吮吸了无数的甘露。

千岛公园，靠近韦尔斯利岛（Wellesley）的西端，在整个圣劳伦斯河流的1 700座岛屿当中，这座岛屿属于第二大岛，是美国风景秀丽的名胜之一。在19世纪的末期，这里是一个相当繁荣的村落。当辨喜尊者抵达的时候，这里也是正统的英国卫理公会（Methodist Christianity）在美国的重要据点。每一个周日的上午，当地的大礼拜堂常常会邀请著名的传道人来主持神职工作，以吸引邻近岛屿的信教者。因为安息日不允许进行任何的世俗活

第七章 弘道美国

《千岛语录》诞生的别墅

动,所以,游客们一般都会在前一天抵达千岛,并在那里露营过夜。在这里,作为夏日胜地是不允许人们公开饮酒、赌博或跳舞等非宗教行为的,认为这都属亵渎神灵之举。所以,通常只有严肃郑重的人,才会愿意去那里度假。

杜切尔小姐的别墅坐落在一座小山坡的高处,山的北面和西面稍稍向着河边倾斜。故而从这里向远方眺望,人们可以看到星罗棋布的岛屿、看到大陆那边的克莱顿镇(Clayton),还有北面的加拿大海岸。夜晚,房屋和旅馆则被中国的灯笼照得通明,十分迷人。

杜切尔小姐是一位艺术家,她直接将自己的别墅建在"岩石"上,四周都是巨大的石头,开满了美丽的鲜花。当时,山脚下的树木还没有长得很高;村里的人们经常会到这座楼的楼顶阳台,纵览无尽绵亘的壮丽河景。

为了邀请尊者的到来,杜切尔小姐又为她的别墅营建了一个新的侧翼。这个新翼,是一座三层楼高的厢房,矗立在陡峭的岩石斜坡上，就像一座巨大的灯塔，它的三面都有窗户。顶部的房间是专门用来给尊者休息的；最底层的房间则住着学生；中间的房间有一扇大窗户，还有几个小房间，几扇门都可以通向房子的主要部分，那是尊者的教室。杜切尔小姐很细心地在辨喜尊者的教室外面再建造了一把楼梯，这样，他就可以自由进出，而且不被其他人发现。

在楼上沿着小屋的西侧延伸出去，就是一个有屋顶的门廊，这些学生与尊者会面，一起聆听他的晚间课程。在靠近他的房间小门的另一端，他会在那里的椅子上坐下来，与这些学生交流谈心，当然，除了说话，也可以一起静坐。①

傍晚时分，整座别墅就沉浸在了一片寂静之中，只有虫鸣和风吹树叶时候的低吟。房子坐落在一片树林间，微风总是能够缓解夏日的炎热。从小屋步行到村落的中心，只需要 5 分钟，但因为周围都是树木，所以外面是看不到整幢房子的。远处，可以看到点缀在河面上的星星点点的许多岛屿，尤其是在傍晚时分，这里就像一幅油画，圣劳伦斯河上的夕阳美得令人窒息，夜晚的月亮，则总是以其绝美的宁静身姿，映照在了闪着亮光的水面上。

---

① 杜切尔小姐是一位虔诚的基督徒。此别墅是她在她的妈妈与姐姐的陪同下，于 1885 年买下来，最初是 4 个房间，上下各两个，后来于 1895 年的夏天增建了房间，且专门为辨喜尊者盖了顶上的一楼，供尊者起居。杜切尔小姐于 1922 年去世，此房间便转售给她的朋友奥蒂斯小姐（Miss Otis），从此，该别墅有一段时间成了许多岛上艺术家的乐园与租赁点。1933—1948 年，这个房子基本上是处于空置状态。应该是在 1947 年的夏天，著名的吠檀多学者，也就是本书的作者斯瓦米·尼基拉南达在戴维森夫人（Mrs. Davidson），还有他两位学生的陪同之下，拜访了这里，发现此处已完全破坏，整个楼房也是摇摇欲坠，里里外外都是混乱不堪，无法使用，外边更是长满了各样的杂草。于是，在获得印度贝鲁尔道院主席维拉迦南达尊者（Swami Virajananda）的同意后，在戴维森夫人等人的帮助之下，在 1948 年的春天，着手进行全面的整修，使整幢房子焕然一新。如今，它已成了辨喜尊者在美国之行最重要的圣地之一。译者注。

在这个"既被世界遗忘,也遗忘了世界"的理想之地,虔诚的学生们与他们敬爱的老师共度了 7 个星期,除了聆听他的智慧之言,也接受他无声的祝福。每次晚饭之后,他们就会立即在楼上的门廊集合。① 很快,辨喜会从他自己的房间里面走出来,在为他准备的座位上就座。通常,他们会在一起度过两个小时,甚至更长的时间。

有一天的晚上,从月亮升起,再到月上中天,最后月落西边的地平线,他和自己心爱的弟子们一起,一直谈到月亮沉落在湖面以下,师徒都没有意识到时间的流逝。在这 7 个星期里面,辨喜尊者全身心投入他的课程当中,而他这段时间的话语,似乎也是受到了神性的灵启。

招待他的女主人杜切尔小姐是一位相当严肃认真的女子,个子虽然矮小,行事却十分谨慎负责,同时,她是一位坚定的卫理公会教徒。当辨喜尊者甫至杜切尔小姐的家中时,他看到墙壁上挂着一幅镶有旋涡形装饰图案的卷轴,上面有一行显眼的粗体字,写着"欢迎辨喜尊者"。但是,随着教学的徐徐展开,杜切尔小姐常常感到痛苦,因为她被辨喜尊者的革命性思想震惊了。她的所有理想、她的宗教观念、她完整的价值世界,对她来讲似乎都在摇摇欲坠,逐渐被摧毁。有时,她甚至两三天都不露面。"你们还不明白吗?"尊者说,"这不是普通的身体不适。这是身心的强烈反应,无法忍受脑海中发生的可怕混乱。"

有一天,辨喜尊者在课堂上对众弟子讲了一些话,杜切尔小姐

---

① 沃尔多女士在 1908 年回忆文章里说:"这楼上的游廊便是我们生活中的重要部分,因为尊者所有晚上的谈话都在这里进行。游廊是宽敞而又隐蔽的。它沿着原来屋子的西南边延伸过来。杜切尔小姐则拥有此游廊的西面,被遮挡物仔细地隔离了起来,因此没有任何的陌生人会打扰到我们的私密授课空间。就在这个与世相隔之地,靠近他的门边,与我们所热爱的导师坐在一起交谈。我们在夜中静静安坐,如饥似渴地吸收着那些启发人心的圣洁词句。"译者注。

对这部分内容有不同意见,于是,思想的冲突就更加激烈了。当时尊者说,"责任的观念,常常犹如炎夏正午的骄阳,灼烧着人类的灵魂。"杜切尔小姐便低声抗议:"难道责任不正是我们所应该承担的吗?"她刚开始张嘴说话,但又没有把话真的说下去。因为这一次,辨喜尊者想让伟大的自由灵魂打破一切的界限,任何人、任何事物胆敢用枷锁来束缚人类的自由灵魂,他都要反对。于是,杜切尔小姐又好几天没有出现。①

一位村落里的小店主在谈到聚集在尊者周围的学生时,他对一位新来打听别墅的人说:"是的,山上住着一群奇怪的人。其中,还有一位外国人模样的先生。"一位16岁的少女和家人住在山坡脚下,有一天,她表示想与辨喜尊者谈谈话。"不要靠近他,"她的母亲十分严厉地说,"他是一个异教徒!"汤姆·米切尔(Tom Mitchell)先生是一位木匠,1948年帮助修复了这一座小屋,建立起罗摩克里希纳-辨喜中心(Ramakrishna-Vivekananda Centre)的岛上精舍,而辨喜尊者的这个住处,最初建立于1895年。他告诉本书的作者说,早在尊者来到这座小岛上之前,他就已经从美国的报纸上读到过他在芝加哥的演讲内容。

起初,学生们想过一种没有仆人的集体生活,故每个人都承担一份日常劳作,彼此分担。然而,几乎所有的学生都不习惯于做家

---

① 克莉丝汀修女后来回忆说:"……好几天没有看到杜切尔小姐了,而我们的教育之进程却一路深入。如果一个人对他的古鲁之奉献足够虔诚,那么这一切都显得不是困难,这就像蛇的蜕皮一样,放弃旧貌,换上新妆。但通常都是这样的,人的旧习与偏见比起一个人的信仰来说,更是顽强,这是一个可怕的,几乎是毁灭性的过程。而我们就参与了整个的课程过程。也许,对于一些印度教的教徒来说,这种教学可能是熟悉的。但它却是被一团火焰、一个权威、一个亲证者亲口说出来,使它听起来像是一些全新的事物。他的讲话似乎拥有一种'权柄'的意味。对我们这些西方人来说,这些更是全新的体验,它似乎是从一个富有光辉之境地,携带着希望的、欢喜的、关于生命的福音,来到了我们中间。宗教不是出于一种信仰,而是出于一种经验。也许,一个人可以阅读到一个陌生的国域,但是,除非他亲自到达过,否则全是虚幻的观念。一切都发生在生命经验的里面。"译者注。

务，觉得做家务很不舒服。结果很有趣，每当随着时间的推移，一种劳作氛围变得过于紧张，有可能会演变成一场灾难时，辨喜尊者就会非常温柔地说："今天，我来为你们做饭。"这时，兰茨贝格先生就会在一旁说："上帝保佑我们！上帝啊，救救我们吧！"他解释说，在纽约，每当尊者做饭时，他——兰茨贝格——就会撕扯自己的头发，因为这意味着之后全屋子里面的每一个盘子都要他来清洗了。几天之后，雇来一位外人帮忙做家务。

第一天上课是在 6 月 19 日，星期三，辨喜尊者开始在千岛公园上课时，学生们还没有全部到齐，他已经一心扑在自己的工作上面，所以，他立即对已经抵达的三四名学生讲课。在一小段时间的冥想之后，他打开了基督教的《约翰福音》，说到既然学生都是基督徒，那么，他就从基督教的经典开始是适宜的。随着课程的展开，他先后讲授了《薄伽梵歌》《奥义书》《吠檀多经》（*Vedanta Sutras*）、《纳兰达经》以及其他的印度文明典籍。

在课程过程中，他从三个方面讨论了吠檀多的思想流派：商羯罗的不二论、罗摩努阇（Ramanujacharya）的限制不二论和摩陀婆的二元论。商羯罗的精微思想对这些弟子来说，似乎稍稍难以理解，而罗摩努阇就成为众人的最爱。辨喜尊者还对这些亲密的弟子详细讲述了罗摩克里希纳、他自己与大师的日常生活，以及他自己与两种倾向的战斗：不信神与不可知论的倾向。他讲述了印度神话中那些取之不尽、用之不竭的故事，以阐释自己课程中展开的深奥思想。

在他的教学中，反复出现的主题就是"亲证神性"。讲着讲着，他就会回到一个最基本、最重要的观点："找到上帝。余者皆不重要。"他反复强调，道德生活是精神生活的基础。没有真实、不害、节制、不偷、洁净和苦行，一个人就不可能具有性灵意义的精神生活。守贞与禁欲的话题总是令他深深激动。他时而在房间里面走来走去,越走越激动,时而在某个人面前突然停下了脚步,就好像没有其他人在场一样。"你还不明白吗,"他会激动地说,"为什么守贞是所有僧侣生活的必要组成部分,所有修道会都要坚持贞洁之道,这是有理由的。因为只有在遵守贞洁誓言的地方,才能产生真正的性灵巨人。你难道还不明白这里面的原因吗?贞洁与性灵之间存在着必然的联系。其秘密就在于,圣人通过祈祷和冥想,将身体中最重要的力量转化为性灵的能量,在印度,这一点很好理解,所有的瑜伽士也都有意识地这样去做。这种被转化出来的能量,就被称为奥佳斯(ojas),储存在人类的大脑当中。它已经从最低的中心,提升到了最高的中心。""……我若被提升,升至彼境,我必将把众人高高举起。"他会很恳切地希望弟子们把这一教诲,当作最珍贵的礼物来接受,这是最宝贵的精神。此外,如果他们不坚守贞洁,就不能成为他的门徒。他要求他们向一种有意识的主体转变。"若求锻造,必赖戒律,"他说,"我需要收获这样的门徒,不需要很多,五六位战士,正值青春年少。"[①]

他时常告诫这些弟子心气要高,需要直追第一义谛,为臻达最高的自由而践行。当这些话语自他灵魂深处迸发出来的时候,众人便感觉到全场氛围之中弥漫了一种强烈的渴望,渴望挣脱身体的束缚,渴望摆脱有辱人格的种种屈辱与堕落。当他触及这种"生命下坠的倾向"时,弟子们就会警觉起来,那超越生死之外的帷幕,仿佛为他们徐徐揭开,他们会十分渴慕那一种使人得荣耀的自由。"自由!自由!"(Azad! Azad!)他喊道,踱来踱去,好像一头困在

[①] 在《千岛语录》中,辨喜尊者的原话是:"……你们难道会不明白这里的理由?罗马的天主教生产了他们伟大的圣者:阿西西的圣弗朗西斯、圣依纳爵·罗耀拉、圣特里萨、两位凯瑟琳,还有许许多多其他的圣徒等。而新教教会却没有产生与他们相同级别的性灵人物。在伟大的性灵与贞洁之间,存在着必然的联系。其理由是,这些男人和女人,他们通过自己的祷告和冥想,将身体里面最强大的力量都转化成了性灵的能量。"译者注。

笼子里的狮子。但是，对他来说，笼子的栅栏不是铁条做成的，而是竹制之物。"这一趟生命之旅，让我们不要再被束缚"，这也是他常常在各种场合所强调的口头语。

这些宝贵的讲话，最初由沃尔多女士记下，后来作为《千岛语录》在南印度出版问世。辨喜尊者的这些弟子将永远感激她的记录，它们如此忠实地保存了尊者的不朽言辞，而这本书的英语书名叫作 Inspired Talks，名字也取得很好，因为这些话语确实很具有启示性，振奋人心。

有一天，沃尔多女士正在向几位晚至别墅的弟子阅读她的笔记内容。当时，尊者在地板上只是踱步，好像对眼前发生的事情无动于衷。然而，待来访者们一一离开了那个房间时，他回转过身来，对着沃尔多女士说道："你怎么能够如此完美地把握住我的思想与用词啊，奇妙啊，我仿佛听到了自己在说话！"

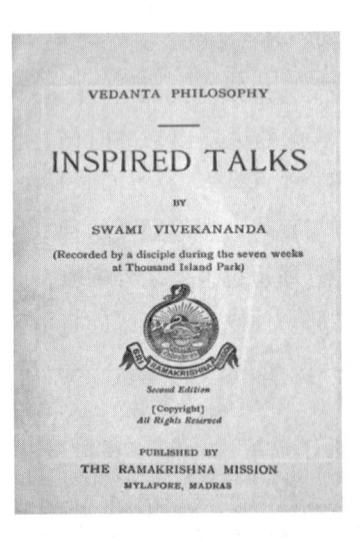

1909 年在南印度马德拉斯问世的首版《千岛语录》

在这 7 周的教学过程当中，尊者始终葆有师者的恳切，同时，温柔可亲。他教育弟子，如同当年罗摩克里希纳在达克希什瓦教导他那样。所有的教导、所有的语言，都是从他的灵魂中喷薄而出，是他自己的精神与自己交流的结果，故而里面倾注了他自己的真实生命。辨喜尊者后来说，他自己在千岛公园时期应该是自己最好的工作状态。他所珍视与表达出来的理念，于随后的岁月当中，在印度本土、在世界各地会渐渐发展成熟，成了各种各样的教育与文化机构。

在此期间，辨喜尊者最大的热情，就是向这些心爱的弟子展示出一条通往解脱的道路。"啊，"有一天，他几乎是带着一些感伤的语气说道，"如果我能够通过触碰，就可以让你们得以解脱，找到自由，那该多好啊！"一次，两个弟子，芬克（Funke）夫人和格林斯泰德小姐，她们是在一个漆黑的雨夜，来到了千岛公园。其中一位说道："如果耶稣活在世上，我们会去找他，请他教导我们。我们来找你，就像我们来找耶稣一样郑重。"他是用那样慈悲的目光盯着她们看，然后，温柔地说道："我若是拥有基督的权柄，我现在就让你们得自由，那该有多好啊！"毫不奇怪，以致沃尔多女士有一天如此惊呼道："我们究竟做了什么，值得所有的这一切？"这里面显然有着某种感人肺腑的力量。其他人也有这样的强烈感受。

人们不得不惊奇于辨喜尊者在千岛公园显示出来的性灵力量，令人十分惊叹。若是单从外表上看，他不过是一个 32 岁的印度青年。他所有的在别墅学习的弟子，除了一人，都比他要年长。然而，这里的每一个人都把他当成父亲一样对待。他的思想达到了令人难以置信的成熟。有人惊叹于他的纯洁，有人惊叹于他的力量，有人惊叹于他的智慧，还有人惊叹于他的宁静，是的，他的宁静，就像深邃的大海一样，不受任何的掌声与蔑视的声浪干扰，总是镇定自若。他是从什么时候获得这些美德的呢，使得他在而立之年，即成为众人的师长？从前面的篇章当中，我们可以看出，他是一个暴风骤雨一般的人，感情激烈奔放，壮志满怀。在早期岁月中，他曾与物质的贫穷、精神的怀疑主义作过斗争。之后，他漫游整个印度，从最北端的喜马拉雅山，到最南端的科摩林角。那些年，他一直在五天竺行脚，彼时，他为印度人民的委屈与苦难而深感愤慨。至于在美国的头两年，他为建立自己作为一名宗教老师的声誉，还不得不与一些恶意的批评展开周旋，时而进行针锋相对的斗争。那么，他究竟是在什么时候获得如此深沉的内在平静和坚定,这秘密之泉是在哪里呢?因为,没有这些品质,再伟大的一位古鲁也无法将自己的精神与性灵传授给弟子。

我们不能忘记,正如罗摩克里希纳说过的那样,辨喜尊者本来就不是一个普通人,他是一位在出生之前就已经完美的人物(Nityasiddha),或者说,是一位神的特殊使者(Isvarakoti),为完成神圣使命而降生人间。他的古鲁(罗摩克里希纳)无声却强大的影响与熏习,始终指引着他在人间的脚步。所以,我们从外在的世界,只能看到他于漂泊岁月中的挣扎和不安,却看不到他通过修行而带来的那种内在变化:纯洁、超然、自制和由冥想所带来的蜕变。没有摩耶的面纱,就不可能有肉身的化现。而在他的身上,这层面纱非常薄。通过几年的性灵奋斗,他的面纱渐渐被撕去了。于是,在千岛公园的这座别墅中,弟子们惊讶地看到那性灵之花所拥有的强烈光彩,它正在有力地绽放,光辉流溢。

在达克希什瓦时期,虽然罗摩克里希纳作为导师,曾向年轻的弟子纳兰加持瑜伽的超自然神力,好为他未来的工作提供帮助,但是,弟子当时拒绝接受这份礼物,认为它们可能会妨碍自己性灵的进步。然而,这些力量最后还是显现出来了,是作为纳兰自身性灵觉悟的自然成果。因此,人们在千岛公园看到他在给弟子们灌顶之前,他先阅读过他们灵魂的深处,并预言他们未来的职业生涯。比如,他知道克莉丝汀修女将会在东方广泛旅行,并会留在印度工作。他解释说,他的预言方法很简单,至少他是这样讲述的。他说自己首先冥想"空"(space)——广阔、蔚蓝、无处不在的空,向各个方向弥漫。于是,当他凝神冥想这个空时,画面就出现了,然后,他对这些画面做出解释,这些解释将预示着相关这个人的未来生活。

甚至在他到达千岛公园之前,辨喜尊者就有这样瑜伽神力的显现。比如,当忙于他的讲课旅程时,常常一周讲12次或14次课,他身心俱感疲惫,如此密集的课程,又无现成的教材,故经常不知道明天他要讲些什么。然后,他就会在夜深人静时分,听到一个声音对他说出他要表达的思想。有时,这声音来自一个遥远的地方,然后越来越近;有时,也像某个人在他面前讲课,而他只要躺在床上聆听;另有一些时候,会出现两个声音,在他跟前争论起来,滔滔不绝,详细讨论各种各样的思想理念,有些内容还是此前他自己也从未意识到或听过想过的,但第二天,他自己就在讲台上说出这些观念来。

这样的事情发生之后,睡在隔壁房间的人时而会在第二天早上问他:"尊者啊,你和谁在一起啊?昨晚和你说话的究竟是谁?我们听到你在大声而热情地说着话,我们都很好奇!"辨喜尊者经常把这些现象解释为灵感,或灵魂的启示。但他否认它们是神迹。

当时,他已经知道了自己的某种力量,比如,通过自己的触碰,可以改变一个人的生命,或者,可以很清晰地看到很远之地发生的一些事情。但是,他本身很少使用这些借由瑜伽获得的神力。多年之后的某一天,师弟图里雅南达尊者进入辨喜的房间,当时尊者正躺在他的床上,而图里雅南达尊者看到的却是一个光团,不是他的肉身。难怪半个世纪之后,当我们在美国行走时,还是会遇到一些男男女女,他们一生当中,仅仅见过辨喜尊者一面,或听过他的讲话声音一次,但多少岁月过去了,尊者亦已离世多年,却仍然对他保持着新鲜如初的记忆,栩栩如生。

但是,千万不要以为尊者在千岛公园没有显示出他那轻松的心情。他总是能够发现弟子们的小怪癖,并在晚餐时调侃,引发阵阵的笑声。在饭桌上,他的一些玩笑总是会令人愉悦捧腹,但从来不讽刺,也没有丝毫的恶意。

其中,来自坎布里奇的赖特博士是一位非常有教养的人物,也是杜切尔别墅的住客之一。他全神贯注地参与了课堂的讨论,以至于在每次讨论结束时,这认真的教授总会这样问老师:"好吧,尊者,归根结底都是这样,不是吗?——我是梵,我就是绝对者。"辨喜尊者就会露出宽容的微笑,温和地回答:"是的,多克(Dockie)①,你是梵,你就是绝对者,就你存在的真正本质而言。"后来,当这位博学的教授来晚了一点时,尊者就带着一丝严肃,但他的眼神暗中又闪现着一点欢快,说道:"哦,梵来了,绝对者终于来了。"

有时他会说:"弟兄们,现在我要为你们做饭了。"他做的饭菜很鲜美,但是,对于西方人的口味来说稍稍辣了一些。弟子们下定决心要吃下去,哪怕会把他们辣坏。饭菜做好后,尊者就会站在门口,手臂上披着一块白色的餐巾,像黑人餐厅的服务员那样,还模仿着他们的叫餐声:"最后一次叫餐啦。开饭喽,再迟就没有了。"每当此际,众弟子会被逗得前仰后合地大笑起来。

有一天,他正在给弟子们讲述悉达和印度女性的故事。其中,有一位女士突然想到一个问题,就问道,"那些美丽的社交界女王在他面前会是什么样子的?尤其是那些精通诱惑艺术的女子,他会怎么看待"。这个想法甚是鲁莽。尊者用他那大大的、严肃的眼睛,平静地看着这位女士,庄重地回答:"如果这个世界上最美丽的女子,她想要失礼地,或者用非女子该有的方式看我一眼,她即刻就会变作一只丑陋的绿色青蛙。当然喽,没有人会喜欢这样的青蛙的!"

终于,辨喜尊者离开千岛公园的日子到来了。这一天是1895年8月7日,星期三。那天早上,他带着芬克夫人和克莉丝汀修女一起,出去散步。他们一起爬了一座小山丘,在山上漫步了大约半英里,那里到处都是荒僻的树林。他们最后坐在一棵低矮的树下。尊者突然对他们说:"现在,我们一起做冥想。就像佛陀坐在菩提树下一样。"很快,他就入定了,一动不动,像一尊铜塑的雕像。一

---

① Dockie,应该是 doctor,指教授,辨喜尊者在这里故意将原英文用一种变音来说,似在调侃。译者注。

场雷雨骤然而至。于是,雷风相薄,大雨倾盆而至,但是,辨喜尊者却丝毫没有反应,他已经彻底遗忘了这个世界。芬克夫人赶快撑起了雨伞,尽可能地保护他不被雨水打湿。当时间渐渐流逝,到了该回家的时候,尊者才慢慢睁开了眼睛,环顾四周,满是歉疚,也不无一丝遗憾的神情,说道:"哦,我再次回到了加尔各答的雨中了!"据说那一天,他在千岛公园体验到了神圣的梵涅槃三摩地。

在大雨中冥想的辨喜画像

晚上 9 点,辨喜尊者登上了开往克莱顿小镇的汽船,他将要在那里搭乘开往纽约的火车。在离开千岛公园时,他回首说道:"我要祝福这个千岛公园。"当汽船驶离,他像孩童一般地欢快起来,向仍然呆呆地站在码头的众弟子们,挥舞着手中的帽子。①

---

① 沃尔多女士在记录《千岛语录》结尾时,说道:"就这样,我们心爱的古鲁之精彩美妙的课堂,在这一天,全部结束了。随后的星期三,他离开千岛公园,回到了纽约的大都会,去继续他那未了的使命。惟余历历晴川,悠悠白云。"全书戛然而止。译者注。

第七章 弘道美国　179

尊者的一些弟子最初以为他要在千岛公园计划成立一个固定的组织。但是，他们错了。他在给一位弟子的信中写道：

> 不是的，我们没有组织，也不想在这里建立任何一种组织。我们每个人都可以独立、可以非常自由地去教学，无论他或她喜欢什么。只要你的内心有这种精神，你就永远不会吸引不到别人……个体性(Individuality)①就是我的无上座右铭。除了培养个体性，我没有任何其他的雄心。我知道的非常少，即便如此，我也会毫无保留地将它们传授出去、分享出去。我坦白自己的无知，我会承认这一点……我是一位桑雅士，一位漫游于人间的托钵僧人。因此，在这个世界上，我只是把自己当作一个仆人，而不是一个主人。

辨喜尊者，这位灵魂的觉醒者，实在是伟岸，他不可能被塞进任何一种狭隘的组织当中。在千岛公园，他还经历了一次独特的内心解脱的体验。他在著名诗歌《桑雅士之歌》(*The Song of the Sannyasin*)中雄辩地表达出了这种体验。② 在那里，他给一位朋友写信道："我是自由的，我的束缚已经被切断，我还需要在乎这一

---

① 辨喜尊者这里所指的个体性(Individuality)有着特殊的含义，它意味着唯一性、独特性，它不是基于比较而来。存在确实给了每一个人以独特的个体性，而Individuality，其实也是整全性，或圆满性，因为它就意味着：生活在(In)神圣性(divinity)之中。译者注。

② 整首诗歌一气呵成，写于千岛公园，是辨喜最著名的诗歌之一，写作的具体时间是1895年7月23日。当时他对这些西方门徒说及弃绝精神时，他回房瞬间写出该诗，代表了辨喜的宗教思想与托钵僧理想，高扬了奉献与弃绝的精神。它与犹太教中的一首"仆人之歌"很相似，来自《以赛亚书》，原文："看啊，我的仆人，我所扶持、所拣选/心里所喜悦的，我已将我的灵赐给他/他必将公理传给外邦/他不喧嚷，不扬声，也不使街上听见他的声音。/压伤的芦苇，他不折断。/将残的灯火，他不吹灭。/他凭真理将公理传开。/他不灰心，也不丧胆，直到他在地上设立公理。"全诗参见[印]斯瓦米·辨喜：《千岛语录》，闻中、江小敏译，商务印书馆2023年版，第220—225页。译者注。

具身体的去留吗？我有一个真理要传授给人们——我，上帝的孩子。给我真理的上帝，他将从世上最勇敢、最优秀的人群中拣选，为我派来一批一批一起工作的人。"

从千岛公园返回城市一个月后，辨喜尊者就乘船前往了欧洲。在开启他人生中重要的新篇章之前，最好先描述一下他在美国的一些有趣经历，尤其是他与一些著名人士的会面。

在美国，有一位大演说家，也是不可知论的思想家，叫罗伯特·英格索尔（Robert Ingersoll）①，他与辨喜尊者曾就宗教和哲学问题进行了多次交谈。英格索尔带着父辈一般的热切关怀，希望这位年轻的思想家不要太轻率地表达自己的观点，因为人们未必会容忍一切与自己相异的宗教思想，他说："如果你 40 年前来这个国家，以这种方式传播你的思想，你就会被绞死，或被活活烧死。即使再晚一些，你也会被人们用石头砸出村庄，落荒而逃。"辨喜尊者感到很是惊讶。但英格索尔没有意识到，这位印度僧侣与他的思想本质是不同的，辨喜其实尊重所有的宗教和先知，他只是想拓宽基督徒们关于基督教的视野。

有一天，他们在讨论时，英格索尔对辨喜尊者说："我相信要充分地利用这个显现出来的世界，要把'橘子榨干'，因为这个世界是我们目前所能够确定的一切。"他通常不轻易涉及上帝、灵魂或来

---

① 美国著名的政治家和演说家，被称为"伟大的不可知论者"。他以人文主义和科学理性主义的精神在美国展开了对《圣经》的理性批判。虽然英格索尔没有受过什么正规教育，但他于 1854 年获得伊利诺伊州律师资格，开始从事律师业务，收入颇丰。在美国内战（1861—1865 年）中服役，他成为一名坚定的共和党人，曾担任伊利诺伊州总检察长（1867—1869 年），并在总统竞选中担任该党发言人。尽管他为自己的政党做出了杰出贡献，但他非正统的宗教观点使得共和党政府不敢任命他进入内阁或担任他所希望的外交职务。英格索尔是全国知名的演讲家。其主要文章有《摩西的一些错误》《我为什么是不可知论者》等。辨喜曾经如此评价："一个伟大的不可知论者、一个非常高尚的人、一个非常善良的人，还是一个绝好的演说家。"译者注。

世,他认为这些都是毫无意义的胡说。"我知道一个比你更好的榨干这一只'世界橘子'的办法,"辨喜尊者回答说,"而且,我从中得到的更多。因为我知道我不会死,所以我从来不着急。因为我知道没有真正的恐惧,所以我很享受这一'挤橘子'的过程。因为我没有责任、没有妻儿与财富的束缚,所以,我可以爱所有的男人和女人。对我来说,每一个人都是上帝。你试着想想,把每一个人都当作上帝来爱的那种巨大幸福吧!按照我的方式来'挤橘子',你会得到每一滴的'橘子汁'!"

据说,英格索尔希望辨喜尊者耐心地对待他的观点,并补充说,"他自己对传统宗教的不懈斗争,已经动摇了人们对神学教义和信条的信仰,这可以帮助辨喜尊者在美国的思想传播的成功铺平道路"。

尼古拉·特斯拉,一直致力于电力领域的探索,是当时美国最伟大的科学家与发明家之一,他曾经听过辨喜尊者对数论哲学(Samkhya)与印度文化中的轮回学说的解释,留下很深刻的印象,尤其是对数论哲学中所表述的物质和能量理论,与现代物理学之间的相似性使他深感震惊。辨喜尊者也结识了威廉·汤姆森爵士(William Thomson,即后来的开尔文勋爵)和赫尔姆霍兹(Helmholtz)教授,西方科学的两位主要代表。莎拉·伯恩哈特(Sarah Bernhardt),法国著名的女演员,曾与辨喜尊者会过面,对他的教导深表钦佩。

著名演说家罗伯特·英格索尔(1833—1899年)

还有艾玛·卡尔弗（Emma Calve）夫人，著名的社交家。① 她将尊者描述为"真正与上帝同行"的人。当时，她是在身心俱疲的情况下来拜访尊者的，整个人看起来十分抑郁、憔悴。辨喜尊者甚至还不知道她的名字，就与之谈论她的烦恼和各种个人问题。很明显，他对这些问题了如指掌，尽管她从未向他或任何人透露过任何此类信息，卡尔弗夫人深感惊讶，辨喜尊者向她保证，并没有人向他谈起过她。"你认为那是必要的吗，尊敬的夫人？"他说，"我阅读你，就像阅读一本打开的书页一样。"他给了她这样的临别忠告："你必须学会舍弃，忘记这一切。重新学习快乐之道。不要将自己默默地沉浸在那种流动的悲伤当中。试着将你的情感转化为一种形式，理解为永恒本体在表达它自身的一种形式。你的精神与性灵的健康需要它，你的人生艺术也需要它。"

卡尔弗夫人后来回忆起来说："我离开他时，深深地被他的话语与人格打动。他似乎清空了我大脑中所有发热发狂的复杂事物，取而代之的，则是他那纯粹、干净而宁静的思想。是的，我再次变得活泼开朗了，在他那强大意志的作用之下，我恢复了往日的活力。他没有使用催眠术，完全没有那种形式。而是他的人格力量，是他目标的纯粹和强烈让人信服。当我对他有了更深入的了解之后，我觉得他似乎能把人从最纷乱的思绪，引向一种最平和宁静的身心状态，这样，人们就能够全神贯注，心灵再无扰动地聆听他的话语。"

同许多人一样，卡尔弗夫人也不能接受吠檀多学说中关于个

---

① 法国歌剧女高音歌唱家，因出演乔治·比才的歌剧《卡门》中的女主角而闻名，长期以来被视为典范之作。她早年在西班牙度过，师从当时最具影响力的声乐教师玛蒂尔德-马尔凯西（Mathilde Marchesi），作为一名出色的演员，在昂布鲁瓦·托马斯（Ambroise Thomas）的《哈姆雷特》（*Hamlet*）中饰演奥菲莉娅。1925年，她退出舞台，开始教书。1940年，出版人生自传《我在每一片天空下歌唱》（*Sous tous les ciels j'ai chanté*）。

人灵魂在最终解脱时,可以完全融入神性的说法。她说:"我无法接受这种想法。我坚持我的个体性——尽管它可能并不重要。我不想融入永恒的统一中。"

辨喜尊者如此答道:

> 有一天,一滴水掉进了浩瀚的大海。当它发现自己掉进了大海,它就开始哭泣和抱怨,就像你一样的想法。大海笑着问这一滴水:"你为什么哭泣呢?"继续说:"我不明白。当你融入我的时候,你就融入了你所有的兄弟姐妹当中,也就是我的其他水滴。你变成了大海本身。如果你想离开我,你只需要乘着太阳的光,升入云端,变成云彩。从那里,你可以再次降落,再化为小水滴,成为对干渴大地的一个祝福。"

辨喜尊者难道不就是这样来解释他自己的个体性吗?在化入人世的躯体之前,他一直沉浸在与绝对者的默契合一之中。然后,他接受了这么一种个体形式,为帮助人类而进行性灵的奋斗。像他这样一个巨大的灵魂,是不会轻易满足于永远沉浸在绝对之境的。其实,这也是古时候佛陀的思想。

在那些杰出的男男女女的陪伴之下,辨喜尊者展现出了他的智慧和性灵的力量。而在他与那些地位卑微者接触时,人们尤其能看到他最具有人性的那一面。

在美国,他经常被一些人当作黑人对待。有一天,他要去一个小镇演讲。刚下火车,接待委员会的人对他表示欢迎;镇上最有名望的人也都站在那里迎接他。这时,一个黑人的搬运工走过来对他说,他早就听说了自己有一位同胞如今已是如何伟大的一个人物,并请求与他握手。辨喜尊者热情地与他握了握手,说:"谢谢你!谢谢,我的兄弟!"他从未对被误认为是黑人而感到不满。

因为这样的错认,他曾多次被拒之门外,尤其是在南方。因为他的皮肤黝黑,一些酒店、理发店或餐厅拒绝他的进入,当尊者向一位西方的弟子讲述这些事情时,弟子忍不住立即就问他,为什么他不直接告诉人们,自己并不是黑人而是印度人呢!

"什么!"尊者答道,看样子有些气愤,"以牺牲他人为代价,从而让自己得到一份尊荣?我来到世上可不是为了这个。"

事实上,辨喜尊者还常常为自己的种族与黝黑的肤色而感到自豪。

"对此,他是轻蔑的,"尼薇迪塔修女写道,"因为他对一切伪人种学,比如某种高贵种族的先天性,一直持有蔑视的态度。有一次,他说,'如果说我要感激我的那些白皮肤的雅利安人祖先;那么,我更要感谢我的黄皮肤的蒙古人祖先;还要感谢我的黑皮肤的黑人祖先。'他对自己的相貌是十分满意的,特别是他所谓的'蒙古式下巴'。他认为,这意味着一种'斗牛犬式的顽强意志',执着于唯一目的的精神标志。有一天,在谈到被认为是雅利安人都有的种族特征时,他不禁感叹道:'你们难道还不明白吗?鞑靼人是所有这些种族的'美酒',为每一个人的血液注入了新的活力和力量!'"

辨喜尊者在美国的一个小镇上,还曾有过一次特别经历。在那里,他遇到了一群大学生,他们在那里的一个牧场里面当牛仔。他们听尊者描述过专注的力量,而且,通过这种力量,一个人可以彻底忘掉整个外在世界的真实存在。于是,他们暗中决定对尊者进行一次考验,同时邀请他来为他们讲一次课。他们放了一个木盆,盆底朝上,作为讲台。尊者开始了他的演讲,很快,他就沉浸在他的主题当中。突然,有人朝他的方向开枪,子弹从他耳边呼啸而过。但辨喜尊者却若无其事地继续讲课。当尊者讲完,这些年轻人已经非常震惊,于是蜂拥而至,到了他的面前,赞叹他是一个真正厉害的好家伙。

在他的讲座和谈话中,辨喜尊者常常显示出一种很好的幽默感。这对他的艰辛生活起到了一定的调节作用。若是没有这种幽默,他的身体很可能会被各种紧张与剧烈的思想压力压垮崩溃。一次,辨喜尊者当时是在明尼阿波利斯上课,一位学生突然问尊者,印度的母亲是否会把她们的孩子扔给河中的鳄鱼。尊者马上答道:"是的,夫人!她们也曾把我扔进去了,但是,就像你们《圣经》传说中的约拿一样,在鱼肚子里面三天三夜①,最后,我又活过来了!"还有一次,一位美国女士对尊者有了一些罗曼蒂克的念想,对他说,"斯瓦米!你是我的罗密欧,我是你的苔丝狄蒙娜!"尊者马上回答道,"夫人,你最好能够好好温习一下你的莎士比亚。"②

如前所述,辨喜尊者与芝加哥的黑尔夫妇,还有他们的两个孩子玛丽和哈丽特、两个侄女伊莎贝尔和麦金利特别友好。他亲切地称黑尔先生为"教父",称黑尔太太为"教母"。他称这些女孩子则为"姐妹们"或"宝贝们"。他们与尊者之间建立了非常甜蜜、非常温暖的一种亲密关系。其中,他与玛丽·黑尔的关系尤其亲近。他曾给她写了很多轻松愉快的信函。在1894年7月26日写给姐妹俩的信中,辨喜尊者如此说道:

---

① 这是《旧约》中的著名故事。约拿是一位先知。最初的使命是去警告尼尼微的人,再不悔改,他们的城就会被毁灭。但尼尼微人是以色列的敌人。约拿不想向他们传道,便上了船,远离尼尼微。约拿在船上时,遇到大风暴,船上的人都很怕会丧生,便向约拿祈求。约拿对水手说因为自己违背使命,他想拯救船上的人,便告诉他们,只要将他丢进海里,风暴就会平息。最后,他们只好把约拿丢进海里。大鱼吞下约拿,风暴就停了,约拿在鱼的肚子里三天三夜。约拿在那段时间里祈祷并悔改。于是,鱼就把约拿吐到干地上。约拿去向尼尼微人传道。尼尼微人悔改,上帝就没有毁灭尼尼微。译者注。
② 这位美国女士显然不了解她所说的两个人物分别来自两部不同的莎士比亚戏剧作品,将两位主人公混在一起谈,故而被尊者调侃。译者注。

现在,请不要让我的信件迷失在圈子之外——我收到了一封美丽的信,是玛丽写给我的一封极其漂亮的信函——看看我是怎么把破折号弄好的——简妮曾教过我所有这些技巧——她能跳、能跑、能玩,能像魔鬼一样说出诅咒的话,还能以每分钟500个词汇的速度说美国俚语——只是她不太关心宗教,或只关心一点点……可恶啊可恶,我忘记了那一切好了——我像鱼一样在海洋里面游来游去,潜水其中——我享受着这一切——哈丽特教我唱的那首"Dans la Plaine"是一首什么鬼歌曲?——糟糕透了——我把它唱给一个法国学者听,他笑个不停,直到那个家伙被我精彩的翻译逗得差点笑翻,——这就是你们教我法语的结果——我告诉你,你们是一群傻瓜和异教徒——你们喘着粗气,就像搁浅的大鱼——我很高兴你们热得咝咝作响(指芝加哥的酷暑)——哦!这里多好,多凉爽——一想到4个老女仆在喘气、咝咝作响、沸腾、煎熬,我就觉得心中凉快百倍。我的心情就会好上100倍——哇哦!……

哦——亲爱的老女仆们,你们有时会瞥见湖面的,在炎热的中午,你就会想要下到湖底去——下去,下去,再下去,再下去——直到凉爽宜人,然后躺在湖底,周围全是凉爽的水——可以静静地躺在那里——无声无息,不说话——偶尔打打瞌睡——不是睡觉哦,而是一种梦幻般的、打瞌睡的、半昏迷的那种幸福——非常像鸦片带来的那种幸福感哦——真好喝,还能喝很多的冰水,上帝保佑我的灵魂吧!——我抽筋了好几回,都快把大象的筋抽坏了。所以,我希望能够远离冷水。

亲爱的,"世纪末"(fin de siecle,法文)的年轻女士们,愿你们都能够得到人生的幸福,这是我,一个印度托钵僧人辨喜一直以来的美好祈祷。

辨喜敬上。①

当人们看到辨喜尊者是如何轻而易举、得心应手地使用美国俚语时，就会意识到，他是多么深地融入了美国精神。而这封信件无疑是一个典型的好例子。正如我们之前所说的那样，尊者也需要这类消遣，以便他从在美国极其严酷而压力重重的现实生活与严肃思考中解脱出来。我们应该还记得，罗摩克里希纳也经常纵情于一些轻松的笑话，以便使他的心灵保持在一种凡人的意识层次上。

正如我们所看到的那样，在宗教议会上取得巨大成功后不久，辨喜尊者就开始给他在印度的门徒写信，向他们介绍他的关于印度复兴的一些计划。他敦促他们开展这种工作，将来在整个印度建立起更好的教育和卫生系统。他也希望为印度创办一本新的杂志，能够在印度同胞中传播吠檀多的普遍真理，使得他们对自己的力量与未来增强信心，找回失去的民族特性。他谆谆告诫自己的门徒一定要特别致力于提高妇女与劳苦大众的地位，没有他们的帮助，印度将永远无法摆脱目前的停滞状态。他把讲课赚得的钱寄给他们，用于信仰、教育与其他的慈善事业。他热情洋溢的信件鼓舞了他们。但是，这些门徒希望他能够早日回国，担任领袖的职务。他们还看到印度的西方基督教传教士对他进行的各种恶意污蔑与传言。然而，辨喜尊者一再地敦促他们要依靠自己。"依靠自己，记得你们要自立！"他在信中写道，"如果你们真的是我的孩子，你们就必须真的无畏，永不止步。你们要像狮子一样。你们必须

---

① 在本段书信中，尊者的原英文信件用了一些美国的俚语，以最幽默的方式在使用它们。译者注。

唤醒印度,提升整个世界的意识层次,促成人们的觉醒。"

关于基督教传教士的批评,他写道:

> 在印度传播的基督教,与我在这里看到的基督教截然不同。你会惊讶地发现,在这个国家,在圣公会、长老会的神职人员中,有我很多可信赖的真挚友人,他们的思想和你们一样宽广、自由、真诚,好像你们生活在自己的信仰中一样。真正有性灵的人,是无处不在的,而且一样地心胸宽广。是他们的爱令他们这样去做。对他们来说,宗教一旦成了一种交易,人们就会被迫变得狭隘、变得小心眼,因为,他们在宗教中就会引入竞争、引入政治的争斗,以及一切自私自利的世俗之道。

所以,他要求自己在印度的信徒千万不要在宗教中掺杂这些思想,要求他们不要理会那些传教士的话语,不管是为他辩护,还是为了反对他。"我将不息劳作,"他如此写道,"我不会停止自己的工作,直到我死去为止。而且,即使在我死后,我也将为这个世界的利益、为世界整体的善而工作。真理比非真理更有分量……它是人格的力量,是纯洁的力量,是真实的力量,一切皆可归于人性。只要我拥有这些品质,你们就完全可以放心,没有一个人能够伤害到我的一根头发。上帝说过,'他们若要试探,他们就必失败'。哦,感谢上帝!"

第八章

授 业 欧 美

有一段时间了，辨喜尊者一直在计划对伦敦的访问。他希望自己将来在强大的大英帝国的首府，能够播撒一些吠檀多思想的种子。而亨利埃塔·穆勒（Henrietta Müller）小姐①已经向他发来了伦敦的诚挚邀请，斯图迪（E. T. Sturdy）②先生则热情邀请尊者

---

① 英国著名的神智学会成员，曾在 1893 年与贝赞特夫人参与于芝加哥举行的世界宗教议会上发言，同时，是一位著名的女权活动家，她利用自己的才能为公共改革服务。创办了英国最早的妇女报纸《妇女便士报》(*The Women's Penny Paper*)，《妇女先驱报》(*The Women's Herald*)。1895 年、1896 年两度邀请辨喜尊者前往英国讲学，1897 年，辨喜回国演讲，《从科伦坡到阿莫拉》(*From Colombo to Almora*)一书在伦敦出版，便由亨利埃塔·穆勒担任编辑。译者注。
② 梵文学者，研究印度教和佛教，也是神智学会的会员。他是布拉瓦茨基夫人组建的这个学会的核心成员之一，属于布拉瓦茨基冥想图谱(HPB's Diagram of Meditation)里面的人物。1895 年，辨喜尊者计划访问伦敦；已经在美国见过他的亨利埃塔·穆勒小姐便向斯图迪先生推荐，于是，他们发出了邀请，希望尊者能够到他在英国的家中做客。1895 年 10 月 22 日，辨喜尊者在王子大厅举办了一场演讲，斯图迪先生就是这次演讲会的主持。后来，两人开始合作，翻译纳兰达的《奉爱箴言》(*Bhakti Aphorisms*)。辨喜尊者在英国逗留了两个月，在离开之前，他安排斯图迪先生在伦敦开课，直到新的斯瓦米从印度到来。辨喜尊者去世几十年之后，斯图迪先生曾在一封书信中提到辨喜尊者说："辨喜尊者离开这个国家已经大约 40 年了，但他留给我的印象，现在还和我向他告别的那一天一样鲜明。我认为这在很大程度上是因为……他身上的一种特殊气质，用梵文的一个词奥佳斯来形容：意味着他的身体里面的力量、阳刚之气，以及巨大的光芒和活力。事实上，他有一种吸引力的人格，这与伟大的宁静有关。无论是走在大街上，还是站在房间里，他始终保持着同样的尊严。他很有幽默感，而且对苦难有发乎本能的同情和怜悯。他是一个迷人的伙伴，能够轻松地融入他所处的任何一种环境之中。我发现，与他接触过的所有阶层的那些受过教育的人，几乎都一致仰慕和钦佩他那与生俱来的高贵气质。（转下页）

居住在他于伦敦的家中。莱格特先生(Francis H. Leggett)也邀请尊者到巴黎做客。

莱格特先生原是纽约的一位富商,辨喜尊者在珀西已经享受到他的款待。他与他熟悉的两位女士(一对亲姐妹),威廉·斯特吉斯夫人(William Sturges)和麦克劳德小姐(Josephine MacLeod)①,曾在去年的冬天参加过尊者在纽约的讲座。他们都被尊者的人格与深刻见解打动,莱格特先生有一天说,这位印度来的尊者是一位具有"伟大思想"的人。辨喜尊者与莱格特先生、两姐妹之间逐渐建立起了亲密信任的关系。斯特吉斯夫人,是一位寡妇,莱格特先生与她订婚了,就在珀西的夏令营上,他们宣布了这一订婚的好消息,并决定在巴黎举行婚礼。莱格特先生郑重邀请辨喜尊者作为他们的证婚人。

这个邀请,与穆勒小姐和斯图迪先生来自伦敦的邀请,几乎是同时到达了辨喜尊者那里,正如他在书信中所描述的那样,这似乎

(接上页)用一句现代的话来说,人们在任何时候都能感觉到他的'神性意识的临在'。在散步时、旅行与闲暇时,他总会流露出一些难以言喻的虔诚之情。作为一名教师,他能敏锐地觉察到求知者理解的困难,并深入浅出地加以阐释,指出解决之道。与此同时,他还能深入研究错综复杂的各种现代思想。我清楚地记得,他曾与时任基尔大学校长的保罗·杜森博士的讨论。他指出了叔本华和冯·哈特曼的错误之处,即他们把自己的哲学建立在一种盲目的意志或无意识之上,而不是建立在普遍心灵的澄明运思之上,因为普遍思想必须先于一切的欲望或意志。遗憾的是,这一错误延续至今,并因为使用了错误的西式术语而使大量的西方心理学的实践终归无效。"译者注。

① 美国上流社会的富家女子,她是辨喜尊者所有美国信徒中最亲近的人,也是最大的恩人之一。她自称"辨喜尊者之友",与自己亲姐姐斯特吉斯夫人一样,都是尊者的亲密朋友和崇拜者。1895年1月29日,她们在纽约的吠檀多协会第一次见到并聆听了尊者的演讲,便认定那一天才是她"真正出生"的日子,算生日,并从此开始计算她的年龄。麦克劳德小姐认识到尊者的话语是"真理",她说:"我听他讲了7年,他讲的对我来说,都是真理!"(《回忆辨喜尊者》)于是,她们姐妹就专门聘请了古德温(J. J. Goodwin)记录辨喜尊者的讲课内容。在尊者早期于西方奋斗的岁月中,她一直鼓励和支持尊者,并积极参与了编写罗摩克里希纳在世界的早期运动史。她的人生故事,可以从追溯辨喜尊者的伟大精神愿景,慢慢转变为现实世界的整个践行的过程。译者注。

是一种"神圣的召唤"。尊者在纽约的朋友们认为,海上航行将对他疲惫的身心大有裨益。此时,尊者也开始预感到自己的生命即将结束的一种征兆。有一天,他甚至说:"我的日子到头了。"但是,意识到自己未完成使命,又使得他忘记了自己的身体。

1895年8月中旬,尊者和莱格特先生就从纽约启程,月底抵达了巴黎。这座法国伟大的都市拥有众多的博物馆、大教堂、修道院、艺术馆与大宫殿,作为欧洲文化的中心,给尊者留下了极深刻而美好的印象。莱格特先生也将他介绍给一些开明的法国人士。

当辨喜尊者抵达伦敦时,受到穆勒小姐和斯图迪先生的热诚欢迎,他们最初已在美国结识。斯图迪先生还曾去印度的喜马拉雅山学习过梵文,并在一定程度上修炼过苦行。

我们可以想象,当辨喜尊者到达伦敦这一座大城时,内心充满的复杂思绪。他也渴望自己在英语世界的帝国堡垒中,考验一下自己的作为印度精神与印度文化阐释者的能力。他当然知道,自己现在还归属于一个臣民的族群,这一族群已经在英帝国的统治下,生活了将近140年。他曾将印度的各种苦难,至少部分地归咎于这种异族的统治。他也很清楚英国的统治阶级在印度的种种傲慢做法。是的,对于他们来说,印度就是一个沉浸在迷信之中的愚昧国家而已。英国人会耐心地听取他引以为豪的祖先们的宗教和哲学遗产吗?他们难道不会认为除了"拿撒勒人"给出的那些伟大的宗教精神,再也出不了别的什么好东西了吗?总之,我们从他的自述中得知,他并不是怀着友好的感情踏上英国的这片土地的。但是,当他的这次短暂访问结束时,他的许多感情已经发生变化。这一点,我们将在下文中再详细描述他当时的特殊感受。

休息了几天之后,辨喜尊者就慢慢展开了他的工作。通过朋友的介绍,他结识了一批可能对他的思想感兴趣的人物;另外,他还抽出部分时间,参观了伦敦的一些历史名胜与古迹。在他抵达后的 3 个星期内,他已经开始最艰苦的劳作。同时,他还开设了一个教学的课程,但是很快,发现整座大厅作为教室的空间已经不足以容纳一批一批新到来的学生。英国报纸对他进行了采访,称他为"印度的瑜伽士"。伊莎贝尔·玛格森夫人(Isabel Margesson)①和其他一些贵族成员,也被尊者所讲述的教义深深吸引。许多受过良好的教育,有成熟思想的人也参加了他的第一次公开讲座;伦敦的一些主要报纸对他的讲座给予了连篇累牍的报道。《英国准报》(Standard)将他的道德地位与拉贾·拉姆莫汉·罗易和柯沙布·森相提并论。而伦敦的《每日纪事报》(London Daily Chronicle)则写道,看到他,听到了他的讲话,就会让人们想起佛陀。甚至,连伦敦正统教会的首脑也对他表示了由衷的赞赏。

但是,辨喜尊者在伦敦最大的收获,其实是玛格丽特·E. 诺布尔小姐(Margaret E. Noble)②。她后来成为尊者的重要门徒,毕生致力于印度的妇女解放与女性教育。同时,她还支持印度的政治自由事业,用她杰出的书写与演讲,激励了许多这方面思想的

---

① 莫蒂默·雷金纳德·玛格森爵士的妻子、霍巴特勋爵的女儿。玛格森夫人是一位才华横溢、极具社会影响力的女士,作为英国著名的女权主义先驱,她为妇女的选举权而奔走,是女权历史上的重要人物之一。译者注。
② 即后来的尼薇迪塔修女,出生于爱尔兰,卒于印度的大吉岭。她是辨喜尊者最重要的追随者之一,并成为促进近代印度的民族意识、统一和走向自由的伟大女性,在印度,她是具有极大影响力的西方人。罗曼·罗兰有一段精彩评论:"玛格丽特·诺布尔完全全地献出了自己,未来将始终把她的法号尼薇迪塔修女与她亲爱的师父的名字连在一起……如同圣克莱尔和圣方济各的名字连在一起……(尽管事实上这位跋扈的斯瓦米远远没有圣方济各那样温顺,他让那些献身于他的人经受彻底的考验,才会接受他们)……下定决心把自己的命运交到斯瓦米手里那年,她 28 岁。他让她去印度,致力于印度女性的教育;他迫使她成为一个印度人,'把她的思想、观念、习惯印度化,甚至让她忘记过去的回忆'。她立下独身之誓,成为印度修道院接受的第一位西方女性……她站在辨喜身边,她保存了他的访谈录,比任何人更多地致力于在西方普及他的形象。"译者注。

第八章 授业欧美

领袖式人物。

玛格丽特小姐，原是塞缪尔·诺布尔(Samuel Noble)的第四个孩子，1867年出生于北爱尔兰。她的祖父和父亲，都是英国卫斯理教会的新教牧师，同时，他们积极参与了爱尔兰人民争取民族自由的政治活动。自幼，玛格丽特小姐就从她的祖母和父亲那里学习《圣经》。但不幸的是，父亲在34岁的盛年就去世了，他对女儿未来的使命似乎早有预感。临终之际，对妻子说的最后一句话，居然是关于玛格丽特的未来，当时他说道："当上帝呼召她时，就让她去吧。她会展翅高飞，会做大事情的。"

完成大学学业之后，玛格丽特在英国湖区的凯西克(Keswick)获得一份教职。在湖区那里，她与高教会派(High Church)①的交往激起了她崇高的宗教情感。接下来，她在拉格比的一家孤儿院任教，与学生们一起从事体力劳作。21岁时，玛格丽特被任命为雷克瑟姆(Wrexham)中学的女校长。这个地方是个大型的矿业中心，她还参与了市镇的福利活动，走访贫民家庭，照看流浪汉和走失者。接下来，她去了切斯特，教一个学员年龄为18岁的女性学习班。在这里，她开始深入研究了裴斯泰洛齐(Pestalozzi)和福禄贝尔(Froebel)的教育体系。最后，她来到了伦敦，那时，正是1895年的金秋，她在伦敦开办了一所自己的学校——罗斯金学校(Ruskin School)，在温布尔登。

大英帝国的首府为玛格丽特小姐提供了无限的实现秘密心愿的机会——政治的、文学的和教育的。在那里，她加入了"自由爱尔兰"的组织，为爱尔兰的地方自治而奋力奔走。她还受到了里彭

---

① 基督新教圣公会的派别之一，与"低教会派"相对。最早于17世纪末开始在圣公会使用；在19世纪因为牛津运动和英国天主教会派的兴起而流传于英国，并被路德宗的瑞典国教会等使用。该派别主张在教义、礼仪和规章上保持天主教的传统，要求维持教会较高的权威地位，因而得名。译者注。

夫人(Lady Ripon)①的高级沙龙的热情接待,在这个沙龙里面,人们经常定期讨论最前沿的艺术和文学。这个沙龙后来慢慢发展为西塞姆俱乐部(Sesame Club),在多佛尔街还设有分部,作家萧伯纳、赫胥黎,以及其他文学和科学界的重要人士常常在那里聚会,讨论各种精英们喜欢的社会话题。玛格丽特小姐一度还成为这个俱乐部的秘书,讲述过关于"儿童心理"和"妇女权利"的内容。因此,在她遇到辨喜尊者之前,她就已经在不知不觉中为其未来在印度的事业活动奠定了基础。

正在这个时候,玛格丽特遭受了一次残酷的打击。因她深深地爱上了一个男子,甚至已经定下了婚期。但另一个女子突然出现,把这个美好的人生计划全盘打乱,这位男子被抢走了。而在几年之前,她即将与之订婚的另一位年轻人,又死于肺结核。这些经历深深地影响了她,于是,她开始对宗教产生了严肃的兴趣。她非常喜欢托马斯·肯皮斯(Thomas à Kempis)②的一句简单的祷文:"你祈求什么,你就将成为什么。(Be what thou prayest to be made)"

有一天,玛格丽特的美术老师埃比尼泽·库克(Ebenezer Cook)对她说:"伊莎贝尔·玛格森夫人要邀请几个朋友去她家,聆听一位叫斯瓦米·辨喜的印度僧人的演讲。你会来吗?"当时,尊者已经成为西塞姆俱乐部成员间时常讨论的话题。斯图迪先生

---

① 里彭侯爵夫人(Marchioness of Ripon),是伦敦著名的沙龙女主人。著名作家奥斯卡·王尔德(Oscar Wilde)曾将自己的剧本《一个无关紧要的女人》献给了她,她在那个时代是耀眼的人物,在英国推广歌剧方面取得了巨大的成功。译者注。
② 基督教神学家,出生于莱茵高地,约 1392 年,前往荷兰德文特,参加一个致力于教育和照顾穷人的团体。在那里,他师从神学家弗洛伦蒂乌斯·拉德温斯(Florentius Radewyns),后于1387 年创建了温德斯海姆教会,这是一个由奥古斯丁教士组成的正统教会,他的著作《模仿基督》(*Imitatio Christi*)一书,是辨喜推崇的一本神学著作。译者注。

和穆勒小姐已经为众人讲述过尊者作为东方的布道者,作为传教士和演说家,孤身一人在新大陆所取得的非凡成就,所以,众人早就有所耳闻。

玛格丽特第一次见到辨喜尊者是在一个星期天的晚上,地点正是在伊莎贝尔夫人的客厅里面,它位于伦敦最时髦的西区。当时,辨喜尊者正在向这一少数人群讲述印度的宗教与哲学。玛格丽特迟到了,是那天最后到达的人。在客厅里面,15个人围坐一圈,鸦雀无声。她稍稍有些紧张,感觉所有人的目光都好像投向了她,当她坐到最前面一张空着的椅子上时,便拢了拢裙子,装作不动声色地坐了下来。尊者正好面对着她坐,在他身后的壁炉里面,燃烧着煤火,偶尔在静谧中发出噼啪声响。她注意到,尊者身材高大、体格健壮,浑身散发着一种深沉而安定的气息。从他温和而高贵的神情中,可以看出他有长期冥想的迹象。她后来写道:"也许,拉斐尔为西斯廷教堂创作祭坛画时,在壁画上画出的圣婴眉宇间的气息,已经为我们描绘出了这种神情来。"

辨喜尊者带着温和的微笑,看着伊莎贝尔夫人。当时她说:"斯瓦米,我们所有的朋友都到齐了,现在我们可以开始了。"他就吟诵了几句梵文的箴言诗。他悦耳悠扬的声音,给玛格丽特小姐留下了深刻的印象。她听到辨喜尊者说:"我们所有的奋斗都是为了自由。我们的生命追求,肯定不是痛苦,但也不是幸福,而是自由。是的,本质上只有自由,再无别物。"

起初,玛格丽特小姐很难接受辨喜尊者的这种革命性观念。但是,在他离开伦敦之前,她已经开始称呼他为"大师"(Master)了。

1904年,当回忆起在伦敦西区的初次见面,以及对她人生的决定性影响,后来成为印度教修女的玛格丽特在写给一位朋友的信中,如此说道:

设想那次尊者若没有来伦敦的话,生活将会是怎样一个无尽的梦!因为我一直都知道我似乎在等待着什么。我总是告诉自己,会有一个使命与召唤。结果,真的就发生了。但是,如果我对生活有更多的了解,也许我反而会怀疑这一切,比如,我是否能够清楚地意识到这个时机,是否一定就能把眼前的那一切认出,并且相信?幸运的是,我知之甚少,免于这种两难的折磨……我的内心总是有一种热切的声音,却无从表达。我常常坐下来,拿着笔,试图想写点什么,却又无话可写,归于沉默!至今仍是如此。是的,我当然适合这个世界,我的世界也固然需要我,只是我等待着,准备着。箭已上弦。但是,如果他没有出现!如果他一直在喜马拉雅山的山林中冥想!……就我个人而言,我永远不会真的出现在印度这里。

很快,辨喜尊者和斯图迪先生开始了对圣者纳兰达的《奉爱箴言》的英文翻译。也是在这个时候,尊者的内心萌生了一个想法,即宗教如果没有组织、没有仪式仪轨,它就不可能对人们产生永久性的影响。他意识到,一个松散的哲学体系很快就会失去对人们的持久吸引力。因此,他认为很有必要在《奥义书》真理的基础上,制定出一些仪式来,这些仪式将为一个人的一生,即从出生到死亡服务,从

在英国讲学期间的辨喜

第八章 授业欧美

而该仪式,将为最终亲证至高无上的"绝对者"而做必要的情感准备。①

辨喜尊者这次在英国逗留的时间不长。但是,他的洞察力却使他能够相当精准地去评价英国特性。1895年11月18日,他在给一位信徒的信中写道:

> 在英国,我的工作卓有成效。我自己都为之惊讶了。英国人通常不怎么在报纸上说话,但他们总是在默默工作着。我确信自己在英国做的事情,比美国还要有成果。

在11月13日,尊者写给在印度的一位同门师兄弟的信中,还对于英美人的特性做了一些对比,他说道:

> 在这个国家,每一项新事业的起步,都需要一些时间。但是,一旦约翰牛(John Bull)着手做一件事,就绝不会松手。美国人做事反应很快,但是,他们有点像是着了火的稻草,随时可能会熄灭掉。

彼时,尊者不断收到美国门徒的信函,请求他早日回去。

---

① 1886年,导师罗摩克里希纳去世之后,辨喜尊者就意识到创建僧团的意义,这一点与佛陀的精神很相似,与辨喜传播印度教的同时,佛教的思想也通过世界宗教议会开始在欧美世界传播。其中,1894年在美国芝加哥出版的《佛陀的福音》(The Gospel of Buddha,材料来自上座部佛教),作者保罗·卡卢斯是辨喜尊者的朋友,他在书中专门引用了辨喜尊者的话,也提到了佛陀僧团的特殊价值:"我将信靠团体:佛弟子的团体指导我们如何过正义的生活;佛弟子的团体教给我们怎样锻炼忠诚和公义;佛弟子的团体向我们展示如何践行真理。他们在善和爱中结成兄弟般的情谊,他们的圣人值得尊重;佛弟子的团体是一个圣洁的兄弟团体,人们在其中紧密联结在一起,团体要求人们正直并行善。因此我将信靠团体。"这里,辨喜尊者甚至有更加久远的考虑,那就是如何将这个僧团,作为亲证真理、亲证绝对者的有力之信仰组织,他就思考到了仪式仪轨的价值。译者注。

其中，一位来自波士顿的富有女士承诺，整个冬天都会来支持他在纽约的工作。于是，在离开英国之前，他安排了斯图迪先生在伦敦继续开课，直到来自印度的新斯瓦米抵达这里。因为他一直在写信，给巴拉那戈尔修道院的同门，询问在他们之间，是否能够派遣一位斯瓦米来，以满足辨喜尊者的工作需要。

1895年12月6日，辨喜尊者在英国逗留了两个月之后，启程返回纽约。当时，他身体甚为健康，精神饱满，状况颇佳。在他离开奔赴国外期间，他的美国弟子克里帕南达（Kripananda）、阿巴亚南达（Abhayananda）和沃尔多女士，已经从实践和理论两个方面在教授《胜王瑜伽》的课程了。

他与克里帕南达一起住进了一个新的居所，其中有两个宽敞的房间，大的那一间可以容纳一百五十来人。辨喜尊者立即投入工作当中，在这里，他举办了关于以"行动"（Karma）为主题，"作为一种性灵训练之道"的系列讲座。这些讲座被认为是他最好的讲座之一，最后形成了尊者的那部具有世界性影响的名著《行动瑜伽》（Karma Yoga）。在此期间，尊者的门徒一直觉得需要一名速记员来记录他在课堂和公共讲坛上的演讲内容。因为最初没有速记员，他的许多珍贵演讲已经遗失，再无法复原。幸运的是，这次有一位名叫古德温的英国人出现了。起初，古德温只是一名职业的速记员，但没过几天，他就被辨喜尊者的生活和传递出来的信息深深感染，就成了他的入室弟子，并愿意终身免费提供这种服务。于是，古德温如影随形地跟随着尊者在美国、欧洲和印度各地奔走起来。正是因为有了他，辨喜尊者的

辨喜的西方弟子古德温

许许多多的公开言论才得以保存下来，而这些言论现已出版成书。所以，古德温也因此赢得了无数男男女女永久性的感激。

1895年的圣诞节，辨喜尊者在莱格特夫妇的乡间别墅里奇利庄园(Ridgely Manor)度过。他经常去那里，以便从纽约的繁杂艰辛的工作中可以有一小憩。即使在那里，他也会发表一些高质量的性灵演讲，这一点我们从以下一段莱格特先生写给麦克劳德小姐的书信之节选即可得知。时间是1896年1月10日：

> 在里奇利庄园，有一个重要的夜晚，我们所有人都被尊者的雄辩口才迷住了。我从未听过一个凡人可以表达出这样的思想——他说了两个半小时，我们所有人都深受感染。我愿意花一百美元购买一份他讲话的记录稿。辨喜尊者给我的启发之大，是我前所未见的，甚至不会再有。他很快就要离开我们，也许我们再也见不到他了，但他会在我们所有人的心中留下难以磨灭的印象，有此一印象，让我们在尘世的生涯结束之际，仍能深感欣慰。

辨喜尊者作为奥勒·布尔(Ole Bull)夫人①的客人短暂访问

---

① 挪威著名小提琴家奥勒·布尔的妻子。奥勒·布尔1880年去世后，她住在马萨诸塞州坎布里奇市布拉特尔街168号的家中。这所房子有一个大厅堂，是布尔夫人发起的著名剑桥沙龙的举办地——就当时的科学、艺术、宗教、哲学、音乐和其他学习领域的研究课题，举办各种讲座和课程。著名学者和知识分子都在这里发言，自由讨论最有争议的时代话题。1894年的年中，布尔夫人与辨喜尊者第一次接触，"只要他愿意，她就把自己的房子让给他，并承诺继续提供一切的经济支持"。1894年10月2日，斯瓦米第一次到她家"休息和写作"；1894年12月5日，应邀前来演讲和授课。应布尔夫人的请求，辨喜到席的女士们发表了题为"印度女性的理想"的著名演讲，并在演讲结束时向自己的母亲致敬。女士们深受感动，便联名给加尔各答的尊者母亲寄去了一封圣诞贺信，信中附有一幅圣母马利亚与耶稣圣婴的合影，详情见后文叙述。可以说，辨喜尊者对她的首次拜访，即是布尔夫人之人生的转折点，她开始把尊者视为自己的儿子，同时，尊崇他为自己的精神（转下页）

波士顿之后，就在纽约的哈德门大厅（Hardeman Hall）、公民教堂（People's Church），以及麦迪逊广场花园（Madison Square Garden）开始了一系列公开的演讲。其中，在麦迪逊广场花园里的演讲规模最大，那里可以容纳1 500人。在这里，他发表了著名的关于"爱，作为一种性灵训练"的演讲，该内容后来即以《奉爱瑜伽》(*Bhakti Yoga*，巴克提瑜伽)为名出版。尊者的演讲和人格力量在各大报纸上好评如潮。在这里，他还接受了史具特博士（Dr. Street）为皈依门徒，赐法名为"尤迦南达"（Yogananda），史具特博士从此开始了修道生涯。

艾拉·惠勒·威尔科克斯女士（Ella Wheeler Wilcox）是美国新思想运动（New Thought Movement）的创始人之一，她对辨喜尊者的教导给予了高度的评价。最初，她和她的丈夫去听他讲课纯然是出于一种好奇，然而，后来发生的事情却令她大为震动，此处，我们可以援用她自己的话来讲述：

布尔夫人

> 在我们抵达前，讲演已经进行10分钟了。没待上几分钟，就有一种神奇的感觉在发生，我们感觉自己就像被提升到了一种极为纯粹、极为有力、极为美妙的境地，我们着魔一般坐在那里，如痴如醉，几乎是屏息聆听，当讲座结束，我们几乎

(接上页)导师。辨喜尊者从她那里得到了许多宝贵的道德、知识和经济的援助，这些馈赠帮助他建立了纽约的吠檀多协会。为了帮助辨喜尊者的事业，布尔夫人还曾三次造访印度，直至1910年病逝为止。辨喜尊者如此评价："她是一位圣人，一位真正的圣人。了解她，就是朝圣！"译者注。

都是带着一种新的勇气、新的希望、新的力量、新的信仰走出来的,去面对生活中的一切无常,那日复一日令人时常倦怠与琐琐碎碎的一切……

要知道,那是一个可怕的金融灾难的冬天,银行倒闭、股票下跌,就像破碎的气球一样,经商者们都跌进了绝望的深渊,整个世界似乎都要倒塌了。有时,在经历了担忧和焦虑的不眠之夜后,我的丈夫就会和我一起去聆听尊者的演讲,然后他就会从冬日的阴霾中走出,并沿街微笑,说道:"没事了,真的没有什么需要担心的。"然后我就会带着同样已经振奋起来的心情与开阔的视野,回到我自己的工作和生活中去……

"我不是来让你们接受新的信仰,"他说,"我要你们保持原来的信仰,我要让循理会信徒(methodist)成为更好的循理会信徒,长老会教友(presbyterian)成为更好的长老会教友,唯一神教派教徒(unitarian)成为更好的唯一神教派教徒。我要教会你们活出真理,要启示出你们内在的灵魂之光亮。"他把信息带给人们,给事功者以力量,给妇女们以思想,给艺术家以灵感,让妻子和母亲、丈夫和父亲对生活的责任有了更深刻、更神圣的理解。

结束了在纽约的工作之后,辨喜尊者就在古德温的陪同之下前往底特律。他在底特律的演讲主题仍然是"巴克提"(bhakti),即对神的爱。当时,他的内心充满了这种巴克提之情。一种神圣的疯狂似乎占据了他,这些时候,他的心灵仿佛要被对神圣母亲之爱的饥渴撑破了。他最后一次公开演讲是在贝塞尔教会(Temple Beth-El),这里的拉比路易斯·格罗斯曼(Louis Grossman)是辨喜尊者狂热的崇拜者;他也是这座神殿的负责人。那一次,尊者似乎是给全场听众施了魔法,迷住了所有的听众。

"我从未见过尊者像那天晚上这样,"芬克夫人说,"在他的那种美妙言辞中,似乎有一种不属于尘世的东西。性灵几乎要彻底冲破了肉身的束缚,就是在那时,我看到了尊者提前离席的预兆。多年的过度劳累,早就让他疲惫不堪,甚至在那时我们就可以看出,他在这个世界上活不了多久了。我试图闭上自己的眼睛,不去思考它。但我的心里是知道这一真相的。是的,他需要休息;但是,他觉得自己必须继续这样做下去……"

辨喜尊者一次又一次地遥想时间的流逝。此时,他经常会说:"哦,身体是一种多么可怕的束缚啊!"或者也会这么说:"我多么希望能够永久地隐藏自己!"他在印度漫游时,随身携带的笔记本上就有这样几句话:"现在,我要找一个安静的角落,静静地躺在那里,然后静静地离世!"

他在给一位朋友的信中,也曾引用了这些话,说道:

> 然而,这一切的业力结构依然存在。我希望我现在已经把它们解开了。我曾在那些幼稚的人生梦境中做这事做那事,如今看来似乎全是一种幻觉。我正在慢慢摆脱它们的束缚……也许,这些疯狂的梦想,就是为了把我带到这个国家的必要条件。我感谢上帝,是他特意地赐予我这样一段经历。

1896年3月25日,他在哈佛大学哲学系的研究生面前发表了著名的演讲"吠檀多哲学"。他的这次演讲给这里的学术界留下了深刻的印象,以至于哈佛大学有意邀请他担任东方哲学的教席。后来,哥伦比亚大学也向他发出了类似的邀请。但他都拒绝了,拒绝这两个邀请的理由是:自己身为一名托钵僧,不宜担任任何一种世俗的职务。

1894年,辨喜尊者已经在纽约建立了"吠檀多协会"(Vedanta

Society），这是一个非宗派的组织，旨在弘扬吠檀多思想的普遍性原则。1896年，该协会的组织更加趋于完善。而宽容和普遍性，就是其座右铭。其成员一般被人们称为"吠檀多修士"（Vedantins）。

与此同时，辨喜尊者的伟大著作《胜王瑜伽》《奉爱瑜伽》和《行动瑜伽》也纷纷出版，受到了美国国内的许多有识之士的广泛关注与推崇。辨喜尊者将在一个健全、普遍、道德与理性的基础上，重新组织印度教，这一点他看得很重，以便吸引世界各国严肃的思想家一起研习。他希望按照现代科学的方法重新诠释印度教的古老观念，比如，灵魂、神性、宇宙、物质，以及物质与能量的关系，等等。

此外，他还想将《奥义书》中明显矛盾的段落进行分类，比如二元论、有条件的非二元论和绝对的非二元论，并说明它们最终的和谐之道。为了实现这一目标，他请自己在印度的信徒们将《奥义书》和《梵经》，连同主要的大阿阇黎们的注释，以及吠陀经中的《梵书》部分和《往世书》（Puranas）寄给他。他自己也想借此撰写一部人类在新的时代的《新合约》（Maximum Testamentum），他认为需要这样一部普世的福音书，以便将印度教的思想，译成西方的语言。1896年2月17日，他在写给一位弟子的信中，袒露了自己的这一目的：

> 将印度的思想汇入英语的世界，然后从枯燥的哲学、错综复杂的神话与怪异的心理学中，创造出一种轻松、简约、通俗而又能够符合最高理想之要求的宗教，这是一项只有尝试过的人才能理解其重要性的任务。
>
> 让抽象的不二论思想成为人们日常生活中富有诗意的生活；从令人困惑的瑜伽学说中，必须产生出最科学、最具有实践价值的心理学。而所有这一切，都必须以一种连孩子都能

够理解的语言形式呈现出来。这就是我一生的工作与使命。但只有上帝才知道我究竟会做到什么程度。因为确实，我们有权工作，但无权享受工作的成果。

辨喜尊者一直希望东西方的思想能够健康地交流；这也是在纽约建立吠檀多协会的目标之一。他认为，需要在这两个世界之间建立起重要的、持久性的交流中心，"这就像一扇敞开的大门，东西方文化可以在其中自由往来，而不会产生丝毫的陌生感，就像从一个家到另一个家串门一样自然"。他已经想到，待时机合适，就把他的一些同门或弟子派到美国去，作为吠檀多思想的传播者。他还希望让自己在美国和英国的一些弟子来印度传授西方的科学、工业、技术、经济学、应用社会学，以及其他印度人所匮乏的实用知识，印度需要这些知识来改善他们的社会状况，提高人们的生活水准。他经常向他的美国弟子们讲述他的宏愿，即东西方之间的分界线将被消除。在英国，他写信给同门萨拉达南达尊者（Swami Saradananda），希望他能够做好来西方弘道的准备。

1896 年的春天，从英国寄来的各种信件已经纷至沓来，都在请求辨喜尊者再回到那里，继续他的思想讲演。尊者认为有必要集中精力，可以在伦敦和纽约这两个西方世界的大都市开展工作。因此，他与沃尔多小姐，还有其他几位已经具足资格的弟子做了一些安排，在他离开美国期间，继续他们已经展开的工作。而莱格特先生被任命为吠檀多协会的会长。

同时，辨喜尊者不断收到印度朋友的来信，恳请他早日返乡，回到印度。他说他会尽快回去。但他鼓励他们自己需要先行组织一些工作，并警告他们不要围绕罗摩克里希纳而形成任何一种新的个人崇拜式的宗教形式，对尊者来说，罗摩克里希纳乃是印度的永恒原则之化身。1896 年 4 月 14 日，他写信给印度：

罗摩克里希纳是无上天鹅，是神——诸如此类的说法——在这样的国家是行不通的。M① 有把这些东西塞进每个人喉咙的倾向；但是，这只会使我们的思想运动成为一个小教派。你们要与这种企图保持一定的距离。

　　与此同时，如果人们愿意把他当作神来崇拜，没有害处。然而，既不要鼓励，也不要阻止。大众永远要的是人格化的神灵，高尚的人要的是非人格化的原则。我们希望两者兼得。但原则是永恒的、普遍的，而不是人格化的神。因此，要坚持罗摩克里希纳所教导给我们的原则，而不是崇拜个人，但可以让人们随心所欲地去想象他是一个怎样的人或神好了。

　　现在，辨喜尊者做出了明确的安排，将于4月15日启程，前往伦敦，并在那里实施他的工作，完成计划之后，他将乘船，返回他的祖国印度。

　　了解辨喜尊者生平的读者应该很清楚，他一直都是在巨大的压力之下工作的。当然，他也会把为数不多的闲暇花在娱乐与玩笑上面。他会读一本叫作《笨拙》(PUNCH，又译笨趣、喷趣等)或其他类似的漫画杂志，常常笑得眼泪顺着脸颊滚落下来。比如，他还喜欢讲一个基督教的传教士被派去向食人族传教的故事。新来的传教士走到部落的首领面前，问他："你觉得我的前任怎么样？"食人族咂着嘴巴回答说："嗯，好吃，简直太——美——味——了

---

① M，指的是摩亨佐纳特·格塔(Mahendranath Gupta)，孟加拉人。他于1882年与罗摩克里希纳在加尔各答郊外的迦梨神庙相遇，成为他重要的家居者弟子。从此，他做大量的笔记，记录大师的言行，并主动将自己消融，在书中他将自己的名字掩去，他称呼自己为M，以完全的第三人称来表达。后来，他出版了这部重要著作《室利·罗摩克里希纳福音书》。译者注。

(de-li-cious)!"

另一个故事也是尊者喜欢引用的,那讲的是一个"黑人"牧师在解释创世的时候,他大声地向他的会众说道:"你们看,上帝在制造亚当,他是用泥巴制造的。造好之后,他就把亚当放在篱笆上晾干。然后……"

"等等,尊敬的牧师!"一位博学的听众突然喊道,"这篱笆是怎么一回事?这篱笆又是谁制造的?"

黑人牧师高声地回答道:"你听好了,山姆·琼斯。别问这种蠢问题。你会把所有的神学都砸烂了的(You'll be a smashin' up all theology)!"

作为一种放松的方式,他也经常会在朋友家中做一些印度菜。在这种情况下,他会从口袋里拿出一小包磨得很细的香料、精制的辣椒。他会做一些辣菜,而他的西方弟子们不辣得直吐舌头是吃不下去的。毫无疑问,这些菜肴颇能舒缓他紧张的情绪,是对他性情所好的一个安慰。

但是,辨喜尊者的脑子里一直在涌动着一些新的想法。他非常想建造一座"普世圣殿",让所有信仰的人都能够聚集在那里,通过"唵"(OM)这个符号来崇拜神性,因为这个声音,代表着无差别的绝对者。另一次,在1895年的年初,他写信给布尔夫人,说要在卡茨基尔山脉购买108英亩的土地,他的学生们将在那里建造营地,在暑假期间,能够让众人一起进行冥想和其他性灵修行的实践。

这里还可以讲述一件发生在1894年的感人往事;它表明了当时的麻省坎布里奇市的一些女士对辨喜尊者和他母亲的崇高敬意。那一天,尊者向众人讲述了"印度妇女的理想",特别强调了在印度那些为母者的理想。她们深受感动。于是,在接下来的圣诞节,她们给辨喜尊者在印度的母亲,寄去了一封信,一幅画。画的

第八章 授业欧美　207

内容是圣母马利亚与膝头上的圣婴耶稣,是十分美丽的一幅画像。他们在信中写道:

> 在这个圣诞节期间,当我们欢庆圣母马利亚的儿子来到这个世界上的时候,并为之欢欣鼓舞,这似乎也是我们另一种鲜活的缅怀方式。那就是您的儿子来到了我们中间。现在,我们要向您致以崇高的问候。他为我们中间的男人、妇女和孩童提供了最慷慨的服务,就在前几天,他还向我们发表了关于印度母爱的理想演讲,他将这些服务都置放在了您的莲花足下。他对母亲的崇拜与奉爱,也将激励和鼓舞所有听过他演讲的人。

辨喜尊者时常向他的弟子们讲述他母亲出色的自制力,以及有一次她是如何连续14天不进食的。他承认,母亲的品格一直在激励着他的生活和工作。

他的西方弟子们对尊者的爱戴和崇拜之情,怎么形容都不算过分。有些人称他为"天生高贵的僧侣"(lordly monk),有些人称他为"大贵族"(grand seigneur)。莱格特夫人说,在她所有的人生经历中,她只遇到过两位人物,既能让人感到完全自在,而又丝毫不丧失他们自身尊严,辨喜尊者就是其中之一。尼薇迪塔修女曾经因他的思想敏慧,将他比作哲学界的"柏拉图",因布道的直言不讳,无畏坦诚,又将他比作宗教界的著名修士——萨佛纳罗拉(Girolamo Savonarola)①。哈佛大学的威廉·詹姆斯则称他为"大师"(Master),并在《宗教经验之种种》(*The Varieties of Religious*

---

① 15世纪意大利改革教会者,多明我会著名修士,佛罗伦萨宗教改革家,从1494—1498年担任佛罗伦萨的精神和世俗领袖。他的布道往往直接针对当时的教皇亚历山大六世以及美第奇家族。译者注。

Experience)这一名著中,称他为"吠檀多思想的典范"。

辨喜尊者甫抵伦敦时,已经有一个重大惊喜在等待着他。因为同门师弟萨拉达南达尊者已经先行抵达了伦敦,并作为斯图迪先生的客人,下榻在他的家中。两位斯瓦米已经很久没有见面了。萨拉达南达尊者将位于达克希什瓦附近的阿兰巴扎尔修道院的情况,师门那些兄弟的所有别后消息,以及他们在印度展开的各项事业与活动,都一一告诉了辨喜尊者。毫无疑问,这是一个非常开心的时刻。

很快,辨喜尊者就进入旋风一般的行动当中。从5月初开始,他每周要上5堂课程,周五还有一节公开讨论课。他在皮卡迪利(Piccadilly)皇家水彩画院的一个画廊,又举办了3场周日系列讲座,还在王子大厅和安妮·贝赞特的小屋举办讲座。此外,尊者还在许多俱乐部、教育机构和私人画室发表公开演讲。他的听众大多是知识分子和具有严肃思考力的人群。他所做的著名演讲,包含了吠檀多思想精髓的关于"智慧瑜伽"的那些演讲,大部分就是在英国进行的。威伯福斯教士(Canon Wilberforce)为表示敬意,还特意为尊者举行了一次招待会,邀请了许多杰出人士参加。

其中,有一次聚会,当辨喜尊者的演讲结束时,一位白发苍苍的知名哲学家对尊者说:"您讲得很精彩,先生,但您告诉我们的,无一是新鲜的!"

辨喜尊者回答得很快,也很干脆:

> 是的,先生,与无从记忆的山脉的年龄一样,我所告诉你的真理,它也一样古老,与人类一样古老、与创世一样古老、与万能的神一样古老。如果我用这样的语言告诉你,能让你思考,让你实践,难道我说得还不够好吗?

第八章 授业欧美

话音刚落,全场响起了热烈的掌声。

辨喜尊者总是言思敏捷,对答如流。在一次提问环节,站起来一位苏格兰人,他问道:"在印度绅士(baboo)和原始狒狒(baboon)之间有何区别?"①"哦,没多大区别,"尊者立刻回应道,"就像一个醉鬼(sot)和苏格兰人(Scot)之间的那点区别一样——只是一个字母之别。"

在英国的一次公开演讲中,辨喜尊者向他的古鲁(罗摩克里希纳)致以最动人的敬意。他说,自己所云,没有一句属于自己的话,没有一个属于自己的微不足道的想法;他说的一切,所做的每一件事情,为这个世界为他人所做的全部,都来自那个唯一的源泉,来自那个纯洁的灵魂,来自那个无穷的灵感,来自"在我深爱的印度,他已经解开了这个巨大的秘密,并把这个秘密毫不吝啬地赐予了所有人,慷慨如同神一般的富足"的大师。尊者的自我彻底被忘记,被他自己无视了,"我就是我,我的一切都要归功于他。如果在我身上或我的言语中,有任何美好、真实和永恒的东西,那都是从他的口中、他的心中、他的灵魂中产生与孕育出来的果实。罗摩克里希纳是这个地球上这一阶段的宗教生活、宗教灵感和宗教活动的鲜活源泉。如果我能向世人展示我的古鲁的一瞥,我这一生就算没有白白活过。不再生活于徒劳无益的虚无当中"②。

---

① 在北印度,"baboo"一词用于男子名字的末尾,以示尊敬。这有一点像英语中,绅士名字前的"Mr."一样。提问者显然是在很不礼貌地取笑辨喜尊者。原注。
② 辨喜尊者一辈子感激罗摩克里希纳对自己的这种引导。他早年因深受激进的梵社改革派的影响,对印度自古以来的崇神风俗极为不满,而圣者罗摩克里希纳却是当时母神庙的祭司,极为虔诚的信徒。辨喜曾说:"在我们所有经论中对于偶像的外表崇拜俱被描述为低等崇拜中最低的仪式,但这并不意味着这样做是不对的,尽管有许多坏事进入偶像崇拜的仪式之中。像现在所流行的那样,可是我并不谴责它们。如果我没有得到那个正统的、偶像崇拜的婆罗门(指罗摩克里希纳)圣足尘埃的福佑,我将会变成什么样的人啊!"译者注。

正是对罗摩克里希纳的那份敬重，让辨喜尊者与英籍德裔伟大的梵语学家和印度学家麦克斯·穆勒有了接触，后者曾被柯沙布·森的雄辩和宗教热情打动过，也曾了解过罗摩克里希纳对柯沙布之人生发展所产生的重大影响。根据他从印度那里收集过来的信息，麦克斯·穆勒已经发表了一篇关于罗摩克里希纳的文章，在《十九世纪》(*Nineteenth Century*)上刊发，题为《真正的宇宙大灵魂》(*A Real Mahatman*)。现在，他渴望见到这位大师的嫡系弟子，于是，他便郑重邀请辨喜尊者于1896年5月28日在牛津小镇与他共进午餐。

辨喜尊者很高兴能见到这位大学者。当提到罗摩克里希纳的名字时，辨喜尊者说："……教授，他如今受到成千上万人的崇拜。"

麦克斯回答说："我们如果不崇拜这样的人，那还能崇拜谁呢？"

关于麦克斯与他的妻子，辨喜尊者后来写道：

麦克斯·穆勒

> 这次访问真的让我大开眼界。那座白色的小房子，坐落在美丽的花园里面，银发苍苍的圣人，面容平静而安详，额头光洁犹如孩童一般，尽管经历了七十来个寒冬，脸上的每一条纹路，却都在诉说着隐藏在背后的某处性灵深埋的宝藏。那位高贵的妻子，在他漫长而艰巨的任务中，帮助他激发兴趣，克服各种阻力和轻视，最终使他对古印度的圣贤思想产生了很高的敬意。
>
> 树木、鲜花、宁静和晴朗的天空，所有这些都让我在想象中

回到了古印度的光辉岁月，回到了我们的梵仙(brahmarshis)①和王仙(rajarshis)②的时代，回到了伟大的林栖期(vanaprastha)③，回到了阿伦达蒂和极裕仙人④夫妻研习圣学的岁月。我看到的既不是语言学家，也不是一个学者，而是一个每天都在亲证与宇宙合一的伟大灵魂。

当看到麦克斯对印度的热爱，辨喜尊者深受感动。"我希望，"他热情洋溢地写道，"我对祖国的热爱能够达到他的百分之一。他具有非凡的天赋，同时思维敏捷活跃，他在印度思想的世界中生活与研习已达50来年，甚至更久，并始终以浓郁的兴趣和发自内心的深爱，探索这一无边的梵文森林之中的光与暗所交织出来的神奇历史，直到这些变化深深地汇入了他自身的灵魂之中，并为他的整个生命增添了无限丰富的色彩。"

辨喜尊者问麦克斯："你什么时候来印度？那里的所有人都会欢迎你的，因为你已经做了如此之多的工作，使得印度祖先的思想得到了最真实的反映。"

这位年迈贤者的脸上露出了灿烂笑容，脸上发着光芒，眼中几乎是噙满了泪水，他轻轻地点了点头，又缓缓地说出了这样一句

---

① 被梵的知识启蒙而觉悟的婆罗门。原注。
② 被梵的知识启蒙而觉悟的刹帝利。原注。
③ 指在人生第三阶段，与家人隐居在森林中，他们通常都致力于对神性的冥想。原注。
④ 阿伦达蒂(Arundhati)是印度教伟大圣人极裕仙人的妻子。原注。极裕仙人(Vasistha)，是古印度神话传说中的著名仙人，七贤之一。在印度传说中，极裕仙人被描述为典型的婆罗门；极裕仙人及其后裔成为一个庞大的氏族，被视为太阳王族的宫廷祭司，是王子罗摩的精神导师，在印度享有极高的盛誉。他的故事在《罗摩衍那》《摩诃婆罗多》等史诗中流传甚多。阿伦达蒂和极裕仙人被认为是一对理想的夫妻，象征着婚姻的美满和忠诚，也是精神的道侣。数千年以前，古代的仙人们(rishis)将天空中的两个孪生恒星系统，命名为阿伦达蒂星与极裕仙人星。译者注。

话:"那时,我可能就不准备回来了,你们得在那里把我火化。"辨喜尊者的这进一步的追问,好像就是对这位贤者内心神圣秘密的意外揭开。

麦克斯问辨喜尊者:"尊者,您是如何做的,好让世人更加了解罗摩克里希纳的呢?"因为他自己也渴望能够为大师写一本全面的传记,只要他能够获得必要的素材。于是,在辨喜尊者的要求之下,他的师弟萨拉达南达尊者后来写下了《室利·罗摩克里希纳的神圣游戏》(*Sri Ramakrishna and His Divine Play*)。再后来,麦克斯将其中的重要内容写入了他自己的著作《室利·罗摩克里希纳生平和语录》(*Ramakrishna: His Life and Sayings*)一书中。

有一天,萨拉达南达问辨喜尊者,为什么他自己不为麦克斯写一部大师的生平传记呢。他回答道:"我对大师怀有深厚的感情,因此不可能为公众撰写关于大师的生平之书。如果我写了麦克斯教授想要的文章,那么我就会引用哲学、圣典甚至基督徒的经文,来证明罗摩克里希纳是这个世界上最伟大的先知。而这对他老人家来说就不合适。您对大师的思考与我的感情性质颇为不同,因此,您是可以写出一部让麦克斯教授满意的书籍。因此,我得请您来书写!"

麦克斯教授邀请辨喜尊者参观了牛津的几所学院和博德利图书馆,最后,陪他去了火车站。尊者希望不要这样麻烦教授,麦克斯教授说:"室利·罗摩克里希纳·帕拉马哈萨的弟子,可不是我们每天能够见得到的啊。"

在英国,除了大量密集的公共讲演与会面,辨喜尊者还在那里有一些重要的私密联系。古德温、亨利埃塔、玛格丽特和斯图迪的名字,我们在前面已经提到过。这些人在辨喜尊者第二次访问英国期间,就与他结下了深厚的感情与友谊,并成了他的门徒。现在,我们必须提到西维尔(Sevier)上校和他的夫人了。上校是英国军队的一名退役军官，49岁，曾在印度服役多年。夫妻两人都是认真恳切的宗教真谛的求索者，一直都在各种教派和信条中寻求至高的理想，但是，都没有觅得那种境界。当他们聆听了辨喜尊者的教诲时，他们就直觉地意识到，尊者所讲述的思想，正是他们长期以来所一心追求的理想所在。印度的不二论哲学与尊者的人格魅力给他们留下了极深刻的印象。

一次，辨喜尊者讲课完毕，西维尔上校就向麦克劳德小姐打听："你认识这个年轻的僧人吗？他一直是他看上去的那个样子吗？"

"是的。"

"既然如此，那我们就必须追随他，和他一起去寻找神了。"

于是，上校找到他的妻子，说道："你愿意我成为辨喜尊者的弟子吗？"

她回答说："愿意。"

然后，她也问他："你愿意我也成为辨喜尊者的弟子吗？"

他深情而幽默地回答道："这个我还不太确定！"

辨喜尊者第一次私下见到西维尔夫人时，就亲切地称呼她为"母亲"，并问她，是否愿意来印度，还加了一句——"我将会给你我最好的亲证之道，觉悟真理！"

辨喜尊者与西维尔夫妇之间建立起了非常挚爱的关系，他们夫妇视尊者为自己的儿子。此后，他们成了他的亲密伙伴，并把自己的所有积蓄都献给了辨喜尊者。但是，辨喜尊者担心他们未来的世俗安全，劝说他们应该保留大部分的财产。西维尔上校夫妇，玛格丽特小姐和古德温，他们是辨喜尊者在英国追随他的众弟子中的佼佼者，他们所有人都保持着对他与他的事业的耿耿忠诚，直至他们生命的最后岁月。

比如，在西维尔夫妇的慷慨资助之下，辨喜尊者在喜马拉雅山几乎人迹罕至的幻住庵（Mayavati）建立了一座不二论道院（Advaita Ashrama），用于训练他的东西方弟子，使得他们在这里体悟天道的精神，能够对非人格化的神性进行深度冥想。西维尔上校在幻住庵去世之后①，西维尔夫人还在那里继续生活了15年，致力于教育来至林中学习的青年人。有一次，麦克劳德小姐问她："你在印度的山中生活，不觉得无聊吗？"她答道，"哦，只要我想到了他，就内心无比宁静，没有任何问题。"她所指的"他"，就是：辨喜尊者。

尽管辨喜尊者忙于在英国的各种活动，但是，他一刻也没有忘记自己在印度的工作。毕竟，他最强烈的愿望是为了找到改善他印度同胞的生活条件的方法而来到西方世界的。无论是在欧洲还是在美洲，他始终将这一份愿望珍藏在心中。他还必须训练他的同门兄弟，以及他的弟子们，让他们将来能够成为印度的行动战士。于是，他在书信中详细介绍了他们应该如何在阿兰巴扎尔（Alambazar）道院组织事业的情况，他的那些师门兄弟已经在那里生活与工作了很长一段时间了。

1896年4月27日，他就僧侣们的日常生活、衣食住行，以及如何与公众展开交往等问题做出一些指示与建议，并要求在僧院里面设立一个宽敞的图书馆、一个较小的会见室、一个与信徒们进行宗教思想讨论的大厅堂、一所小房间作为他们的办公室，另备一个房间作为吸烟室，等等。他建议他们以最朴素的风格布置房间，

---

① 1900年10月28日，这个幻住庵的主要创建者之一的西维尔先生去世了，辨喜尊者甚为伤心，他写信给自己的朋友麦克劳德小姐说到此事："哦，可怜的西维尔船长去世了，就在几天以前。就这样，两位英国人（古德温与西维尔）把他们自己的生命献给了我们，献给了我们的印度。如果有殉道者，他们就是殉道者了。"辨喜尊者为了安慰当时还住在幻住庵的西维尔夫人，他在门徒的陪伴之下，于1900年的12月27日这个极为寒冷的冬日离开了加尔各答，一周之后，攀越大雪山，抵达幻住庵，在那里陪伴生活了两个星期。译者注。

留意用于饮食和烹饪的水。他还建议，僧院应由一名主席（院长）与一名秘书管理，而且，他们应该由众人投票选举产生出来。学习、布道和宗教实践，应该成为栖息僧院者的重要职责。他还希望能够建立一所直接由神圣母亲管理的女性出家人的道院。而男性僧侣不得访问女尼的宿舍。

最后，他推荐布拉马南达担任该僧院的第一任主席，并说："主席必须是所有人的仆人，也是他们所有人真正的主人与师父。若有高低贵贱的分别，就永远不可以成为领袖。从不考虑高低贵贱、毫无偏见的人，整个世界都在他的足下。"对于他的同伴，辨喜尊者希望他们能够拥有"铁一般的肌肉和钢一般的意志，他们的内心蕴藏着与雷电相同材质的思想"，才可以做事，展开人世的行动。

我们再次引用辨喜尊者的话："我需要的是男子气概，是力量，是刹帝利战士的阳刚英武之气，以及梵天之子的光芒……这些人将远离世俗之物，将自己的生命彻底献出来，随时准备为真理而战，从一地到另一地，从一国到另一国。在印度之外打了一个胜战，就等于在印度之内打了十万个胜战。只要上帝愿意，一切都会到来，一切皆会发生。"

辨喜尊者在英国持续而艰苦的工作，让他筋疲力尽。他的3个亲密弟子：西维尔夫妇和亨利埃塔发出一个提议，希望大家一道去欧洲大陆度假。尊者对这一想法甚为高兴，"像孩子一样开心"。他说："哦！我渴望看到皑皑的白雪，在山间的小路上可以自在漫步。"这一刻，他一定是回忆起了自己当初在喜马拉雅山的漫游历程。

于是，1896年7月31日，辨喜尊者在这些朋友与弟子的陪伴之下前往瑞士旅游。他们游览了日内瓦、冰海冰川（Mer de Glace）、蒙特勒（Montreux）、西庸城堡（Chillon）、夏慕尼（Chamounix）、圣伯纳德修道院（The St. Bernard）、卢塞恩（Lucerne）、瑞吉山（The Rigi）、采尔马特（Zermatt）和沙夫豪森（Schaffhausen）。辨喜尊者在阿尔卑斯山漫步时，感到心旷神怡。他还想要攀登勃朗峰，但在得知攀登的艰难程度之后，只好暂时放弃了这一想法。另外，他还发现瑞士农民的生活及其礼仪和习俗，与喜马拉雅山的居民有着一种惊人的相似。

就是在勃朗峰和小圣伯纳特峰之间，位于阿尔卑斯山脚下的一个小村庄里，他萌生了要在喜马拉雅山的山上建一座道院的想法。他对他的同伴们说：

> 哦，我多么渴望在喜马拉雅山的森林里面，有一座道院，在那里，我可以从生活的无尽劳碌中解脱出来，在冥想中度过我的余生。而那里，也将是人们工作和冥想的中心，我的印度弟子和西方弟子可以居住在一起，我将把他们训练成精神界的战士。前者将作为吠檀多的弘道者，前往西方世界；后者将作为印度的福祉，在这个国度献出他们的一生。

当时，西维尔先生就代表自己夫妻两人，说道："尊者，如果能做到这一点，那该有多好。我们一定要行动起来，我们得有那样一座道院，让它能够梦想成真，在人间出现。"

后来，这个梦想，通过幻住庵的静修林，建立不二论道院而得以实现。在那里，人们可以俯瞰喜马拉雅山永恒的皑皑白雪。

在阿尔卑斯山的时候，辨喜尊者度过了他精神生活中最清醒、最灿烂的时光。有时，他独自行走，全神贯注地思考，而弟子们保持着谨慎的距离。一位弟子说："他的身上似乎有一种巨大的光芒，一种罕见的宁静与安定从他的身上散发出来。我从来未曾见过尊者有如此神奇的一种身心境界。他似乎通过一个眼神，或一个触碰，就能够传达出性灵的力量，而我们也几乎可以立即读懂他最崇高、最幽深的思想,自身的人格也马上变得完美起来。"

当辨喜尊者还在瑞士阿尔卑斯山游玩之际,他就收到了著名的东方学家、基尔大学的哲学教授保罗·杜森的来信。教授迫切希望辨喜尊者能够拜访德国一趟。于是,辨喜尊者就接受了这一份郑重邀请,从而改变了他的行程计划。他访问了海德堡、科布伦茨、科隆和柏林之后,他就来到了基尔这座德国最北端的城市。在这些地方,他已经看到了德国人的物质力量和伟大的文化,两者皆给他留下了很深的印象。

保罗·杜森

杜森教授精通梵文,也许是当时欧洲唯一能如此流利地使用梵文的大学者。作为叔本华的弟子和康德思想的追随者,杜森教授很容易就能够领会到商羯罗哲学的高深境界。他认为,建立在《奥义书》与《吠檀多经》基础上的哲学体系是"人类探求真理的杰出天才之显示,是最宏伟的结构和最有价值的产物之一,表达出最崇高与最纯洁的道德,也是吠檀多思想自然而直接的神奇果实"。

辨喜尊者和西维尔夫妇受到了这位德国学者的热情款待。在交谈过程当中,杜森教授说,目前,整个世界已经有一场回归性灵源头的运动正在进行,而这一运动将很可能会让印度成为世界各国未来的精神领袖,成为地球上最高层次、思想力最为伟大的影响之源。有一个瞬间,杜森教授还发现了辨喜尊者的专注力与思想力的生动示范。那一次,他看到尊者在翻阅一本诗集,但失去了回应他人任何一种询问的意识。事后,辨喜尊者甚为歉疚地说,他自己沉浸在了诗集的阅读当中,没有听到教授的问话。然后,他背诵出了该书里面的那些诗句。于是,他们之间的谈话,很快就转向了瑜伽哲学当中的专注力问题。据说,杜森与尊者会面的目的之一,就是希望从后者那里了解瑜伽神力的奥秘。

杜森教授还带辨喜尊者参观了基尔市。此后,尊者希望能够立即动身,前往英国,但教授没有答应,坚持让他在基尔多待几天。因为没能说服尊者,杜森教授自己也在汉堡加入行走的队伍,他们就结伴一起在荷兰旅行,在阿姆斯特丹再逗留了3日,最后,所有人都抵达了伦敦。在那两周的时间里面,杜森教授几乎每天都要与辨喜尊者见面。

辨喜尊者在牛津再次探望了麦克斯教授。

就这样,辨喜尊者在英国又逗留了两个来月,发表演讲,会见当时的一些重要人物,如爱德华·卡彭特(Edward Carpenter)、弗雷德里克·迈尔斯(Frederick Myers)、威伯福斯和蒙库尔·康威(Moncure D. Conway)。在此期间,他发表的著名演讲,是关于摩耶的内容,他曾在三个场合就摩耶发表了讲话,涉及该命题的各个维度。据说,当时一些英国的王室成员也隐姓埋名,暗暗参与了这些哲学讲座。在这些讲座当中,他创造出了如此强烈的一种性灵氛围,以至于所有的听众似乎都进入了一种狂喜状态,有些人甚至热泪盈眶。这几次讲座,很可能是他关于吠檀多不二论哲学的演讲中,属于最深邃、最雄辩,也是最富有感染力的一次举动。

这时候,师门另一位兄弟阿贝达南达也从印度赶了过来,辨喜尊者非常开心,为自己看到了师门的兄弟们纷纷来海外协助自己,一起开展国外的弘道工作,内心欣慰不已。10月27日,阿贝达南达尊者在布鲁姆斯伯里广场(Bloomsbury Square)一家俱乐部的首次演讲,就受到了现场所有人的高度赞赏。辨喜在谈到他的精神兄弟时说道:"即使我在这个尘世中死去,我的信息也将从这些珍贵的嘴唇中发出来,让这个世界听到。"在此期间,萨拉达南达去了纽约,关于他在那边受到热烈欢迎的报道,也造成了巨大声势,不断传来的捷报,同样让他深感慰藉。

尽管辨喜尊者在欧洲的工作十分繁忙,但他与美国一直保持着联系。他亲自过问弟子们的性灵进展情况。辨喜尊者与芝加哥的黑尔一家,特别是与4个女孩子的深厚感情已在前面提到过。现在,他听说了哈丽特要订婚的消息,他于1896年9月17日给她写信道:

婚姻是99％的人最实在的人生目标,只要他们学会,并准备好遵守永恒的准则——必须学习忍耐、学习宽容。记得,生活对于每一个人来说,都必须是一种合作与忍让,人们就会渐渐过上幸福的生活。

他向这位年轻的女士表达了他的祝福:

愿你永远享受你丈夫全部的爱情,帮助他实现今生的一切心愿,当你看到你们的孩子的孩子,当你们的生命大戏渐渐接近落幕、趋于尾声之际,你们还一直能够互相帮助、互相勉励,到达那存在、知识和喜乐的无限海洋,一触其水,所有的区别将都彻底消融,我们所有人都会成为那最完整的一体。

但是,玛丽无法在婚姻和独身之间做出决定。她是一个充满了理想主义和独立精神的女子,感情又十分强烈。辨喜尊者也特别喜欢玛丽。在他给哈丽特写信的同一天,他也给玛丽写了一封信,祝贺哈丽特的眼光独到、慧眼识珠,并预言她的生活将会充满欢乐和甜蜜,因为她"不会胡思乱想,也不会多愁善感到了自欺欺人的地步,她有足够的常识与温柔来缓和生活中每一个人都可能会遇到的困难与悲伤",但是,他也想告诉玛丽"人生的真相,不过,我的语言是朴实的、直接的"。他在书信中如此写道:

我亲爱的玛丽,我要告诉你我今生学到的一个重要功课。那就是"你的理想越高,你越有可能会收获悲伤"的道理。因为,理想这种事物在这个世界上——甚至在你的一生当中——都无法被真正实现。想要在这个世界上实现完美,往往就是一个疯子的狂想,因为这是不可能的事。你怎么能够在有限之中实现那无限本身呢?

哦,玛丽,你就像一个俊美的阿拉伯世界的女子——智慧高贵、充满光芒。你要成为一位出色的王后——无论是身体上,还是在精神上——将要与一位潇洒、大胆、敢于冒险、无比英勇的丈夫并肩作战,在他的身边你散发着精神的光彩。但是,我亲爱的姐妹啊,你也很可能会成为这个世界上最糟糕的妻子之一。你也可能会让日常生活中随和、务实、操持家务的丈夫,失去了他生活的全部乐趣。请注意,我的姐妹,尽管在现实生活中,确实有比小说里面多得多的浪漫与精彩,但那毕竟是少之又少的事情。因此,我给你的建议是,在你把理想降到更实际的水平之前,你确实是不应该结婚的。如果你结婚了,结果将会是你们两个人都要遭受痛苦的折磨。过不了几个月,你就会对一个平凡、善良、优秀的年轻男子失去了全部的好感,然后,生活就会变得平淡无奇、索然寡味……

这个世界上生活着两种人:一种是坚强、安静、顺从自然又没有太多想象力,但又是善良、仁慈与可爱的,对于这样的人来讲,他们生来就是幸福的;还有一类人,神经高度紧张,想象力极为丰富,感情强烈无比——总是前一秒高高在上,下一秒就跌落下来，情绪起伏莫定——对他们来说，幸福比较渺茫一些。第一类人的幸福感几乎是均匀的、平稳的。第二类人则在狂喜和痛苦之间奔走徘徊。但只有后一类人才能够诞生出我们所谓的天才。最近有一种理论认为，天才是"一种疯狂"，这种讲法大体没错。

现在，这一类人如果要想成为伟人，他就必须为之奋斗——为战斗而清扫甲板。没有财产、没有婚姻、没有孩子，除了唯一的理想，对任何事物都没有眷恋，并愿意为此而生，为之而死。其实，我自己就归于这样的人类。我接受了"吠檀多"这样一个唯一的理想，我已经"为行动、为战斗扫清了障碍"。你和伊莎贝尔都是这样的人，由类似的材料制成——但是，我要告诉你这个道理，尽管这很难。不然，你们的生命就会白白逝去。要么接受一个理想，清空人生的甲板，为之奉献出你们的一生；要么知足常乐，脚踏实地，降低理想，去结婚，过上幸福的生活，拥有快乐的人生。即，要么收获享受的生活，成为"bhogi"（享受者），要么放弃生活的享受，成为"Yogi"（瑜伽士）。两者不可能兼得。要么现在就要，要么永远都不——故而需要你们对人生有一种决断。谚语说："总是首尾两端，试图挑别的人，他将一无所获。"现在，你就要真诚地、真正地、永远下定"为战斗而清空甲板"的决心，从事任何一件事情——哲学、科学、宗教或文学——并让它成为你余生的上帝。或获得幸福，或成就伟大。

我并不与你和伊莎贝尔共情这一点——因为你们既不赞成这个，也不赞成那个，你们的生活没有明确的目标。我希望看到你的快乐，就像哈丽特一样；或者，希望看到你的伟大。吃喝玩乐、穿衣打扮、社交胡闹，这些都不是生命必须要做的事情——尤其是对你来说，玛丽。你的聪明才智正在腐蚀呢，你的能力也正在逐渐消解,这是没有其他借口可作为托辞的。所以,你必须要有成为伟人的雄心。我知道你将会以正确的态度对待我的这些刻薄话语的,你也知道我关心你,就像关心我自己的妹妹一样。我很早就想告诉你这些,把这些累积的经验,一起告诉你。哈丽特的喜讯也促使了我应该告诉你这些。如果将来我听说你也结婚了,而且很幸福,那我一定会欣喜若狂,是的,欣喜若狂!

后来,玛丽果然嫁给了佛罗伦萨的一位绅士,此后,她也被人称为马泰尼夫人(Mrs. Matteini)。

一段时间以来,辨喜尊者内心一直有归国的冲动。他从瑞士写信给自己印度的朋友:

> 不要害怕。我的孩子,伟大的事情即将发生。要万分谨慎,要时刻用心……冬天我将返回印度,并将努力使那里的一切事情恢复正常。请继续努力、继续工作,勇敢的心灵永不言败——不要说"不",要常常说"是";请继续努力,上帝就在努力者的背后站立着。摩诃萨克提(Mahasakti),是的,伟大的力量,它一直与你们同在。

1896年11月29日,他给印度的一位弟子写信,谈到了他拟议中的喜马拉雅山道院之事。他进一步还说,他目前的计划,需要在城市里面建立两个中心:一个在马德拉斯,另一个在加尔各答。以后还将在孟买和阿拉哈巴德建立其他的吠陀中心。他很高兴地看到,在马德拉斯的英文杂志《婆罗门瓦丁》(*Brahmavadin*)正在传播他的思想;他心中还有一个想法,即用印度方言创办类似的一类杂志。同时,再创办一份由各国学者一起撰写的报纸或杂志,以便将吠檀多思想传播到世界的每一个角落。"你们不要忘了,"他写道,"我的目标是世界,而不仅仅是印度!"

辨喜尊者再也无法抗拒印度召唤他回来的声音了。那是11月中旬的某个时候,在一次演讲之后,他把西维尔夫人叫到了一边,悄悄地让她购买了4张去印度的船票。他打算带上西维尔夫妇和古德温先生。于是,他预订了北德莱奥德(North German Llyod)轮船公司的"路易波特亲王号"(Prinz Regent Luitpold)轮船,1896年12月16日,该船将从那不勒斯驶往锡兰(今斯里兰卡)。西维尔夫妇希望自己能够在印度过隐修的生活,展开性灵修炼,同时帮助尊者实现在喜马拉雅山修建一座道院的想法。而忠厚的古德温已经发愿成为一名梵行生,担任辨喜尊者的专职速记员。穆勒小姐和玛格丽特小姐也将会在一段时间之后,计划加入这个团体,追随尊者一行,到东方的世界工作,尤其是后者,将毕生致力于印度的妇女教育与解放事业。

12月13日,在皮卡迪利大街的皇家水彩画家协会,辨喜尊者的英国朋友、信徒与大量的仰慕者一起,为他举行了隆重的告别仪式,大约有500人出席。许多人沉默不语,沉默中含着悲伤;也有一些人的眼泪夺眶而出。但是,尊者在致完告别辞之后,就走到聚集在一起的朋友们中间,一遍又一遍地重复着,说道:"是的,是的,我们还会见面的,我们会再次见面的。"辨喜尊者离开之后,这里的工作便由阿贝达南达继续完成。

辨喜尊者在英国的这些教诲,留

辨喜在伦敦,1896年

给人们的种种印象,玛格丽特小姐有所记录,她写道:

> 辨喜尊者的话,对我们当中的大多数人来说,就像活水一样,滋润着饥渴难耐的一个个人。多少年以来,尤其最近半个世纪,我们意识到欧洲的知识生活一直被这种日益增长、日趋严峻的对宗教的不确定性和绝望感所困扰。人们普遍地跌入了悲观之境。我们也不大可能再去相信基督教的那些旧教条了,同时,我们又没有像现在这样的思想工具,可以用来切断那些教义,将教条的外壳打破,把我们信仰的内核轻轻松松地剥离出来。
>
> 对于那些人来说,辨喜尊者所带来的吠檀多思想,就为我们自己非信仰的直觉提供了知识上的保障与哲学上的表达。"在黑暗中行走的人们,仿佛突然望见了一种大光明"……而辨喜尊者一直强调所谓的"彼即尔/我即是神"已经是一种被直觉到的思想,只是以前从没有这样被一个人如此清晰地表达过……另外,人类的一体性本质也帮我们理顺了以往所有经历过的那些生命中的感动,并为绝对的服务之渴求、需求,提供一种逻辑的证据与基础。在过去,我们从未如此大胆地宣扬过此种思想。有的人从这一扇门进入,有的人从另一扇门进入,于是,我们都进入了一个伟大的传统当中,而且,我们渐渐地都知道了这一点。

讲究务实的英国人在辨喜尊者的生活中看到了无畏精神的典范,而这是他关于灵魂之神性教导之必然结果。这在许多事件中都会有所体现。

也许,还有一件事情能够很好地说明这一点:

那一天，辨喜尊者与穆勒小姐，还有一位英国的男性朋友一起，他们在山野间散着步。这时候，正好有一头发了疯的公牛直向他们冲了过来。那个英国男子马上跑到了山的另一边，在一个安全的地方躲藏起来。而穆勒小姐也拼命奔跑，结果不小心摔倒在地，再也没有能力来奔跑了。看到这一幕，辨喜尊者心想："这一下完了，结束了！"于是，他只能站在她面前把双脚立定，双手合十，挡在了那头公牛的面前。

事后，他也讲述了自己如何用数学来计算，这头公牛将把他扔出多远，或被撕成几片，等等。但是，这头公牛突然在几步远的地方停了下来，然后抬起了头，闷闷不乐地退了回去。

那个英国男人为自己刚才的懦弱退缩，丢下辨喜尊者独自一人面对发了疯的公牛深感羞愧。于是，穆勒小姐问尊者道，在如此危险的情况之下，他究竟是如何鼓起勇气来的。他说，面对危险和死亡，他感到自己——他用手拿起两块鹅卵石，放在手上相互敲打——就像打火石一样坚强，因为"我触摸到了上帝的脚"。其实，他在幼年时就曾表现出了同样的一种勇气，有一次，他们是在加尔各答的一条街上，一头奔马飞速跑了过来，即将踩上一个小孩的脑袋，他便迅速上前，从马的腿下，硬生生地拉出了这小孩子的整个身体。

关于他在英国的经历和工作，他也在一封书信中告诉了黑尔姐妹，说这是一次巨大的成功。他在给另一位美国朋友的信中也这样说，他相信，英国人是有能力吸收最伟大的思想的，虽然吸收的过程，可能会很缓慢，但是，它们反而会更稳定、更持久。他相信，到那时，英国教会中那些深受吠檀多理想主义熏陶出来的杰出教士，将会在英国圣公会的内部形成一个自由主义者的联盟，在理念和实践上，一定会支持到宗教的普遍性，这一天必将会到来。

但是,在英国,他最钦佩的反而是英国人身上的品格——他们稳健、专注、忠诚,对理想又是深度执守,以及要完成任何一种工作时的持久耐力。当他深入地了解了英国人之后,他对自己以往拥有的对英国人先入为主的看法,也得到了彻底的改变。"没有一个人,"后来,他对一些加尔各答的印度人说:"在英国土地上登陆时,心中对一个种族的仇恨,比我对英国人的仇恨更深的了。(在印度的殖民统治下的屈辱,在他心中留下了深刻的印象)……现在,你们当中也没有一个人,比我更热爱英国人了。"

1896年11月28日,他写信给黑尔姐妹:

> 英国人不像美国人那么敏锐,但是,一旦你能够触动到他们的心灵,他们将永远属于你,为你辩护……我现在终于明白了,为什么上帝愿意赐福气给他们,往往会比给予其他的民族要多——他们的举止稳重,骨子里头有诚恳、深邃的情感世界,只是于表面上似乎有了一层漠然、一种事不关己的外壳,看起来很是淡泊。如果这一外壳被打破,你就会找到你所需要的人。

在另一封书信中,他又说道:

> 你们当然知道英国人的稳重了;在所有的民族当中,他们是最不嫉妒对手的民族了。这也是他们能够统治世界的原因。他们解决了服从而绝不奴颜婢膝的秘密——那就是秉公、守法,以及伟大的自由精神。

在另一个场合,他称赞英国人:

> 这是英雄的民族,是真正的刹帝利战士……他们所受到的教育,就是要隐藏自己的感情,不轻易表露出来。但是,如果你知道如何打动英国人的心,那么,他们就是你永远的朋友。如果他们的大脑中一旦有了一个想法,永远都不会把它讲出来;而这个民族强大的效用主义与持久忍耐的能力,会让它慢慢萌芽,直至最终的瓜熟蒂落。

辨喜尊者认为,这应该是上帝之手的引领,促成了印度和英国的接触。英国咄咄逼人的统治所造成的影响,一方面,将印度民族从其昏昏欲睡的岁月中唤醒;另一方面,它也为印度提供了在西方世界传播性灵信息的一线良机。

1896年7月6日,他写信给莱格特先生:

> 大英帝国虽有种种的弊端,却是有史以来传播思想的最伟大利器。我打算把我的思想放在这一台机器的中心,让它转动起来,以便传播到世界各地。当然,所有伟大的工作都进展缓慢,困难重重,尤其是出于我们印度,一个被征服的民族。然而,正因如此,它才一定会成功,因为性灵的理想总是来自受压迫者。失败而落魄的犹太人,用他们的这种理想征服了罗马帝国。你们会很高兴地知道,我几乎每天都在学习耐心,尤其是学习同理共情。我想,即使是在恃强凌弱的盎格鲁-印度人(Anglo-Indians)身上,我也开始看到了神性。也许,我正在慢慢地接近那种境界,到那时,我就能爱上"魔鬼"本身了,如果真的有魔鬼的话。

尽管辨喜尊者本人高度地评价了他在英国教导的效果,但是,他并没有像在美国那样,也在英国开展任何有组织性的工作。我们从他的信件和谈话中,可以了解到,他对这个世界已经越来越厌倦。虽然,在公共活动方面,他正处于事业成功的顶峰,但同时,他开始感到一种饥渴,希望能够完全沉浸在至高精神中的那种宁静,这种宁静在召唤着他。他已经预感到自己尘世使命已经快要结束了。1896年8月23日,他写信给一位来自瑞士卢塞恩的朋友:"我已经开始工作,后面的事情,就让别人去完成吧。所以,你看,为了让工作能够顺利进行,我不得不暂时接触金钱和财富,从而染污自己。① 现在,我确信我的那一部分工作已接近完成,我对吠檀多哲学,甚至世界上的任何哲学或工作本身,都不再感兴趣了。我准备离开,不再返回到这个幻境,这个人间世道……甚至,连它的宗教也让我感到苍白……这些工作,这些行善,等等,只是净化人类心灵的小运动、小实践罢了。我已经历尽沧桑,我的经历已经足够。"②

这种思想日趋强烈,甚至对他自己已经组织起来的美国事业也失去了不少兴趣。在上面引用的那封书信中,尊者如此写道:"如果纽约,或波士顿,以及美国的任何其他地方需要吠檀多的教师,那他们必须接收、留住并供养他们。至于我,我就要隐退了。那美好的仗我已经打过,该跑的路我也已经跑完。在这个世界上,我已经做了自己应该做的那一部分事情。"

大约在这个时候,有一天,他向自己的同门阿贝达南达透露,他最多只能再活五六年了。这位师弟甚是不开心,几乎是用抗议的语调说,他还年轻,不应该总是想到死这件事情。"但是,"辨喜尊者说,"师弟啊,你大概是一个大傻瓜,你还是不明白。我的灵魂每天都在增大,而我的肉体已经无法容纳它了呀。所以,任何一

---

① 在金钱方面,他与自己的古鲁(罗摩克里希纳)一样,有着强烈的抵触情绪。原注。
② 辨喜尊者在他的《行动瑜伽》一书中,充分论述了一切工作,都只是实现自由的一门学问、一种路径,而绝不是自由本身。原注。

天,它都可能从这一具骨肉之躯中蹦出来,打破这个牢笼!"

世界正在离他远去。风筝系在地上的线,也正在慢慢断开。

也许,读者可能还会记得,罗摩克里希纳曾说,纳兰是一个绝对自由的灵魂,他把这个灵魂从那个绝对境界中引领下来,是为了帮助他以完成人间的使命。他给这个灵魂戴上了暂时的面具,这是肉体的化身与人世的工作所必需的,这样,它就可以居住在这个世界上,以帮助人们寻求性灵的自由。但现在,随着面具越来越薄,辨喜尊者开始窥见了真相,真正的自由。他意识到,整个世界只是神圣母亲的一个"戏场"(lilavati),这些现象是她的一幕戏剧,只要她愿意,还是会继续玩耍下去的。1896年8月8日,他从瑞士写信给古德温:

> 我现在神清气爽。我向窗外望去,巨大的冰川就在我的眼前——我感觉自己就在喜马拉雅山的山上,非常宁静。我的精神已经恢复了,有了一贯的力量与往日的强健,就像你的信中所说,那些小烦恼,对我来说根本就不在话下。我怎么会被这些儿戏所打扰呢?整个世界都只是孩童游戏,包括传道、教书、演讲,以及其他的一切。"须知,他是一个桑雅士,既无憎恨也无欲望。"在这个充满痛苦、疾病和死亡,还将这些内容不断重演的泥潭一般的世界里面,你真的会有什么需要追求的吗?"放弃一切欲望者,唯有他才是幸福的人。"这种安息——永恒、宁静的安息——我现在正在这个美丽的地方瞥见它了。如果一个人知道阿特曼,知道"我就是他",那么,他还会为了什么而产生欲望,会为了谁而在肉体中受苦吗?我觉得我已经在所谓人世的"行动"中体验过了,结束了。现在,我需要的是离开。

随着对世界的日益疏离,善恶观念也在他那里渐渐退去,没有了这种二元意识,就不可能再展开任何一种行动了。辨喜尊者正在亲证强烈的神爱之中。在这种高昂的情感之下,一种强烈的欣喜在他的身上产生,无比崇高,整个宇宙在他看来就像一座永恒的花园,在那里,一个永恒的孩子,一直在玩着永恒的游戏。

1896年7月6日,他在一种巨大的狂喜之中,给他的朋友兼弟子莱格特写道:

> 20岁时,我只是一个不近人情、毫不妥协的人,非常狂热的激烈分子。我不愿走在加尔各答大街靠剧院那一侧的人行道上,以免被染污。33岁时,我可以和妓女住在同一间房子里,却从未想过要对她们说一句责备的话语。这是一种堕落吗?还是因为我的心胸越来越宽广、越来越博大,而爱难道不就是上帝本身吗?有些时候,我会陷入一种狂喜之中。我觉得我必须祝福每一个人,并且爱上每一个生命,拥抱每一个生命,我真的明白了,所谓邪恶,只是人们的一种幻相……我祝福我出生的那一天,我在这个世界得到了如此之多的善意和爱意,而那个让我诞生的无限之爱,他也一直在指引着我的举动,无论好坏(别害怕)。因为我是什么,我曾经是什么,不过是他手中的一件工具而已。为了服务于他,我放弃了一切——我的爱人、我的快乐、我的生命、我的灵魂。他是我至亲的玩伴,我也是他至亲的玩伴。这个宇宙中,既非韵律,也不是理性,那究竟是什么原因可以束缚住他?他,嬉戏者、伟大的上主,正在嬉戏——这些泪水和欢笑,都是他嬉戏的一部分。大乐趣,大乐趣,真的是大乐趣! 正如乔①所说。

---

① 指麦克劳德小姐。原注。

这是一个有趣的世界，而你所见过的最有趣的那一位，就是那位挚爱者，我们所钟爱的上主。真的是乐趣无穷，难道不是吗？是兄弟情谊，还是玩伴身份？一群嬉戏的孩子在这个世界的游乐场里玩耍，不是这样吗？赞美谁，责备谁？这都是他的游戏啊。他们想要一个解释，但你怎么能解释上主自身呢？他又没有人类的大脑，也没有人类的理性。他用小小的人类脑袋和人类理性，仅仅是为了愚弄我们。但是，这一次他无法再愚弄我了，不会发现我在打盹——"你可以胜出"。我已经学到了一两件事情。在理性、学问与交谈之外，还有神圣的情爱："爱"和"挚爱者"。啊，请将这样一杯爱的"烈酒"斟满，我的朋友，我们一饮之下，即会疯狂。——你永远疯狂的，辨喜。

他以哲学的口吻，谈到了进步的幻想。他不相信有一种把人间变成天堂的可能。在那里，苦难被彻底消除，取而代之的，则只有无尽的幸福云云。不，根本没有这一回事。真正的自由和幸福，只能由每个人自己来实现，而不可能是全体的人类。1896年8月8日，他写信给古德温：

"美好的世界""幸福的世界""社会的进步"与"火热的冰""黑暗的光"等讲法是同等的荒谬可笑，是很不可理喻的。如果只剩下美好的，那就不是世界了。如果灵魂有了一份痴想，希望在有限的物质中体现出无限来——通过粗糙的粒子，体现至高的智慧——最后只会证明自己的愚蠢，那只是错误的假象，于是，试图回归。这种回归即是宗教的开端，也是宗教的合理路径——瓦解自我之路，是爱的道路。不仅仅是爱妻子、爱孩子，或爱任何其他人，而是爱——除了这个小小的自我——一切的存在。千万不要被那些高谈阔论者所迷惑,在美国,你会听到很多关于"人类进步"之类的话题。没有进步,也没有退步,人类世界从来都是如此而已。

1896年11月1日,辨喜尊者在伦敦写给玛丽的信中写道:

……因此,客观的天堂或千年王国,只存在于人们的幻想当中,但主体的天堂或千年王国早已存在。麝鹿在世界上徒劳地寻找麝香发出来的原因,最终,它将不得不在自己身上找到。

但是,辨喜尊者于这个世界的使命尚未彻底完成。在他深爱的祖国,还有一项艰巨的任务在等待着他呢。印度的工作,必须得在他与这个地球告别之前组织好。

1896年12月16日,辨喜尊者一行人离开英国,经由欧洲大陆,前往出发的港口——那不勒斯。他们直接前往米兰,途经多佛尔、加莱和塞尼山。显然,辨喜尊者很是享受这一趟铁路之旅,他与同伴西维尔夫妇的谈话,情绪是欢快与兴奋的。但是,他的一部分心思却在挂念着印度。

他对西维尔夫妇说:"现在,我只有一个念头,那就是印度。我在盼望着印度。"在离开伦敦前夕,一位英国朋友曾问他:"尊者,在这3年里面,你体验着西方的富裕、奢华与强大,你还会喜欢你自己的国家吗?"他的回答意味深长:"在我离开印度之前,我热爱印度。而现在对我来说,连印度的尘埃与空气都已经变得十分神圣;那里历来都是圣所圣地,是人类朝觐的永恒家园。"辨喜经常说,西方是"因果之地"(karma-bhumi),是行动的国度,在那里,人通过无私的工作,净化了自己的心灵;而印度则是"圣洁之地"(punya-bhumi),是神圣的国度,在那里,心灵纯洁的人,他们与神有着一种永恒意味的交流。

在米兰,大教堂和莱昂纳多·达·芬奇的《最后的晚餐》①给辨喜尊者留下了深刻印象。比萨斜塔、佛罗伦萨宏伟的艺术成就,也让他欣喜若狂。但他最快乐的时光,还是在罗马度过的,在那里,尊者度过了为期一周的圣诞节庆。那里的许多事物都让他想起了印度:洗礼、熏香、音乐、天主教的各种仪轨与圣礼,尤其是圣礼结束时的最后一样,还让他想起了印度寺庙中的"祭余"(prasada),即信徒们向神献祭后分享的食物。

当一位同行的女士问及教堂的仪式时,辨喜尊者说:"如果你们爱人格化的神,那就把你最好的东西献给他——馨香、鲜花、水果和丝绸。"但是,他对圣诞节那天在圣彼得大教堂举行的气势恢宏的大弥撒,稍稍感到一些困惑,他放低声音,对西维尔夫妇说:"为什么要搞这么华丽和浮夸的表演呢?难道唯有这种华丽仪式的教会,才证明他们是无处安放头颅的、谦卑的主耶稣真正的追随者吗?"辨喜尊者永远不会忘记,基督是一位弃世的修道士,他教义的精髓,就是弃绝和超世。

他很喜欢参观那些地下的墓穴,那是对早期基督教殉道者与圣徒们的怀念物。在圣玛丽亚·德拉科利(Santa-Maria d'Ara Coeli)举行的圣诞庆典上,那些摆满糖果、玩具和廉价的班比诺画像(Bambino)的摊位,又让他联想起了与印度类似的宗教集市。罗马圣诞节让他的内心充满了对耶稣基督的虔敬,耶稣基督是亚洲人,是亚洲献给西方世界的礼物,以唤醒西方人的性灵。

辨喜尊者在那不勒斯逗留了几日,先后参观了维苏威火山、庞

---

① 《最后的晚餐》是意大利艺术家达·芬奇所创作的壁画,现收藏于意大利米兰圣玛利亚堂。这是宗教题材中最著名的作品之一,对人物心理的描写极为精细,反映了正义与邪恶的斗争,弘扬了人文主义时代的精神,因此被誉为文艺复兴之先河。译者注。

贝古城，以及其他的著名古迹。然后，那艘远洋的轮船终于从南安普敦驶来，抵达了那不勒斯，古德温先生就是里面的乘客之一。辨喜尊者与他的朋友们于1896年12月30日从那不勒斯启航，预计将于1897年1月15日抵达科伦坡。

在轮船上，辨喜尊者有一个重要的异象。

那天晚上，在那不勒斯和塞得港之间的某个地方，他在一个鲜活的梦境里面看到一位可敬的、留着白胡子的老人，就像印度雪山中的一位森林仙人（Rishi），他对辨喜尊者说："留心观察一下，这个地方，也就是您现在所在的克里特岛。这是基督教发源之地。我是以前住在这里的特拉毗图教派（Therapeutae）①的成员之一。"这位托梦者又在他的梦中说了一句什么话，可惜尊者已经记不得了。它可能与施洗者约翰的教派"艾赛尼"教派有相近之处。

在古犹太人的宗教当中，特拉毗图教派和艾赛尼教派都推崇的一个宗教原则是：对内实践弃绝，对外崇尚宽容。据一些学者的说法，特拉毗图教派一词，很可能来自佛教的单词"Sthaviraputtra"或"Theraputta"，其意思是，佛教僧侣中的长老（Theras）的儿子或门徒们；而艾赛尼一词可能与"Isiyana"有些关系，该词的意思是，"世尊的道路"，也是佛教僧侣中的一个著名教派。现在人们已经承

---

① 古犹太人的苦行教派，与另一个苦行教派艾赛尼（Essenes）极为相似。在公元1世纪时定居于埃及亚历山大附近的马瑞奥蒂斯湖畔。关于该教派的唯一原始记载，见于亚历山大的思想家斐洛所著的《论沉思的生活》（*De vita contemplativa*）。他们的起源和最后的命运都不得而知。该教派的纪律和生活方式异常严厉。根据斐洛的说法，该教派的男女成员都将时间用于祈祷和学习。他们每天黎明和傍晚各祷告一次，中间的时间完全用于性灵锻炼。他们阅读《旧约圣经》，从中寻求智慧，把《旧约圣经》当作寓言，认为字面上的文字是隐藏事物的象征。对食物等身体需求的关注，完全被归结为黑暗时间。教派成员彼此相邻，居住在独立而分散的房屋中。每一所房子都有一个房间或圣所，专门用于学习和祈祷。除了《旧约》，该教派还有教派创始人所撰写的关于寓言法、释经法的书籍。斐洛的记载中提到了他们用各种曲调和旋律为上帝谱写的"赞美诗"。教派的成员每周有6天需要与世隔绝，在孤独中寻求智慧。在安息日，他们在共同的圣所聚会，聆听成员中最有影响力的人的演讲。译者注。

认，佛教很早以前就已经在小亚细亚、埃及和地中海的东部一带建立起了寺院。

最后，梦中的那位古代犹太老人说："我们教派所宣扬的真理与思想，就是耶稣的教诲。但耶稣这个人从未在这个地球上出生过。当这个地方被挖掘出来时，证明这一事实的各种证据将会浮出水面。"

就在这个时候，时间正是午夜，辨喜尊者从他这个奇怪的梦中苏醒了过来，他问一个水手，轮船到了哪里？水手告诉他，在克里特岛附近，离该岛大约50英里的地方。

辨喜尊者对这一奇特的联系感到一种惊讶。在他的脑海中也闪过了一个念头：《使徒行传》可能是比《福音书》更早的历史记录，而佛教的思想，很早就通过特拉毗图教派和艾赛尼教派的传播，启示了犹太人的修道生活，最后帮助了基督思想的形成。而基督这个人，很可能是后来者添加上去的一位宗教人物。他知道亚历山大城原是印度和埃及思想的交汇之地。后来，克里特岛的古遗址被挖掘出来，果然发现了早期基督教与异国思想来源有关的种种证据。

但辨喜尊者本身从未拒绝接受历史上的基督。就像克里希纳一样，基督也是在许多圣人的精神体验中被显现出来的宗教人格。对于尊者来说，这赋予了他一种比历史真相更为真实的宗教实在论。

在瑞士旅行时，有一天，辨喜尊者摘下一些野花，让西维尔夫人把它们献给山中小教堂的圣母足下，并说："她也是一位神圣母亲。"还有一天，他的一个弟子赠给了他一张西斯廷圣母的照片，借此来祝福他。但他以非常谦卑的方式婉拒了，并虔敬地碰了碰图中圣婴的小脚，说道："我要为他洗脚，愿我用我的血，而不是我的泪为他洗脚！"人们可能还记得，罗摩克里希纳道院（Ramakrishna

Math)的第一个教团,也是在圣诞节前夕的平安夜成立的。

在两周的航程中,辨喜尊者有充足的时间来回忆自己于西方世界三年多时间的经历。他的脑海中充满了甜蜜感人的友谊、坚定奉献的精神,以及大西洋两岸的热情帮助。三年前,他孤身一人来到美国,身无分文,被视为来自高深莫测的东方之奇人异士。现在,他就要返回自己的故乡了,却成了受众人膜拜、尊称与敬仰的英雄或先知。

在上帝手指的指引之下,他来到了芝加哥。就是在这块充满活力的新大陆,他看到了最美好和最糟糕的生活。在那里,他发现了一个建立在平等、公正与自由的制度理想之上的人类社会,这一点与印度形成了鲜明的对比;在那里,每一个人都有充分的机会发挥自己的潜力;在那里,普通的百姓也可以达到很高的生活水准,享受着来之不易的人世繁荣,这是目前世界其他地方的人无法想象的。而美国人的头脑机敏、思想活跃、大胆好奇、善于接受一切新事物,并具有罕见的道德敏感。在美国的男男女女,在他们所建立起来的文化、财富和地位中,辨喜尊者看到了性灵的火花,而如今,这些火花也在他的妙语连珠的神奇话语点拨之下熊熊燃烧起来。他看到那些纯洁坦诚的灵魂,一旦认识到他是值得信赖的精神导师,就会把自己奉献出去。他们所表现出来的慷慨大度和丰富宽阔的心灵给他留下了深刻印象。他们成了他在异域的高尚朋友和挚爱的奉献者,并且从不退缩,为了帮助他完成使命,不惜做出最大的牺牲。

但与此同时,辨喜尊者还看到了在这个幅员辽阔的国家中,各种因素交织出来的那种庸俗、花哨、贪婪,尤其是对权力与物质的欲望等。在科学、技术和人类智巧的帮助之下,人们被新获得的繁荣冲昏了头脑。在他面前,这些人往往表现得既天真又嘈杂,他时而也会怀疑这个新的国家,这个西方文化最后的希望,也会是世界其他国家潜在恐惧的来源——这是一个"可怕的孩子"（l'enfant terrible）。它是否果真不会辜负其开国元勋们的美好期望，成为世界的领头羊，分享其全部的物质生活呢？但确实是美国第一个肯定了尊者，他清楚地记得这一点。

在美国，他得以建立组织化的形式，开始了他传播吠檀多思想的最初工作。他希望美国能够成为东西方之间的精神桥梁。尽管以他的学术气质与古典保守的思想，常常在英国或德国的知识分子中间，更能感到宾至如归的心情，但是，他的心灵却始终指向美国。欧洲文化的不朽业绩无疑是令他十分着迷的，但是，正如他于1896年5月从伦敦寄给玛丽的信中所说：

> 我喜欢美国佬（Yankee）的土地——我喜欢看一切新鲜的事物。我不喜欢在古老的废墟上闲逛，对古老的历史做凭吊，对着古人古物闷闷不乐，唉声叹气。我的血液里面有太多的活力。在美国，地方、人物与机会均是全新的，会创造出一切的新鲜事物来。就此，我已经变得非常激进了。

在同一封信中，他还写道，他希望他能把一些美国精神注入印度，注入"那一大群可怕的保守的水母中，然后抛弃所有旧记忆、旧神话，开始新的事物，彻底的新事物——简朴、强大、新鲜、活泼，就像刚刚出生的第一个婴孩一样——把所有的过去都扔进海里，重新开始"。

辨喜尊者对英国人也给予了同样崇高的评价。他认为，从某种意义上说，他在英国的工作比他在美国的更加令人满意。也是在那里，他改变了几个重要人物的命运。古德温先生和玛格丽特小姐，将视他的事业为自己的事业；西维尔夫妇，也已经随他一起前往印度，他们放下了欧洲的生活，舍弃过去的一切，来追随他的脚踪。

但是，尊者最初的梦想，即是从美国收获物质的财富，以弥补印度大众的物质苦难，提高他们的生活水准。那又如何呢？他来到美国，作为印度性灵财富的交换，得到所需的金钱帮助、科技知识，以重建他自己的国家与人民的健康生活。虽然他回国时并没有带走美国的科学家和技术人员，也没有从新大陆带回多少金银财宝，但是，他已经为印度赢得了大量的善意与尊敬。他是印度遣往美国的第一位性灵大使，是印度精神全球化的历史性先驱，是最早的那一位传令官。他牢记自己所来自的那片高贵土地的尊严，他也将以印度的名义说话，以恰当的尊严，传递着她的信息。

这次接触的效果，只有在未来的岁月中才能被人们全部知晓；即使是现在，人们也可能只是看到一个朦胧的开端。辨喜尊者访问美国大陆半个世纪之后，印度从英国的统治下获得了自由。在获得了按照自己的方式来安排国家事务的便利之后，印度派遣了数千名学生前往新大陆，学习他们先进的物理科学和技术知识。此外，美国的财富现在也被用于改善印度人的物质生活。由此看来，辨喜尊者绝对不是一个空想家，而是一个富有远见的人，是洞察到了未来事物形态的真正先知，确实是一位时代的前瞻者。

尊者认为，摆在他面前的当务之急，则是从印度的内部着手改造，去实现印度国家的复兴。印度可以通过自己的努力获得自由。但是，他从西方获得了一笔无价之宝，可以帮助自己完成这一项艰巨的任务：西方给了他一种权威，这是他在自己出生的土地上，从来没有过的权威。他成功地在英语世界的心脏地带——纽约和伦敦——播下了印度精神与思想的美好种子。他当时是否知道，这些思想将会在半个世纪之内，传遍整个西方世界，并为他的祖国赢得了尊重呢？虽然，最初他是作为赠予者，携带着礼物来到美国的，但从某种意义上说，他现在是作为新世界的礼物，返回到了印度。

第九章

荣归故里

海上航程是令人惬意的。一路上,辨喜尊者享受着这一趟返乡之旅。终于,他从艰苦的劳作中放松了下来,于西方大量的密集活动中,他终于解脱了出来。但是,他的脑海中又充斥着关于未来祖国工作计划的种种构想。

当时,船上的乘客中,有两名基督教的传教士,他们在与尊者的激烈讨论中失去了理智,不禁用野蛮的语言来抨击印度教。辨喜尊者走近他们的身边,用手抓住一人的衣领,气势很是吓人,说道:"如果你再辱骂我的宗教一次,我现在就把你扔到大海里面去喂鱼。"

"放我下来吧,先生,"这位吓得脸色苍白的传教士连忙道歉,"我再也不这样说话了。"

后来,在加尔各答,有一次尊者与一位弟子交谈时,他问道:"如果有人侮辱你的母亲,你会怎么做?"弟子回答说:"我将会把他击倒在地,先生,我需要好好教训他一顿。"

"太棒了!"辨喜尊者说,"现在,如果你对你自己的宗教、你真正的母亲,有同样积极的情感,你就永远不会看到任何一个印度教信徒皈依到基督教那里去了。然而,你每天还是会看到这样的事情在发生,自己却又无动于衷。那你们的信仰在哪里?你们的爱国热情呢?每天都有基督教的传教士当着你们的面羞辱印度教,然而,你们中间又有几个人真的义愤填膺,站出来捍卫它呢?"

船在亚丁(Aden)①停泊时,一行人上了岸,参观一些古迹。而辨喜尊者从很远的地方就看到一位售卖槟榔叶的印度小商贩在港口吸着他的水袋烟(hookah,或 hubble-bubble)。大概有 3 年多,他没有享用过印度人的这种吸烟方式了。于是,尊者就大步走上前去,对他说道:"兄弟,把你的烟管给我一用吧。"很快,他就"噗噗噗"地吸起来,心情甚好,与这位陌生的印度人就像别后重逢的亲兄弟一样聊起了天。

西维尔先生后来揶揄尊者说:"现在我们明白了! 就是那一根烟斗,让你突然从我们身边消失!"当谈到这件事情时,辨喜尊者的同伴解释:"那位小商贩不可能拒绝他,因为他在提要求的时候,用的是一种极亲善自然的语气,人们很难抗拒。是的,我们永远不会忘记,当他像孩童一样地用这种语气对小商贩说:'兄弟,请把你的烟斗递给我'时,他脸上那憨态可掬的表情。"

1897 年 1 月 15 日的清晨,可以看到远处的锡兰海岸了,高大的椰子树和金黄色的海滩出现在人们的眼前。当船渐渐驶近美丽的科伦坡海港时,辨喜尊者的心在怦怦跳动;他的弟子们也感受到了他那份激动不已的情绪。不过,当他们离开船舱,步向大陆的土地时,没有一个人对他们将要面临的事情有更完整的想象。

辨喜尊者在芝加哥宗教议会上所取得的巨大成功,让他的同胞,尤其是他在巴拉那戈尔道院的僧侣兄弟们充满了自豪与喜悦。自那一天起,他就一直在激励自己那些忠实的追随者为提高印度人的生活水准而献身,尤其需要帮助穷人解决饥饿和识字的问题。在其深心处,他知道旧的印度是无法阻止他的这种强烈呼吁的。

---

① 也门城市,位于亚丁湾北岸,坐落在一个半岛上,包围着塔瓦希港(Al-Tawāhi Harbour)的东侧。港口西侧的半岛被称为小亚丁。最早见于《旧约·以西结书》中,在该书中,亚丁与坎尼齐名,是著名的香料之路中的两个主要停靠点。译者注。

第九章　荣归故里

几个月之前,在底特律与一班弟子讨论——向美国那些偏执的基督徒介绍印度教时遇到的巨大困难——时,他说:"是的,没错的!但印度会听从我的。我将动摇印度的旧根基。我将会在她的血管里面进行创造,迸发出新时代的电流。等着吧,你们将会看到,这个印度,它是如何接纳我的。只有印度,我自己的印度,才会真正懂得赞赏我,理解我的做法,欣赏我用生命和鲜血无偿奉献出来的那一切。是的,印度将会以胜利的狂喜来迎接我的,等着吧。"

当辨喜尊者离开欧洲、返回印度的消息传到印度时,印度民众的心都被激活了起来。他们古老国度的精神使者,终于在完成了他的使命之后,如今顺利归来。他们必须为这位伟大的"十字军战士"举行最隆重的欢迎仪式。各大城市纷纷成立了接待委员会。他的同门师友更是迫切,已经开始在四处奔走了。其中,希瓦南达尊者(Swami Shivananda)提前来到了马德拉斯,尼兰贾南达尊者(Swami Niranjanananda)则跑到了科伦坡;从孟加拉和北方诸省跑来了许多尊者的门徒,大家主要聚集在南方名城马德拉斯,等候他的到来。而报纸上连篇累牍地发表文章讴歌他的人格,赞颂他的工作。

一艘装饰华丽的蒸汽轮船将辨喜尊者一行从大船上运送到港口。当这位身披着黄色袈裟、双目炯炯有神的青年僧侣上岸时,无数的人头挤满了这个码头,他们一齐发出了巨大的胜利欢呼。成千上万的人扑倒在地,触碰他的双脚。而锡兰的知名人士已经组成了一

辨喜在科伦坡,1897年

个代表团欢迎他的到来,他被护拥到了一支浩浩荡荡的迎接队伍中间,他们穿过了许多凯旋的大门。旌旗招展,圣歌高唱,印度的乐队在一起演奏,形成一个盛大的欢庆仪典。人们在他的面前洒下了玫瑰花露与恒河的圣水,又在他将要踩踏而过的路上,撒满鲜花。在他经过的房屋前,家家户户都在焚香,迎候尊者的到来。同时,成千上万的远方访客,也带来了大量的水果和其他供品,奉献给这一场欢迎的仪式。

彼时,辨喜尊者接受了所有的这些荣誉,却没有失去他的一丝风度,他既是感动,内心又是无比平静。是的,他不是一个逃避战斗的人,当然也不是一个需要逃避胜利的人。他把人们对自己这个身无分文的托钵僧的赞美,视为对印度性灵理想的赞美。在回答科伦坡大会的欢迎词时,他说:

> 印度人对一个桑雅士的盛情款待,揭示了印度人的精神世界。

他指出,虽然他自己不是军事统帅,不是王侯,也不是一位大富豪,但是,那些拥有世间的财产、备受社会各界尊崇的人,还是一样地要来礼敬他这样一个四海为家的托钵僧人。"这就是,"他感叹道,"以性灵为特质的印度精神的最高体现之一。"

他拒绝欢迎会上所给予的任何个人荣誉,坚称那只是对同一个印度原则的高度认同。

辨喜尊者从科伦坡到马德拉斯的行程,以及他在康提(Kandy)、阿努拉达普拉姆(Anuradhapuram)、贾夫纳(Jaffna)、班本(Pamban)、拉姆斯瓦兰(Rameswaram)、拉姆纳德(Ramnad)、帕拉马库迪(Paramakkudi)、马杜赖(Madurai)、特里奇诺波里(Trichinopoly)和昆巴科南(Kumbakonam)都受到了热烈的欢迎,这些都表明他深受印度教民众的爱戴。在阿努拉达普拉姆，一群狂热的佛教徒试图破坏集会，但幸好没有得逞。在拉姆斯瓦兰，尊者劝诫人们要"在穷人、病人与弱者的身上，看到湿婆神，进而崇拜湿婆神"。

在拉姆纳德，辨喜尊者受到了他的弟子，也是拉姆纳德这座城市的大君感人至深的欢迎。当初，大君就热情洋溢地鼓励他去美国，并为此提供了物质上的帮助。在拉姆纳德，那辆载着辨喜尊者马车的马匹，被卸下了缰绳，人们愿意用自己的身体拉着马车以示对尊者的敬意，而大君自己也在其中。在拉姆斯瓦兰，大君为纪念尊者的功勋，竖起了一根40英尺高的胜利柱子，上面刻着典丽优雅的碑文。他还向马德拉斯的饥荒救济基金以慷慨的捐赠，借此以纪念辨喜尊者的载誉归来。

在靠近马德拉斯的一个小火车站，有数百人聚集在一起，希望一睹辨喜尊者的风采。时刻表上没有停驻这一站，站长也不想耽误火车的行程以作停站的安排。但是，一群崇拜者居然疯狂地扑向了铁轨。最后，火车被迫停下。尊者见之，内心非常感动，他深深地祝福了众人。

人们的热情在马德拉斯达到了顶峰，那里已经为接待尊者的到来做了大量的准备。正是马德拉斯，是的，这是第一个认出了辨喜尊者之伟大的那座城市，并为他前往芝加哥，开始筹集旅费，使他可以整装待发。当时，他第一次来到这座城里，实际上只是一个无名的僧人。他在圣多姆(San Thome)的一间小平房里面整整度过了两个来月，就印度教的问题进行了一些交谈。然而，就在那时，一些受过教育、具有敏锐洞察力的马德拉斯年轻人就立刻预言道：这个人身上有某种"神奇的力量"，这种力量将让他超越所有人，成为人类的导师。

这些年轻人曾被某些人讥讽为"误入歧途的狂热分子"和"痴

人说梦的复兴主义者",而4年后的今天,正是他们,满意地看到了"我们的斯瓦米"(他们喜欢这样来称呼他)作为震动整个欧美世界的名人,又回到了他们的中间。

马德拉斯的大街小巷被装扮得花团锦簇;17座凯旋拱门拔地而起。每一个人都在谈论着辨喜尊者的荣名,大家奔走相告。成千上万的人拥堵在火车站。当火车驶进车站时,人们对辨喜尊者报之以雷鸣一般的掌声,十分热烈。经过这种盛大的欢迎仪式后,他就被送往艾扬格(B. K. S. Iyengar)的宫殿式住宅"克南堡"(Kernan)。人们已经在这里为他安排好了住所。

在抵达马德拉斯后的第三天,辨喜尊者在一次代表马德拉斯人民的公众集会上,接受了表彰。因为维多利亚大厅(Victoria Hall)太小,无法容纳蜂拥而至的人群,委员会只好临时要求举行露天集会。辨喜尊者走了出来,站在一辆马车的车顶上,向人们致辞,开口演讲。就像古时候的室利·克里希纳,站在两轮战车上,劝说英雄阿周那放弃他一时的怯懦,以当得起与雅利安精神的高贵传统相匹配的席位。在这个简短的演讲中,他告诉人们,印度是如何通过对神的爱,将有限的一家之爱,扩展为对一切国家和所有人的爱。他敦促人们能够保持这份爱的热忱,在他为印度所做的伟大事业中,能给予他所需要的一切帮助。

在马德拉斯的短暂停留期间,辨喜尊者总共做了四次公开演讲,主题分别是"我希望的运动""印度的圣贤传统""吠檀多在印度人日常生活中的应用"和"印度的未来"。在这些演讲当中,他提醒印度人,既要看到自己传统的伟大优势,也要看到自己的弱点、自己的不足,并吁请他们为自己的民族历史而自豪,也要对自己祖国的未来有一份热切的期盼。

在演讲"我希望的运动"中,辨喜尊者揭露了一些神智学会成员的卑劣行径,他们曾竭力破坏他在美国的弘道工作,但后来眼看失败，又声称正是他们为辨喜尊者在新大陆的成功铺平了一条道路。他还告诉马德拉斯的听众，当他陷入绝望，曾向印度打电报寻求金钱的援助时，神智论者知道了这件事，其中一个神智论者写信给印度的另一位成员说："……现在，'魔鬼'就要死了。愿上帝保佑我们吧！"但不得不说的是，在神智论者中间，尤其是在印度这一边，有许多社员一直是他真诚的支持者与祝福者，这一点亦是无须讳言的。

辨喜尊者在马德拉斯的 9 天里，几乎没有片刻的休息。弟子们颇感诧异。当一位弟子问他如何找到力量，进行如此不间断的密集活动时，他的回答是："在印度，一切性灵的工作，永不会使人疲惫。"但是，如果被问的是与生活实践无关的那些问题，也许他就会失去了这份耐心。有一天，一位学者要求他明确说明自己：究竟是二元论者，还是不二论者。辨喜尊者说道：

> 只要我还拥有这个身体，我就是二元论者，否则就不是。我的这一现实化身，即是为了帮助人们结束这种无用和有害的争论而来。这些争论只会分散人们的专注力，让人们头脑糊涂，厌倦了生活。甚至，它还会把人们变成一个个怀疑主义者，或一个个无神论者。

与此同时，一封封感人至深的信件，陆陆续续从美国寄来，向辨喜尊者汇报那边在萨拉达南达尊者的带领之下，吠檀多事业在新大陆所取得的骄人进展，令人振奋，并对尊者本人立下的成就表示深深的赞赏。其中一封是联合署名的信件，他们是布鲁克林伦理协会的主席简斯、哈佛大学神学院院长 C. C. 埃弗雷特（C. C. Everett）、哈佛大学的哲学教授詹姆斯和乔赛亚·罗伊斯（Josiah Royce）、波士顿的布尔夫人等人。信中说道：

辨喜在马德拉斯，1897 年

我们相信，您所做的这些精神阐释，不仅有着理论上的价值和功能，而且，它们在巩固遥远国度之间的民族友谊和兄弟情谊方面，在帮助我们实现世上所有伟大宗教所确认的那种人类关系和社会福祉的团结方面，皆具有重大的道德意义。我们衷心希望您在印度的工作能够进一步促进这一崇高的目标，并希望您能够再次回到我们的身边，带着我们伟大的雅利安家族的远方兄弟的承诺与关怀，以及你自己的深度反思、以经验的增加和进一步接触贵国人民的生活和思想所获得的成熟智慧，届时，请再次回到我们的中间来。

另一封来自底特律的信件，则是由他的 42 位朋友一起签名，信中写道：

我们西方雅利安与东方的雅利安的兄弟已经分离太久了，几乎忘记了我们的原籍，忘记了我们在源头身份上的一致性，直到你的出现，你用自己迷人的风采、无与伦比的雄辩，重新点亮了我们的心灵，让我们知道我们美国人和你们印度人本质即是一体的伟大真理。

辨喜尊者结束了他在南印度的艰辛工作，他需要休息。于是，在朋友的建议之下，他决定乘船前往加尔各答。2月15日，星期一，是他启程的日子。几位信徒登上了轮船为他送行，其中一位，名叫桑达拉马·艾耶尔（Sundararama Iyer）的教授询问尊者，他在美国和欧洲的使命是否已经圆满。辨喜尊者说："尚少，不多也！但愿我在这里、在那里所播下的那一粒粒种子，假以时日，迎着岁月的风雨亦能够茁壮成长，最终使人类的整体获益。"

辨喜尊者从科伦坡开始，一直到马德拉斯的途中，他所做的一系列演讲，热情洋溢、鼓舞人心。他希望能够借此将印度民众从日久年深的沉睡中唤醒。他已经看到了西方世界充满活力的真实生活；现在，他也更深刻地感受到了印度独有的一些特质。他相信，印度需要他那火热的劝勉，即能于世界的民族之林中屹立起来，彰显它自身的伟大荣耀。那时，克里希纳在俱卢之野的战场对阿周那的告诫，会再次让人们想起："阿周那啊，在这一危急关头，这种与雅利安人的高贵毫不相称的、极不光彩的懦弱精神，究竟是从何而来呢？阿周那啊，它会阻碍你进入天界的道路。所以，请摆脱这一软弱之心，它并不适合你。哦，敌人的杀戮者啊，立刻摒弃这种卑劣的懦弱，永不做懦夫，站起来，去战斗！"

在他于马德拉斯发表的著名演讲"我希望的运动"中，他提醒人们，要坚持印度的性灵源头，坚守自己灵魂的力量：

我的印度,站起来,去战斗吧!你们的生命力究竟是在哪里扎根的?是的,没错,它就在你们不朽的灵魂当中。每一个民族,就像每一个人一样,在它的一生中都有一个宏大的主题,那是它的中心,是一个主要的音符,其他的子音符都是围绕着这一主音符才构成了和谐乐章。任何一个民族,如果试图摆脱它的民族生命力,即通过无数世纪的变迁而得以传承,最终得以成为自己的那个特质,那么,这个民族就会灭亡……

在某一个民族中,政治的生活,是它扎根的生命力,就像英国。在另一个民族,艺术的生活,是其扎根的生命力,那又是另一种传统。以此类推。而在我们印度,宗教的生活就是它的中心,是整个民族生活的基调。因此,如果你们成功地摆脱了宗教,反而专注于它的社会生活与政治力量,那么,其结果也将是灭亡。即使从事社会和政治的改革,也必须通过你们的宗教信仰而来的生命力来宣扬才是妥当的……每一个人都必须做出自己的选择;每一个民族、每一个国家也应当如此。我们在很久以前,在我们祖先那里就已经做出了这种选择。那就是对不朽灵魂的信仰。一句话,我反对任何人试图让你们放弃自身的传统与信念。我也愿意向任何的放弃者挑战。无论是你们自己,或任何他者的介入,请问,怎么可能改变你们自己的本性呢?

同时,他要求印度人停止抱怨,利用他们手中的力量。只要他们意识到自己手中的力量,并与之相匹配,这种力量之巨大,是真的能够彻底改变整个世界的结构的。印度是性灵的大河。盎格鲁-撒克逊种族的物质征服,非但没能阻挡它的水流,反而助长了它,使得它的力量更加深沉。大英帝国的巨大能力使得世界各国终于联系在了一起;她开辟了跨海越洋的道路,从而使印度性灵的浪潮得以向外界传播,直至洒遍天涯海角,连大地的尽头也将沐浴其中。

那么,世界所等待的这个崭新的哲学信仰,它的神圣语言究竟是如何来说出的呢:

> 当今世界,希望从我们身上获得另一种伟大的思想,这种思想,也许在下层的民众中,要多于上层的民众;在未受过教育者那里,要多于已受教育者;在弱者那里,要更多于强者的心中。那就是整个宇宙精神之合一的永恒理念,那唯一的无限实在,它存在于你之中,存在于我之中,存在于所有人之中,存在于宇宙的自我之中,存在于灵魂无限的大一之中——你我不仅是兄弟,而且是真正意义上的一体——这是所有道德的永恒原理。
>
> 今天的欧洲需要它,正如我们受苦的印度民族需要它一样,而这一伟大的原理,甚至正在无意识地构成了英国、德国、法国和美国等所有最新的社会力量和政治愿望的基础。[①]

辨喜尊者在欧美世界所宣扬的,正是吠檀多不二论的思想精髓,它是印度精神最深刻、最独特的表达:

> 有一次,我听到有人抱怨说,我宣扬的不二论是绝对的一元论,彻底完全的一元论,而二元论太少了。唉,我知道二元论的信仰有多么伟大,它是爱的海洋,是无穷无尽、欣喜若狂

[①] 摘自辨喜尊者的著名演讲"吠檀多哲学的使命"(*The Mission of the Vedanta*)。原注。

的祝福和大喜悦。我都是知道的。但是,现在不是我们哭泣之时,即使是喜极而泣也不适宜,因为我们已经哭得够多,泪水流尽;现在也不是我们变得软弱的时候,这种软弱曾经一直伴随着我们,直把我们变得像一团棉花。我们的国家现在所需要的是铁一般的肌肉和钢一般的意志,是铁骨铮铮,是任何东西都无法摧毁与抵挡的强大精神,在任何一种艰难情境之下都要实现它的目的,哪怕是沉入海底、与死神对决,也要毫无怯场。这就是我们现在想要的。

而这一切,只有通过理解和认识了不二论的思想,即万物一体的理想境界,才能够得以创造、完善与强化。信仰,信仰,首先是对自己的信仰!……如果你们对自己神话中的三亿三千万个神灵有信仰,对任何外国人引入你们中间的所有神灵皆有信仰,却仍然对自己没有任何信仰,那么,你们就没有被救赎出来。

你们要对自己有大信心,一切信仰皆以此为基础,以此而得益。

为什么我们3.3亿印度人,在过去的1 000年里面,一直任由一小撮外来者随意统治?就是因为他们对自己有信仰、有信心,而我们却没有。我在报纸上读到过,当我们中的一个可怜人被一个英国人杀害或虐待时,全国上下一片哀号;我读着报纸读哭了,下一秒钟,我就想到,那么,谁该为这一切负责?不,首先不应该责备英国人,而是我们先要为我们自己的堕落与无能负起责任来。我们的贵族,我们过去的那些祖先、那些王侯一直把我们民族的普通民众踩在自己脚下,直至他们变得无助无力,直至在这种折磨之下,可怜的穷人几乎忘记了自己也是一个人,自己也有人性的力量。几个世纪以来,他们一直被迫充当樵夫、汲水的工人,以至于让他们相信,自己生来就是奴隶,生来就是樵夫和汲水者。①

他建议印度民族的领袖们,一定要培养对普通民众的感情,他认为,这是一种不可或缺的基础道德:

……因此,感受吧,我的改革者们,未来的爱国者!你们感受到了吗?你们感受到了千千万万的神灵和圣贤的后裔,都已经成了野蛮人(Mlechchha)的邻居了吗?你们是否能够感觉到,今天有千百万人在挨饿,而且,已经饿了很久了吗?你们是否感觉得到,无明就像乌云一样笼罩着印度大地?它是否让你们坐立不安,不能安寝了呢?是否让你们几近疯狂?你们是否被那毁灭性的苦难牢牢抓住了心窝,你们是否可以忘记你们的名声、你们的妻子、你们的孩子与财产,甚至,你们自己的身体?如果是这样,那就是成为真正爱国者的第一步。

几个世纪以来,人们一直被灌输一些让人堕落的理论。他们被告知自己一无是处。全世界的大众都被告知他们不是人。几个世纪以来,他们已经被吓唬得几乎变成了软骨动物。他们从未听说过什么阿特曼。那么,让他们听听阿特曼、聆听一下宇宙灵魂的声音吧。即使是最低贱、最无家可归的人,他的内心也有阿特曼,那是不生不死的灵:用剑,刺不破;用火,烧不坏;空,不能让它干枯;湿,不能让它淹没;它不死不朽也不毁灭;它无始无终;它纯粹、全能。它就是无所不在的阿特曼,是所有人的灵魂自我。②

啊,让每一个男人、女人和孩子,不需要分种姓、出身、高

---

① 摘自辨喜尊者的著名演讲"吠檀多哲学的使命"(*The Mission of the Vedanta*)。原注。
② 摘自辨喜尊者的著名演讲"我希望的运动"(*My Plan of Campaign*)。原注。

贵或卑微,都能够听到并学习阿特曼——隐藏在强者和弱者的背后,在贵族和贫民的背后,即每一个人的背后都有的那一个无限广阔的灵魂吧。是它,保证了所有人都有无限的可能、无限的潜力,使之成为伟大的和善良的人。让我们向每一个灵魂宣告觉醒之道:醒来,快快醒来吧,觉醒吧!从一切软弱的催眠术中苏醒过来。没有人是真正的弱者。灵魂就是无限的,它是无所不能、无所不知的。请站立起来,去证明你自己,坚持并宣布你内心的神圣性,不要拒绝,万不可否定你自己![1]

我们需要的是一种"造人"[2]的宗教。我们需要的是全面而深刻的人文教育。我们需要人本思想与人本理论。这就是检验真理的标准:任何让你的身体、智力和性灵精神变得虚弱的东西,都要像毒药一样拒之门外;那里面没有生命,它不可能是真实的。而这一真正的真理本身就是力量本身。真理是纯净的,是一切知识的总源头。真理必须让人强壮,必须是富有启迪的,必须是令人振奋、令人鼓舞不已的。否则就不是真理!所以,请放弃那些令人虚弱的神秘主义吧,要让自己的灵魂变得真正强大起来。最伟大的真理,往往就是世界上最本质的事物,就像你自身的存在一样,简单而纯粹。

因此,我希望的运动,是计划在印度建立一些机构,培养我们的年轻人,让他们在印度与印度以外的世界传播印度经典里面的真理。人,充满人性的人——这就是我们所需要的。

---

[1] 摘自辨喜尊者的著名演讲"吠檀多哲学的使命"(*The Mission of the Vedanta*)。原注。

[2] 辨喜尊者的宗教理想用他自己的话讲,即 Making-man,他在传播吠檀多与瑜伽思想的时候,常常以《奥义书》中的思想为依据,比如,"首先要崇拜这位居于我们自己心中的,值得崇拜的神"。(《白骡氏奥义书》6;5)。译者注。

其余的一切都会准备就绪。但我们首先需要的，是强壮的、是有活力的、有信仰的、有一腔热忱的年轻人。只要有一百个这样的人，世界就会发生革新。意志力需要强化，需要比任何事物都要更加强大起来。因为，一切都必须服从于意志，而意志来自上帝：无私、纯洁而坚强的笃定意志，它是无所不能的。①

如果婆罗门因遗传使然，而比卑贱的贫民更有学习的能力，那就不要再花钱去教育婆罗门了，而是要把钱花在卑微的贫民与穷人身上。总之，给予那些弱者，因为他们需要更多的世界礼物。如果婆罗门的聪慧是与生俱来的，那他就无须帮助，也能够自学成才。这就是我所理解的正义与理性！②

在接下来的50年里，让所有其他虚妄的神灵都从我们的脑海中一一清除吧。让那唯一的上帝醒着：那是我们自己的真实族群——到处都是他的手，到处都是他的脚，到处都是他的耳朵，他是一切，而且一直覆盖一切。所有其他的神都在沉睡。既然我们可以崇拜我们身边的神——"维拉特"（Virat）③，为什么我们还需要徒劳地去寻觅别的神灵呢？所有崇拜中的第一崇拜，那就是崇拜维拉特，崇拜我们周围真实的活人。这些都是我们的神——这些人，这些动物；一句话，

---

① 摘自辨喜尊者的著名演讲"我希望的运动"（*My Plan of Campaign*）。原注。
② 摘自辨喜尊者的著名演讲"吠檀多哲学的使命"（*The Mission of the Vedanta*）。原注。
③ "维拉特"（virat），受限于或制约于"乌帕蒂"的宇宙意识，即"粗糙身"的集合；宇宙灵魂的称呼。斯瓦米·洛克斯瓦南达在《印度生死书——四部奥义书义疏》（浙江大学出版社2013年）中解释virat为宇宙存在，他说："一个人，首先必须是从圣典中了解了'宇宙存在'（virat）——'宇宙存在'自'金胎'（Hiranyagarbha）中流溢而出，它悉知万有、光芒四射，并备受尊崇；然后他明白了自己与宇宙存在是合一者，最后他就获得了无限的喜乐。然而，这还不是解脱，从这里趋向于解脱，尚有不短的路程。因为，只有那'自我的知识'才会给人以解脱，无此'自我'之知，便无解脱可言。但是，如果你能够感知到自己与宇宙存在的同一身份，你便已经接近了解脱，你就会有正在趋近于它的真实感受。"译者注。

我们首先需要崇拜的神,就是我们自己的同胞。①

这些激动人心的话语,并没有被人们忽视。印度精神随着辨喜尊者的召唤而开始振作起来。印度意识到了印度灵魂的力量——那沉睡在人类身体内的上帝,以及其无限的可能。罗摩克里希纳和辨喜尊者就是印度民族意识的第一批觉醒者;他们是近代印度第一批真正意义上的民族领袖。罗摩克里希纳是神圣的力量,而辨喜就是这个力量传出来的声音。印度的自由精神与民族解放运动,人们可以理解为,它是从达克希什瓦开始起步的。随后,这个国家的政治领袖都自觉或不自觉地从辨喜宣布的思想中得到激励,找到启发,其中一些人还公开承认了这一点。孟加拉的革命者几乎都是辨喜著作的热心读者,其中一些著作还曾遭到英国政府的猛烈抨击。甘地在他的政治纲领中之主要原则——比如,提高劳苦大众的地位,就是辨喜尊者在近代印度觉醒之初,被他确立起来的思想遗产。

然而,具有战士一般品格的辨喜,并不是一个政治家,也不是政治意义上的思想家。"不要在我的著作或言论上虚假地附和任何一种政治的意义。那一切都是胡说!"——早在1894年9月,他就已经很清醒地说过这句话。一年之后,他又写道:"我与一切政治的胡说八道都毫无关系。我不相信政治。在这个世界上,上帝与真理才是唯一的政府,其他一切都是枯枝败叶。"②

---

① 摘自辨喜尊者的著名演讲"印度的未来"(*The Future of India*)。原注。
② 此信写于1895年9月9日。关于辨喜及其道院修会一贯坚决远离所有的政治活动,这是非常耐人寻味的事情。虽然,辨喜个人,以及由他牵头建立起来的强大组织影响了多股政治和社会思想潮流,这些潮流于近代一直在觉醒的印度体内流淌着。他们的政治领袖也喜欢用辨喜的话语,来辩护自己的政治立场。比如,早在1894年9月5日,也就是芝加哥宗教议会的后一年,加尔各答市政府召开了一次会议,所有阶级、印度教的所有教派参会,大家齐聚一堂,庆祝辨喜的胜利,并感谢美国人民。一封长长的信,附有印度著名人士的签名,被寄往美国。几个政(转下页)

辨喜尊者当然渴望印度的政治自由；但是，他认为，印度的政治自由与她对人类的服务有关。一个自由的印度，将在世界民族之林中占据她应有的席位，并为人类的友谊与和平事业做出她最重要的贡献。她所传达出来的信息，既是民族性的，也必须是国际性的。

就在辨喜尊者享受着从马德拉斯到加尔各答的舒适船旅之际，他的出生地，印度的大都会加尔各答，有一个接待委员会正忙着准备一场盛大的欢迎仪式。1897年2月19日，轮船停靠在巴

（接上页）治党派试图从辨喜的工作中牟利，但辨喜在得到提醒之后断然拒绝。他说："我不关心什么成功……我必须让我的活动保持纯洁性，否则我不会参与。"随着我们的深入了解，会越来越认识到辨喜尊者的无比清醒。在现实生活中，他有极了不得的行动力，他有意识地把自己的精力专注起来，将生命力发挥到最高的热度，就像一根蜡烛，两头燃烧，以他的亲证为印度与世界祝福。可以说，没有他，印度的独立很渺茫；没有他，很难换回印度的民族自尊，而且，也正是因为他，才激发起了整个近代印度民族的爱国主义与自由自主的社会运动，最终，有了印度的独立，即印度独立的第一个预言家、第一个精神强音之发出者，其实就是辨喜。而这一切，都是经过他个体的行动，经过他从森林走向文明的世界，从东方走向西方而造就出来的人世结果。但我们说了，更重要的是，他还是拥抱整个世界的思想家。他不仅是为了印度的独立而站立出来，还是把一个隐藏的神性信息告诉了所有人。那不是国家意义，而是普遍性的，故罗曼·罗兰在《辨喜传》中云："对于伟大的吠檀多僧侣辨喜而言，占主导地位的是其普遍意义，但让印度恢复活力的，则是其国家意义，因为印度回应了在那个历史关头席卷全世界的狂热要求——民族主义的致命要求，其巨大效果我们今天已经见证。所以，当时这个福音正处于充满危险的开端，有理由担心，它的高尚性灵会被扭曲为对民族或国家纯粹动物性的傲慢，及其所有愚蠢的暴行。我们了解这种危险，我们已经见证过太多此种理想——无论当初多么纯洁——被利用，为最肮脏的民族激情服务！然而，有没有别的办法可以在混乱的印度民众中间引发一种全人类的联合感，而无须让他们首先在自己国家的范围内感受到这种联合？一者引发另一者。还是我应该偏爱另一种方式，一种更费劲但更直接的方式，因为我深知，那些经历过国家阶段的人当中的大多数仍然停留在那里，他们已在途中耗尽信仰和爱的力量……但那不是辨喜的意图，他和甘地一样，只想着唤醒印度来为全人类服务。然而，辨喜比甘地更加谨慎，他会否认甘地铤而走险的努力——让宗教精神支配政治行动，因为正如我们从他寄自美国的信中看到的，每一次，他都在自己和政治之间挂一把亮闪闪的宝剑。"所以，辨喜建立的传道会，其目标和理想纯属灵性的、人道主义的，与政治无关。他们遵循辨喜的精神，同时，拒绝一切的政治力量。故而，100多年以来，随着政治的风起云涌，变化万端，各类与政治关系密切的宗教组织也纷纷瓦解，唯有辨喜建立的道院系统，至今屹立不倒。译者注。

吉巴吉（Budge Budge）。辨喜尊者及其随行人员一行，再乘火车抵达了加尔各答。欢迎会是盛大的，火车站、凯旋门挤满了热情的民众，没有装上马具的马车装满了青年学子，以及伴随着音乐和宗教圣歌的盛大游行。恒河岸边的一座王侯府邸，是供尊者休憩使用的。

加尔各答欢迎辨喜回家仪式，1897年

在1897年2月28日举行的招待会上，辨喜尊者的话语深受公众的欢迎。该城的大君名叫贝诺伊·克里希纳·德布（Benoy Krishna Deb），他主持欢庆大典，现场挤满了5 000多人。像往常一样，辨喜尊者要求人们回到《奥义书》启示出来的永恒哲学当中。他还向"我的老师、我的大师、我的英雄、我的理想、我生命中的上帝"——罗摩克里希纳，致以一番极动人的敬意。他以最深沉的感情说道：

第九章　荣归故里　257

如果在我的思想，或者我的话语和行为里，有任何的成就；如果从我嘴里有任何一句话语令人在今世得益，我无功于此，那只是他的贡献。但是，如果有任何诅咒从我唇边落下，如果有丝毫仇恨因我而出，那必是我自己的，而必不出于他。如果有过软弱，那是我自己的；如果有过生命的奉献，有过勇气、纯洁和神圣，那必是出于他的启示、他的话语和他的生命。

是的，朋友们，整个世界有待于去认识这样一位伟人。我们读过世上大量的先知与他们的人生故事，这些生命被其弟子们一代代延续，经过多少个世纪传递下来，直至我们的手中。经过几千年岁月的雕琢与剥蚀，那些昔日伟大的先知得以展现在我们的眼前。但是，在我看来，其中没有任何一位能超过我亲眼所见的这位圣者的高位。我生活在他的巨大影响之下，从他的莲花足旁我学到了全部——这就是圣者室利·罗摩克里希纳的生命！

几天之后，他又做了一次关于"吠檀多思想的各个阶段"的公开演讲。

辨喜尊者抵达加尔各答市不久，达克希什瓦正好举行了纪念室利·罗摩克里希纳诞辰的周年庆典。尊者在其同门兄弟的陪同下，参加了庆祝活动。他赤足走在这座圣庙里面。当他参观了大殿、师父生前的房间、潘查瓦蒂圣树，以及其他令尊者回忆起了罗摩克里希纳的地方时，他的心中涌现起了无限深沉的情感。那里人头攒动，已是人山人海。

辨喜尊者对大师生前挚爱的弟子吉里什说："哦，那时候的日子和现在可真是有了天壤之别啊！"

"是的，我知道，"吉里什回答道，"但是，我希望能看到更多的世界出现。"

有一阵子,辨喜尊者白天待在恒河边的那一座豪华府邸里,晚上,则与他在阿兰巴扎尔道院的精神兄弟在一起。他马不停蹄,几乎没有任何的休息。因为人们总是络绎不绝地前来,向他表示敬意,或聆听他关于吠檀多的演讲,也或者,只是为了来看看他。当然,也会有人来与他争论神圣典籍的深奥义理,考考他的学识底细。

但是,辨喜尊者心心挂念着的,还是那些受过教育的未婚知识青年,他可以培养他们将来全力从事这一项事业。他渴望在他们的心中注入自己燃烧的热情,希望他们成为他的"造人"宗教的传教士。辨喜尊者痛惜印度青年的身体虚弱,谴责印度的早婚制度,责备他们匮乏对自己与民族理想的信心与责任。

有一天,一个年轻人不由向辨喜尊者抱怨,说他在性灵生活方面无法取得任何的进展。他按照一位老师的建议,崇拜神像,又按照另一位老师的教导,试图让自己的心灵变得空灵起来,但是,这些训练都没有结果,毫无成效。

"先生啊,"这位年轻人诉说道,"我静坐,我冥想,我关上了房间的门,尽我所能地闭上了双眼,但是,我的内心从来找不到平静。尊者啊,您能为我指点迷津吗?"

"我的孩子,"辨喜尊者用充满怜爱的声音,回答他道,"如果你相信我的话语,你首先就要打开你的房门,环顾四周,而不是闭上你的双眼。你的周围有成百上千的穷人和孤苦无助者,你必须尽你的能力来为他们服务。你要照顾病人,为他们购买食物和药品。你必须喂饱那些没有食物吃的穷人。你要用你的知识去教导那些无知者。所以,我给你的建议是——如果你想心安理得,内心平静,那就必须尽你所能,去服务众人吧!"

另有一天,一位著名的大学教授来拜见,他也是罗摩克里希纳的家居弟子,他对尊者说:"我知道,你常常在谈论一些服务、慈善与为世界做好事的话语；但是，这些毕竟属于摩耶幻相的范畴。吠檀多哲学一直告诉我们说，人的目标，就是要通过打破摩耶的枷锁，而获得'穆克提'（Mukti），即解脱。而你总是在宣扬让一个人的心思放在世俗的事务上，那又有什么意义呢？"

辨喜尊者回答道：

难道"穆克提"（Mukti）这一概念，不也是属于摩耶的范畴吗？另外，吠檀多哲学不是一直在强调说，阿特曼的存在，永远都是自由的吗？如果你相信吠檀多，那么，你说说看，为什么人们还需要为解脱而奋斗？

他在另一个场合还曾说过：

当我在印度各地漫游时，进行着各种各样的性灵实践与修行。我在荒寂的山洞，在危险的悬崖，我曾日复一日地冥想、深入地沉思。还有很多次，我已经决定要把自己饿死，因为我无法实现那种"穆克提"的境界。而现在，我已经无欲无求。只要这个宇宙中还有一个人处于束缚与痛苦之中，我就不会去在乎我的个人解脱之事。

辨喜尊者经常说，在不同的时代，人们当有不同形式的性灵实践。比如，在一个时期，苦行的实践最为有效；在另一个时期，神爱的培养最为有效；而在第三个时期，则是分辨真与幻的哲学最为有效，以最终达成弃绝的效果。但是，他强调的是，在现今这样一个时代，唯有无私地为他者服务，即行动瑜伽，才会很快带来性灵的殊胜成果。因此，他提倡无私与无我的行动路径：不是无为，而是行动和不执。他特别建议印度人去遵守这一路径，对他们的现实人生最有价值,因为印度人长期被"答磨"这种惰性束缚,迷惑久矣,还自以为高明。尊者意识到,只有打开了"罗阇"(Rajas)属性,他们才有望获得"萨埵"(Sattva)属性,最后走向真实的"穆克提",即解脱境界。至于尊者本人,他在梵涅槃的三摩地中曾彻底实现了与梵的合一,从而了解了"无我"的本质。但是,根据上帝的旨意,他又让自己从超意识中走出来,降到了对现象世界的一般意识当中,就像佛经中所说的菩萨(Bodhisattva)那样,不住涅槃(Nirvana)住人间,从而为人类的福祉,将自己的生命贡献出去。

辨喜尊者已经发现,要让自己的师门兄弟转变观念,皈依到他所理解的信仰、法则与路径当中去实践是非常困难的。这些尊者大都是一些个人主义者,渴望的乃是个人的救赎与解脱。他们希望进行苦行与拜忏,享受着平静的冥思生涯,过一种远离世界喧嚣的隐遁日子。故而对他们来说,上帝是第一位的,其次才是这个世界。至少,他们是这样理解罗摩克里希纳的教导。那些年轻的僧侣认为,对于一个发过修道誓言的人来说,世界就是摩耶,是一个幻境;因此,所有的活动,包括善行、慈悲与一切的公益活动,最终会使人沉陷于世俗的生活。

但是,辨喜尊者的思想却与他们不同,他是通过另外一个渠道获得的。曾经,罗摩克里希纳告诫过他,与神对话一定需要学会睁开你自己的双眼。换言之,人们展开与神的联系,就是需要通过为穷人、病人、饥饿者与无知无识者服务来达到。在那些无数的漫游日子里,尊者已经用他睁开的双眼目睹过印度民众的无尽苦难,感受到印度在无声地吁求他的帮助。而在美国与欧洲,他又见证了人类的物质繁荣、充满活力的社会生活,以及通过科学、技术,以及有组织的活动而取得的社会整体进步。他一次又一次地想起罗摩克里希纳的话语:"宗教不是给空腹者准备的"(Religion is not for empty stomachs)。

因此，他向自己的同门指出，那些自称追求个人解脱者，与罗摩克里希纳——这位神的化身（Incarnation of God）——弟子的称呼是不匹配的。他们接受了这位救世主的恩典，这一事实本身就应该让他们确信自己一定会得到救赎与解脱。他强调说，他们的职责更应是作为受神的启示者，从而为他人服务。他说，他希望建立一支新的僧侣队伍，他们不仅要发下传统意义上的个人得救的旧誓言，还要发下为整个人类服务的新誓言。

师门兄弟十分尊重辨喜高超的性灵境界，所以，他们都敬重他，将他视作大师特别拣选出来继承其事业的人，尽管并不全然赞同，他们却都愿意服从他，因此，斯瓦米·罗摩克里希纳南达（Swami Ramakrishnananda）——大师去世之后的十二年里——一直担任师父圣地的看守人，将对大师的崇拜，视为自己至高无上的性灵修行，甚至没有一天离开过巴拉那戈尔和阿兰巴扎尔的道院。如今，在辨喜尊者的授意之下，他便孤身前往马德拉斯；最后，他在南印度建立起了一个重要的吠檀多中心。而阿坎塔南达则前往穆尔希达巴德（Murshidabad），他在那里，为当地的饥民服务，开展人道主义的救济与援助的工作。阿贝达南达与萨拉达南达则早就去了欧美世界，弘扬新时代的救世方案。

至于辨喜尊者本人，则不断地展开演讲、交谈，向人们传授《奥义书》，叮嘱他们要培养起内心源头的力量，这种力量来自所有人心中对神的认识。但一连串的高强度工作与印度的炎热气候，很快影响到了他的健康状况。于是，在医生的建议之下，他去了喜马拉雅山东南部的大吉岭，在那里做了一次短暂的休憩，待元气稍稍恢复了一些，便回到加尔各答，再次投身于教学工作。

一些青年人，受辨喜尊者炽热的言语所激发，振奋之下，加入了修道会。另外，还有4人，辨喜尊者出国期间，他们一直在年长的斯瓦米指导之下,于道院里面修行,现在,他们渴望在伟大的精神领袖这里,接受正式的修道训练,进入僧侣的生活。辨喜尊者的一些同门对其中一人表示犹豫,因为在他过去的生活中有一些负面的事件。

这就激起了辨喜尊者的一种强烈愤懑的感情。他说道:"这究竟是怎么一回事?如果我们对罪人退避三舍,那还会有谁愿意来救助他们?此外,你们试着想一想,有人为了过上更好的生活,他来到了我们的道院寻求庇护,这本身就说明了他的美好意图,所以,我们必须帮助他。假若一个人很坏,你又不能改变他的性格,那你为什么要穿上僧侣的道袍?你们凭什么扮演导师的身份?"

于是,这4人都被同意了,接受为僧侣,成为弃绝者桑雅士。

在那个神圣的剃度仪式之前一天,辨喜尊者向他们重点讲述了弃绝与服务的荣耀。他说:

> 请记得,正是为了拯救自己的灵魂,为了无数人的福祉和快乐,桑雅士诞生在这个世界上。为他人牺牲自己的生命,为千百万个哭声撕裂空气的人减轻痛苦,为寡妇擦去眼角的泪水,为失去亲人的母亲与孤儿而前往,去抚慰他们的心灵,为无知和沮丧的大众,提供生存与战斗的勇气,使得他们可以自力更生。向所有的人传播普遍的教导,为他们谋求性灵与物质的福利;通过吠檀多的知识,唤醒众生心中沉睡的梵狮——是的,桑雅士就是为此而诞生于人世间的。

接着,辨喜尊者回首,转向他的那些同门说:"记住,我们出生就是为了实现这一人生目标,我们将为此需要献出自己的全部生命。醒来吧,快快醒来,去唤醒他人,完成你们的人生使命,你们就会抵达最高的目标。"然后,他又对那些有志于修道的人说:"你们必须放弃一切。你们不能为自己寻求舒适或快乐。你们必须视黄金和一切可欲之物为毒药,视名誉和声望为卑鄙的俗物,视人间的荣耀为可畏惧的洞窟,视社会地位的荣耀与骄傲为有罪的烈酒。为了成为他者的良师益友,为了整个世界的福祉,你们必须通过真我的知识而获得最后的解脱。"

从下面这件事情中,我们大体可以了解到辨喜尊者的一颗悲心之深沉。道院的许多人认为,他在选择弟子时并不十分挑剔。几乎任何一个人只要他稍加恳求,几乎都可以成为性灵的学生,从他那里获得教导,而后来发现,其中有些人还常常沉溺于恶行。他的一个弟子斯瓦米·尼玛拉南达(Swami Nirmalananda)[①]对他说,您缺乏正确的判断力,并不了解真实的人性。辨喜尊者的脸涨得通红。辨喜尊者惊呼道:

> 你说什么?你认为我不了解人性?关于这些不幸的人,我不仅知道他们今生与今生所做的事情,我还知道他们前生与前生所做的事情。还有,我完全知道他们的将来与将来要做的一切。那我为什么还要对他们仁慈呢?因为这些无助者曾经敲开过许许多多的大门,希望得到心灵的安慰与一句鼓励的话语,但是,他们没有得到,他们到处都遭到了拒绝。如果连我都拒绝了,他们将再也无处可去了。

---

① 原名图拉西·查兰·杜塔(Tulasi Charan Dutta),生于加尔各答,从辨喜尊者和布拉马南达那里接受为桑雅士,是道院中富有影响力的第二代著名僧人之一。他后来在美国成为阿贝达南达尊者的副手,在纽约的3年工作成就卓著。其晚年的主要传道地方则是在喀拉拉邦,也是在那里离世。译者注。

还有一件事，也可以帮我们了解辨喜尊者的温柔与慈悲。有一天，尊者正在给一位弟子讲授《吠陀经》和萨亚那大师（Sayanacharya）的深邃注释，这时，孟加拉的伟大剧作家，也是罗摩克里希纳的亲密弟子吉里什·钱德拉·戈什（Girish Chandra Ghosh）①来了。辨喜尊者用他熟悉的名字对他说："好吧，G. C，你一生都与克里希纳，还有毗湿奴（Vishnu）在一起。②却对《吠陀经》和其他的重要经文一无所知。"

吉里什·钱德拉·戈什（Girish Chandra Ghosh，1844—1912），孟加拉著名剧作家

　　戈什承认自己对《吠陀经》很无知，他说："我只是向吠陀的化身罗摩克里希纳致敬！"

　　戈什深通人性，他也了解辨喜尊者虽然在宣扬智力锋利的吠檀多哲学，却有着一颗极温柔的心灵。他想在众门徒面前展示辨喜尊者本性的这一面，于是，开始用他惯用的诗意语言描绘出印度民众的苦难——大众的饥饿、妇女的屈辱、各地百姓的疾病和普遍的苦难——一幅幅令人心碎的画面。突然，他对尊者

---

① 孟加拉地区的重要剧作家，他惊人的创造力通过写作和表演得以体现。创作了许多著名的剧本，并在其中的大多数剧本中担任演员。他创作的歌曲至今仍广为流传。18世纪末，受西方影响，现代印度戏剧首先在孟加拉地区发展起来。以戈什为其中最重要的剧作家之一。其他地区的剧院或多或少地沿袭了孟加拉地区的模式，并在随后的100年中走上了同样蜿蜒曲折的道路，尽管它们从未实现同样的蓬勃发展。译者注。
② 辨喜尊者这里暗指戈什所创作的一些戏剧，其中克里希纳、毗湿奴和其他印度神话人物在剧中扮演重要角色。原注。

第九章　荣归故里　265

说:"现在请告诉我,尊者,你的《吠陀经》如何教导我们矫正这种状况?"

当尊者在一边静静地倾听着至亲密的友人这样一番话语,无法抑制住自己的感情。最后,这种情感冲破了他所有的理性束缚,不由得泪流满面,放声痛哭起来。

戈什提请斯瓦米的弟子注意这位伟大的领袖,他说:"也许你们一直都很钦佩你们导师大脑中的敏锐智慧。现在,你们也看到了他最伟大的那一颗柔软的心灵。"

1897年5月1日,辨喜尊者在其亲密的居士兄弟博斯的家中召集了一个重要会议,由罗摩克里希纳的僧俗两众弟子一起参与,会议的目的是将这些工作建立在严格组织的制度基础上。他告诉他们,通过自己的经验,尤其是将印度社会与美国社会进行对比,他确信,缺乏组织的精神,正是印度人性格中的一大缺陷。印度教徒的许多智慧和精力就这样被白白浪费掉,却没有产生出任何一种丰硕的成果。他还回顾了当年的佛教是如何通过佛教组织在印度境内与境外传播开来的。因此,他请求罗摩克里希纳的出家弟子和居士弟子能够通力合作,将他已经启动的教育、慈善和宗教等活动有效地组织起来,但可惜的是,迄今为止,这些活动都是以非系统、非组织的方式展开的。

此外,辨喜尊者宣称,在印度这样的一个国家,以其当时的发展状况,要求在民主的基础上成立一个组织显然还不成熟,也不明智,因为在民主的基础上,每个成员都有平等的发言权,并根据多数人的投票来做决定。民主的原则可以在以后遵循,随着教育的普及,人人将学会如何为公共利益以牺牲个人的福利和偏见。因此,辨喜尊者说,该组织目前应由一位"权威人物"领导,每个人都必须服从他。随着时间的推移,该组织应将众人的意见和同意作为未来的裁决依据。而且,他自己也只是以共同领袖的仆人身份一起参与其中,就像众人一样。①

辨喜尊者向在场的所有成员提议,协会应该围绕导师罗摩克里希纳,"以他的名字命名——我们正是因奉他的名字而成为桑雅士,也是以他为理想,过着居士的生活;他的圣名、影响和教义,在他去世后的12年内,在东方和西方都以如此不可思议的方式传播开来"。所有成员都积极响应,赞同辨喜尊者的提议。于是,罗摩克里希纳传道会(The Ramakrishna Mission Association)产生了。

该协会的宗旨:为了人类谋福利,通过传播罗摩克里希纳的生活实例所传达出来与所教导的真理,帮助其他人付诸实践,以提高人们的身心和性灵的境界。

该协会的职责:本着正确之精神,通过指导由罗摩克里希纳发起的各项社会运动,以便在不同宗教的信仰者之间建立起兄弟情谊。因为众人已经知道,这些信仰,实则都是同一个永恒宗教的不同形式。

其行动方式是:(a) 培训人员,使他们有能力传授有助于提高大众的物质和精神福利的知识与科学;(b) 促进和鼓励技艺的创造,帮助社会发展现代的工业;(c) 在社会大众中间介绍和传播罗摩克里希纳的生平,阐明吠檀多的思想与其他崇高理念。

罗摩克里希纳传道会有两类工作隶属:一是在印度境内工作,二是在印度境外工作。前者通过在印度各地建立道院与僧院,培养愿意献身于教导他人的居士和僧侣。后者则派遣训练有素的

---

① 这里可以讲述一件后来发生的感人事件,它也表明了辨喜尊者完全的自我牺牲精神。他把自己从美国带来的用于开展活动的资金交给了贝鲁尔道院的新任主席布拉马南达,并要求"只吃孩子,不伤母羊",意思是要求道院只花利息,不用本金。这样,他就没有了任何的个人积蓄。几分钟后,他说他想去加尔各答,并请求他的一个弟子向布拉马南达要几个便士,用于乘坐渡船过恒河。布拉马南达感到尴尬,告诉尊者说,所有的钱都是他的,他不能以这种方式向他要钱。但辨喜尊者坚持自己要像其他道院的成员一样,不存私财。原注。

教团成员到印度境外的国家,在那里建立吠檀多中心,以增进印度与世界各国之间的关系,增进了解。罗摩克里希纳传道会的目标和理想,纯粹是性灵的和人道主义的。它与一切政治无关。

传道会成立之后,辨喜尊者的内心感到了一种巨大的解放与满足。他通过自己的头脑、心灵和双手,运用宗教为人类谋福利的愿景,如今终于得以实现。

他还发现,科学、宗教、艺术和工业之间,没有本质的冲突。所有这些都可以用来敬拜伟大的神性,人们可以通过上帝的各种人格的服务形式来侍奉他,也可以通过非人格的冥想形式来侍奉他。此外,正如罗摩克里希纳伟大的心灵,用他自己的爱拥抱了整个人类。罗摩克里希纳传道会也承诺,致力于促进不同信仰间的兄弟情谊,因为它们的和谐,就构成了永恒的普遍性宗教。

辨喜尊者担任传道会的总主席,并任命布拉马南达尊者与尤迦南达尊者为加尔各答中心的主席和副主席。每周在巴拉罗姆家举行一次会议,讨论《奥义书》《薄伽梵歌》《吠檀多经》的经文和一般性的宗教命题。①

即使是到了这个时候,辨喜尊者也无法完全说服他的一些同门兄弟接受他的宗教观,即通过为人类的服务来崇拜神。以前,他

---

① 1899年,辨喜尊者建立了贝鲁尔道院,即现在的罗摩克里希纳传道会的世界总部,并将其管理权交给了一个从罗摩克里希纳修道会的成员中选出来的委员会;该修道会的主要目的,就是培养弘道者的灵性境界,并以一切可能的方式为人类服务。不过很快,它的公共活动受到了限制。随着贝鲁尔道院的成立,罗摩克里希纳传道会就不再作为一个独立的组织运作。人们感到有必要开展广泛的慈善、公益、教育和传教工作。因此,一个名为罗摩克里希纳传教团的独立组织就成立了,以开展这些广泛的活动,并于1909年获得了合法地位,出家人和家居者均可加入。但是,罗摩克里希纳传教团的管理权属于一个理事会,该理事会暂时由贝鲁尔僧院的委员会成员组成。现在,贝鲁尔的罗摩克里希纳道院和罗摩克里希纳传教团(Ramakrishna Mission)在印度各地都有它们的分支机构。道院的成员,主要致力于学习、祈祷、礼拜和冥想等灵性修炼;而传教团的成员,则在各个领域开展他们的公共活动。原注。

们不断听到罗摩克里希纳反对传教、反对过度研习经典与慈善活动,并曾劝诫有志者要过祈祷和独处于冥想的生活,来加强对神的爱。因此,他们认为辨喜在西方的传教活动,与大师最初的教导格格不入。其中一位更是直截了当地对辨喜尊者说:"你在美国没有宣扬我们的师父,你只是宣扬了你自己。"尊者同样直率地反驳:"让人们先了解我,然后,他们才会了解罗摩克里希纳。"

有一次,辨喜尊者知道了自己有些同门想以罗摩克里希纳的名义,建立起一个狭隘的教派,试图把罗摩克里希纳的道院变成一个具有崇拜性质的神庙(Temple),在那里,宗教的活动仅仅围绕着虔诚的音乐、崇拜的礼仪与祈祷而进行。于是,他的话语就像一颗重磅的炸弹向他们轰隆隆而来。他质问他们,怎么知道他的想法与罗摩克里希纳的理念不一致。他说:"你们想把那无限的化身罗摩克里希纳封闭在你们自己的思想之井底吗?而我,正是要打破这些限制,要在全世界传播他的伟大理念。他从未要求我崇拜他,或其他类似的事物。"

难道辨喜尊者没有一次又一次地证明,正是罗摩克里希纳在支持他的一切行动吗?他深深知道,无论是在印度的荒野,或是芝加哥的繁华街道,他自己都是凭着大师的恩典,才能够战胜一切的磨难,从中获胜。

"罗摩克里希纳,"辨喜尊者继续说道:"远比我们这些弟子所能理解的要伟大宽阔得多。他是无限性灵的直接化身,他能以无限的方式来展示他的思想……他那和蔼可亲的眼睛,只需要轻轻一瞥,就能够在一瞬间创造出十万个辨喜来。而现在,他选择了我,愿意让我成为他的工具,我必须臣服于他的这种意愿。"

对此类问题,辨喜尊者非常谨慎,生怕感情用事和限于思想的偏狭,以这样或那样的形式渗透到这个新的组织里面,因为,他从心底里面厌恶某些东西。①

　　但是，有一天，内部的矛盾达到了顶峰，那是发生在加尔各答的巴拉罗姆家里面的事情。尤迦南达尊者——罗摩克里希纳指认过的人物，属于他的奉献者"核心圈子"的同门兄弟——说，大师只强调性灵追求者的梵行，即虔敬之道（bhakti）才能为精神追求者服务，而慈善活动、社会组织、公共利益只是为了大众的好处，至于爱国主义的工作，则是辨喜尊者自己的独特想法，是他在欧美接受西方教育和异国见闻的结果。

　　起初，辨喜尊者以一种直接的幽默方式反驳了他的师弟。他说："师弟啊，你究竟知道什么呀？你是一个何等无知的人啊……你懂得什么是宗教吗？你只会双手合十祈祷，'主啊，你的鼻子多么美！主啊，你的眼睛多么动人！'诸如此类的胡言乱语……你甚至以为这样，你的救赎就被担保了，解脱已经有了完美的保障，因为罗摩克里希纳会在最后时刻降临，牵着你的手，带你一起去了最高的那个天堂！按照你的说法，学习经典、四处弘道与从事人道主义的工作都是一种'幻觉'（Maya），因为你常常对人说，'首先，你们要寻求，找到上帝；为世人行善，为世界做好事只是一个多此一举而已！'好了好了，你仿佛以为上帝是很容易被亲证的事情似的！莫非上帝就是这样的一个傻瓜，会让自己充当低能儿手中的一件玩物吗！还有，也许你以为你自己比我更了解罗摩克里希纳！你认为智慧之道（jnana）是非常枯燥的知识性寻觅，通过的只是那一

---

①　辨喜尊者非常敏感于宗教里面的迷信与政治。他认为，在真正的宗教里面，从来不可能有争论，如果曾发生过宗教的争论，那只能意味着灵性的不在场。而历史上所存在的宗教矛盾、宗教迷信，甚至焚烧异端等，那更是与宗教无关，宗教从来不会干这些事情，这些事情的真正主角是"政治"。人们只要一深入下去，就会发现那不是宗教本身，而是隐藏在宗教里面的政治，以及人性的虚弱："在世界上，无数从事宗教工作的人里面，有不少人其实是政客。这些已经构成了人类的历史。他们很少是真正追求真理的坚韧不拔者……他们大多数更关心的是民众的崇拜——他们的迷信，他们的虚弱。他们不是去征服本能，反而是去迎合本能。"译者注。

条沙漠般的道路,是干巴巴的,只会扼杀人们内心的温柔与爱的能力!可你未必知道,你的奉爱之道,很可能只是一种感情用事的胡话,让人变得更加无知无能。当然,你内心也许是想按照你对罗摩克里希纳的理解来宣扬他,这没错。但问题是,你对他的理解远远不够啊!所以,请把你的那只手拿开,不要试图一手遮天!谁在乎你理解的罗摩克里希纳?谁在乎你的'巴克提'(意为虔敬)和'穆克提'?谁在乎你的宗教圣典怎么说?如果我能够唤醒我的同胞,让他们学会自力更生,成为受行动瑜伽的精神鼓舞的人,我愿意下1 000次地狱。我不是罗摩克里希纳的崇拜者,我也不是任何人的追随者,我只追随那些只服务和帮助他人,而从来不关心自己的'巴克提'和'穆克提'的人!"

说到这里,辨喜尊者因情绪激动而声音哽咽,他的身体微微有些颤抖起来,眼睛里如同燃烧着一股火焰,同时闪烁着泪花,他快步地走到了隔壁的房间。过了一会儿,他的几个同门师兄弟走进房间时,发现他正在专注地冥想,双眼半闭,泪流满面。将近一个小时之后,尊者从地上站起了身子,洗了一把脸,加入客厅里面他的性灵兄弟们中间去。他的脸上还残留着刚刚经历过的"风暴后那雨水"的痕迹,但是,他已经恢复了平静。他轻声对他们说话,语气温柔:

> 当一个人达到了虔敬的境界,他的心灵和神经就会变得如此柔软和精细,以至于连一朵花的触碰都无法承受!……我不能长时间地思考或谈论罗摩克里希纳,否则就会不堪重负。因此,我总是将自己锁在圆满智慧(jnana)的那个铁环上面,因为我在祖国的工作尚未完成,我向世界传达的信息尚未全部传达。所以,每当我发现那些虔敬的情绪涌上自己的心头,把我从站立之地驱逐,我就会狠狠地击打它们,让自己重

新变得坚定而强大,用苦行者的坚韧与智慧来强化行动的力量。哦,我还有工作要做的!我只是罗摩克里希纳的一枚"棋子",是他把工作留给了我,在我完成工作之前,他不会让我休息的,我一刻也不得闲下来。哦,我该如何来谈论他呢?哦,我该如何来谈论他对我的爱呢!

此话言毕,他再一次进入了冥想出神的状态,尤迦南达尊者就与其他人改变了话题。后面他们又带他到了楼房的屋顶上散步,试图通过一些闲聊以转移他的注意力。他们感到辨喜尊者内心深处的那一缕原初之灵已经被唤醒了。他们还记得师父曾经说过的那句话:"当纳兰知道自己是谁的那一天,他就会离开这个世界,不再活在这一身体之内。"因此,从那一日起,同门师兄弟再也没有质疑过辨喜的做法,因为他们清楚地知道了一点,即师父正在通过他而进行人类的工作。

从这一件事情当中,我们可以看到辨喜尊者的内心深处是多么热爱梵行、热爱上帝。但是,在他的公开演讲中,他一直在敦促印度人控制自己的感情;他强调人们需要展开对吠檀多哲学的研究,因为,他认为吠檀多是唤醒印度人的万能灵药,能让他们重新振作。他还进一步为他的同胞制定了体力劳动、精神劳作、科学研究,以及为人类服务的各项有效计划。辨喜的使命,就是要为这个被自己的宗教感情所迷惑而导致消化不良的民族注入新的活力和新的信念。他希望在所有的行动领域,都能够唤起英雄主义式的朴素而高尚的精神。

其实,与他自己的师父一样,辨喜的心灵天生就倾向于对绝对者的冥思与专注。同样,他也像罗摩克里希纳一样,不得不将自己的超然意识,强行落到世俗的日常意识当中,以便于为人类事业服务。因此,他要在炽热异常的绝对之爱与对人类苦难那不可遏制的悲悯之间艰难地保持着一种平衡。辨喜尊者之所以能够既成为印度近代的民族圣人,同时,深受西方世界的敬仰,其大体原因即在于此。当他必须在此两者之间做抉择时,总是人类痛苦的呼求赢得了胜利。为了改善人类的苦难,他愿意牺牲三摩地的极乐(Bliss of Samadhi)。辨喜的这种精神也感染了他的所有同门。如前所述,其中一位同门阿坎塔南达到了孟加拉的穆尔希达巴德,为那里的饥民提供食品和护理;另一位同门特里古纳蒂塔(Trigunatita)则于1897年在迪纳杰布尔(Dinajpur)开设了一个灾荒救济中心。在迪奥加尔、达克希什瓦与加尔各答等,也纷纷建立起了其他的中心,一起致力于为大众服务。

总之,辨喜尊者欣喜地看到了他在印度的工作有了喜人的开端。1897年7月9日,他给美国的玛丽的信札中写道:

> 最近,我的脑海里面只有一个念头在燃烧——启动提升印度大众社会地位的机器,如今,我已经在一定程度上成功地做到了这一点。
>
> 当我看到我的这些孩子如何在饥荒、疾病和苦难中工作——在患霍乱的贱民床边照顾他们,给那些挨饿的旃陀罗(caṇḍāla)①喂养食物,我是何等开心啊。我想,你若是知道这一切,你的心灵也一定会与我一样高兴。上帝向我、向他们、向所有人提供着帮助呢……他一直与我同在,他就是我心灵的挚爱。当我在美国、在英国,还有在印度四处流浪、漂泊漫

---

① 印度的一个阶层,通常被认为是弃民和贱民。根据古代法典《摩奴法典》,该阶层起源于婆罗门妇女与首陀罗男子的结合。在现代社会,旃陀罗也常常被用于指孟加拉地区的一个农民、渔民和船夫的种姓,通常被称为 Namaśūdra。还有一些学者认为,该种姓的起源比哈尔邦的一座名为拉吉马哈尔山(Rājmahāl)的一个土著部落。译者注。

游,又常常不知何去何从时,他也是与我同在,在帮助着我。至于他们说了一些什么关我什么事?① 这些婴孩,他们根本不懂,不知道任何更好的事物。什么? 我已经领悟了至高精神,明白了尘世的一切无聊之物,怎么还会被婴孩们的聒噪声迷惑? 我看起来像是那样的人吗? ……我觉得我的使命已经完成了。我的生命最多还剩下三四年……我已经完全失去了对我自己解脱的所有愿望,我也从未思念过世俗的欢愉。我必须看到我的工作机器在强大的工作秩序之下有效地运行起来。然后,当我确信我已经在印度,为人类的福祉投入了一个杠杆,没有任何力量可以将其推倒。我就可以安然入睡了。而我无须关心接下来再会发生什么。

愿我一次又一次地重生,遭受一次又一次的磨难,这样,我就可以崇拜那唯一存在的上帝、我唯一信仰的神,所有灵魂的合一者。最重要的是,我的上帝是邪恶者的上帝,我的上帝是悲惨者的上帝,我的上帝是所有种族、所有种姓的穷人的上帝。这样的上帝,他才是我特别崇拜的那一位。

---

① 指某些美国的传教士对辨喜尊者的一些诽谤言论。原注。

第十章

北 方 之 旅

从 1897 年 5 月到年底，辨喜尊者在印度北部展开了长途的旅行，并且做了许多次演讲。当时，医生建议他尽快前往空气凉爽的阿莫拉（Almora）进行身心的疗养，而北印度的一些著名人士也一再地向他发出恳切的邀请，希望他能够去讲授印度的宗教。于是，在他的一些同门与弟子的陪同之下，他离开了加尔各答。后来，西维尔夫妇、穆勒小姐和古德温也加入了这一行程。

在勒克瑙，他受到了热烈的欢迎。在阿莫拉看到的喜马拉雅山，又给他带来了内心的平静，他的心中充满了超然与崇高的精神，这些伟大的山脉，正是这种精神的象征。但是，当他收到美国弟子的来信，谈到基督教的传教士——其中，居然包括了芝加哥宗教议会的主席巴罗斯博士——散布不利于他人格的恶意报道时，他的平静生活被打乱了。显然，他们是嫉妒尊者在印度所获得的崇高声望。巴罗斯博士告诉美国人，关于尊者在印度所受欢迎程度的报道，被大大地夸张了。他指责辨喜尊者只是一个骗子，甚至有些话语几近辱骂，并说："我不知道该不该认真对待他。他给我的印象，就是印度的马克·吐温。是的，他是一个天才，也有一些追随者，尽管只是暂时的。"

辨喜尊者甚是震惊，也深感悲痛。应他的请求，马德拉斯人为巴罗斯博士举行了一个盛大的招待会，但是，这位缺乏宗教普遍主义精神的传教士,并没有给人们留下什么好印象。

1897年6月3日,辨喜尊者怀着一种厌倦的心情,给一位朋友写了封信:

> 至于我自己,我已经很满足了。我已经唤醒了一些人,这就是我想要做的事情。余者,就顺其自然,顺其因果吧。我在人间再无羁绊。我已经看清广大的生命,而这一切,都指向了自我——生命是为了自我,爱情是为了自我,荣誉是为了自我,一切都是为了自我。回首历历往事,我几乎找不到我为自己做过什么——甚至,连我的"恶行"也不是为了自我。因此,我是满意的——并不是我觉得自己做了什么特别好或特别了不起的事情,而是这个世界是如此渺小,生命是如此卑微,生存更是充满如此不自由的奴性,以至于令我惊叹、令我发笑。人类,这拥有理性的灵魂的人类,他的一切劳作,竟然是在追逐这个自我——追求这样一类卑微的、可憎恶的回报。
>
> 这就是人类的事实。我们陷入了一个又一个自我的陷阱,所以,越早脱身,于我们越为有利。我看清了生命的实相——就任此一自我之身,时而浮起,时而沉下,何必在乎它呢?……
>
> 我生来就是要过学者的生活——在安静中隐退,埋首钻研我自己所喜欢的书籍。但是,神圣母亲却不是这样安排我的命运。即便如此,学者的天性却一直都是存在的。

在阿莫拉,辨喜尊者的健康状况似乎大有改善。5月29日,他在给一位朋友的书信中如此写道:

我开始在马背上做大量的运动,而且早晚都做。确实,我的身体已经好了很多……我真的开始觉得,拥有一个好体魄是一种多么好的人生享受。每一个动作都让我感觉到了力量——是的,肌肉的每一个小小运动都是令人心旷神怡,令人欢喜的……你应该看看我,博士先生,我正坐在美丽的雪峰之前冥想,赞颂《奥义书》中内容的样子:"他无疾病、无衰朽、不腐烂,更没有死亡;因为,他确实获得了充满瑜伽之火的身体。"

辨喜于1897年5月在阿莫拉山城居住过的旧房子

同时,他欣喜地获悉,他的那些弟子逐渐成熟起来了,与自己的同门师兄弟一起,正全身心地投入各式各样的慈善和传教活动当中。

当时,他从阿莫拉出发,如同风一般吹过,游历了印度西北的旁遮普和克什米尔,到处播撒复兴印度文化与印度宗教的种子。在巴雷利(Bareilly),他鼓励学生们组织起来,展开具有行动与实践意义的吠檀多。在安巴拉(Ambala)，他很高兴见到了他心爱的西方门徒西维尔夫妇追随过来。在阿姆利则(Amrisar)、达兰萨拉(Dharamsala)和穆里(Murree)待了几天之后，他们又前往克什米尔。

在查谟(Jammu)地区，辨喜尊者与查谟大君进行了长时间的会谈，并与他讨论如何在克什米尔建立一座道院，为青年人提供不二论教育的可能。在这一交谈过程中，他也痛心地指出，当今的印度教徒是如何背离了他们祖先的崇高理想，人们又是如何借由宗教的名义，执着于各种各样的迷信，进一步扭曲了它。比如，他说，在古代，人们即使犯了通奸等真正的罪过也不会被驱逐；而在今日，人们只是违反了有关食物的规定，就会成为贱民，成为不可接触者！

几个月后，他在凯特里时，就同样的话题说道：

> 这些宣称自己有信仰的人，既不是印度教的教徒，也不是吠檀多哲学的信徒——他们只是在推崇"不接触主义者"的教条。在那里，厨房是他们的庙宇，炊具是他们崇拜的偶像。这种状况必须改变。越早放弃，越早改变，于我们的宗教越是有利。让《奥义书》的精神能够闪耀出它的光辉来，同时，让不同的教派之间不再做无谓的高下争论。

当时，辨喜尊者在拉合尔举办了多次讲座，其中，包括他关于吠檀多哲学的著名演讲，演讲持续了两个多小时。他敦促拉合尔的学生能够培养起对人道的信仰，从而为神的信仰预备了道路。他要求学生们能够成立一种纯粹的、非宗派性的组织，向穷人传授卫生科学，在他们中间传播现代知识，学会护理病人。他在旁遮普的使命之一，就是在属于不同教派，比如雅利安社（Arya Samaj）①与正统的印度教之间建立友谊。在拉合尔，辨喜尊者还遇到了当时还是数学教授的提尔塔·拉姆·戈斯瓦米（Tirtha Ram Goswami）②先生，他最终以拉姆·提尔塔尊者（Swami Ram Tirtha）而广为世人所知。这位教授，成为辨喜尊者的狂热崇拜者，是他在西北印度最重要的门徒之一。

接着，辨喜尊者前往德拉敦（Dehra Dun），在那里的头 10 天，他过着相当平静的生活。但很快，他就为他的弟子和随行者组织了一个每日课程：印度经典的学习班，并在整个旅行期间，一直坚持授课。在他心爱的弟子凯特里大君的诚挚邀请下，他还访问了他的首府，途中，还在德里和阿尔瓦尔稍作停留，这两个地方是当年他去美国之前漫游途中最熟悉的地方了。故而每到一处，他都会遇到自己的老朋友和弟子，并有特别明显的亲切感。凯特里大君给了他很高的荣誉，还为当时正在加尔各答开始营建的贝鲁尔道院捐献了一大笔钱。

在返回加尔各答之前，他访问了基申加尔、阿杰梅尔、焦特布尔（Jodhpur）、印多尔（Indore）和坎德瓦，这样，就大体结束了他在

---

① 雅利安社为了与当时柯沙布率领的梵社抗衡，也是为了抵制西化思想，在印度宗教领域创立了一个纯印度教的社团。其领袖是达耶南陀·萨拉斯瓦蒂，1875 年在孟买创建雅利安社。大致从 1877 年开始，该社主要以拉合尔为中心展开它的活动。它主张以印度古代的雅利安人的宗教精神来改革印度教，故名。崇奉古代经典吠陀为最高权威，提出"回到吠陀去"的口号，并要求建立"吠陀社会主义"。译者注。
② 出生于印度旁遮普省古杰兰瓦拉地区，据说是写《罗摩功行之湖》的大诗人杜勒西达斯（Tulasidas）的直系后裔。他自小天禀卓异，喜欢冥想，同时热爱数学，曾在拉合尔福尔曼基督教学院担任过数学教授，在拉合尔东方学院也担任过一段时间的讲师。因受辨喜尊者的启示，1900 年，他前往森林栖居，很快成为一名托钵僧，悟道后再去日本东京、美国旧金山弘道，以其鼓舞人心、提升灵魂的演讲使人们激动不已。在埃及，他受到伊斯兰教信徒的欢迎，并在他们的清真寺中用波斯语进行演讲。1906 年 10 月，在恒河边喜外离世，年仅 33 岁。其几卷著作中，最著名的为《在神的森林中亲证》(In the Woods of God-realisation)。在他流传的许多诗歌中，他歌颂了大自然的光辉。译者注。

北印度的巡回演讲。在这次巡回演讲当中,他向自己的同胞解释了印度宗教的突出特点,并告诉他们,如果能够继承过去的优秀传统,印度就会有一个辉煌的未来。他强调,印度重新崛起的民族主义,也必须以其性灵为理想的基础。但是,在现代社会的发展过程当中,也必须吸收西方先进的科技知识。"印度的根本出路,"他指出,"就是围绕宗教的理想,以组织起整个现代之国家。"当然,我们要知道的是——辨喜尊者所说的宗教,不仅仅是指只为当代服务的那种民族意义上的宗教,更是指《吠陀经》中所教导的永恒原则。

辨喜尊者无论走到哪里,都不厌其烦地强调,在印度需要重建作为"个体人"(individual)的独立品格,他指出,整个国家之力量,就取决于个体人的力量之凝聚。因此,"每个个人",他敦促道,不管从事什么职业,如果他希望整个国家好起来,就应该努力塑造自己个人的独立精神,获得人生的勇气、力量、自尊、自爱,以及为他人服务等美德。特别是对青年人,他把弃绝与服务,作为他们最重要的人格理想来要求。同时,他倡导传播真正的梵文知识之必要;如果没有梵文的知识,印度教徒就会成为自身丰富文化的陌生人,一个异类。为了促进印度教徒之间的团结,他鼓励种姓和亚种姓之间可以通婚,并希望重组印度的现代大学,以便培养出真正的爱国主义思想家,而不仅仅是文员、律师、外交家和政府官吏。

辨喜尊者以其敏锐的洞见看到,印度教徒和穆斯林有必要在"不二论"哲学(Advaita Philosophy)的基础上携手团结起来,因为这种哲学教导人们万物一体、万法归一的精神。1898年6月10日,他写信给大雪山中隐居奈尼塔湖边的一位穆斯林绅士:

> 印度人是比希伯来人或阿拉伯人更古老的民族,很可能也是比其他一切种族更早地理解了不二论哲学的民族,这一点值得骄傲与称颂;然而,在实践不二论的哲学的过程中,即

将全人类视为自己的灵魂,并对其采取相应行为的实践路径,在印度人中还没有得到普遍的发展。同时,我们的经验是,如果说有哪一种宗教的信徒在日常生活与实际工作中,在相当大的程度上接近了这种平等——人们可能普遍不了解这种行为的深层含义与基本原则,而印度教徒通常最清楚这里面意味着什么——那就只有伊斯兰教的信徒了。

因此,我们坚信,如果没有重视实践与行动的伊斯兰教来帮助,吠檀多理论无论多么精妙绝伦,于广大的民众来说还是无用的。我们希望把人类引向既没有《吠陀经》,也没有《圣经》和《古兰经》的地方;然而,要做到这一地步,就必须协调《吠陀经》《圣经》和《古兰经》的精髓才行。我们应该教导人类,各种宗教,不过是那唯一的普遍性宗教、本体意义上的宗教的不同表现形式,以便每一个人都能够选择最适合自己的修行之路。

对于我们的祖国来说,印度教和伊斯兰教这两个伟大体系——吠檀多的大脑与伊斯兰的躯体——的结合,就是印度未来唯一的希望。在我的大脑中,未来完美的印度将从各种各样的混乱和纷争中崛起,它必须以吠檀多之脑和伊斯兰之躯而得以立在不败之地,显现其无尽灿烂的光辉。

辨喜尊者也一直认为,印度的复兴,离不开西方世界的帮助。当初,在他自己前往美国时,印度复兴一直是他心中最重要的念头。1897 年 4 月 6 日,尊者在给一家印度杂志的女编辑信中写道:

为了印度的利益,需要在西方进行宗教的布道。我一直坚信,除非西方国家来帮助我们,否则我们还是无法崛起。在印度,找不到对人间功绩的合理赞赏,找不到社会财政的有效支持;还有,最可悲的是,没有一点实践意义的行动力。

1898年一整年,辨喜尊者的精力主要用于培养印度和西方的弟子,以及巩固已经陆续开展的社会工作。在此期间,他还去了大雪山当中的大吉岭、阿莫拉和克什米尔。

从1898年2月开始,道院便从阿兰巴扎尔,迁至尼兰巴尔-穆克吉(Nilambar Mukherjee)位于恒河西岸贝鲁尔(Belur)的花园别墅。辨喜尊者在加尔各答时,常常住在加尔各答的博斯的家中,那也是他师父罗摩克里希纳生前最喜欢去的地方。但是,无论是在道院,还是在加尔各答,他都没有完整的休息时间,因为每天都有成群结队的访客来,络绎不绝。此外,繁重的信件往来,也耗费了他大量的时间和精力;辨喜尊者亲手写给朋友和弟子的书信达数百封,不由得让人叹为观止。这些书信中的大部分内容都透露出他深刻而精彩的思想,还有一些内容,则反映了他那种妙绝的机智。

在道院期间,他特别关心对桑雅士与梵行期学人的培训,这些人受到他的启发,放弃了世俗家庭,致力于亲证神性的觉悟与为人类服务。尊者除了定期讲授《奥义书》《薄伽梵歌》、物理科学和各国的历史,还会花几个小时,与这些弟子一起冥想、一起唱诵。每逢神圣的节日,他还会更加严格要求自己在性灵方面的精神修持。

1898年初,在辨喜尊者的忠实崇拜者穆勒小姐之慷慨捐赠之下,购买了贝鲁尔道院的那块地皮,即今日的罗摩克里希纳道院和罗摩克里希纳传教团的总部。1898年12月9日,正如我们将要看到的那样,贝鲁尔道院的圣殿举行了祝圣仪式。

在此期间,辨喜尊者让自己的心爱门徒斯瓦米·斯瓦鲁帕南

加尔各答
恒河边的贝鲁尔道院总部

达（Swami Swarupananda）剃度了，开启了他的修道生涯。尊者认为，此门徒加入桑雅士的队伍，是自己这几年的一个真正"收获"。当时，这位人中罕见的雄才在贝鲁尔道院只住了几天，就被辨喜尊者纳为门徒，出家为僧，这与罗摩克里希纳传道团的一般规定不同。后来，斯瓦鲁帕南达成为《印度觉醒》（*Prabuddha Bharata*）月刊的编辑，并担任了1899年3月19日在喜马拉雅山的幻住庵成立的不二论道院的首任院长。

当时，与辨喜尊者生活在一起的西方门徒包括西维尔夫妇、布尔夫人、穆勒小姐、麦克劳德小姐与诺布尔小姐，他们都曾在印度北部的不同时期，有过与辨喜尊者一道旅行的经验。西维尔夫妇完全认同幻住庵与不二论道院之意义，致力其中。布尔女士则是一位有社会地位、心胸宽广、文化修养极高的女士，在辨喜尊者的美国之行中，一直是他的热忱崇拜者与追随者。穆勒小姐是在宗教议会认识尊者的，后来还在英国和美国两地接待过尊者，尤其是与西维尔夫妇、斯图迪先生一起，帮助支付了尊者在英国的所有生活与工作的费用，她来到印度，则是为印度妇女组建一个教育机构。

麦克劳德小姐曾在纽约上过辨喜尊者的课程，有几个月，尊者

1896年在南印度马德拉斯创刊的《印度觉醒》杂志

一直是她亲戚莱格特于美国乡间别墅里奇利庄园的贵宾。她也成为尊者一生的朋友和追随者，直至生命的最后一天还在深深挂念着他。虽然，她对尊者一直忠心耿耿，但从未放弃过自己的精神独立，而尊者也从未对她做这方面的要求。尊者曾经希望麦克劳德小姐对"唵"冥想一周，然后向他汇报。当尊者询问她的感受时，她说："就像心中焕发出了光彩。"他鼓励她说："很好，请继续。"许多年之后，她告诉她的朋友们，尊者让她意识到自己处于永恒意识之中。"永远记住，"辨喜尊者这样告诫她，"你虽然获得偶然的身份，是一个美国人，一个美国的女子，但同时，你永远都是神的孩子。日日夜夜告诉自己，你是谁。永远不要忘记这一条。"

1896 年 7 月 16 日，辨喜尊者写信给麦克劳德小姐的姐夫莱格特，对她深表赞赏："我非常钦佩乔——乔的机敏和安静。她是一位了不得的女性政治家。她甚至可以驾驭一个王国。我很少在一个人身上看到如此强大而卓越的能力。"

当麦克劳德小姐请求辨喜尊者允许她来印度时。他在一张明信片上写道"无论如何都要来，但是你必须记住这一点：欧洲人和印度人的生活，如同油和水。即使是在一些大城市，与当地人生活在一起也是令人讨厌的。你们将不得不忍受那些只穿一件腰布的人，你们会看到我身上也是只穿一件腰布。到处都是肮脏，都是污秽，还有棕色皮肤的人种。不过，会有很多人愿意跟你谈论哲学"。他还在信中告诉她，如果她还指望别的什么，那就不要来印度了，因为印度人"忍受不了再多一句的批评"。

有一次，她与尊者一行人在克什米尔旅行，因尊者的一位南印度弟子额头上有婆罗门种姓的某一标记，她觉得很是怪异。于是，在不经意之间，举止颇有嘲弄之意。尊者"就像'狮子'一样地转过身来，瞪了她一眼，然后喊道，'把手拿开！你是谁？你做过什么呢？'"麦克劳德小姐有些尴尬，心里非常沮丧。但是，事后她才得知，这个可怜贫穷的婆罗门弟子，曾将乞讨筹得的一笔钱赠予尊者，以助尊者完成西行弘道之旅。

当她到达印度后，她问辨喜尊者："我怎样才能更好地帮助您？"尊者回答："热爱印度！"

有一天，辨喜尊者告诉麦克劳德小姐，自从他回到印度后，他就没有私人资金了。她当即承诺，只要他还活着，每月就给他 50 美元，并立即就预付了 6 个月，一共 300 美元。辨喜尊者开玩笑地问道，这么一些钱他够不够用？

"如果你每天都吃浓奶油的话，那估计就不够了！"她说。

辨喜尊者很快就把这一笔新款项交给了特里古纳蒂塔尊者，

用于支付新创办的孟加拉语杂志《乌度旦》(*Udbodhan*)的第一期开支。

但是，在辨喜尊者的所有西方弟子中，最杰出的应该是诺布尔小姐，她是辨喜尊者名副其实的性灵女儿。在伦敦时，她参加过尊者的课程和讲座，并决心将自己的一生献给尊者在印度的工作。当她向辨喜尊者表达了自己愿意来印度的希望时，尊者于1897年7月29日给她写了一封信：

> 让我坦率地告诉你，我现在确信，你若是在印度，你的工作确实大有可为。我们需要的不是一个男人，而是一个女子，一只真正的雌狮，为印度人——尤其是印度妇女——工作。目前的印度还不能培养出她自己伟大的女儿，她必须从其他的国家借鉴与学习。你所接受的教育，你的真诚、纯洁、博大的爱，你那坚定的决心，当然，最重要的是，你身上还流淌着凯尔特人的神秘血液，这一切，都将使你成为印度所需要的那种雌狮子一般的女子。
>
> 然而，困难还是很多的。你简直无法想象这里的苦难、迷信与奴役之深重。你将置身于一群半裸的男人和女人中间，他们有着古老的种姓观念，有着与整个世界隔绝的思想，因为恐惧或仇恨，总是躲避肤色较白的人，同时，他们被那些白皮肤的人所深深厌恶与憎恨。另一方面，你们的白人族群也许还会把你视作一个异类，你的一举一动也会受到他们的猜忌。而且，这里的气候又炎热得可怕，我们大多数地方的冬天，就像你们的夏天一样，南方则终年都是烈日炎炎。在城市内外，几乎没有一处地方是你们欧洲人感到舒适的。
>
> 尽管如此，如果你还是胆敢冒险来此工作，愿意涉足印度、帮助印度，那我们无比欢迎你，一百倍一万倍地欢迎你。

至于我,我在这里和在其他地方一样,都是一个无名小卒,但我愿意用我那仅有的那一点点影响力,为你的一切工作的展开做好服务。

在投身于该事业之前,你一定要考虑清楚。之后,如果你不幸失败了,或者感到厌倦了,就我而言,我当向你保证,无论你是否为印度工作,无论你放弃吠檀多,还是深入吠檀多,我都会支持你的决定,都会与你并肩作战,至死不渝(I will stand by you unto death)。"大象的象牙一旦伸出来,就永远不会缩回来",人类的诺言亦是如此,一旦出口,永不食言。

辨喜尊者还叮嘱她学会自立自强,永远不要轻易向他的其他西方女信徒寻求帮助。

于是,玛格丽特小姐于1898年1月28日来到印度,她与穆勒小姐一起,致力于印度妇女的教育工作。辨喜尊者热情地将她介绍给加尔各答的公众,称她是"英国送给印度的礼物",并在3月让她宣誓,立下独身誓言,即献身亲证上帝的宗教梵行。他还为她取名为"尼薇迪塔",即"献身者"。从此,印度人对她怀有深深的敬意和爱戴。

皈依仪式在道院的小礼拜堂举行。他首先教她如何崇拜湿婆,然后将整个仪式推向高潮,在佛陀的脚下祭奠,再完成仪式。"去吧,"他说,"你去吧,去追随他,他出世五百次,为他人献出了五百次的生命,然后,才获得了觉悟的境界。"

现在,辨喜尊者投入对尼薇迪塔修女和其他西方女弟子的训练。当然,这是一项非常艰巨的任务。她们被要求与神圣母亲黛薇——罗摩克里希纳的遗孀——密切交往,那时,黛薇立刻就把她们当作自己的"孩子"来对待。然后,辨喜几乎每天都会来探望她们,向她们揭示印度世界的深层秘密——它的历史、民俗、风土、人情和古老传统。他毫不留情地从她们的头脑中根除所有先入为主的那些观念，所有对印度的错误看法。他希望她们按照现在真实的印度来爱印度，爱的是贫穷、无知和落后的印度，而不仅仅是昔日创造出了伟大哲学、史诗、戏剧和宗教体系的那个辉煌的印度。

即便如此，西方弟子要理解印度人的宗教理想和崇拜形式并不总是容易的。比如，有一天在加尔各答的迦梨神庙，一位西方女弟子看到神像面前献祭的山羊血时，她不寒而栗，全身发抖，惊呼道："为什么，为什么你们要在女神面前献祭血？"辨喜尊者立刻答复："为什么不放一点点血，来完善这样一幅祭祀的画面呢？"

因为，这些西方女弟子是在基督新教的氛围中长大的，在那种传统中，上帝与善良、与一切美好的事物联系在一起，而只有撒旦才会与之相反，有这种恐怖之物，比如鲜血之类为祭品的宗教祭仪。

为了使她们的思想更加开阔，能够融入更鲜活的印度社会，辨喜尊者要求他的这些女弟子去印度的女士家里做客，试着观察她们的衣着、饮食和习俗。这些都与她们自己的生活截然不同。他对她们于吠檀多思想与印度的热爱，进行了如此严峻的考验。在西方，她们把尊者看作为她们指明解脱之路的先知，看作普世宗教的一位伟大导师。但是，在印度，他以一个爱国者的身份出现在她们面前，一个为了祖国的复兴而展开不屈不挠、永不知疲倦的行动家，精勤不懈。

辨喜尊者开始教导尼薇迪塔修女，让她完全沉浸在印度意识中。她逐渐接受了印度人的饮食、服饰、语言和一般习俗。

"你必须让自己印度化，"他对她说，"你的思想、需求、观念和习惯完全印度化。你的生活，无论是内在的，还是外在的，都必须过正统婆罗门的梵行生一样的严格生活。只要你有足够的愿望，合适的路径就会来到你的身边。但是，你必须忘掉你的过去——

过去的成就,过去的荣耀,过去的生活,并让它们被你忘掉。"他希望她能够"以印度人自己的正统观念"来对待印度人,阐明印度教。

一般来说,辨喜尊者是不能够容忍他的西方弟子有任何一种沙文主义的姿态的,如果她们对印度的生活有一种居高临下的态度或无知的评价,他都不会轻易容忍。她们在这里,只有热爱印度,才能更好地为印度服务;只有了解了印度,了解印度过去的辉煌和现在的问题,才能真正热爱印度。

因此,后来他带着她们一起,拜访了北印度的各个重要地方,包括阿莫拉和克什米尔,告诉她们瓦拉纳西的神圣、阿格拉与德里的壮丽辉煌;他向她们讲述了摩揭陀皇帝和拉齐普特英雄们的战斗史,还描述了农民的生活、农妇的职责,以及贫苦村民对流浪僧人的热情。导师与弟子们一起,观看神圣的河流、茂密的森林、巍峨的雪山、烈日炙烤的平原、沙漠上滚烫的热流,以及河流中的砾石河床,所有这些都在印度文化的创造过程中发挥过作用。

尊者告诉她们,在印度,习俗和文化、宗教与哲学是一体的。具体表现为种姓制度、人生四行期、视父母为神的化身、宗教活动与服务的时间、日常礼拜的神龛安排、婆罗门子弟对吠陀经的吟诵、用右手吃饭、崇拜和祈祷、印度寡妇的人生苦行、伊斯兰教徒在祈祷时的跪拜礼,以及该教信徒所奉行的平等理想,等等。[①]

尼薇迪塔具有强烈的西方和英国观念。对她来说,消除一直

---

① 辨喜尊者非常敬重伊斯兰教,这一思想特点是很明显的。在辨喜尊者看来,只要是流传下来的古老宗教,必有其存在的理由,其心脏必是鲜活的,它们当中的任何一个,都没有失去其源头的伟大信息。比如,伊斯兰教,其传播的信息是兄弟之情,手足之谊,无视其出身、肤色、年龄和社会地位,这至今还是该宗教的精髓;至于印度教,弃绝与灵性乃其两翼,如果无此二者,堕落就必定会发生;而基督教的核心信息则是"虚心的人有福了,因为他们可以看到神"的内心洁净之道。而在印度,因为印度教与伊斯兰教为它最大的宗教,故而在这里除了特别介绍印度教文化,也强调了伊斯兰教的"虔敬"与"平等"的理想。译者注。

辨喜与西方门徒在克什米尔，1898年

秉有的民族忠诚和强烈的个人好恶，对她是很不容易的。所以，师徒之间的冲突不可避免。就此，辨喜尊者无情地击碎了她于英国传统中培养起来的那份骄傲。也许，他也想保护她，不让她对他产生热烈的崇拜。为此，尼薇迪塔遭受了极大的痛苦。

在他们一起去喜马拉雅山旅行时，整个痛苦与冲突的事件，达到了最高潮。有一天，麦克劳德小姐认为尼薇迪塔再也无法忍受这种压力了，便郑重地向辨喜尊者求情，声音柔和但坚定。

"他听进去了，"尼薇迪塔修女后来写道，"然后，就走开了。傍晚时分，他回来，发现我们一起站在阳台上，他便转过了身，对她（麦克劳德小姐）说：'你是对的。必须有所改变。我去森林里边独自静坐了一下。等我回来的时候，我就带来了和平。'然后，他转过身去，看到我们头顶上方的月亮，正是一轮新月。他的声音突然变得高昂起来，他说道：'你们看，穆罕默德教的信徒非常重视新月。让我们也随着这一轮新月，开始新的生活吧。'"他一边说着这些话，一边抬起手，为他的这个具有叛逆精神的门徒祝福，而这个时候,她已经跪在了他的面前。这一刻,无疑是美满和解的美妙时刻。

那天晚上,尼薇迪塔在独自的冥想中,发现自己正深情地凝视着一个无边无际的世界,充满了无限的美善,而这一切都不是任何一种利己主义的推理能够引导她去认识到的。"还有,"她写道,"我第一次认识到,最伟大的导师,很可能会摧毁我们人类身上的那种个人意义上的关系,而只是为了在更合适的地方,重新赋予我们一种非个人关系的新视野。"

言归正传,继续我们的故事。1898 年 3 月 30 日,辨喜尊者前往大吉岭,因为他的心胸里面迫切需要换一换喜马拉雅山的凉爽空气。但是,他的健康状况还没有完全好转,又不得不赶回加尔各答,因为那里暴发了一场令人恐惧的瘟疫。

于是,在道院成员和加尔各答一些志愿者的帮助下,他立即制订了救灾计划。

当一位同门师兄弟问他,从哪里获得救灾资金时,辨喜尊者回答说:"如果有必要,我们可以卖掉刚刚为道院购买的那片土地。我们是桑雅士;作为托钵僧,我们随时准备好睡在大树底下,像以前一样,靠乞食为生。当我们可以出售道院和财产就能够救济成千上万在我们眼前受苦难的无助者时,我们还需要去关心道院的财产吗?"幸运的是,事情没有走到最艰难的那一步,后来,社会公众给了他们用于救济灾情的资金。

辨喜尊者努力工作,以减轻受难者与穷人们的痛苦。当他们看到,在人们需要的时候,吠檀多哲学就可以成为现实的行动,让众人得到实际的帮助,于是,人们对辨喜尊者的爱戴和钦佩之情就与日俱增,更加深刻。

瘟疫得到控制之后,辨喜尊者即于 5 月 11 日离开加尔各答,前往奈尼塔,同行的还有他的西方弟子。一行人再从奈尼塔出发,前往阿莫拉,并在那里遇到了西维尔夫妇。在这次旅行当中,尊者从未停止过对弟子们的性灵指导。对于他的西方门徒来说，这更是一次难得的良机，可以直接从这位印度精神的化身那里，学习印度的历史、宗教与哲学。尼薇迪塔在她迷人的《与辨喜尊者在北印度云游》(*Notes of Some Wanderings with the Swami Vivekananda*)一书中，记录了尊者的一些重要演讲。

在阿莫拉，辨喜尊者收到了消息，得知食气巴巴与古德温已经去世了。其实，在当初的漫游期间，尊者一直与食气巴巴保持着密切联系。而如今，英国弟子古德温又于6月2日遽然离世，尊者一听到这一无法弥补的重大损失时，他不禁悲从中来，大哭起来："我失去了我的右手！我的右手从此没有了！"他给古德温的母亲写了一封悼念信，信中说道：

> 我对他的感激无以言报，永远亏欠，那些认为我的任何思想对人们有所帮助者，都应该知道，我的每一个字词、每一种思想，几乎都是通过古德温先生的不懈而无私的劳作才得以诞生人间的。如今，因为他的去世，我失去了一位坚如钢铁的朋友、一位永不言败的弟子、一位不知疲倦的行动家，而世界也因为那生来就只为他人而活的这少数人之一的离去，而变得不再那么丰富了。

辨喜尊者还给她寄去了自己为纪念古德温而写的一首诗，见证了老师对弟子深深的爱：

《祈请远行者的灵魂在路上安息》

前行吧，灵魂！在那星星散落的道上，
飞驰吧，受祝福的灵魂！在那条道上，心灵是自由的，

> 在那里，时间和空间，不会迷惑人们的视野；
> 　　陪伴你的，唯有永恒的祝福与和平！
> 　　你的服务是真实的，你的奉献是圆满的；
> 　　　　你的归宿，就是至爱者的家！

> 甜美的回忆，消逝于一切流转的时空，
> 　　就像祭坛上的玫瑰，开始于你的身后绽放！
> 　　你的束缚已被打破，你的追求已然抵达；
> 　　　　每一个人生死俱归的那（That），
> 　　你帮助了人们！你曾是尘世中最无私的人，
> 　　　　在未来，在前方，
> 　　你依然用爱帮助这一充满纷争的世界！

　　在辨喜尊者离开阿莫拉之前，他已经安排重新出版《印度觉醒》月刊一事，该月刊因其才华横溢的编辑拉贾姆·艾耶尔（B. R. Rajam Iyer）①的去世而停刊。于是，斯瓦鲁帕南达尊者成为新的编辑，西维尔上校担任出版经理。复刊后的杂志，就在阿莫拉开始了新的事业。6月11日，尊者在西方弟子的陪伴之下，作为布尔夫人的客人，前往克什米尔。

　　克什米尔之行，对西方人来说，一定会是难忘的人生经历。克什米尔的自然风光旖旎，煞是迷人，美不胜收——洁净的雪峰，倒映在湖泊当中，森林葱郁，繁花永远都在盛开，映入眼帘的一切，是

---

① 南印度泰米尔地区的天才学者，1872年1月25日出生在泰米尔纳德邦的瓦塔拉昆杜。他17岁时，开始发表文学评论。《印度觉醒》杂志由他主编。1898年5月13日去世，终年26岁。1898年6月《印度觉醒》杂志宣布停刊。在辨喜尊者的心爱门徒斯瓦鲁帕南达的接续下，该月刊先是在阿莫拉，后又迁移到雪山中的幻住庵，于不二论道院复刊。译者注。

如此绚丽多彩、生机盎然的生命世界,白杨树和雪瑞树,枝繁叶茂,克什米尔的幽谷,无疑成为人间最美的天堂之一。在整个旅程当中,辨喜尊者向他的弟子们倾吐了自己的种种心曲。

起初,他几乎是痴迷于湿婆神的理想,这是他从孩提时代起就开始崇拜的神,一连好几天,他都在向弟子们讲述与这位伟大的舍弃之神有关的神话。一群人在船上住了好几天,通常在下午,尊者会带着众人在田间做长时间的漫步。而他的谈话总是富有启示性。

有一天,他谈到了成吉思汗,说道,成吉思汗并不是一个野蛮的侵略者;他把这位蒙古皇帝与欧洲近代的拿破仑、希腊时代的亚历山大一起加以讨论,说他们都想统一世界,也许是同一个灵魂的三次化身,希望通过政治的征服,来实现人类的统一。"同样,"他说,"一个灵魂也可能会化身为克里希纳、佛陀和基督,通过宗教的认识,来实现人类的统一。"

辨喜等在克什米尔的湖水上,1898年

在克什米尔,辨喜尊者常常渴望独自一人。他对托钵僧的独居生活之向往已经变得不可遏制了;他脱离众人,孤身漫步。回来之后,他会说一些类似的话,比如,"考虑身体的利益,就是一种罪过""显示神力是错误之举"或"事情不会变得更好,它们依然如故。但努力是我们的事。我们通过改变它可以让自己变得更美好"。而且,他最近的一些计划似乎经常飘忽不定,朝令夕改。众弟子们都注意到了他这种奇怪的、与人世的疏离感。尼薇迪塔修女写道:"那些日子,无论何时,如果有人告诉我们说,今天或明天,他将永远离开,我们将最后一次聆听他的声音与教诲,我们都不会感到惊讶!"

随着尘世生活即将结束,他身上的这种无计划性越来越明显。两年之后,当尼薇迪塔修女向他提出一些世俗事务的建议时,辨喜尊者曾有一种愤慨,他喊道:"计划!计划!计划!这就是为什么你们西方人永远不可能发展出一种真正的宗教!如果说,你们当中有人创造出了宗教,那也只是一些没有计划的天主教圣徒。伟大的宗教信仰,从来不是通过计划制订者们宣布出来的!"

关于以独处作为一种灵修生活,有一天,辨喜尊者说道,一个印度人要独处 20 年才能认识他自己,而从西方人的角度来看,一个人独处 20 年如果还能够保持理智清醒,这是不可能的。7 月 4 日,辨喜尊者准备给他的美国弟子一个惊喜,便以适当的方式安排了一次庆祝活动。他在一位婆罗门裁缝的帮助之下,制作了一面美国国旗,为此,尊者还创作了以下这一首诗歌:

《给 7 月 4 日》

看,乌云消散,
那在夜里聚集密布的乌云,
好像那令人悲伤的棺罩,罩住了大地!

如今,在你神圣魔力的触碰之下,
世界醒来,鸟儿开始欢语,继而歌唱。
花儿也举起了它们星星一般的花冠,
露珠滴下,闪着光辉,正向你挥手致意。
湖泊在爱中打开,
十万双莲花的眼睛,
一起欢迎你的到来。
所有欢呼都给了你,你是上帝之光!

所以,今天的欢迎是全新的,
哦,太阳啊,今天你释放了你全部的自由!
想想世界是怎么等待的,
穿越无穷的时间和空间,寻找你!
有人还放弃了家园和朋友的挚爱
自我将自我放逐,去追求你,
穿过了沉默的海洋,穿过荒寂原始的森林,
每走一步,都是生与死的搏斗;

终于等来了一天。那一天,劳作结出了果实,
崇拜,爱情和奉献,
实现,接受和圆满。
然后,你,吉祥的太阳,你冉冉上升,
向人类洒下自由的光,照耀整个人间。

哦,向前,前进吧,在你无畏的道途上,
直到你的正午遍满世界,
直到每一片土地都能反射出你的光,

直到男人和女人，开始昂首挺胸，
看到他们的枷锁被一一打破，并且深深知道，
知道春天的喜悦里，可以重获新的生命！

当尊者的情绪发生变化时，他会谈到弃绝。此时，他对世俗的生活表达出了一种深深的蔑视，他如此说道："正如萤火虫和炽热的太阳、小池塘和无边的海洋、一枚芥子和一座迷卢山（Meru）之间的区别，那就是家居者和出家的桑雅士之间的区别。"他指出，如果世界上没有了僧人的道袍——那黄赭色的袈裟，世俗奢华就会夺走人类的英雄气概。

就这样，这一行人在湖面上度过了一些时光，尊者为弟子们提供了一所名副其实的"大学"（university）①，对其教育。他们的谈话内容，几乎涉及所有的重要话题——吠陀仪式、罗马天主教的教义、基督、圣保罗、基督教的发展、佛陀，等等。

关于佛陀，辨喜尊者评价他是有史以来最伟大的人物。其中，"最重要的是，他从来不要求人们崇拜他。佛陀告诉我们说，'佛不是一个人，而是一种境界。我已经找到了通往这个觉悟境界的道路。那你们所有人，也是可以进入的！'"②

然后，众人的话题转向埃及人、闪米特人和雅利安人对"罪"这

---

① 作者这里用"university"一词不仅是指常规的大学，而且是含有"普遍的、宇宙的、包罗万象的天地"意味。译者注。
② 辨喜对佛陀是极为尊敬的，而且两人有很深的因缘联系，他曾激情洋溢地说起此事："我愿意是佛陀仆人的仆人。试问，有谁像他那样？……他从来没有为自己做过一件事，而是用一颗真挚的心，拥抱整个世界！他是何等的慈悲——无论是作为王子，还是作为出家僧人，他会为了救一只小小的羊羔而献出自己的生命！他如此地满腔悲悯，以至于牺牲了自己，满足了饥饿的老虎！他还善待贱民而祝福这些人！当我还是一个孩子的时候，他曾走进了我的房间，我扑倒在他的莲花足下，因为我知道那就是上帝自己！他是理想的'至尊天鹅'。我愿意为他奔走，愿意以最高的敬意献给佛陀。"译者注。

第十章　北方之旅

一概念的不同理解。辨喜尊者说,根据吠陀教的概念,魔鬼(Devil)是愤怒之主;在佛教徒那里,马拉(Mara)是色欲之主;在基督教的《圣经》中,造物是在上帝和撒旦的双重力量操控之下出现的;而在印度教里面,没有二元性,如果有罪的话,那只是不洁。①

后来,辨喜尊者讲述不同民族的主要特征。"你们西方人太病态了,"有一天他说,"你们居然会崇拜悲剧!我在你们许多国家都发现了这一点。西方的社会生活就像一阵欢笑,但在那欢笑的调子背后,却是一片哀哭。整个生命事件都是在哀哭中结束。而一切的欢乐和喧嚣都是浮现出来的表面现象,实际上,充满了浓郁的悲剧色彩。而在印度这里,其外表或许是悲伤的、阴郁的,但其底下的调子却是不执的,人们发现,它是充满欢愉的。"

有一次,他们是在伊斯兰堡,大家围坐在一块苹果园的草地上,尊者重复了他在英国面对一头疯牛冲过来的那件往事,也重复了当时所说的话语。他用手捡起了两块鹅卵石,说道:"每当死亡向我逼近,我所有的软弱都会消失。我既不害怕,也不怀疑,同时不会考虑任何外部的因素。我只是忙着做好死的准备。我就像石头那样坚定。"——这时,两块石头在他的手中互相击打——"因为,我已经触碰过了上帝的双脚!"

在伊斯兰堡,辨喜尊者宣布,他想去朝觐喜马拉雅山西部冰川

---

① 辨喜在这里是就概念而说印度教的不二论哲学,大体演绎一下:根据吠陀教的概念,魔鬼是愤怒之主,所以,愤怒是罪,代表是"Devil";在佛教徒那里,马拉是色欲之主,所以欲望是罪,代表是"Mara"。在《圣经》中,一切造物是在上帝和撒旦的双重力量操控之下,所谓罪,就是听从了撒旦,代表是"Satan";而在印度教中,没有二元性,如果有罪的话,那也只是纯净的存在变得不纯净了,如果有代表撒旦的,那也仅仅是一种随不洁而来的幻觉。译者注。

幽谷阿玛尔纳特（Amarnath）山洞①中的湿婆神像。这次，他只要求尼薇迪塔修女陪他一起，以便这位未来的行动家能够直接了解印度朝圣者们的生活。于是，他们一起汇入其中，成了成千上万朝圣者中的一员，这些朝圣者在每一个中转的驿站，都会搭起一个帐篷，使所到之处，成为一个个宿营之地。

于是，辨喜尊者的饮食起居突然变化了。他成了朝圣者中的一员，严格遵守习俗要求的最简朴的做法。每天，只吃一顿饭，用传统的方式烹饪食物，尽可能独处，念诵圣号圣名，进行深度的冥想。为了顺利抵达目的地，他必须沿着一些危险的小路，爬上滚石山坡，穿越数英里的冰川世界，在冰冷的圣水中净身沐浴。

8月2日，这群朝圣者终于抵达了那个巨大的溶洞，其规模足以容纳一座大教堂。在洞穴的深处，在一个幽暗的壁龛里面，矗立着冰石制成的发着光芒的湿婆神像。辨喜尊者稍稍落在了后面，当他走进洞穴，他的整个人因激动而颤抖起来。他裸露的身体上粘满了灰烬，脸上洋溢着虔敬者因幸福而来的熠熠神光。然后，他在发光的湿婆冰像面前，俯倒在了黑暗的洞穴中。

---

① 坐落在查谟和克什米尔的中心地带，海拔3 888米，距离克什米尔的首府斯利那加约141公里。在数千年的印度经文和史诗中都有记载。19世纪，在古拉卜·辛格大君统治查谟和克什米尔期间，这座寺庙作为朝圣地开始广获赞誉。从那时起，前往阿玛尔纳特的朝觐之旅，就成了印度教的传统灵修项目，每年夏天，都会吸引数百万朝圣者赶来。根据传说，人们认为湿婆选择阿玛尔纳特山洞是为了向帕尔瓦蒂女神揭示不朽的秘密。湿婆神向阿玛尔纳特山洞进发，沿途留下了关于他的神貌组成的几个方面，比如从风景如画的帕哈勒甘（Pahalgam）开始，留下了坐骑白牛南迪；过昌丹瓦迪（Chandanwadi），从头饰中留下了新月；在舍什那格（Shesh Nag），释放了绕在脖子上面的蛇；把儿子象头神（Ganesha）留在了马哈古纳峰（Mahagunas Parvat）；最后，在潘希塔尔尼（Panchtarni）留下了五大元素。这些形象，最终成为阿玛尔纳特朝圣之途的各个圣地。人们还相信，洞中的湿婆神象征物冰石林伽（Shivalinga），会随着月相的变化而变化，在冬至满月之日，它最高可以超过6英尺。此外，阿玛尔纳特还与古代圣人婆利古仙人（Bhrigu Muni）的传说有关。据说湿婆赐予婆利古仙人在洞穴中永生的恩惠，使他成为这一神圣秘密的唯一见证人。译者注。

这时候，洞穴里面开始回荡着数百个喉咙里面吟唱出来的颂诗。辨喜尊者激动得几乎昏厥过去。因为他已经看到了湿婆神的实相。关于这次经历的细节，他从未告诉过任何一个人，只知道他是得了不死之神阿玛尔纳特的恩典：除非他自己愿意，否则他是不会死的。

这一次朝觐的经历对辨喜尊者影响极大，也破坏了他身体里面的一些神经与脉络结构。当他走出溶洞，左眼出现了一个血块；心脏也扩张了一些，此后再也没能恢复到正常的水平。接下来一连有好几天，他只是在谈论湿婆。他说："那个湿婆神像，就是湿婆大神的本尊。在那个溶洞里面，一切都是神圣的，都是一种圣物崇拜。我从未见过如此美丽、如此令人振奋的一种启示性的存在。"

8月8日，他们一行人抵达了斯利那加，在那里一直待到9月30日。在此期间，辨喜尊者强烈地渴望冥想和独处。克什米尔的大君对他极为尊敬，希望他能够选择一块土地建立一座道院、一所梵文学院（Sanskrit college）。于是，他就择定了一块，并将建议书送交英国在克什米尔的常驻官员审批。但是，英国这边拒绝批准。辨喜尊者接受了这一切因缘。

一个月之后，他将自己的虔敬之心，直接敬献给了神圣母亲迦梨，罗摩克里希纳一直亲切地称她为"哦，我的母亲"的那位女神。

作为神性的一种独特象征，迦梨代表着宇宙的整体：创造与毁灭、生命与死亡、善与恶、痛苦与快乐，以及所有的对立面之两极。从远处看，她似乎是黑色的，就像海洋中的深水一样；但是，对于与她亲近的信徒来说，她是无颜色的。因为她与梵为一体，而她就代表着梵的全部创造性能量。

迦梨女神有一面看起来非常恐怖：头戴人头束成的花环，挺身束腰，舌头滴血，一手拿着被砍下的人头，一手拿着闪闪发光的宝剑，周围是在火葬场出没的豺狼——一幅名副其实的恐怖图；女神的另一面却非常慈祥,和蔼可亲,她随时准备赐予信徒以永生的恩惠。于是,她摇摇晃晃,像喝醉了酒一样:除了醉酒的女神,还有谁会创造出如此疯狂的一个世界?迦梨女神站在她的永恒伴侣——象征梵的湿婆大神——的怀里。迦梨女神,即自然、原质,除非得到绝对者的触碰,否则,她自身是无法工作的。实际上,大梵与迦梨、绝对者与它的创造力,原本即是一体,就像火焰,与它燃烧的能量是一样的。

印度的心灵通常不在道德上做绝对的区分。善恶都是世界的现象,当摩耶之幻隐藏了超善恶的绝对者时,善恶就被认为是一种现实。罗摩克里希纳强调迦梨仁慈的那一面,并向她祈求获得绝对者的视域。当辨喜尊者突然感受到了她破坏性的一面,便深深受到她的吸引。但是,创造和毁灭的过程,真的有什么本质之别吗?两者难道不都是人类心灵的一种幻相吗?

辨喜尊者亲证到了迦梨女神的无所不在。无论他转到哪里,他都能觉察到她的存在,"就好像,她是我们房间里面的一个人"。他觉得迦梨女神"用她的双手紧紧握着我的手,她一路指引着我,仿佛我就是她的一个孩子一般"。看到他把船夫穆罕默德的4岁女儿当作神圣母亲的象征来崇拜,当时,所有人都被尊者的这一行为触动了。

那时,他对迦梨的冥想越来越强烈。

有一天,他有了一次鲜活的禅定体验。他把"全部的注意力"凝定,集中于那种"黑暗、痛苦与不稳定"的现实方面,当时,尊者决心通过这条特殊的道路,以抵达二元现象背后的"不二"。他的整个身躯都在猛烈颤抖,就像被雷电击中一样。他看到了迦梨女神,潜伏在生命之幕后的强大毁灭者。这位的可怕存在,她被一切生命路过而激起的尘埃和行走的表象所掩盖。他在黑暗中摸索着纸与笔,浑身滚烫发热,直如燃烧的火焰,写下了那首著名的诗篇《神圣母亲迦梨》。然后，终于精疲力竭，倒在了地上：

星星被遮住了；
乌云密布，
这是黑暗，是活力，是宇宙的混沌之音，
如同咆哮呼啸的大旋风中
有无数个疯子的灵魂
一起从监狱中释放。

她将大树连根拔起，
横扫道路上站立的一切。
大海也加入战斗。
卷起如山巨浪，
直冲苍穹；
炫目的闪光，
打亮了所有的角落与边缘；
1 000 倍 10 000 倍的阴影，
是死亡的狰狞，漆黑一片；
肆虐的瘟疫，无尽的悲伤；
谁是那位快乐者，于疯狂中舞蹈。

哦，来吧，母亲，尽管来吧！
因为恐怖就是你的名字，
因为死亡就是你的呼吸；
你每一个战栗的脚步，
就可以毁灭一个一个旧日的世界。

> 你是时间,你是万物的毁灭者;
> 来吧,母亲,尽管来吧!
> 由谁来爱上苦难,
> 由谁来拥抱死的尸身;
> 毁灭之中,唯有你在翩翩起舞。
> 母亲来了。

这些时候,辨喜尊者只跟他的弟子们谈论迦梨女神,把她描述为"时间、变化和无穷的能量"。他会像伟大的《诗篇》(*Psalmist*)作者一样说:"虽然你杀了我,但我仍将信赖你。"[①]"记得,那是错误的,"辨喜尊者说,"认为人生的目的,就是以快乐为生活的动机,这是大谬不然之事。你们要知道的是,有许多人天生就是来人世受苦的。关键是,受苦当中,也可以有至福。让我们崇拜恐怖本身吧,出于恐怖本身的理由而崇拜恐怖。学会在邪恶、恐怖、悲伤与毁灭中,认出神圣母亲,就像在甜蜜、快乐与幸福中,认出你们的母亲一样!只有崇拜恐怖,才能战胜恐怖本身,收获永生。沉思死亡,沉思死亡!崇拜恐怖,崇拜恐怖,崇拜恐怖!神圣母亲,她本身就是梵!即使是她的诅咒,也是一种祝福。心灵必须成为一个'火葬场'——让你们自以为是的傲慢、自私和欲望,统统烧成灰烬。只有这样,神圣母亲才能降临,才能抵达你们。"

在西方信仰中长大的弟子们认为,只有智慧而全能的上帝才能创造出秩序、舒适、善和美,而印度的先知所召唤出来的宇宙实相,却是如此可怕的一阵旋风,这深深地震撼了他们。尼薇迪塔修女写道:

---

① 辨喜尊者这里所引用的可能不在大卫王的《诗篇》中,而近乎钦定本《约伯记》:"Though he slay me, yet will I trust in him",参见《约伯记》13:15。译者注。

当他说出这些话语的时候,我们内心深处的那种利己主义宗教也在动摇,纷纷瓦解——我们的诉求一直是通过对善神、天意与神灵的祈福而来的崇拜,而无视地震或火山爆发的源头也是出于神意——于是,我们这些渺小的听众不知所措了。人们看到,那样一种崇拜实际上就像这个印度人所宣称的,仅仅是"小店主"式的崇拜,是一种交易性质的"买卖";于是,人们就会认识到,这里的教导是一种无限的勇气和人世真理:神通过邪恶显现,亦如神通过善良来显现。人们也会明白,不被个人的自我偏好迷惑的思想和意志的真正态度,实际上就是一种决心,套用辨喜尊者的激烈言辞,那就是"去寻求死亡,而非仅仅寻求生命。学会去奔赴刀尖的尽头看一看,与恐怖者的永远合一!"①

在辨喜尊者看来,英雄主义的思想,即是行动者的灵魂。他想看到终极真理那最赤裸裸、最可怖的一面,并拒绝任何形式的弱化、软化。他对实相的爱并不存在任何回报的期想;他常常会蔑视"付出与回报"的等价交易,及对圆满天堂的一个人间许诺。

---

① 这段记载于尼薇迪塔修女的《我眼中的辨喜尊者》(The Master As I Saw Him)的话语,罗曼·罗兰解释道:"很有可能在不久前,他忠诚的朋友古德温和年迈的老师食气巴巴的去世所导致的精神动荡,为恐怖女神的这种内在闯入做了铺垫。"在辨喜的其他著作中也有类似的表达。比如,谈到死神,他说:"我已亲吻过死神的脸。"辨喜曾说与死神合一的话:"生命最高的境界,就是主体与客体的合而为一。当我既为听众,又为言者时;当我既为导师,又为门徒时;当我既为造物主,又为被造物时,任何一种惧怕都会烟消云散,再也没有什么他者的存在令人心生畏惧了。这一切全是我自己,难道自己还会吓倒自己不成?这是我们日夜都不能忘记的,余者皆需抛置于脑后,摒除其他的一切杂念,并且反复地诵念:'我就是他,我就是他!'(I am He),让此一声音源源不断地灌进耳朵,浇入心田,直至渗透进了我们的每一根神经、每一块肌肉,与每一滴血液当中。甚至,到了死神的大门口,你也要记得,告诉自己说:'我就是他!'"译者注。

与辨喜尊者相比,他温柔的导师罗摩克里希纳似有不同,他虽然了解神的方方面面,却只是强调了神的仁慈一面。有一天,几个人在大师面前争论神的属性,试图通过推理,明确其本质。罗摩克里希纳制止了众弟子,说道:"够了,够了!争论神圣的属性是否合理有什么用呢……你们说上帝是善的:你们能用这种推理来说服我,让我也相信他是善的吗?难道不是刚刚看到造成了成千上万人死亡的大洪水吗?你怎么能证明这是仁慈的上帝命令的呢?你也许会回答说,同样的洪水也冲走了不洁,浇灌了大地等理由。但是,一个仁慈的上帝,难道就不能在不淹死成千上万无辜的男人、女人和孩子的情况下,照样做到这一点吗?"

这时,一个弟子问道:"哦,那您的意思是,我们应该相信上帝是残酷的吗?"

"无知啊,太无知了,"罗摩克里希纳喊道,"这是谁说的?请双手合十,谦卑地说,'神啊,我们实在太渺小了,我们实在无法理解您的本性和行为。请赐给我们您的启示吧!'不要去争辩。只是去爱!"无疑,上帝是善,是真,是美,但这些绝对属性与世界的相对属性完全不同。

在这些日子里面,辨喜尊者教导他的门徒要像崇拜英雄一样地崇拜上帝。他会说:"不要害怕,不要乞求,而是去要求——要求那最高的。迦梨的真正信徒,就应当像狮子一样坚韧、无畏与镇定。即使整个宇宙突然在他们脚边化作灰烬,他们也不会感到丝毫的干扰。让神圣母亲听从你的话,不要只是向她哭泣!记住,神圣母亲她无所不能,她用石头就能够造出英雄来。"

9月30日,辨喜尊者退隐到一座女神庙里,在那里独自居住了一个星期。在那里,他按着历史沿袭下来的传统仪式,就像所有谦卑的朝圣者一样,整日祈祷与冥想,祭拜被当地人称为"克希尔-

巴瓦尼"(Kshir-Bhawani)的女神。① 每天清晨,他还崇拜一个婆罗门的小女儿,作为神圣母亲的象征。在那里,他获得了深刻的神秘体验,其中的一些体验极为稀有,表明他在人间的使命已经完成。

他已经完全融入了女神的视域,发现她就是一个鲜活的神。因为该神庙曾被穆斯林入侵者摧毁过,女神像就被放置在一个废墟中的壁龛里面。看到这种亵渎行为,辨喜尊者痛心不已,他自言自语道:"人们怎么会允许这种亵渎之举发生,而不进行坚决的抵抗呢?如果当时我在这里,我绝不允许这样的事情发生。为了保护母亲,我愿意献出自己的整个生命。"这时,他的耳边传来了女神的声音:"如果一些非信仰者进入我的庙宇,玷污了我的形象,这对你意味着什么?与你何干?究竟是你保护我,还是我保护你?"回来之后,他就对这些弟子说到这次经历:"我所有的爱国心都消失了。一切都消失了。现在只有喊着'母亲!母亲!'我错得实在太离谱了……我只是她的一个孩子。"他还想再说下去,但已经语不成声。他只好告诉众人,他自己已经不适合继续说下去了。值得注意的是,他还补充道,在性灵意义上,他自己已不再受世界任何的一种束缚了。

另有一天,正在做礼拜的时候,辨喜尊者的脑海中闪过了一个念头,他应该试着将这破旧的庙宇重建为一座新的寺庙,就像他在贝鲁尔为罗摩克里希纳修建道院和僧寺一样。甚至,他还起了念,准备向这些富有的美国弟子与朋友筹集修建的资金。顷刻之间,他就听到神圣母亲对他说话了:"我的孩子!如果我愿意,我可以拥有无数座寺庙与修道的中心。我甚至此刻就能建起一座七层楼高的黄金庙宇,就在这个地方!"

---

① 克希尔-巴瓦尼,位于斯利那加(Srinagar)以东25公里处的甘德巴勒图尔穆拉村,是一座著名的雪山泉水的神庙,也是克什米尔最受婆罗门崇敬的女神庙,供奉巴瓦尼女神。译者注。

"自从我听到了那个神圣的声音，"后来，辨喜尊者在加尔各答对自己的一位弟子说，"我就不再酝酿任何新的计划了。就让这些事情照着'母亲'的神圣意志去发展吧。"

很久以前，罗摩克里希纳就说过，纳伦德拉纳特以物质之身生活，从事神圣母亲的工作，一旦这一工作趋于完成，他就会照着自己的意愿，离弃这一具肉身。而克希尔-巴瓦尼神庙中的幻象，就是即将到来的解体预兆吗？

当辨喜尊者从神庙走出，在斯利那加与他的众弟子们会合时，他完全变了一个人。他举起右手来祝贺，然后，把供奉给神灵的金盏花插在每一个弟子的头上。"再也不用'哈里，唵'（Hari Om）了"，他说，"现在，都是'哦，母亲'（Mother）了！"虽然，他还是与这些弟子生活在一起，但是他们很少见到他。通常，他会在河边的树林里面漫步几个小时，沉浸在自己的那个世界中。有一天，他剃光头发出现在了众人面前，穿着最朴素的桑雅士僧服，脸上带着难以亲近的一种肃穆神情。他重复着自己的诗歌《神圣母亲迦梨》，说："这一切都将成真，每一个字都是真的；我现在已经证明了这一点。因为我已经亲吻过死神的脸，拥抱了死的尸身。"

尼薇迪塔修女写道：

> 刚刚经历过的神秘体验，让辨喜尊者身体有了一种深度的倦怠——因为，当疲惫达到一定的程度时，即使是痛苦也变得不可能了；同样，身体无法长时间保持某种强度的精神生活——毫无疑问，他比自己所想象的还要疲惫一些。可以推测，所有这一切都让他感到死亡的临近，现在，我们当中谁也不知道我们将要分开多长的时间。

10月11日，辨喜尊者一行人离开克什米尔，来到拉合尔。然后，西方弟子前往阿格拉、德里和印度北部的其他主要城市参访，辨喜尊者在弟子萨达南达（Sadananda）的陪同下，于10月18日抵达加尔各答的贝鲁尔道院。

他的同门看到尊者面色苍白，病况不轻。他的哮喘病发作时几乎令他有窒息而死之感；当他从病痛中挣脱出来时，又脸色发青，就像一个刚刚溺水的人一样。尽管如此，他还是一头扎进了无数的社会活动当中。

1898年11月13日，迦梨女神的祭日，尼薇迪塔的女子学校终于在加尔各答开学了。在开学典礼结束时，罗摩克里希纳的性灵伴侣黛薇说："祈求宇宙大母神护佑这所学校，让它培养出的女孩子，成为印度理想的女性。"尼薇迪塔与教团的尊者们一起，见证了这一开学典礼的仪式，她说："我无法想象，还有什么比她对未来受教育的印度女性之祝福更伟大、更殊胜的加持力了。"

女子学校的落成，是尼薇迪塔修女在印度工作的真正开始。尊者给了她彻底的自主权，让她完全自由地决定办学模式。他告诉她，如果她愿意，她可以摆脱合作者；或者，如果她愿意，她可以让这项工作带有"明确的宗教性"，甚至使其成为一个教派。然后，他又补充道，"你可能希望通过一个教派来超越所有的教派。"

1898年12月9日，辨喜尊者为位于贝鲁尔的罗摩克里希纳道院举行了正式的祝圣仪式，并在小礼拜堂安放了大师的圣像。如前所述，这块土地是在该年的年初购买下来的，并于当年3月举行了正式的宗教仪式。当时，辨喜尊者本人已经在租来的房子里进行了礼拜，之后，他便把装有大师圣物的铜器亲自背在了肩上。他一边背着这件器具，一边对身边的一位门徒说道：

> 当年，大师曾对我说："你把我背在肩上，你去的任何一个地方，也就是我去的任何地方，无论是在大树底下，还是简陋

的茅屋里面。"怀着对这个仁慈承诺的信念,我现在亲自扛着他,前往我们未来的道院。我的孩子,你们要知道,只要他的名字激励着他的追随者,指向纯洁、神圣与仁爱的理想。那么他,这位罕见的大师,也将以他的存在,长期圣化这个地方,必使此地永久成圣。

辨喜尊者在谈到他所预见到的道院的辉煌未来时,说道:

> 它将成为一个中心,在这里,人们将认识到并实践罗摩克里希纳生平所体现出来的所有信条和信仰的大和谐,只有普遍性的宗教才能得到宣扬。从这个普遍宽容的中心,善意、和平与和谐的光辉信息将传遍整个地球。同时,他让所有人警醒,如果不小心,宗派主义就会悄然而至。

当天的仪式结束之后,他向与会的桑雅士、梵行生和普通的平信徒发表了如下讲话:

> 诸位,我的弟兄们,你们都要全心全意地向罗摩克里希纳祈祷,祈求他——我们这个时代的神圣化身——永永远远以他神圣的存在,护佑着我们这个地方,使它成为一个独特的灵性中心,一个不同宗教和不同教派皆得以和谐共在的圣地,以造福于全人类,为无数人带来人间的福祉。

那些天,辨喜尊者的心情极好,常常身处一种狂喜之境。他已经完成了一项伟大的任务:找到一个永久性的地方,为大师建造了一座僧院,为他的弟子和未来的僧人再造一座道院,作为罗摩克里希纳教团的总部,传播他体证出来的教义。他觉得,自己过去

12年来所肩负的重任,似乎已经可以卸下了。他希望贝鲁尔道院成为一所完备的大学,在这里,印度的神秘智慧和西方的实用科学将肩并肩地加以传授。他谈到了道院的三重活动:Annadana,食物的恩赐;Vidyadana,知识的恩赐;Jnanadana,性灵智慧的恩赐。辨喜尊者认为,这三者适当平衡了,就能够造就一个个完整的人格。道院里面的人,通过无私地为他者服务,可以净化自己的心灵,从而有资格获得更高的梵知。

在辨喜尊者生动的想象中,道院的不同区域被分配了不同的功能——为饥饿穷苦的人们分发食物的免费食堂、为饥渴慕义的人们传授知识的大学、为欧美世界来朝圣的信徒提供的宿舍,等等。他曾对麦克劳德小姐说:"从贝鲁尔道院产生出来的精神理想,将影响世界思想的潮流1 100年。"

"所有这些画面,都一一地在我的面前浮现出来"——这是他当日的原话。

仪式结束之后,他的弟子萨拉特·钱德拉·查克拉瓦蒂(Sarat Chandra Chakravarty)把铜器带回到了尊者住的房子,因为辨喜不想把大师从他刚刚安顿好的道院抬走。

几个月之后,新修的道院的建筑完全竣工,道院最终迁至现址。这一重要时刻的日期是1899年1月2日。孟加拉语月刊《乌度旦》于同年1月14日创刊,关于该月刊的宗旨,辨喜尊者宣称,除了一些积极的明朗有力的思想,该月刊还应该为人类的身体、心智与性灵的进步提供一席之地;该杂志不应只是批评文学、哲学、诗歌和艺术中体现出来的古代人和现代人的心灵愿望,还应该指出如何使这些思想和愿望有助于人类未来的整体进步;最后,该杂志应代表罗摩克里希纳所宣扬的普遍和谐,并传播出他的爱、纯洁和弃绝的理想。

辨喜尊者很高兴看到传教会的各项活动在稳步进行,日益成熟。应他的请求,萨拉达南达尊者从美国返回印度,协助贝鲁尔道院的组织工作。他与图里雅南达一起,在该学院开设了学习梵文、学习东西方哲学的定期课程。稍后,两位斯瓦米被派往印度西部的古吉拉特邦弘道,出于同样的目的,辨喜尊者自己的两名弟子也被派往东孟加拉邦。而希瓦南达尊者则被派往锡兰宣讲吠檀多哲学。罗摩克里希纳南达尊者与阿贝达南达尊者(Swami Abhedananda),这两位斯瓦米在马德拉斯和美国所做的出色工作,其捷报也频频传来。阿坎塔南达尊者在提高乡村教育水平和建立孤儿院方面所做的工作更是得到了当地政府的高度赞扬。

当然,辨喜尊者创建的最杰出的机构之一,便是藏身于喜马拉雅山幻住庵中的不二论道院。自从访问了瑞士阿尔卑斯山以来,尊者一直希望在喜马拉雅山的清凉之地能够建立一座山中道院,在那里传授与实践最纯粹的不二论。西维尔上校夫妇接受了这一任务,于是在海拔 6 500 英尺高的幻住庵建立了静修林。在它面前,喜马拉雅永恒不化的雪峰在日夜闪耀,前后绵延约 200 英里,

辨喜创建的喜马拉雅山中的幻住庵

而南达德维山（Nanda Devi）的海拔超过25 000英尺，映入眼帘。幻住庵的不二论道院欢迎任何一种信仰、任何一个国家的性灵追求者的到来。在道院里面，不允许任何形式的偶像崇拜。即使是对罗摩克里希纳的崇拜，也被排除在外。道院要求常驻僧人与参访的宾客，始终保持对无名无相的非人格神性的冥想。

在下面的文句中，辨喜尊者阐述了喜马拉雅山在"不二论道院"的理想和原则：

宇宙在谁里面，谁在宇宙里面，谁是宇宙？灵魂在谁里面，谁在灵魂里面，谁又是人类的灵魂？只有认识他，认识宇宙，认识我们所有人的灵魂，才能消除一切的恐惧，结束痛苦，以获得无限的自由。

无论在哪里，只要个人或群体的爱有了扩展，福祉就有了进步，那都是通过对永恒真理——众生一体（the Oneness of All Beings）——的感知、领悟和亲证来实现的。"依赖是痛苦。独立是幸福。"不二论是唯一能让人彻底拥有自己、摆脱一切依赖，以及摆脱与依赖有关的各种各样迷信的智慧体系，从而让我们勇于吃苦、勇于做事，并最终获得绝对的自由。

迄今为止，我们还无法彻底摆脱二元论的束缚，以直接宣扬这一崇高的真理；我们深信，仅凭这一点，就可以解释为什么不二论还没有对人类产生更大的作用与益处。

为了让这"唯一真理"能够更自由、更全面地提升人类的生活境界，熏陶社会大众，我们在喜马拉雅山的高处，建立了这所道院，希望这里将一直是酝酿不二论精神的一块灵地。

在这里，我们希望能让不二论远离一切的迷信和软弱；在这里，我们只传授和专注于合一的义理，纯粹而简约，别无其他；尽管它与所有其他的体系本质一致，但是，这座道院只致力于不二论,再无其他的信仰。

辨喜尊者从克什米尔回来之后,健康状况明显恶化,哮喘病给他带来了极大的痛苦。但是,他的工作热情却增加了许多倍。

"自从我去了阿玛尔纳特,"有一天他说,"湿婆本人已经进入了我的大脑。他再也不会离去的。"

在同门的僧人恳切请求之下,他只好常去加尔各答治病;即使在那里,他也并没有停止工作。从早到晚,他的身边挤满了寻求宗教与性灵指引的来客,而他宽广的胸怀,必是无法拒绝他们的。当众人敦促他只在规定时间内接待来访者时,他回答说:"他们费了这么大的劲,从家乡出发,走了这么遥远的道路而来,我坐在这里,难道就不能对他们说上几句话,仅仅因为我会冒一点点健康方面的风险吗?"

他的这些话,听起来非常像罗摩克里希纳,当年在大师病危期间,也是这样的说法。难怪普利玛南达尊者(Swami Premananda)有一天对他说:"我们看不出罗摩克里希纳与你有什么不同。"

但是,辨喜尊者最关心的事情,就是培养桑雅士与梵行生——尊者思想的未来传播者。他全身心地投入这一项任务当中,他鼓励他们进行冥想,进行体力的劳作,自己也以身作则。有时他还会为他们做饭,有时则揉面包、理花园或挖水井。他还会训练他们成为演讲家与传道人,让他们在完全没有准备的情况之下,在众人聚会中发言。他不断提醒桑雅士的修道誓言,特别是守贞和安贫,没有这两条,就不可能有更高的灵性成就。同时,他非常重视体育的锻炼,他说:"我需要宗教队伍中的工兵和矿兵!所以,孩子们,你们要努力锻炼出自己强大的肌肉与体魄!于苦行僧来说,苦行是正确的;于工人来说,则要有发达的肌体:铁一般的肌肉和钢一般的意志!"

他敦促他们需要常常独处,在独处时进行苦修和冥想。他为初学者制定了严格的饮食规则。他们要求早早起床、静坐冥想、严格履行宗教义务;不忽视身体的健康,同时,避免与世俗之人为伍。最重要的则是,他不断告诫他们,戒绝任何一种形式的懈怠。

说到自己,他说:"我不能休息!我将死在行动的马具上!我喜欢行动!人生就是一场战斗,用一句军事的术语来说,人必须始终处于行动之中。让我在行动中生,在行动中死!"他的生活,就是一曲活生生的行动赞歌。

有位弟子想继续沉浸在吠檀多的梵境之中,辨喜尊者不禁对他咆哮起来:

> 为什么?永远沉浸在三摩地境界中有什么意义?既已受到不二论的启示,为什么不时而像湿婆一样跳舞,时而沉浸在超然的意识当中呢?一个人独享美味,还是学会与他人分享美味?诚然,通过冥想,领悟自我,你可以臻获"解脱",但是,这对世界又有什么价值?我们必须带着整个世界走向"解脱"才是好事。我们将在大摩耶里面燃起熊熊的大火。只有这样,你们才能在永恒的真理中立稳脚跟。
>
> 哦,还有什么能比得上那"无边无际,如同空性"一般的无尽极乐呢?在这种境界中,你将无言以对,超越自我,在每一个呼吸的生命里、在每一粒宇宙的原子中,看到你的自我。当你能够觉知到这一点,你将无法不以超乎寻常的爱和慈悲对待每一个人了。这才是真正的有意义的行动的吠檀多(Practical Vedanta)。

在履行日常生活中的任务时,他希望自己弟子能够更加精准而有效。他说:"一个知道如何正确使用烟火的人,他也就知道如何进入冥想。一个不会做饭的人,他也不可能成为一个完美的桑雅士。除非以纯净的心灵与专注来烹饪,否则,连食物也不可能是可口的。"

如果行动者未能学会不执与超然,他的行动就不会产生真正的成果。"只有最伟大的出家人,"有一天辨喜尊者这么说,"才能成为最伟大的行动者。因为,他没有任何的执着……没有比佛陀和基督更伟大的行动者了。没有任何的工作是纯世俗意义的。所有的工作,都可以是一种崇拜、一种宗教意义上的性灵成就"。

所以,道院僧人的首要职责,即学得一种不执与超然的品格。我们看看辨喜尊者究竟是如何将道院僧侣的生活偶像化的!——"永远不要忘记,为世界服务与为认识上帝,这正是僧人的双重理想!坚持它们,往前往上,往最高处走!僧人的修道之路,就是通往该理想最直接的路径了。修道的僧人与他要亲证的上帝之间再没有别的偶像存在!《吠陀经》如此宣称,'桑雅士站得最高,是站在《吠陀经》脑袋上的那一批人!'因为他们再不受任何一种具体的教会、教派、信仰、先知与经典的影响。他们就是人间明明可见的神性代表。记住这一点,勇敢地走上你们的道路吧,哦,桑雅士,你们是无畏的勇者。桑雅士扛起的是一面弃绝的大旗,那是和平、自由与祝福的旗帜!"①

---

① 辨喜尊者有著名的《桑雅士之歌》,里面有这么几节:
……
你去哪儿寻找,朋友?这个世界无法给你以自由,
在圣典里,在庙宇中,你的寻求照样会落空,
那牵住绳子拉着你走的,正是你自己的双手,
停止你的哀伤,放开你的执着,英勇的桑雅士!唱道——
"至高的绝对真理!"
……
你的确没有家,可什么样的家可以留住你呢,朋友?
天穹是你的屋宇,绿荫是你的卧榻,

(转下页)

曾有一位弟子，非常想通过自己艰苦训练与性灵实践，来臻获自身的解脱，而辨喜尊者却这样对他说道：

如果你想获得自身的救赎，你就会下地狱！如果你想达到最高的境界，那就去为他人寻求救赎。杀死为个人求解脱的那种欲望。这是最伟大的性灵实践与精神修行。行动起来，工作吧，我的孩子，全心全意地为他者工作！这才是你们最重要的事情。不要在意行动的结果是否圆满，是否美善。即使你是为他人工作而下了地狱，记得，那也比寻求你自己的解脱而进入天堂更有价值……罗摩克里希纳来到这个世界，并为之献出了生命。我也将献出我的生命。你们每个人也都应该这样去做。所有的这些工作，都只是一个开启。相信我，从我们生命之血的流动当中，将会涌现出巨大的、英勇的行动

（接上页）
　　　　食物随遇而安，不问好坏，
　　　　没有食物与饮品可以触及高贵的自我，
　　　　那认识了自己的人，他如同滔滔大河，自在流淌，
　　　　你是恒在者，英勇的桑雅士！唱道——
　　　　　"至高的绝对真理！"

　　　　只有很少的人知道真理，而余者却会憎恨他，笑话他，
　　　　这伟大的知者。但无须理会，走自己的路，
　　　　自由自在地，从一地到另一地，
　　　　帮助人们走出暗夜，那摩耶织就的网，
　　　　不再害怕痛苦，不再追逐享受，
　　　　超越它们，英勇的桑雅士！唱道——
　　　　　"至高的绝对真理！"

　　　　就这样，日复一日，直到羯磨的力量耗竭，
　　　　把自由还给灵魂，再无轮回与重生，
　　　　没有我，没有你，也没有上帝，
　　　　这个"我"已经完全，这万有都是"我"，都是喜乐，
　　　　须知，你就是他，英勇的桑雅士！唱道——
　　　　　"至高的绝对真理！"

译者注。

家,流淌出神一般的战士,他们将彻底改变整个世界。

他希望自己的弟子能够成为多面手。"你们必须在生活中努力,将伟大的理想主义与真切的现实行动结合起来。你们现在必须准备好进入深度的冥想,而下一时刻,你们就必须准备好去耕种田地。你们现在必须准备好进入复杂经文的阐释,而下一时刻,你们就必须准备好去市场兜售田园里产出的农产品……真正的男人是力量,是强大的力量本身,却拥有一颗女子一般柔软的内心。"

有一次,他谈到了信念的力量,他说道:

> 世界的历史,就是少数对自己充满信念的人的历史。这种信念可以召唤出居于其内在的神。有此一信念,你可以去做任何的事情。只有在你还没有竭尽全力去显示这种无限能力之时,你才会归于失败。
>
> 如果一个人或者一个民族失去对自己的信念,死亡就会尾随而至。所以,首先相信你自己,然后去相信上帝。少数强有力的手,即可以推动整个世界。我们需要一颗心去感受,需要一个大脑去构想,还需要一只强有力的臂膀去完成……一个人就包含了整个宇宙;一粒芥子,蕴藏着宇宙的全部能量。如果你的心与脑发生了冲突,记得,请首先跟随你的心。[1]

"他的这些话语,"罗曼·罗兰写道,"……就是最伟大的音乐,是贝多芬风格的乐句,是亨德尔风格的进行曲,拥有激情昂扬、排

---

[1] "谁不相信自己,谁就是无神论者。旧的宗教传统是这么说的:谁不相信神,谁就是无神论者。而新的宗教却要这么说,谁不相信自己,谁就是一个无神论者!"参见 Swami Tejasananda, *A Short Life of Swami Vivekananda*, Kolkata: Advaita Ashrama, 1995, p. 107。译者注。

山倒海一般的恢宏气势。这些文字,明明是散落在30年前的旧书页中,而我依然无法在触碰它们时,不浑身颤抖,如遭电击。当这些炽热滚烫的话语从这位精神界的英雄的唇齿间一一吐露出来时,那该是怎样的一种大震撼,大感动啊!"

同时,辨喜尊者预感到自己的死期不远了。但他这么说:

> ……生命是场战斗,就让我死于战斗。两年的身体病痛,已夺去了我20年的人间寿命。但灵魂不会有任何损伤与改变,难道不是吗?它始终在那里,还是那同一个疯子。这不变的傻瓜,只认定一个念头:阿特曼……疯狂、强烈,而且专注。

晚年辨喜的冥想坐姿

第十一章

重 访 西 方

1898年12月16日,辨喜尊者宣布,他计划前往西方视察他所创建的事业,并为之点燃一些新的火焰,以激励众人。他的信徒和朋友们对此表示欢迎,因为,他们都认为海上的航行可以恢复他日渐衰弱的身体。他计划带上尼薇迪塔修女和图里雅南达一起去。

图里雅南达尊者精通印度宗教的经典,一生中的大部分时间都深处冥想之中,不大喜欢从事任何一种公共事业。辨喜尊者没能直接用言语说服他,跟随自己一起去美国,他便用双手搂住师弟的脖子,像一个孩子一样地哭着说:"亲爱的兄弟,难道你没看到我是如何为完成师父的使命而一寸一寸地燃尽我的生命的吗?现在,我已经走到了死的边缘!莫非你还能眼睁睁地看着,而不设法减轻我的一点点重担吗?"

一听此言,图里雅南达深为感动,表示自己愿意随辨喜去他想去的任何地方。当他再问,是否应该带上一些吠檀多的经典时,辨喜尊者说:"哦,他们已经受够了学习、受够了书籍与知识!所以,上次,他们见到的是一个战士①;现在,我想让他们见到一个婆

---

① 他指的是他自己,暗示说,他是以一种战士的精神来传达印度的知识与信息的。原注。

罗门。"

1899年6月20日,是他们从加尔各答启航的日子。于是,19日的晚上,众人在贝鲁尔道院举行了一次聚会。会上,道院的资深长老在两位新剃度的桑雅士面前,祝贺致辞。而第二天,莎拉达·黛薇和其他僧人为他们3人举行了一次丰盛的饯别宴席。

随后,那艘载着辨喜尊者及其两位同伴的"戈尔康达号"(Golconda)轮船出发了。轮船顺着孟加拉湾航行,不久就抵达了南部的马德拉斯。因为加尔各答发生了瘟疫,所以,乘客们都没有被获准登岸。这让辨喜尊者南印度的那些朋友非常遗憾。这艘轮船继续驶往科伦坡、亚丁、那不勒斯和马赛。最后,于7月31日,抵达了伦敦。

在辨喜尊者的陪伴之下,一起做海上的长途旅行,对图里雅南达尊者与尼薇迪塔修女来说,都是一次很好的教育。一路上,思想和故事自始至终都在鲜活地涌出、流淌。没有谁知道哪一刻会闪现出启示之光,并以极漂亮的语言说出一些崭新的真理。尊者那百科全书式的大脑几乎触及了所有的主题:基督、佛陀、克里希纳、罗摩克里希纳、民间传说、印度和欧洲的历史、印度社会的堕落及其未来伟大复兴的保障、不同的哲学体系和宗教体系,以及许许多多其他的思想性主题。这一切,尼薇迪塔修女在《我眼中的辨喜尊者》一书中有所记录。以下是其中的一些片段。

"是的,"有一天,辨喜尊者说,"我年纪越大,越明白了这一点。对我来说,一切似乎都取决于勇气与力量,取决于男子汉的气概。这就是我的新福音。甚至做坏事也要像一个男人!如果有必要的话,做一个大恶人也好!"此话有一个背景,因为一段时间以前,尼薇迪塔尼曾经称赞过印度的犯罪率很低这样的话。当时,斯瓦米愤懑地抗议道:"但愿上帝保佑,希望在我们的土地上,情况并非如此!因为,这些只是一种关于死的美德。"显然,相比之下,他认为最糟糕的罪恶,那就是不采取行动,什么也不做,只是一心无为。

当然,关于保守派和自由派的理想,他有一些综合性的考虑,他说:

> 保守派的全部理想是服从,而你们的全部理想是奋斗。因此,享受生活的是我们,而不是你们!你们总是在努力把生活改变得更好一些,而在改变与实现不到百万分之一时,你们就已经死了。西方人的理想是"战斗";东方人的理想是"接受"。完美的人生,应该是"战斗"与"接受"之间的美妙平衡。但是,这又几乎永不可能!

在他看来,自私是性灵进步的至大障碍:

> 我们必须设法消除的是自私。我发现,无论何时,每当我在生活中犯错,总是因为自我在作祟,在其中算计。如果不涉及自我的情况下,我的判断总是直中要害。

辨喜尊者说:"你们认为奋斗是成熟的标志,那就错了。其实不是这样的。服从、接受与融入,才是成熟的标志。印度的思想尤其属于后者,他们是服从与接受的天才。我们从来不喜欢奋斗。当然,为了保卫家园,我们时而也会动手,那没错。但我们从来不会为奋斗而奋斗。在印度成长的每一个人都必须学会这一课。让那些新来的种族继续折腾吧,最终,他们还是一样会融入印度的思想。"

在另一种情境之下,他谈话的主题是迦梨女神,是对恐怖的崇拜。他说道:

我爱恐怖，是因为恐怖本身；我爱绝望，是因为绝望本身；我爱痛苦，也是因为痛苦本身就是存在的本质。永远战斗。战斗，再战斗，尽管总是失败。这是理想！这就是理想的特征！

他还说：

向恐怖致敬！向死亡致敬！与之相比，余者尽是徒劳，所有的努力与斗争都是捕风捉影，这是人生最后一门功课。不过，这不是被懦夫所爱的死，也不是弱者或自戕者对死的爱。它欢迎的是那些强者，他们能够到它的深处听懂一切的秘语，知道其中的必然性与唯一性。知道别无选择，然后坦然接受。迦梨是谁？迦梨，就是她的意志不可抗拒！所有灵魂的总和，而非仅仅是人类的灵魂，只有这样，才是人格神。没有什么能够阻挡整体的意志。这就是我们所知的"法"。这就是我们所说的湿婆和迦梨等神祇的含义。

关于什么是真正的伟大：

随着年龄的增长，我发现自己会越来越多地从小事中寻找伟大。我想知道，一个伟人吃的是什么，穿的是什么，他究竟是如何对他的仆人说话。我很想找到菲利普·锡德尼爵士（Sir Philip Sidney）①的生活伟大之处的种种细节。很少有人

---

① 伊丽莎白时代的朝臣、政治家、军人、诗人，他对知识和艺术有着广泛的兴趣，是许多学者和诗人的赞助人，被认为是当时理想的绅士。继莎士比亚的十四行诗之后，锡德尼的《阿斯特罗佩尔和斯特拉》被认为是伊丽莎白时代最优秀的十四行诗集。他的《诗歌辩护》将文艺复兴理论家的批评思想引入英国。译者注。

会在临终之际,还会记得他人的事情,为他人着想。

但任何人在一个伟大的位置,往往也都会变得伟大起来!即使是一个懦夫,也会在脚灯的照耀之下,变得勇敢无比。世人瞩目之下,谁的心不会悸动?谁的脉搏不会加速,直到他能竭尽全力,以做到最好?在我看来,真正的伟大,越来越像沉默的蚯蚓,安静地、坚定地,每时每刻地,在日常中履行着他自己的职责。

关于他自己的印度复兴计划与其他人宣扬的计划之间的不同,尊者说:

我不同意那些把迷信还给我的人民的人。就像埃及学家对埃及的兴趣与想象一样,人们很容易对印度产生纯是自私的那种兴味。他们可能希望再次看到自己于书中、于研究中和于梦中见到的印度。我希望看到的是印度的优点、它的卓越特质,而不是迷信中的印度。这个时代的优点,必须通过这个时代的力量,以一种自然的方式得到加强。因为,事物的新状态必须从其内部发展,是由内而外的生长。因此,我只宣讲《奥义书》。

如果你们足够仔细,你们就会发现除了《奥义书》,我几乎不引用其他的内容。在《奥义书》中,只有一个观念,那就是力量。《吠陀经》和吠檀多哲学的精髓,就在于这"力量"一词。佛陀的教导是不抵抗或不害。但我认为,我们的教导是更好的。因为,在不害的背后,隐藏着一个可怕的弱点——这个弱点就诞生于不抵抗的理念。我不会去惩罚或恐惧一滴海沫,因为对我来说,它不算什么,但是,这一滴海沫对于蚊子来说,它却是很严重的事情。现在,我们所有的伤害都变成了这个样子，自身太弱。所以，我们需要培育深厚的力量与无畏。我的理想是成为那位在塞波伊兵变（Sepoy Mutiny）①中被英国人杀死的圣者，当他的心脏被刺中时，他缓缓抬头，打破他的沉默，说，"哦，你们也是神"。

关于印度和欧洲，辨喜尊者说："我认为印度是一个年轻而有生命力的有机系统。欧洲也是，属于更年轻的、更有活力的那种。两者都还没有发展到可以放心批评对方系统的阶段。它们只是两个尚未完成的伟大实验。"他接着说："它们应该相互帮助、相互勉励，但同时，每一方都应尊重另一方的自由发展。一句话，它们应该携手发展。"

就这样，时间一分一秒地流逝，于 7 月 31 日，船就抵达了英格兰的蒂尔伯里港（Tilbury），尊者的一些弟子和友人已经在那里迎候了。其中，有两位美国女弟子，她们是专程从新大陆来伦敦拜见她们的导师的。

当时正是伦敦的闲暇时节，因此，8 月 16 日，两位尊者便再度乘船启帆，前往美国的纽约。确实，这一趟的海上长途旅行颇有益于尊者的健康，海上风平浪静，夜晚的明月更是令人如此着迷。一天夜里，尊者踱到了甲板上，欣赏海上的自然景色，突然，他发出了这样的惊叹："如果，这所有的摩耶都是如此之美，那么，想想这一切背后的实相，那该有多少美好，多少神奇啊！"另一个月光之夜，他指着天空和海洋说："这里有着诗歌的真正本质，当人们理解了诗的精髓、诗的本质，那何须再去吟诗！"

---

① 1857—1859 年，在印度发生的反对英国统治的广泛叛乱，但未获成功。叛乱由英国东印度公司服务的印度军队（sepoys）在米拉特发起，随后蔓延到德里、阿格拉、坎普尔和勒克瑙。在印度，它也被称为第一次独立战争和其他类似的名称。译者注。

辨喜尊者抵达纽约的当天下午，他就和他的同门兄弟图里雅南达尊者随莱格特夫妇一道，去了后者位于卡茨基尔山（Catskill Mountains）石岭的乡间别墅：里奇利庄园。当时，阿贝达南达正在纽约进行巡回演讲。一个月后，尼薇迪塔修女也从英国再度赶来，也到了里奇利。9月21日，当她决定穿回修女的服饰时，尊者为她写下了美丽的诗篇《宁静》。当时，休息良好、气候宜人改善了他的健康，他一如既往地以他的风趣和欢乐取悦大家。

尼薇迪塔修女（1867—1911年）

有一天，麦克劳德小姐问他，喜不喜欢吃她们家自种的草莓？他回答说还没品尝过。麦克劳德小姐很惊讶，说："为什么啊？尊者，在过去的一周里面，难道我们不是每天都为你准备加了奶油与糖的草莓吗？"尊者眼睛里闪烁着调皮的光，答道："我只吃奶油和糖。这样，连大头钉吃起来也都是甜的了。"

11月，辨喜尊者回到了纽约，受到了他的美国老朋友和弟子们的诚挚欢迎。他高兴地看到，在精明能干的阿贝达南达之工作与引领之下，纽约这一边的弘道事业已经得到了很好的发展。辨喜尊者发表了一系列演讲，并开设了一些小型课程。

在纽约的一次公开聚会中，辨喜尊者向这些心急的听众发表了15分钟左右的讲话，然而15分钟过后，尊者突然正式鞠躬，退席；聚会戛然终止，众人纷纷散掉，人们非常失望地离去了。一位朋友在他回家后问他，为什么要在他和听众都在热身之时，就以这种方式中断演讲？难道他忘记了自己的观点？他莫非变得紧张了吗？辨喜尊者回答说，在演讲的会上，他觉得自己的权力太大了。

第十一章　重访西方

他注意到，所有听众都沉浸在他的观点之中，失去了他们自己的个体性。他觉得他们变得像软泥一样，可以随心所欲地被塑造。然而，这与他的哲学观念背道而驰。他希望每一个人都能够按照自己内在的精神法则成长，他不想改变或破坏任何一个人的完整个性。这就是他不得不停止演讲的原因。

图里雅南达也开始在新泽西州蒙特克莱尔（Montclair）展开工作。这个地方距离纽约不远。他教当地的孩子一些印度故事和民间寓言，同时，在纽约的吠檀多协会定期讲课。他写的关于商羯罗的论文，还在坎布里奇大学城的学术会议上宣读，得到了哈佛大学的一些教授的高度赞赏。

一天，当辨喜尊者居住在里奇利庄园时，麦克劳德小姐收到一封紧急电报，说她在洛杉矶的唯一弟弟病危了。于是，她就要动身前往西海岸，临别之际，辨喜尊者用了一句梵咒祝祷之，并告诉她，他自己也很快就会去那边，届时再与她见面云云。

于是，她直接到了加州的洛杉矶，奔往她弟弟所在的布罗捷特（S. K. Blodgett）夫人家，在与病人待了几分钟之后，她出来问夫人，是否允许她弟弟在他躺着的这个房间离世，因为，她发现病人床边的那一面墙上，正挂着一幅大大的辨喜尊者的画像。麦克劳德小姐告诉女主人，她看到这幅画时感到非常惊讶。布罗捷特夫人回答说，她是在芝加哥的宗教议会上听过辨喜尊者的演讲，并认为，如果世上真的有神的话，那这个人一定就是了。于是，麦克劳德小姐便告诉她，她刚刚在里奇利庄园离开，为她送行的那个人，就是这位尊者；而且，他还表达了自己要来洛杉矶的愿望。没过几天，弟弟去世了。

11月22日，辨喜尊者启程，前往美国的西海岸。他中断了在芝加哥拜访老朋友的行程，抵达洛杉矶，成为布罗捷特夫人的座上宾。在给玛丽的信中，他如此描述了这位老人——"胖胖的，老态龙钟,但非常机智,非常慈爱可亲"。

那些日子,尊者在这位善良年长的女士心中留下了深刻的印象。辨喜尊者去世之后,她曾在给麦克劳德小姐的信中,写下了以下一些话:

> 我总是会回想起那个永生难忘的冬天,那些一逝而过的明亮日子。
>
> 我们是在自由和善意的氛围中度过的,十分纯粹而美好。我们没有特意选择,却自然地、幸福愉快地生活在一起……我认识他的时间并不长,但是,在那段时间里,我却从很多地方看到了尊者性格中那童真的一面,那是对所有善良女性之母性品质的不断呼唤的一面……他会在一次演讲结束后,返回家里,他往往是不得不从听众中挣脱出来,强行让他的听众散去——因为听众们是如此热切地围着他。他就像一个从学校逃学回家的小男孩一样,冲进了厨房,嘴里兴奋地嘟囔着:"现在,我们要做饭啦!"很快,乔就会出现,并在锅碗瓢盆中发现了"罪魁祸首",他穿着严肃的正装,而节俭、操心的乔就会告诫他,赶快换上家居的衣服……在这个温馨、老式的厨房里面,你我都看到了斯瓦米最好的一面。

辨喜尊者在洛杉矶和帕萨迪纳两地,为众多的听众举办了一些讲座。但遗憾的是,因为没有古德温的记录,所以,他的大部分演讲内容都遗失在了时间的风中。目前,我们只能看到他的弟子们的少数零星笔记,算稍稍保留了一点痕迹。

在帕萨迪纳的普世教会,他发表了著名的演讲"基督: 伟大的使者"(*Christ, The Messenger*)。麦克劳德小姐后来说,这是她唯一看到尊者头顶放光的一次讲座,她看到他被一圈光环罩着。演讲结束,尊者在回家的路上,整个人还沉浸于一种思绪里面。麦克劳德小姐在不远处跟随着他。突然,听到他说:"我知道了,我知道了!"

"你知道什么?"麦克劳德小姐问。

"他们是怎么做的。"尊者答。

"他们做了什么?"麦克劳德小姐问。

"蘑菇汤。他们会放一点月桂叶调味。"然后,尊者就哈哈大笑起来。

斯瓦米在洛杉矶的"真理之家"总部待了大约一个月,定期上课,并举办了几次公开演讲,每一次都有1 000多人参加。他讲述了"胜王瑜伽"的不同维度,加利福尼亚人似乎对这个话题特别感兴趣。

辨喜在美国帕萨迪纳,1900年

辨喜尊者以他朴实的举止、渊博的学识与高妙的性灵智慧赢得了"真理之家"所有成员的喜爱。该组织的《联合》(*Unity*)杂志这样评价他：

> 在辨喜尊者的身上，既有大学名教授的学识，又有教会大主教的威严，还有一个自由自在的孩童一般的优雅与可爱。他站在讲台旁，几乎不用准备，很快就会进入他的主题。有时也会变得近乎悲伤，因为，他的思绪会从深奥的形而上学，转向当今基督教国家普遍的信仰状况，这些国家的人，一手拿着利剑，一手拿着圣经，去改造菲律宾人，或者，在南非允许同胞的孩子互相残杀。与这种情况形成鲜明对比的是，他描述了印度，在上一次遇到大饥荒期间发生的事情；在那里，人们宁愿饿死在自家的奶牛旁边，也不愿动手去杀牛。

在"真理之家"，其成员通常是不允许抽烟的。一天晚上，该组织的一位成员邀请尊者与其他几位朋友共进晚餐，他们都反对使用烟草。晚餐后，在女主人离开房间的几分钟里，这时，也许尊者不知道有关禁烟的这种规定，他拿出烟斗，装上烟草，开始"噗噗噗"地吸了起来。客人们大吃一惊，但都保持沉默。女主人回来后，她勃然大怒，质问尊者，上帝是否有意让人类吸烟？并补充说，如果是这样的话，上帝就会在人类的脑袋上装一根烟囱，让烟雾直接排出去才是。

辨喜尊者笑着说："但他给了我们大脑，让我们发明了烟斗啊。"大家都乐了。从此，尊者在"真理之家"做客时，也获得了吸烟的自由。

辨喜尊者还曾作为本杰明·费·米尔斯博士(Dr. Benjamin Fay Mills)的客人来到奥克兰。博士是唯一神论教堂的著名牧师。

现在,尊者作为博士的座上宾在那里举办了八次讲座。听众常常多达2 000人。他还在旧金山和阿拉米达也举办了多次公开讲座。人们已经读过他的《胜王瑜伽》。他们都被他的演讲打动,在旧金山还创建了一个中心。人们赠送给尊者一块土地,面积高达一百六十英亩,位于圣安东尼山谷(San Antono Valley)南部;周围全是森林和丘陵,海拔2 500英尺,距离汉密尔顿山上的里克天文台(Lick Observatory)只有12英里。他立刻想到了图里雅南达,认为可以让他来负责这个地方,训练合适的学生展开静修,教会他们冥想之道。

在横跨美洲大陆,返回纽约的旅途中,辨喜尊者非常疲劳。途中,他在芝加哥和底特律休憩停留。在芝加哥,他是黑尔一家的客人,大家别后已经很久了,所以交流了许多往事。离开的那一天清晨,玛丽来到辨喜尊者的房间告别,发现他很悲伤。他的床似乎没有被动过,问及原因,他承认,自己整晚都没有睡觉。"哦!"他几乎是耳语,"打破人与人之间的联结,竟是如此之困难!"因为他心里清楚,这是他最后一次拜访这些忠诚的异域老朋友了。

在纽约的吠檀多协会,辨喜尊者举办了几次讲座,这次,该协会已经得到了哈佛大学和哥伦比亚大学几位教授的积极参与。辨喜尊者一有机会,就向图里雅南达尊者谈起了在加利福尼亚北部被赠送土地的事情。但后者犹豫不决,不想承担任何的世界事务。辨喜尊者就说:"神圣母亲的意愿,是让你负责那里的工作呢。"

图里雅南达显然被尊者逗乐了,他调侃辨喜尊者:"倒不如干脆说,这就是你的意愿。她肯定没有以这种方式向你传达她自己的意思。你怎么能听到神圣母亲的话呢?"

"是的,我的兄弟,"辨喜尊者用十二分郑重的口吻激动地说,"是的,是母亲的话,我可以听得清清楚楚,就像我们听到彼此的声音一样,非常清晰。"

辨喜尊者的这番话说得如此热切，以至于他的同门师弟深信神圣母亲确实是在通过他在说话。因此，他就欣然同意了，准备负责管理"桑提阿精舍"（Santi Ashrama），也就是人们所说的"和平村静修中心"（Peace Retreat）。

临别时，辨喜尊者对图里雅南达说："去加利福尼亚建立精舍吧。在那里高举吠檀多的旗帜；从这一刻起，连印度的记忆都要把它放下！最重要的是，在这边处理好自己的生活，其余的事情，神圣母亲自会安排妥当的。"

辨喜尊者再次访问了底特律一周，并于7月20日，启程前往巴黎。

在继续讲述辨喜尊者的生平之前，读者不妨先了解一下他的精神状态。在过去的两年里，辨喜给朋友的信中写道，他经历了巨大的精神痛苦。可以肯定的是，他的信息已经开始在印度和美国的越来越多的人中间传播开来，他自然也因此而感到高兴；然而，正如他在1900年2月20日写给玛丽的信中所说，"贫穷、背叛和我自己的愚蠢"让他饱受煎熬。虽然，他的外表是一个严厉的不二论者，但他的内心是极为温柔善感的，故而常常被世俗的打击所伤害到。1899年12月6日，他在给尼薇迪塔的信中写道，"有些人天生如此——以痛苦为乐。就算不为身边的人痛苦，也会为其他人伤心。对此，我深信不疑。这就是某些人的宿命——我现在真是明白了。诚然，我们都在追寻幸福。但有些人只有在不幸中才能找到幸福——奇怪吧？"

他对人类的苦难多么敏感！"多年前，我去了喜马拉雅山的山中，"1899年12月12日，他在给一位美国朋友的信中写道，"我的心再也没有回归尘世。我的亲姐姐自杀了，消息传到了我那里，正是这颗脆弱的心，把我从和平怡人的人生前景中驱逐了，后来也使我离开印度，为我所心爱的人寻求帮助。于是，我来到了你们这里！我一直在寻求和平，但是，我的心，那颗最虔敬之心，却不允许我找到我的和平。我一直处于奋斗与折磨、折磨与奋斗的心境之中！好吧，那就这样吧，既然这是我的命运，那么，越快结束越好！"

甚至，在这次前往西方世界之前，他的健康状况就已经很糟糕了。他在1899年11月15日的信中写道："这种神经质的身体，只是一种时而演奏美妙音乐，时而在黑暗中喑哑呻吟的老器具。"在美国期间，他接受过骨科医生的治疗，也得到一位"磁疗师"的诊断，但是，都没有得到持久有效的治疗。在洛杉矶，他得知亲密的弟子尼兰詹（Niranjan）得重病的消息。他心爱的英国弟子斯图迪先生，也开始与尊者保持了一定的距离，因为他觉得自己的导师在西方过的并不是苦行僧的生活。穆勒小姐曾在经济上帮助辨喜尊者买下贝鲁尔道院的基地，但后来因为尊者的疾病，她就离开了他；因为在她的观念里面，疾病是不能与圣洁联系在一起的。

辨喜尊者访问加利福尼亚的目的之一，就是筹集资金，以促进他在印度的各种活动：参加他聚会的人很多，但他收到的钱却很少。他的忠实朋友、芝加哥的乔治·黑尔（George Hale）先生的去世，又使他蒙受了一次丧亲之痛。同时，有关纽约吠檀多的工作报道，又让他非常焦虑。因为阿贝达南达与辨喜尊者的一些美国弟子的关系相处并不十分理想，也是因为如此，莱格特先生中断了与协会的关系。所有这些事情，都像锋利的爪子一样，刺痛着辨喜尊者的心。此外，他也许觉得自己在人世使命也将渐渐结束，开始对工作失去了兴趣。是的，箭矢仍然在空中飞行，只是在原初动力的惯性推动之下飞行而已；但它已接近尾声，当接近目标时，它就要坠落在地了。

辨喜尊者渴望返回印度。1900年1月17日，他在给布尔夫人的书信中说，他想在恒河的岸边建一座小屋，在那里，他与自己的母亲度过余生：

> 她因我而受了许许多多的苦。我必须努力让她的晚年能够生活幸福。你知道吗,这正是伟大的商羯罗大师也不得不做的事情啊。他得在自己母亲生命的最后日子里,返回到她的身边。我接受这一点。我也认命。

在给布尔夫人的同一封信中,他还写道:"其实,我只是一个孩子,我还有什么工作必须要做的吗?不,我的权力已经移交。我看到了,我不能再站在讲台上说话。不要告诉任何人,甚至不要告诉乔。我很高兴。我想休息。不是我累了,而是下一阶段不再使用舌头了,使用的将是一种神奇的触碰——就像罗摩克里希纳一样。这些话,我已经传到你那里,我的弟子们那里,还有,玛格丽特那里(指尼薇迪塔修女)。"

很快,他对一切积极的工作都失去了兴趣。1900年4月7日,他写信给一位朋友:"我的小船正驶向平静的港湾,再也不会远行了。荣耀,让一切荣耀归于母亲(指宇宙母亲)!现在,我已经没有了任何的愿望,没有任何雄心。愿神圣母亲护佑我!我是罗摩克里希纳的仆人,我只是他的一台机器。我什么都不知道。我也不想知道更多。"

4月12日,他给另一位朋友写了一封类似的信:

> 任何一种工作,总不免会带来一些污染。我用我糟糕的身体已为积累的业力污染付出了大代价。我很高兴,我的心境因此而变得更好了。我的生活有了一种从未有过的宁静,我现在学习如何执着,如同当初学习如何不执着——在精神上,自己成为自己的主人……神圣母亲正在做她自己的工作。我现在不怎么担心了。像我这样的"飞蛾",每分钟都有成千上万只诞生,也有成千上万只死去。她的工作仍在继续。荣

耀归于神圣母亲！……对我来说，独自在母亲的意志之流中漂泊是我的生活。当我试图打破它的那一刻，我就会受到伤害。她的意志已被完成……

我很快乐，终于与自己生活在和平之中了，我比以往的任何时候都更像一名桑雅士了。对亲人的爱日渐减少，对神圣母亲的爱却与日俱增。在达克希什瓦的菩提树下，我与罗摩克里希纳一起静坐。有关那些相守的长夜的记忆渐渐复苏了。工作呢？什么是工作？谁的工作？为谁工作？我是自由的灵魂。我是神圣母亲的孩子。她工作，她也玩耍。我为什么要计划？我该计划什么呢？事情来了又去，去了又来，只是遂了她的意思，再不用我计划了，我也无法去计划。我们是她的自动装置。而她才是那位拉线者。

随着他的使命和尘世生活即将结束，他越来越清楚地认识到这个世界多么像一个大戏台。1899年8月，他在给玛丽·哈尔博斯特(Marie Halboister)小姐的信中写道：

如果我们都是心中了然剧本的演员，也认识了玩家，这个戏剧世界就不会再存在，这出戏也就无法继续演下去了。为此，我们必须蒙着眼睛玩起来。我们中有些人扮演了剧中的无赖；有些人扮演了剧中的英雄——没关系，不要在意，这都是戏。这是唯一的镇静剂。舞台上有恶魔、狮子与老虎，还有其他种种，但它们都戴着口罩。它们会咬牙切齿，但不会真的咬死你。世界永远无法触及我们的灵魂。只要你愿意，即使身体被撕裂，鲜血淋漓，你也可以享受心灵的最大安定与平静。而达到这一点的方法，就是不存期许。你知道吗？这不是绝望的低能儿的态度，而是征服者对他所获得的任何一物的大蔑视,对他为之奋斗却又被视为不值一提而可以随意丢弃之物的蔑视。

玛丽一直是我颠沛流离的生活中"最甜蜜的音符",1900 年 3 月 26 日,他在写给她的书信中说:

> 这是为了让你知道,"我非常快乐"这件事。这倒不是说我陷入了虚幻的乐观主义之中,而是我承受痛苦的能力正在增强。我已经对这个世界喜怒哀乐的"瘟疫"免疫了。它正在一一失去意义。这是一个充满梦境的人世。不管是享受中,还是哭泣时,都无关紧要——它们不过是一种梦境,迟早都会破灭……我理解这一切,获得了宁静——什么是宁静,它既不是快乐,也不是悲伤,而是高于这两者的东西。告诉母亲(指黑尔夫人),在过去的两年里,我穿越了死亡的幽谷——肉体上的、精神上的——这方面的经历对我帮助不少。现在,我已接近于那一份宁静,那是一份不朽的宁静。现在,我想看到事物的本来面目,如其所是——发现每一件事情都处于深度宁静的包围之中——各自走向各自的完美之途。当他理解了"快乐只在自己身上,痛苦也只在自己身上。因欲望皆出于自己身上",那么,他已经学会了这一课。这就是我们在无数次的生死中、无数次地徘徊于天堂和地狱之间所学到的伟大教训:在自我之外,没有任何东西可以寻求、期待与渴望。我所能得到的最伟大的事物,就是我自己。我是自由的,因此我的幸福,不需要任何其他东西来支撑。永恒的唯一者——因为我过去自由,现在自由,将来也永远自由。这就是吠檀多主义。我宣讲这个理论已经很久了,但是,哦,快乐!玛丽,我亲爱的妹妹,我现在每天都在亲证它。是的,我亲证到了,我实

现了,我是自由的。是的,我是唯一的存在者,没有第二,没有他者。我就是存在。

辨喜尊者的双眼在注视着另一个世界的光芒,那是他实在的家园。1900年4月18日,他从加利福尼亚的阿拉米达写信给麦克劳德小姐——他永远忠诚的乔——的信中,多么生动感人地表达了他对于回到那个世界的渴望:

> 刚刚收到你和布尔夫人写来的欢迎信。我将此回信直接寄往伦敦。我很高兴莱格特夫人正在康复的路上。
>
> 我很遗憾,莱格特先生辞去了主席一职。
>
> 好吧,我保持沉默,怕再惹出一些烦恼来。你知道我的手法是严厉的,一旦被激怒,我可能会让阿贝达南达无法释然。
>
> 我写信给他,只是想告诉他,他对布尔夫人的看法是完全错误的。
>
> 人类的工作总是困难重重。为我祈祷吧,乔,让我的工作永远停止好了,让我的整个灵魂都能够融入神圣母亲的怀抱。她的工作她自己最清楚如何对付了。
>
> 你一定很高兴能再次来到伦敦——看到老朋友们,请代我向他们表达我所有诚挚的爱和感激。
>
> 我很好,精神上非常好。我感到灵魂的安宁远胜肉体的安宁。战斗有输有赢。我已收拾好我的行囊,等待那最伟大的摆渡者。
>
> "哦,湿婆啊,湿婆,把我的小船载到彼岸吧!"
>
> 说到底,乔,我不过是那个在达克希什瓦的菩提树下,如痴如醉地聆听罗摩克里希纳甘露一般话语的那个小男孩。那只是我的真实本性——工作、活动、行善等,都是我于虚空中

的叠床架屋。现在,我再次听到了他的声音,那永恒的声音在震撼我的灵魂。一切羁绊正在被打破,爱在凋垂,行动索然寡味,生命的魅力,今已荡然无存。现在,只有主人的声音在呼唤。我来了,主啊,我来了。"让死者埋葬死者吧",我来了,我亲爱的主人,我来了。

是的,我来了,涅槃就在我的面前。我无数次地感受到它,是同样无边无际的宁静之海,它没有一丝涟漪,没有一丝呼吸。

我为我的降生而高兴;为我遭遇的苦难而高兴;为我犯下的大错而高兴;为我归于平静而高兴。我没有留下任何束缚,我也没有带走任何羁绊。无论我的肉身是否会倒下,是否会被释放,还是,我在肉身中直接获得了自由;总之,那个旧人已经离去了,永远离去,再也不会回来了!

那些引导者、大师、领袖与古鲁已经离去;留下的是孩子、学生与仆人。

你明白我为什么不想管阿贝达南达的事了。我再没有什么资格去管这些事了,乔。我早已放弃了领导者的席位——我无权高声宣布了。从今年的年初一开始,我就没有在印度发号施令了。你是知道的。非常感谢你和布尔夫人在过去对我的帮助,为我做过的所有事情。永远祝福你们。我生命中最甜蜜的时刻,就是在我独自漫游的时光。现在,我又开始了一趟漫游:前方是明媚温煦的阳光,周围便是大片大片的植物;在阳光普照之下,一切都显得那么静谧,那么安详;我慵懒地漂流着,在一条温暖大河的河心。我不敢再用手或脚溅起一个小小的水花——生怕打破这一刻的美妙与静谧,静谧得让人觉得那简直是一种幻觉!

我的行动背后是野心,我的挚爱背后是个人,我的纯洁背后是恐惧,我的引领背后是对权力的渴望。现在,它们全都消失了,而只有我在漂泊、在云游。我来了,母亲,我来了,在你最温暖的怀抱当中,无论你带我飘向何方,请带上我,在沉默中、在陌生中、在仙境中,我来了——一个世界的旁观者,我不再是演员了。

哦,这是何等的宁静!我的思绪似乎是来自内心深处很远的一个地方。它们仿佛是微弱而渺茫的低语,一切都变得格外宁静,如此甜美的一种宁静啊——就像人们在入睡前的那个瞬间,那一片刻所感受到的宁静。那时,人们可以看到事物,但是觉得它们都好像影子一般,影影绰绰的不真切。没有恐惧、没有欢喜、没有情感的执念,只有无比宁静。好像一个人,被四周神圣的雕像和画像之幻相所围绕。——我来了,主神,我已经来了。

世界存在,但并不美丽,也不丑陋,只是一种感觉,不会再激起任何的情感之波了。哦,乔,这真的是一种幸福!万物是美好的;因为对我来讲,一切都失去了它们的相对部分——我的身体就是其中之一。唵。彼一。唵。存在!

我希望你们在伦敦和巴黎都能遇到美好的事情,有全新的喜悦之泉打开,遇见有益于身心的一件件新鲜事。

但是,辨喜尊者的生命之箭还没有完成它的飞行。接下来,他还将在巴黎参加"世界博览会"期间举行的"宗教史大会"(Congress of the History of Religions)。与在芝加哥召开的宗教议会相比,这次大会显得比较平庸。各种讨论,仅限于宗教仪式起源的技术问题;很显然,天主教统治集团不再希望重演东方思想在美国宗教议会上的那种胜利,不允许讨论任何宗教的教义。辨喜尊者因为健康状况不佳,故只参加了两次会议。在会议上,他驳斥了德国的东方学家古斯塔夫·奥珀特(Gustav Oppert)①的理论,即湿婆林伽(Shiva Lingam)只是一个阳具符号。他认为,《吠陀经》是印度教和佛教的共同基础,并认为克里希纳和《薄伽梵歌》的哲学都在佛教之前。此外,他还质疑希腊影响了印度的戏剧、艺术、文学、占星术和其他科学理论。

在巴黎,他结识了自己杰出的同胞 J. C. 博斯(J. C. Bose)。博斯是植物生命和神经系统的发现者,他应邀参加了本次大会的科学部分环节。辨喜尊者称这位印度科学家为"孟加拉的骄傲和光荣"。

辨喜尊者在巴黎时,是莱格特夫妇的座上宾,在他们的家里,他会见到了许多杰出的人物,其中包括了年轻的黎塞留公爵(Duke of Richelieu),他是法国一个古老贵族家庭的后裔。这个头衔,是路易十三时代被授予的。公爵的一位祖先,曾在路易十八时期担任过法国宰辅。而黎塞留公爵本人出生于巴黎,幼年时,在法国的一所耶稣会学校接受教育,后来,毕业于普罗旺斯地区的艾克斯大学(University of Aix-en-Provence)。

在辨喜尊者告别巴黎的前夜,他问公爵是否愿意放弃世俗生涯,成为他的弟子。公爵想知道这种弃绝会换来什么,辨喜尊者说:"我将赠给你一种无畏于死的人格品质。"当被公爵要求解释时,尊者说,他会给公爵这样一种心灵境界:当有朝一日,死神来到面前,他会微笑相迎。但是,公爵还想继续追求自己的世俗事业,尽管他对辨喜尊者怀有毕生的尊敬。

在巴黎逗留期间,尊者还会见了爱丁堡大学的教授帕特里克·格迪斯(Patrick Geddes)、佩雷·海因茨(Pere Hyacinthe)、希

---

① 1836 生于德国汉堡,印度学家,1872 年前往印度,担任马德拉斯大学的梵文教授与比较语言学教授。他在那里任教至 1894 年,于 1895 年,返回欧洲。1900 年,他参加巴黎召开的世界宗教史大会,与辨喜尊者狭路相逢。译者注。

拉姆·马克西姆(Hiram Maxim)、莎拉·伯恩哈特(Sarah Bernhardt)、儒勒·布瓦(Jules Bois)和艾玛·卡尔弗夫人等知名人士。佩雷·海因茨是一位还俗的卡梅尔会修士(Carmelite monk)①，他娶了一位美国女士，化名查尔斯·劳伊森(Charles Loyson)。然而，辨喜尊者始终用他原来的修士名字来称呼他，并说他具有"非常可爱的天性"与热爱上帝的气质。马克西姆，即鼎鼎大名的以其名字命名的一种枪的发明者，他是印度和中国文化的鉴赏家与爱好者。莎拉·伯恩哈特也非常热爱印度，她经常形容印度"非常古老，非常文明"，访问印度，是她一生的梦想。

卡尔弗夫人是辨喜尊者在美国时就认识的，现在，他对她有了更深入的了解。她也成了尊者最忠实的西方追随者之一。"她虽然出身贫寒，"辨喜尊者曾这样写道，"但凭着与生俱来的那种天赋、惊人的努力和勤奋，在历经千辛万苦之后，她现在变得十分富有，几乎可算得上富可

艾玛·卡尔弗(Emma Calvé, 1858—1942)，法国歌剧女高音歌唱家

---

① 卡梅尔会(Carmelite)，罗马天主教四大修道会之一，这些修道会因其团体和个人的贫困而必须乞求施舍。该修道会的起源可以追溯到以色列西北部的卡梅尔山，大约在1155年，一些显然是以前的朝圣者和十字军战士的虔诚者，在传统的以利亚之泉附近建立了自己的修道会。他们的教规由耶路撒冷拉丁教长圣阿尔伯特于1206—1214年撰写，并于1226年获得教皇霍诺留三世的批准。因早期的基督教作家曾将以利亚描绘成修道主义的创始人，故这些修士希望在卡梅尔山上延续先知以利亚的生活方式。译者注。

敌国，甚至，她还受到了王室和皇帝的青睐与尊重……美丽、年轻、禀赋卓越，尤其是天籁一般的嗓音，这些极稀有优势的结合，使得卡尔弗在西方的歌唱家中享有很高的声誉，是其中的顶尖高手。事实上，没有比苦难与贫穷更好的老师了。与自少女时代开始的赤贫、苦难和艰辛的不断抗争，她最终彻底战胜了它们，为她的人生换来了一种独特的悲悯与同情之心，还有一种由广阔视野与远见卓识而来的深邃思考。"

辨喜尊者逝世之后，卡尔弗夫人还曾专门访问了印度罗摩克里希纳传道会的世界总部贝鲁尔道院。晚年的她信奉天主教，不得不正式放弃自己对辨喜尊者的信仰。但人们不禁要问，她是否真的能够将尊者从自己的内心抹去。

在巴黎时，辨喜尊者还曾与儒勒·布瓦①一起待过几天，这是一位杰出的法国作家，对东方哲学有浓郁的兴趣。辨喜尊者在写给一位弟子的书信中说："……我们有许多重要的思想是共同的，相当一致。所以在一起时，感到非常快乐。"

儒勒·布瓦（Jules Bois，1868—1943）

---

① 一位对神秘学深感兴趣的法国作家。他就读于圣依纳爵学院，后在法兰西学院获得文学博士学位。他对一切神秘的学问，包括超心理学与神智学等都有广泛兴趣，出版了诸多著作，他还创作了这方面的诗歌和象征性诗剧，如《愤怒》（*La furie*）。布瓦的旅行足迹遍布中东、远东、希腊、土耳其和埃及。在印度旅行期间，他结识了印度著名诗人泰戈尔，激起了他对亚洲哲学更浓厚的兴趣，并写下了《印度的愿景》（*Visions de L'Inde*）一书，描述了他对印度哲学真理的探索。1943年去世时，他正在撰写一本关于心理学的书籍。译者注。

辨喜尊者在巴黎的大部分时光都用来研究法国的文化，尤其是它的语言。他还用法语写了几封书信。关于法国文化，他在赞赏的同时，提出了一些批评。他说巴黎是"自由的故乡"；西方的伦理学与社会学，都是在这里形成，后蔚为大观；巴黎大学就是所有其他国家大学的楷模。但是，在1900年9月1日，在给图里雅南达尊者的信中，他又写道："可惜的是，法国人只是知识分子。他们追求世俗的事物，认为上帝和灵魂的信仰只是一种迷信；他们极不愿意谈论这些话题。这是一个真正的唯物主义国家。"

在法国召开的世界宗教史大会结束之后，辨喜尊者作为布尔夫人的客人，去了布列塔尼的兰尼翁（Lannion）①逗留了几天。当时，刚从美国回来的尼薇迪塔修女也参加了这次聚会。在那里的会面谈话中，辨喜尊者主要讲到了佛陀及其教义。有一天，他在对比佛教和印度教时，他说，前者劝诫人们"认识到这一切都是幻觉"，而印度教要求人们"认识到这一切的幻觉中有真实"。关于如何做到这一点，印度教本身从未提出任何一种硬性的严格法则。佛教的要求则很明确，即只能通过出家修行来实现。而印度教与之不同，它可以通过任何一种生活状态来实现。所有的这些生活，都可以是一条通往"唯一实在"（One Real）的路径，比如，一个低贱的屠夫，奉一位已婚妇人之命，向一个出家的桑雅士传教，而从他的口中，却表达了对信仰的最高和最伟大的阐释之一。② 于是，佛教成了僧侣教派的宗教，而印度教尽管推崇僧侣的教派，却始终是

---

① 法国特雷戈尔（Trégor）的一个历史古镇，也是通往粉红花岗岩海岸（Pink Granite Coast）的门户。它融合了传统与现代，拥有中世纪教堂、半木结构房屋、科技园和文化场所等。译者注。
② 此故事载自《摩诃婆罗多》第二篇《森林篇》，由摩根得耶仙人讲给般度族的长子坚战王（Yudhisthira）。内容讲到婆罗门侨尸迦向首陀罗猎人法猎求教正法的故事。在《行动瑜伽》的第四章里，辨喜尊者还专门转述了该故事，以示人间之正法所系。译者注。

忠实于日常职责。无论职责是什么,都可以是人类通往神性、亲证神性的有效路途。

从兰尼翁出发,他在圣米歇尔节日那天还参观了圣米歇尔山。那天,他被印度教和罗马天主教仪式之间的相似性又一次震撼,这是第二次体验到彼此的形式关系了。他说:"基督教与印度教并不陌生。"

圣米歇尔山

尼薇迪塔修女在布列塔尼辞别了辨喜尊者,她要先启程前往英国,为她在印度的妇女事业筹集一笔资金。辨喜尊者在为她祝福时说:"穆罕默德信徒中有一个特别的教派,据说,他们非常狂热,他们把每个新生婴儿都拿出来放在日光之下,并说:'如果是上帝创造了你,那就灭亡吧!如果是阿里创造了你,那就活下去!'现在,他们对孩子说的这句话,我也要拿来说一次,但是,今晚我是从相反的意义上对你说的——'到世界上去吧。如果是我创造了你,那就灭亡吧;如果是神圣母亲创造了你,那就活下去!'"

也许,辨喜尊者心中记得,他所钟爱的一些西方弟子,他们是

第十一章　重访西方

如何因为无法理解他的生平和教诲的深刻内涵转而背弃了他。所以，他是意识到一些西方人很难完全认同印度的习俗。在他们离开印度之前，他曾告诉尼薇迪塔，她必须恢复自己在西方的一切旧日习惯，尊重社会的旧传统、旧习俗，就像她从未中断过与西方的联系一样。

1900年10月24日，辨喜尊者离开了巴黎，取道维也纳、君士坦丁堡前往东方。陪伴尊者同行的，还有洛瓦松夫妇、布瓦、卡尔弗夫人和麦克劳德小姐。这次，尊者是卡尔弗夫人的客人。

在维也纳，辨喜尊者说："如果土耳其被称为'欧洲病夫'，那么，奥地利就应该被称为'欧洲病妇'！"一行人经过匈牙利、塞尔维亚、罗马尼亚和保加利亚，抵达了君士坦丁堡。接下来，辨喜尊者再与他的朋友们一起，去了雅典。他们游览了几个岛屿和一座希腊的修道院。他们又从雅典乘船，再前往埃及。

尊者高兴地参观了开罗的博物馆。在开罗，有一天，他和他的西方信徒在游览过程中，无意中进入了城中一个特别的地方，是那些名声不好的姑娘居住的红灯区。当这些女子在门廊里面指指点点，对尊者开着一些粗俗玩笑时，朋友们想把他带走，但他拒绝了。有些妓女走了出来，来到了街上，尊者的西方朋友远远地看到她们跪在他面前，亲吻他的衣摆。很快，尊者返回，与他的朋友们一起上了车子，离开了。

在开罗时，辨喜尊者突然预感到西维尔先生出事了。他心中不安，迫不及待地想要返回印度，于是，搭乘了第一艘当时可以乘坐的船只，与众人一一告别，独自上船往孟买驶去。

在他的这次欧洲之旅中，辨喜尊者的朋友们越来越注意到，他越来越远离外部事物的情况。尊者往往沉浸在自己的个人冥思中，一种对世界的漠然，渐渐覆盖了他。8月14日，他在给一位朋友的书信中已经说过，他预计自己活不了多久。从巴黎写信给图里雅南达尊者时,辨喜尊者说:"我的身体和精神都崩溃了,我非常需要休息。此外,我没有一个可以依靠的人;只要我活着,所有人都会非常自私与懈怠,所有的一切事情都要依赖于我。"

在埃及时,辨喜尊者似乎已经翻过了他人生书册中的最后一页。后来,有一个人说:"他看起来是多么的疲惫,多么地厌倦于这个世界的诸般事务啊!"关于辨喜尊者的第二次西方之旅,有机会近距离观察他的尼薇迪塔修女写道:

> 在这几个月的欧美生活中,尊者的举止给人留下的突出印象是,他对周围的环境几乎漠不关心。当前的评价对他毫无影响。在成功面前,他不感到惊愕或难以置信,因为他深信自己巨大的行动力,故而他不会为此感到惊讶。他也不会因任何的失败而感到不安。胜败都是来来去去的。他只是这一切的目击者……他在西方奢华富裕的文明世界中,无所畏惧、毫不犹豫地前行着,就像我在印度所看到的那样,他一直穿着最普通的两件衣服,坐在地板上用右手吃饭。同样,他也毫不怀疑或绝不退缩地接受美国或法国之生活方式的复杂性。他说,一无所有的托钵僧与那些应有尽有的国王是一枚勋章的正反面。从拥有一切到放弃一切,只不过是一步之遥。过去,印度把声望都丢给了贫穷;未来,印度需要一些声望,也应该将其投向财富。

近一段时间以来,辨喜尊者一直在努力,使自己从各种工作职责当中得到解放。他已经将贝鲁尔道院的财产从自己的名下转给了组织的托管人。1900年8月25日,他从巴黎写信给尼薇迪塔修女说:

现在，我自由了，因为我没有保留任何的权力、权威或权位。我也辞去了罗摩克里希纳传道会的主席职务。现在，诸多道院与直属系统皆属于罗摩克里希纳的直系弟子，除我之外。主席一职从此就由布拉马南达尊者担任①，接下来的其他职位，依次由普利玛南达尊者等人一一担任。我很高兴卸下了全部的重担。现在我很欣慰……我不再代表任何人，也不再向任何人负责。至于我的朋友们，我有一种病态的义务感。我思考后发现，我对任何人都没有亏欠了——如果这个世界有亏欠一说的话。我付出了自己最大的努力，几乎到了死的程度，却得到了嘲笑、捣乱、恶作剧……

你在信中暗示我嫉妒你的新朋友。你必须清楚地知道，我生来就没有嫉妒心，没有贪婪心，也没有统治欲；不管我生来是否秉有其他的什么恶习，我没有什么都是清楚的，我以前从未指导过你；现在，在我无名无分之后，我更是没有任何的指示了。我只知道一点：只要你们全心全意地为"神圣母亲"服务与工作，她就会成为你们的指导。

我从来没有嫉妒过你交了什么朋友。我从不批评我的师门弟兄是否参与任何其他的事情。只是我相信，西方人有一个特点，他们总是试图把自己认为好的东西强加给别人，却忘了对自己好的东西不一定对别人好。因此，我担心你在接触

---

① 当年，辨喜在美国奔走的时候，很多书信是写给布拉马南达尊者的，因他最能够了解辨喜的内心世界。辨喜去世之后，整个道院就由布拉马南达尊者统领，直至布拉马南达尊者于1922年溘然长逝。他们之间的关系，被印度人描述为："辨喜尊者就像雪崩一样降临这个世界，又像旋风一样从世界的一端刮到另一端，四方传播他的信息。他太忙了，太有活力了。正如他自己所说的那样，他没有足够的时间来完成他的使命，只能开启第一个性灵动力系统。就传道会的整个组织而言，布拉马南达尊者总是以他无限的冷静和耐心、非凡的理性和智慧，使他的信息在印度的土地上结出了丰硕的果实。辨喜以雷鸣般的声音传遍世界；布拉马南达则像一滴滴温柔的露水，悄然落下，却带来了秋天的大丰收。"译者注。

新朋友时,会把自己的想法强加于人。这就是我有时试图阻止你的原因,阻止任何特定强加的影响的唯一原因,除此之外,再无别的理由了。

你是自由的。有你自己自由的选择,有你自己自由选择的工作方式……

不管是朋友还是敌人,都是"神圣母亲"手中的工具,帮助我们通过或快乐或痛苦来完成自己的业力结构。因此,"神圣母亲"护佑众人。

第二次访问西方时,美国给辨喜尊者留下了怎样的印象?他把新大陆的状况带到了印度,又给印度留下了什么印象?在第一次访问期间,他几乎对所看到的一切都充满热情——有力量、有组织、繁荣的物质成就,对民主、自由和正义的精神追求。但现在,他感到十分失望,他的幻想破灭了。在美国,在庞大的联合体和激烈的争霸斗争中,他发现了玛门(Mammon)①的力量。他还看到,商业精神在很大程度上是由贪婪、自私以及对特权的争夺所构成的。他对富商的冷酷无情深感厌恶——他们通过大联合来吞并小商人,这确实就是一种垄断、一种暴政。他可以钦佩一个有效率的组织,但是,他对一个弟子说过:"若是在一群狼队中间,那还有什么美与道德呢?"他还注意到,社会恶习以及种族、宗教和肤色的傲慢,在这里都是赤裸裸的。他曾私下对麦克劳德小姐透露这一观

---

① 基督教《圣经》中对财富的称呼,常用来形容物质财富的消极面。耶稣在著名的《登山宝训》中就使用过这个词。在欧洲中世纪的作家那里,通常将其解释为邪恶的魔鬼之力。自16世纪以来,"玛门"也一直被用来负面描述对财富的追求,并慢慢地被使用于世俗场合。辨喜尊者这里大体沿用了此意,指美国社会的金钱崇拜与物质主义的庸俗潮流。另外,在密西拿的希伯来语中,该词源于"mihamon",是"mi"(意为"来自")和"hāmōn"(意为"积累")的缩写,意指财富或金钱。这个词在《希伯来圣经》中也有使用,大体作为中性价值。这在《死海古卷》和《塔木德经》中亦有记载。译者注。

布拉马南达尊者（左五）

念——看来，美国不大可能会成为协调东西方文明的桥梁。

在东欧旅行期间，从巴黎到君士坦丁堡，他闻到了战争的味道。他感到四面八方都弥漫着战争的恶臭。他深感震骇，说道，"欧洲，就像一个巨大的军营，一个火药库啊！"

其实，即使是在第一次访问西方期间，他也并非完全没有察觉到西方未来的悲剧景象。早在1895年，他就对克莉丝汀修女说过："整个欧洲正处于'火山'的边缘。如果不以性灵精神的洪流将此'火'浇灭，它必定会爆发出来。"

另外，辨喜尊者在1896年还对克莉丝汀说了下面一段话，让人不得不惊叹他的预言与直觉："下一次动荡，将来自俄国或中国。

我看不清楚是哪一个,但不是这个就是那个。"他还说:"现在,整个世界正处于第三期,在吠舍(Vaisya)的统治之下。而第四个时代,世界将由首陀罗(Sudra)来统治。"①

---

① 吠舍(商人)和首陀罗(工人)分别代表印度社会的第三种姓和第四种姓。辨喜尊者说,这 4 个种姓依次统治着人类的社会。在古印度文明的辉煌时期,婆罗门(Brahmin)主宰着世界的思想潮流;然后是刹帝利(Kshattriya)种姓的崛起,从罗马帝国时期到 17 世纪中叶,刹帝利也意味着欧洲的君主争霸;接下来则是吠舍的统治,以美国的商人精神崛起为标志。辨喜尊者预言了首陀罗阶级的统治即将到来。他也说过,当这一轮回结束之后,精神文化将通过婆罗门的力量,再次彰显自己并影响人类的文明。辨喜尊者经常谈到印度未来的伟大,将会超越其过去的所有辉煌,就是基于此一历史哲学。原注。

第十二章

功 成 身 藏

辨喜尊者在孟买上岸之后，立即乘车，直奔加尔各答，于 1900 年 12 月 9 日傍晚抵达了贝鲁尔道院。因辨喜尊者没有通知任何人他这次匆匆回来的确切消息，当晚，道院的大门紧锁。他听到了晚餐的钟声，因为想一起加入僧侣们的用餐行列，他便翻过了大门门墙。人们为他的意外归来而万分欣喜。

在道院，辨喜尊者被告知，他心爱的英国弟子西维尔先生已经在喜马拉雅山的幻住庵中去世了。果然，这是他在埃及已经预感到的噩耗。他非常悲痛，并于 12 月 11 日写信给麦克劳德小姐："哦，可怜的西维尔船长去世了，就在几天以前——还有另一位英国人古德温——把他自己的生命献给了我们的印度。如果有殉道者，他们就是殉道者了。"

12 月 26 日，他再次提笔写信给她："……西维尔在流经他所创道院的河流的岸边火化，就像印度教徒一样，身披鲜花编就的花环，由婆罗门祭司抬着，孩童们吟诵着吠陀的经文。这项事业已经有了这两位殉道者。这让我爱上了亲爱的英国与英格兰的英雄。神圣母亲正在用英格兰最优秀的血液，浇灌出未来印度的花果。哦，光荣归于她！"

辨喜尊者在道院待了 18 天，然后就起身，前往幻住庵，他不顾那时冬天的雪山，要去山中看望西维尔夫人。尤其是从那个山林火车站到幻住庵的修道院，其距离有 65 英里之遥。辨喜尊者根本没有给同伴以足够的时间来给他安排一趟舒适的旅程。于是，他在希瓦南达和萨达南达两位尊者的陪同之下，匆忙间离开了火车站，直往大雪山的高处行去。那一年，喜马拉雅山的冬天特别寒冷，途中还下了一场大雪，以他目前的健康状况，几乎无法行走。然而，他还是在 1901 年 1 月 3 日到达了不二论道院。

与西维尔夫人的会面，激起了他无限的情感。不过，当他看到雪峰的壮丽景色和道院工程的有序进度，他还是很高兴的。因为冬季严寒，在大部分时间，他不得不待在室内。这对道院的成员来说正是一个荣耀时刻。尊者的谈话总是振奋人心的，深深启迪着众人。他谈到了他的西方弟子对印度事业的奉献精神，并特别提到了西维尔先生的名字。他还强调了忠诚于所从事的工作、忠诚于精神领袖与忠诚于组织的必要性。但是，辨喜尊者也说，引领者必须以他的品格赢得人们的尊重和信赖。在幻住庵期间，尽管哮喘病发作得厉害，发作时常常令他窒息，但他仍忙于处理大量的日常信件，并为杂志《印度觉醒》撰写了三篇文章。那时候，即使连最轻微的体力劳动，也都会让他精疲力竭。有一天，他深深叹息道："我的身体已经做完了它所要做的所有事情了！"

大家可能还记得，幻住庵的"不二论道院"最初成立的目的，是让众人通过实践非二元的修行方法来发展自己的性灵生活。所有仪式和崇拜都被它严格排除在外。但是，一些习惯于宗教仪式的道院成员还是专门腾出了一间房子作为圣室，在里面安放了一幅罗摩克里希纳的画像，并每天进行礼拜。一天早上，辨喜尊者偶然发现了，他进入这个房间时，他们正在做宗教礼拜。当时他什么话也没有说，但是，到了晚上，他严厉地斥责住在这里的僧人，因为他们破坏了道院原则。他不想过多地伤害他们的感情，没有要求他们立刻停止。但随后,他们自己中止了礼拜。

然而,其中有一位成员只想进行二元论的神性崇拜,于是就向莎拉达·黛薇请教。她在信中写道:"罗摩克里希纳信奉的是不二论,宣扬的也是不二论。你们为什么不追随不二论呢?他的所有弟子都是不二论派。"

后来,辨喜尊者回到了贝鲁尔道院,曾有过一次谈话,他叹息着说:"我想,至少要有一个中心,在那里,对罗摩克里希纳的崇拜也是要排除在外的。但我发现,即使在那里,老人也已经自立门户了。好吧!好吧!"

上述事件并不表明辨喜尊者对罗摩克里希纳的崇拜缺乏尊重。在他生命的最后几年里,我们可以看到他表现出了对大师的深深挚爱。在他回贝鲁尔道院之后,他就按照传统的宗教仪式,安排了罗摩克里希纳的生日庆典与圣母崇拜。

辨喜尊者的真实本性是神的爱人,尽管他表面上看起来更像是一个哲学家。他在印度和国外的所有教诲中,都在强调不二论哲学。因为,在印度的精神传统中,终极实在是非二元的存在。故而二元论,即是通往非二元论的一个阶段。尊者认为,只有通过不二论,才能协调各种人格神的不同观念之争;没有不二论的"绝对精神"作为基础,二元论就会滋生出各种狂热分子、排他主义和一切危险的宗教情感。他在印度和国外的寺庙、教堂与各种礼拜场所中,都会看到二元论的讽刺画面。

在印度的过去,辨喜尊者发现,不二论哲学已经退化为干巴巴的智力游戏。因此,他希望自己能够恢复不二论原始的纯洁性,恢复它的鲜活。为实现这一目标,他在幻住庵建立了不二论道院,俯瞰喜马拉雅山绚丽的永恒冰川雪景,在那里,人类的心灵自然而然就会翱翔高飞,沉思无限,所以他在那里禁止了一切二元崇拜的痕迹。辨喜尊者相信,未来的所有宗教,都将从不二论教义中获得崭新的发展,并在人与人之间传播美好的善意。

辨喜尊者在前往幻住庵的途中,还听到了他忠实的弟子凯特里大君去世的噩耗。大君曾经承担了他第一次美国之行的大部分旅资费用。可惜,他在阿格拉附近,在修缮莫卧儿王朝的阿克巴皇帝陵墓上的一座高塔时,有一天,在检查工程中意外失足,不幸身亡。"因此,"辨喜尊者在给玛丽的信中写道,"我们有时会因为对古迹的热情而悲痛欲绝,付出巨大的代价。小心,玛丽,不要太热衷于你的印度古物了(指的是他自己)。"

"所以,你看,"尊者再次写信给玛丽说:"我现在的情况很糟糕,我自己的健康也很糟糕。不过,我相信很快就会恢复,很快就会活蹦乱跳起来。我在等待下一个转机。"

辨喜尊者于1月18日离开幻住庵,他在湿滑的山坡上行走了4天,大部分的时间是在雪地里行走,最后,抵达了当地的火车站转乘火车。于1月24日,尊者抵达了贝鲁尔道院。

在道院里居住了7个星期后,东孟加拉就开始不断地向尊者发出邀请,希望他能够前往讲学。此外,他自己的亲生母亲也表达了想参访印度圣地的热切愿望。1月26日,他在给布尔夫人的信中写道:"我要带上我的母亲去朝圣……这是一个印度寡妇生平最大的愿望。我一生中给我自己的家人只是带来痛苦。我正在努力弥补,以实现她的这一愿望。"

于是,3月18日,辨喜尊者在一群桑雅士弟子的陪同下,一起前往东孟加拉的首府达卡(Dacca)[①]。第二天抵达时,他的健康状况很差,患有严重的哮喘和糖尿病。在一次哮喘发作,疼痛

[①] 当时,印度尚未建立共和国。孟加拉地区虽分东西两部分,但并无政治区别,属于同一个文化群落。20世纪中叶以后,东西孟加拉才分属不同的政体。译者注。

第十二章 功成身藏 353

难耐时，他半梦半醒地说："这有什么关系呢！我已经给了他们足足1500年的时间。"但他几乎没有休息。人们没日没夜地围着他求教。在达卡，他做了两次公开演讲，还拜访了纳格·马哈希（Nag Mahashay）①的家，受到了圣人妻子的热诚款待。

接下来，他又前往吉大港附近的圣地昌德拉纳特（Chandranath）和阿萨姆邦的圣地卡玛凯亚（Kamakhya）神庙。② 在阿萨姆邦期间，为了恢复健康，他就在西隆（Shillong）逗留了数日。在那里，他还遇到了政府首席官员亨利·科顿爵士（Henry Cotton）。他是一位同情印度的英国朋友。两人交流了许多想法，在亨利爵士的要求之下，政府医生也来照顾尊者的健康，给他看过病。

辨喜尊者在5月的第二个星期，返回贝鲁尔道院。

关于此行的印象，他说到阿萨姆邦的某个地区，拥有无与伦比的自然美景。东孟加拉邦的人民，比西孟加拉邦的人民更加强健、活跃和坚毅。但是，在宗教观念上，他们相当保守，甚至有些狂热。

---

① 罗摩克里希纳的俗家弟子，出生于东孟加拉的一个小村庄，从小熟悉《摩诃婆罗多》等印度民间故事，后来学习医学，取得了巨大成功。拜访了达克希什瓦之后，他有了一种弃世的冲动，但罗摩克里希纳阻止了他，说道："就像古代国王遮那迦一样，无执地留在人世间。你的一生将成为家居者生活的榜样。"虽然在世俗生活，但他的苦行也达到了极致，生活简朴、不事张扬，在极度谦逊的面纱下，藏着他熠熠生辉的性灵境界，作为圣人的名声还是不胫而走。最后，马哈希患病去世。辨喜尊者曾高度评价，说马哈希是"伟大的灵魂"，他在解释《薄伽梵歌》的第六章时，提到了马哈希时说道："《薄伽梵歌》等经典中提到最高类型的奉爱（Bhakti）的所有特征，在纳格·马哈希身上都得到了体现。只有在他身上，我们才能真正地看到被广泛引用的文字得到了最佳的应验。你们东孟加拉的土地——'比草芥还卑微的地方'——因纳格·马哈希的脚的触碰，而蒙上了圣洁的光辉，确实为有福之地了！"译者注。
② 昌德拉纳特，孟加拉地区西塔昆达附近著名的沙克蒂神庙，位于350米高的昌德拉纳特山顶。根据印度教的神话典籍，萨蒂女神的右臂就落在这里。卡玛凯亚，印度东北部阿萨姆邦尼拉查拉山中心地带的一座女神庙，供奉的是著名的欲望女神。这座神庙也被认为是地球上51座萨蒂庙中最神圣、最古老的一座；在印度女神崇拜的悠久传统中，它享有崇高的地位。辨喜尊者这次带着母亲去朝圣，就是为了了却生母的朝觐心愿。译者注。

他发现一些轻信的人,会相信一些伪宗教化身,其中有几个假化身,当时就住在达卡城里。

于是,辨喜尊者再次告诫人们,要培养男子汉的气概与逻辑推理能力。他对达卡的一个善感的年轻人说:"孩子,请听我的一句劝告,通过吃好的食物和健康的身体锻炼,来训练你的肌肉和大脑吧;然后你就能开始独立思考了。没有营养丰富的食物,你的大脑容易趋于衰弱。"还有一次,在一次公开的会议上,在谈到体力很差的年轻人时,他说:"你们通过踢足球,比通过学习《薄伽梵歌》更靠近天堂。"

同门师兄弟和他自己的门徒都非常担心尊者的健康,因为他的状况越来越差。孟加拉潮湿的气候一点也不适合他,反而加重了他的哮喘,而且,他常常容易疲倦。他热切希望能够过一种平静生活,以满足朋友们的要求。于是,尊者在道院里相对隐居地过了大约7个月。他们试图用轻松的谈话来取悦他。但是,只要有机会,他就会对弟子进行授课与生活指导,这一点是很难劝阻的。

他很喜欢自己位于道院二层东南角的房间,每次从西方或印度其他地方旅行回来,他都会兴高采烈地住在这里。这个大房间有四扇窗户和三扇门,既是书房也是卧室。进门右侧的角落,有一面约5英尺高的镜子,镜子附近则是一个衣架子,上面放着他的黄赭色僧衣。房间中间有一张铁床,上面铺着弹簧床垫,这是他的一个西方弟子送给他的。但他很少用它,因为他更喜欢睡在床边的小沙发上。书桌上则摆放着信件、手稿、钢笔、墨水、纸张和吸墨纸垫,还有一个小铃铛、一些插在金属花瓶里面的鲜花、一张古鲁的照片、一张他在冥想时使用的鹿皮,以及一张摆放茶具的小桌子。这些陈设,就是他房间里面的所有东西。

他在这里写作,教导弟子和同门兄弟,接待朋友,在冥想中与上帝交流;有时,他还在这里用餐。正是在这个房间里面,他进入了最终的涅槃狂喜,此后,就再也没有返回到普通的意识中了。目前,这一间房始终保留着辨喜尊者活着时的样子,房间里的一切摆设照旧,保持着他生命最后一天的原样,而墙上的日历上写着:1902年7月4日。

1900年12月19日,关于这里的宁静生活,他曾在给一位美国弟子的信中如此描述道:

我真的是一只飞过天空的鸟儿。欢乐繁华的巴黎、古老肃穆的君士坦丁堡、波光粼粼的雅典、如金字塔一般星罗棋布的开罗,如今,这一切都已渐渐离我远去了;而现在的我,却藏身于恒河河畔的一座道院,在我自己的房间里面书写着。这里是如此的宁静和安详!宽阔的河面,在明媚的阳光下摇摆,翩然起舞,只有偶尔驶过的货船溅起的一些浪花,才会打破了它的宁静。这里虽然是寒冷的季节,但每天的中午都还是温暖而明亮的。这里就像南加州的冬日。一切都是绿色加上金色,而草地就像天鹅绒一般悦目。虽然空气是冷冽的,闻起来却清新怡人,令人心旷神怡。

自辨喜尊者从东孟加拉回来之后,他在道院里面就过着悠闲的生活,身边围绕着他的宠物:一只叫巴格哈(Bagha)的狗、一只叫汉西(Hansi)的母羊、一只羚羊、一只鹳、几头牛、几只山羊、几只鸭子和几只鹅。还有一个叫马特鲁(Matru)的男孩子,这孩子的项圈上面挂满了小铃铛,尊者也就常常像小孩子一样,与他一起奔跑、玩耍。动物们都很喜欢他,小马特鲁也是。马特鲁,这个小孩子,他假装是他前世的亲戚,就睡在他的房间里。后来,当马特鲁意外去世时,尊者就像一个孩子一样地悲伤痛哭,他对着一个门徒说:"真是奇怪!我爱谁,谁就死得早。"

在给母羊汉西挤奶之前，他总是要征得"她"的同意。小狗巴格哈也一起随他参加印度教的各种仪式。在神圣的场合，当锣鼓和海螺宣布日食结束时，小狗巴格哈就会和众信徒一起到恒河里面沐浴。从某种意义上说，它就是道院动物群的首领。死后，它也被安葬在了道院里面。

1901年9月7日，他在给一位美国弟子的信中提到了他的宠物：

大雨倾盆而至，简直是一场大洪水——而且日夜不停。河水上涨，淹没了河堤；池塘和水库早就满溢了。我刚刚回来，帮他们开凿了一条深深的排水沟渠，把水从道院的院子里面引出来，再排到道院外边去。雨水已经积了几英尺深。我的大白鹅高兴极了，鸭子和鹅也是。我的那只驯服的羚羊却从道院逃离了，让我们因找它而焦虑了好些日子。昨天，我的一只鸭子不幸去世。它已经喘息了一个多星期。我们的一位诙谐的老僧人说："先生，生活在迦梨时代就是不安全的，鸭子会因为潮湿和下雨而得感冒，青蛙也会不断地打喷嚏呢！"有一只鹅的羽毛脱落了。我不知道其他的疗救之法，就把它放在一盆掺有轻度石炭酸的水里几分钟，这样，要么可以杀死它，少些痛苦；要么可以把它治好，恢复健康。现在，它果然已经没事了。

就这样，辨喜尊者在道院过着无忧无虑的日子：有时穿着腰布在院子里走来走去；有时监督烹饪的事务；有时，自己也准备为众人制作一席美味的佳肴；有时，就与他的弟子和同门一起，唱诵虔敬的宗教圣歌。余下来的时间，他与来访者交流，传递性灵的教诲，每当他内在的性灵被激发起来时，他就会陷入冥想，或在自己

第十二章 功成身藏

的房间里认真学习，或向道院成员解释经文中的复杂义理，以及向他们阐述道院未来的某些工作。

虽然他的身体日渐衰弱，但是，他的思想却一直在熠熠生辉。偶尔，他还会流露出一种空洞的眼神，显示出他对这个世界的厌倦。有一天，他说："有一件事我们可以庆幸：今生幸好不是永恒的！"

他的病并没有任何减轻或好转的迹象，但这并没有影响到他工作的精神状态。当有人提醒他休息时，他对一名弟子说："孩子，我已经无法休息了。罗摩克里希纳称之为'迦梨'的神，在他去世前三四天，就开始占据了我的身体与灵魂。它让我不停地工作，从不让我保持静止不动，或寻求我个人的安逸生活。"然后，他告诉弟子，大师在去世前是如何将自己的性灵能量传递给他的。①

1901年下半年，辨喜尊者参加了道院的所有宗教节日。在杜尔迦法会、拉克希米法会和迦梨法会期间，尊者以严格的正统方式祭拜神圣母亲。在杜尔迦法会期间，穷人们都能享受到丰盛的宴席。因此，辨喜尊者为人们展示了宗教仪式在发展精神生活方面的实际功效。1902年2月，众人还在贝鲁尔道院举行了纪念罗摩克里希纳诞辰66周年的庆典活动，3万多名信徒聚集一堂。但是，尊者自己却身体发烧。因为双腿肿胀，他只能一个人待在房间里面，从窗户中间观看信徒们的舞蹈，倾听他们的音乐与歌唱。

一天，辨喜尊者对侍奉他的弟子说："一个领悟了阿特曼的人，他就会成为巨大的性灵能量之宝藏。以他为中心，一股精神的启示力就会从其身上散发出来，在一定的半径范围内发挥着作用；在这个范围之内的人，都会受到他的精神启发，并为之折服。因此，不需要太多的宗教努力，他们就能从觉醒者的精神体验中获益。

---

① 参见第三章的相关内容。原注。

这就是所谓的恩典。"尊者继续说:"那些见过罗摩克里希纳的人是有福的。你们所有人也都会得到他的启示。你们来到这里,就离他很近了,也是有福的。但是,没有人真正能够理解作为罗摩克里希纳而来到人间的他。即使是他最为亲近的信徒,也未必真能了解他。只有极少数的一些人,于此略有所知。但假以时日,所有人都会明白的。"

俗话说,在灯光之下的那一个点,往往最黑。因此,附近村庄的那些正统派教徒,往往很难理解贝鲁尔道院的精神与理想。因为那里面的僧人并不是在所有方面都过着正统的桑雅士生活。而来自国外的信徒还经常光顾这一座道院。僧人们在饮食与穿着方面都很开放。因此,他们就成了被议论与被批评的对象。村民们指指点点,甚至编造了很多关于他们的丑闻;沿恒河而行的船上乘客,也常常会用指责的手,遥遥指着贝鲁尔道院。

辨喜尊者听到一些话语之后,说道:"这很好啊。这就是自然法则。所有的宗教创始人都是这样子过来的。没有迫害,卓越的思想就不可能深入这个社会的中心。"

但是,邻居们的批评,很快就会变成一种骄傲与自豪,因为,在他们中间,那么靠近的一种距离,居然有这么多圣人的灵魂一起出现。

这些时候,也有许多杰出的印度人士来拜访辨喜尊者。他与其中的一些人讨论建立一个吠陀学术机构,以弘扬古老的雅利安文化和梵文知识。这也是尊者最喜欢的一个想法之一,即使到了他在地球上的最后时光,生命中的最后那一天,他还在思考着这个问题。

1901年的年底,两位来自日本的佛教徒到了贝鲁尔道院,他们非常博学。同时,他们希望能够邀请尊者参加当时正在日本酝酿的世界宗教大会。其中一位,是著名的艺术评论家冈仓天心

(Okakura)，另一位，则是日本佛教协会的会长织田(Oda)。① 辨喜尊者特别喜欢冈仓，他说："我们是分离的两兄弟，于天涯海角的流离失所中再次相逢了。"尽管来访者不断催促，但他还是没接受去日本的这份盛邀，部分原因是他的身体状况实在不佳，还有一部分的原因，则是他怀疑日本人是否真的会欣赏吠檀多哲学中的不二论理想。在1902年6月，他写给一位西方女士的信中，尊者就出家修道的理想与家居婚姻生活中的忠诚之间的关系，发表了以下有趣的看法：

> 我认为，一个民族必须首先通过建立婚姻的神圣性和不可侵犯性，来培养对母性的崇高敬意，然后才能实现一种完美贞洁的理想。罗马天主教徒和印度教徒一样，都认为婚姻之神圣，盖不可侵犯也。他们培养出了贞洁的男人和巾帼不让须眉的强大女子。对阿拉伯人来说，婚姻则是一种双方契约或强行占有，亦可随意解除，我们在那里就找不到贞洁之女性理想的发展。现代佛教在尚未发展出成熟婚姻观的民族中兴起，对僧侣制度则大加嘲弄，歪曲了修道精神。因此，直到日本能够发展出一种关于婚姻的伟大及神圣的婚姻理想（除了相互吸引和爱情）之前，我目前是看不出怎么能有伟大的僧侣和尼姑。正如你们已经认识到的那样，生命的荣耀在于守贞。我的眼睛也睁开了，认识到为了培养少数终生守贞的力量，绝大多数人首先都必须接受这种伟大的整体性圣化之前提。②

---

① 明治时期的日本受到英国人阿诺德爵士（Sir Arnold）的激励，决定重修佛陀当年的精舍"菩提伽耶（Bodh Gaya）"，同时派佛教徒艺术家冈仓天心与织田来邀请辨喜尊者参与在日本召开的宗教会议。冈仓的著名作品有《茶之书》《东方的理想》等，后者序言是尼薇迪塔修女所写。译者注。

② 这里辨喜尊者指的是桑雅士的理想，需要一个以社会性的贞洁观念为基础，再进一步地精进、升华才有可能实现。译者注。

辨喜尊者曾经说过,需要连续三代的夫妻之间的绝对忠诚和绝对奉献的精神,那个家庭才有可能诞生出一位理想的桑雅士。

当时,冈仓恳请辨喜尊者能够陪同他朝圣,一起参拜菩提伽耶,即佛陀成道的圣地。因为辨喜尊者正可以利用这几周的休养时间,故而接受了这份善意邀请。他自己也还想去看看瓦拉纳西。所以,这次朝圣之旅,前后持续了1902年初的头两个月,为他的漫游生涯画上了一个圆满的句号。

他在最后一个生日的早晨,抵达了佛陀觉悟之地菩提伽耶,并受到寺庙里面的正统印度教僧侣的热情接待,受到了真正崇高的那份礼遇。接着,在瓦拉纳西朝觐时,那边的祭司亦表现出对尊者同样的尊敬和喜爱。这一次朝圣的美好印象,很好地证明了尊者对这个时代的印度人心灵的影响之深。人们可能还会记得,菩提伽耶是他的古鲁罗摩克里希纳有生之年访问过的第一个圣地。而若干年之后,当尊者还是一个默默无闻的托钵僧人时,他曾以这样的话语告别过瓦拉纳西:"直到有一天,当我的出现像一声惊雷落在这个社会上时,我再来朝圣,否则,我将不再造访这个地方。"[①]

在瓦拉纳西时,当地的大君给了辨喜尊者一笔资金,希望他能够在这里建一座道院。他接受了这个美好的提议,回到加尔各答之后不久,他就派希瓦南达去组织这项工作。早在辨喜尊者访问瓦拉纳西之前,就有几个青年人在尊者的启发之下,于当地成立了一个小型组织,为贫困的朝圣者提供食物、住所和医疗救助。辨喜尊者对他们的无私精神深感欣慰,尊者对他们说:"我的朋友,你们拥有真正的性灵世界;孩子们,你们将永远拥有我的爱和我的祝福!请勇敢地往前走,继续走下去,不要在意你们的贫穷。需要的金钱自会到来的。伟大的事业也将会因此而产生。它超过你们最

---

① 参见第三章"漫游生涯"中的相关内容。译者注。

第十二章 功成身藏

诚挚的期盼。"于是，辨喜尊者写下了一份呼吁书，并与"罗摩克里希纳服务之家"的第一份报告书一起发表。该机构后来成立了，它的名字就叫作"罗摩克里希纳服务之家"。这是罗摩克里希纳传道会创办的同类机构中的佼佼者。

最后，辨喜尊者从瓦拉纳西返回加尔各答。但在他还没来到贝鲁尔，他的病情就在加剧，尤其是孟加拉地区潮湿的空气。在他生命的最后一年半里，断断续续，他一直在接受医生的严格监护。糖尿病表现为臌胀、双脚肿痛，身体的某些部位变得十分敏感。睡觉时，几乎无法进入正常的休息状态。一位当地医生希望他能够遵守严格的制度：避免喝水和吃盐。有整整 21 天，他不让一滴水进入自己的喉咙。他对一个亲近的弟子说："身体只是思想的工具。思想决定什么，身体就必须服从什么。现在，我甚至不再想喝水。是的，我一点也不想念它了……果然可以。我发现自己能做一切的事情。"

尽管他的身体遭受病痛的折磨，但是，他的思想却始终保持着一贯的活力。

在此期间，英国的《不列颠百科全书》（*Encyclopaedia Britannica*）①刚刚出版问世，人们就看到他已经在阅读了。他的一位居士弟子就说，要在一生中掌握这 25 卷大书是很困难的。辨喜尊者当时已经读完了前 10 卷，正在忙着阅读第 11 卷。于是，他就从这位弟子读过的 10 卷书中，向他提任何一个问题。结果，令这位居士弟子大吃一惊：尊者不仅展示了一般的知识，而且他对许多科学技术的知识都已经掌握，甚至，还时不时地直接引用书中

---

① 最初，《不列颠百科全书》是苏格兰启蒙运动的产物。1771 年在苏格兰爱丁堡出版第一版，共 3 卷。以后不断修订出版。第 9 版开始，学术性增强，所以第 9 版也被称为学者版。有人称它为英语百科全书历史上的顶峰。当时有英国人认为该书的权威性"仅次于上帝"。译者注。

的语句。他向这位惊讶不已的弟子解释说,这并没有什么神奇。他说,只要一个人在思想和行动上严格守贞,就能开发出心灵的定力,即可表现为专注力与记忆力,就能在脑海中准确地再现他曾读到或听过一次的事物,即使是很多年以前的内容,亦是如此。

印度的复兴,是辨喜尊者思想中反复出现的主题。现在,他心中最重要的是两个项目:其一,建立一所吠陀大学;其二,建立一所女子修道院。而女子修道院将在师母黛薇的指导下开工建设,将完全由她自己管理,地址择在恒河的另一岸,与贝鲁尔道院完全分开。女子修道院培养出来的教师,她们将承担起教育印度妇女的责任。

但是,辨喜尊者的心又总是跑到穷人以及被社会忽视的大众那里去,他对这些人总是有很深的悲悯。1901年的年底,曾有一群桑塔尔人(Santhal)①在平整道院周围的土地。他们很穷困,往往生活在社会边缘。辨喜尊者在与他们交谈时感到特别快乐,并怀着极大的同情倾听他们讲述自己的悲惨遭遇。有一天,他还为他们安排了一场盛宴,为他们准备了他们从未品尝过的美味。用餐完毕后,辨喜尊者对他们说,"你们是纳拉亚那②。今天,我用食物款待了你们,就是取悦了上主。"他对一个弟子说:"我在他们身上看到了神。他们是多么朴实无华的一群人啊!"后来,他对贝鲁尔道院的僧人说:

---

① 印度东部的一个少数民族,他们主要集中在孟加拉地区,也包括奥里萨邦、比哈尔邦、贾坎德邦,等等。桑塔尔人常常受雇于煤矿或钢铁工厂,也有人则在一年中的部分时间里从事有偿农业劳动。在桑塔尔人的传统上,婚姻一般是一夫一妻制;一夫多妻制虽然允许,但很少见;饮食、住房和宗教仪式方面都有一些禁令和禁忌;宗教以神灵崇拜为中心,祖灵是重要的崇拜对象。译者注。
② 按照印度人的神话,最初,纳拉亚那(即毗湿奴的化身)乘着蛇王阿南塔(Ananta)漂浮在原始水域上。纳拉亚那神的肚脐上长出一朵莲花,梵天在莲花中诞生,他用四张嘴诵读了四部吠陀经,并创造了"梵天之金卵",然后,将万物照着次序一一创造出来。译者注。

第十二章 功成身藏

看啊,看看这些可怜的穷人,没有文化,却心地善良!你们至少能在一定程度上可以减轻一些他们的痛苦吧?如果不是,我们穿着这样一件黄赭色的桑雅士道袍又有什么意义呢?能够为他人的利益牺牲一切,这才是真正的修道之路。有时,我自己也会想,"建造寺院与道院之类的东西究竟有什么用?为什么不把它们统统卖掉,把获得的钱悉数分给贫穷的纳拉亚那呢?我们这些以大树为栖息之所的托钵僧人,需要什么家屋呢?唉!当我们的同胞还衣食无着的时候,我们怎么会有心思把美好的食物送进自己的嘴巴里?……母亲,难道就不能为他们做点什么吗?"

如你们所知,我当年去西方弘道,其目的之一,就是想看看能否找到一条路径来帮助与服侍我自己的同胞。当我看到他们的贫穷、他们的困苦,我有时就会想,"让我们扔掉所有的礼拜用具,扔掉吧,那供吹奏的海螺、那供敲打的钟磬、那供我们在画像面前挥舞的明亮灯火……扔掉吧,还有,让我们扔掉所有引以为豪的学问、研读的经典,以及为获得个人解脱而进行的一切灵性修炼吧。让我们走村串户,竭尽全力去为穷人服务吧。让我们通过自己的道德品格、精神修为,以及俭朴严肃的生活,来说服富人们理解他们每一个人对大众应持有的责任,以获得金钱、获得更有效的手段来为穷人和受苦者服务……"

唉!唉!在我们的国家,从来没有人为卑微者、为穷人与苦难者着想!须知,这些人恰恰是国家的脊梁,他们在创造粮食、在创造文明世界的基础。如果他们一日不劳作,整个城市就会恐慌。可是,在我们的国家,哪里有人在同情他们,在与他们同甘共苦?看吧,看看吧,因为印度教徒如此缺乏普遍的同情,在马德拉斯总督的统治之下,成千上万的印度贱民都成了基督徒！不要以为他们信奉基督,仅仅是因为他们饥饿;更重要的原因,是因为他们在你们这里得不到任何同情。你们一直在告诉他们"别碰我""别碰这个、别碰那个!"这个国家还剩下什么同胞之情,还有什么永恒的正法吗?现在只有"别碰我主义"。那好,如今,请将所有这样有辱人格的做法赶走吧!我是多么希望能废除"别碰我主义"这样的深深壁垒,让所有人走出这种可耻的束缚,然后众人聚集在一起,高喊:"来吧,所有贫穷困苦的人、所有潦倒悲伤的兄弟!我们以罗摩克里希纳的名义,大家合为一体!"

是的,除非他们得到拯救,他们的生活得到改变,否则,伟大的印度母亲永远不会觉醒,如果我们不能为他们的衣食提供便利,那我们的存在,又有什么意义呢?唉,他们不懂人情世故,对世界运行的方式不清楚。故,他们虽然日日夜夜辛勤劳作,却无法维持最基本的生计。请汇聚你们的智慧与力量,帮助人们揭开各自的面纱。我已经清清楚楚地看到,在他们身上的梵与沙克蒂,和在我们身上的梵与沙克蒂是一样的!只是表现的方式与程度稍有不同而已。

除非这个国家全身的民族血液循环一致——所有人的血液作为一个整体,在国家体内流动运行起来,否则,这样的一个国家是不可能崛起的。在整个人类创造的世界史上,你们不是见证过这样的法则吗?要知道,一肢瘫痪,众肢废弃;即使其他肢体全部健康,断其一肢,这样的身体也肯定是做不了什么事情的。难道不是这样吗?

一位加入道院不久的弟子指出,在印度的不同教派之间,建立起一种统一与和谐是很困难的。辨喜尊者甚为恼怒,他回答道:

如果你认为任何任务都太难,那就不要再来这里了。要知道,通过上主的恩典,一切都会变得轻而易举。你们的职责就是不分种姓和信仰,为穷人和受苦者服务。你们有什么资格去考虑行动的结果呢?你的职责,就是服务,就是继续行动和继续劳作,一切都会在时间的长河中得以自行解决、自行运转起来。我的工作方法是建设,而不破坏已经存在的……你们都是聪明的孩子,既然自称是我的弟子,那请告诉我,你们都做了一些什么?难道你们不能为他人献出自己的生命吗?干脆让对吠檀多典籍的阅读和冥想之类的修行,留到下一辈子吧!让这个身体去为他人服务——那样的话,我就会知道你并没有白白地来找我了!

过了一会儿,他又说道:

经过这么多年的苦行、安贫与禁欲之后,我终于知道了最高的真理是这个——"上主存在于众生之中。一切众生都是他的显现形式。没有其他的神需要寻找!那为众生服务的人,就是崇拜上主的人"。

辨喜尊者在这篇劝告中,传达出来的是活生生的信息。这些话既是对印度说的,也是对西方世界说的。西方世界也有自己的贱民。剥削他人的人,无论在远方,还是在近邻,都是对上主的冒犯,迟早会付出代价。所有的人,都是同一个神的儿子;所有人的内心,都是神居住的家园。那想要服务神的人,必须是服务人的人——而且,首先是服务最卑贱、最贫穷、最低等的人。只有打破人与人之间的人为阻隔,才有望在人间迎来天国。

尊者曾黯然神伤,他一度悲观,身体也日渐消瘦。因为只有几个青年人愿意帮助他工作。而他希望有更多的年轻人,怀着对上帝和他们自己的坚定信念,为他人的幸福而牺牲一切。他常常说,只要有十几个这样的人,他就能把整个国家的思潮引向新的轨道上来。他也不顾自己身体上的痛苦,不断激励弟子们培养起这种信念。

因此,有一天众人看到他坐在道院的院子里面,在一棵芒果树下的帆布床上,他身边的桑雅士和梵行生正在忙着做各自的日常事务;其中一位还拿着一把大扫帚,在清扫庭院;普利玛南达刚刚沐浴毕,正走在台阶上,准备步向神龛。突然,辨喜尊者的眼睛变得神采奕奕。他激动地发抖,对着一个弟子说:

你要去哪里寻找梵?他就在众生之中。在这儿,这儿就是明明可见的梵!那些无视可见之梵,而总是把心思放在其他遥远事物上的人们,真是丢脸啊,真是羞耻!可见的梵就在你们的眼前,就像我们手中的果实一样,触手可及!难道你们看不见吗?这儿……还有这儿……这些就是梵啊!

当时,这些话语自尊者的口中说出,他周围的人如遭电击。大概有一刻钟的时间,他们都呆呆地站在了原地,仿佛石化了一般——清扫工手中的扫帚也停了下来;帕里玛南达尊者陷入了一种恍惚;每个人都体验到了一种无法形容、不可思议的宁静。最后,辨喜尊者对帕里玛南达说:"好吧,现在去做礼拜吧!"

同门师兄弟试图限制辨喜尊者的活动,尤其是对来访者和寻求者的指导。但他毫不退让。有一天,他对他们说:

看这里!这个身体有什么用?单单这个身体的存在有什么价值?让它去帮助他人吧。我们的师父不是一直在传道,一直到最后一刻吗？我不也应该这样去做吗？我一点也不在乎自己身体的去留。你们无法想象，当我找到认真追求真理的人交谈时，我是多么兴奋啊。为了唤醒同胞心中的阿特曼、唤醒他们的真实自我，我宁愿死无数次！

直到临终，辨喜尊者仍然是道院的重要领袖，他不顾自己的痛苦，坚持指导道院的日常生活，各种细节他都没有放过，非常郑重。他坚持彻底保持清洁，检查床铺，确保床铺通风，是否晒过，是否好好整理过。他制定了每周的时间表，督促大家严格遵守。每天都有关于《吠陀经》和呼吸课的课程教学，在身体允许的情况之下，他一般还会亲自主持课程。他不鼓励在礼拜堂内举行过多的仪式。他告诫道院的僧人，不要放纵感伤的宗教主义和狭隘的宗派主义。

但同时，这位道院领袖对道院成员的日常冥想却进行了严格监督。在吃饭、学习、讨论和冥想时分，钟声就会在固定的时间响起。大约在他去世前3个月，他规定每天凌晨4点，各个房间都要敲响手钟，以唤醒僧侣们精进。半小时内，所有僧侣都要聚集到小礼拜堂进行冥想。但他总是比众人先到。通常，他3点钟起床，来到小礼拜堂，面北而坐，一动不动地冥想两个多小时。辨喜以身示法，树立了榜样，任何人都不敢提前离席。起身时，他轻声吟诵："湿婆！湿婆！湿婆！"向罗摩克里希纳的圣像鞠躬之后，他才会下楼。然后，在院子里面踱步，唱一首圣歌，献给圣母迦梨或湿婆。因为他的出现，自然而然地在小礼拜堂里营造出一种强烈的性灵氛围。布拉马南达尊者说："啊呀！如果一个人与纳兰在一起冥想，很快就会沉浸其中，全神贯注其中！我们一个人坐着的时候，可没有这种感觉。"

有一次，他因病离开了几天，当他再次走进小礼拜堂时，发现只有两名僧人在那里。他生气了，很是恼火；为了严肃纪律，管教这些缺席者,他禁止他们在道院用餐。他们不得不外出乞讨。他不放过任何一个人,即使是他最敬重的同门弟兄之一,那天早上,他恰好不在礼拜堂做礼拜。

还有一天,在冥想规定的时间,他发现自己的同门师弟希瓦南达还在床上,他就对后者说:"兄弟!我知道你不需要冥想。通过罗摩克里希纳的恩典,你已经亲证了最高真理。但是,为了给众人做榜样,你还是应该每天和年轻人一起冥想啊!"

从那一天开始,希瓦南达无论生病与否,一直坚持在凌晨时分冥想,与神交流。到了晚年,当他的身体状况已经不允许他再去礼拜堂了,他就坐在自己的床上冥想。

辨喜尊者虽然一心扑在印度弟子的培养上面,却从未忘记他的那些西方弟子。他们的福祉始终在他的思考当中,为他们祈祷并祝福着。

1901年6月14日,他曾写信给麦克劳德小姐:

> 好了,乔,保持健康、保持身心的愉悦……荣耀(Gloire et honneur)在等待着你——是的,还有最后的穆克提。女性与生俱来的野心就是通过婚姻,借由男人而往上行走;但是,那种日子已经一去不复返了。没有任何男人的帮助,你也会变得伟大起来,就像你,朴实无华,亲爱的乔……我们的乔,永远的乔……
>
> 我们已经看透了这一生命,再无须介意任何"一抹泡沫"的生灭。不是吗,乔?几个月以来,我一直在练习,以驱走一切多愁善感的情绪;因此,我也就此打住了。再见了,乔。这是神圣母亲迦梨的旨意,我们注定应该在一起工作的;而且,这些工作已经造福了许许多多人,它还将继续造福更多的后来者。就这样吧,让一切如其所是,自自然然。计划想太多并

无意义，母亲自会找到母亲自己的方式……请无须担心。

1901年8月27日，他以其惯常的风趣写信给玛丽：

> 我希望我的健康状况如你所料——至少能够给你写一封长长的书信。事实上，我的身体每天都在恶化——虽然没有那么多的并发症和麻烦。不过，我已经不再被它打扰了。
>
> 我祝愿你们在可爱的瑞士小木屋里诸事如意——身体健康、胃口甚佳，而且还能轻轻松松地研究一下瑞士，研究一下其他的古物，让生活中的一切变得生动起来。我很高兴你们能大口大口地呼吸山林间自由的空气，但遗憾的是，山姆的健康状况并不是很理想。不过不用担心，他的体质天生就很好。
>
> "女人的情绪和男人的运气，这两条连神自己都不知道，遑论男人。"我的直觉可能很女性化——但我此刻的感觉是，你身上有一点男子气。哦！玛丽，你的思想、健康、美丽、一切的一切，都会因为缺少了一个基本要素——即对个性的坚持——而付诸东流。你的骄傲、性灵等，皆会成了无稽之谈，成了一种嘲弄，全化作了废物。充其量，你也只是一个寄宿学校的女生了——那多么没有骨气啊，没有骨气！
>
> 唉！这种终生做牵线人的事……这太残酷了，太残忍了……但我会忍不住，没办法。我真诚地、真心诚挚地爱你，玛丽。我不能用虚情假意的糖果来哄你，欺骗你。它们也不会来找我，所以，我从来也没有这样做过。
>
> 但话又说回来，我是一个将死之人，没时间胡闹。醒来吧，姑娘！我现在希望你能够写出正确的抨击信。你就直说好了——我正需要大把大把振奋起来的活力呢……
>
> 从某种意义上说，我已隐退，也不太关心事情究竟会怎么

发展。我们事业的规模越来越大,一个人不可能什么细节都知道,对它了如指掌。我现在除了吃饭与睡觉,什么也不做,剩下的时间,就养养身体。

再见,亲爱的玛丽。希望我们今生还能在某个地方再次相见。但无论是否相见,我永远都是你亲爱的兄长,辨喜。

1902年2月12日,他写信给他心爱的门徒尼薇迪塔修女:

愿一切力量降临于你!愿神圣母亲成为你的双手、成为你的心灵!我为你祈求的甚大,祈求的是巨大的力量——这是大能,不可抗拒的无穷之力;如果可能的话,里面还安放了无尽的平安……如果室利·罗摩克里希纳有任何的真理,愿他将你带入他的队列当中,就像他对我曾经所做的那样,不,要千倍于我!

另外,尊者对麦克劳德小姐说:

我甚至无法想象如何来表达我对你的感激之情。无论你在哪里,你都不会忘记我的安危;你都是唯一那个能够承受因我而来的所有负担、承受我的所有坏脾气的人……

玉树翠叶,上栖金乌,然而日车渐渐西斜。虽然尚且笼罩在一种金色的光芒之中,但很快地,它将落到地平线之下了。在辨喜尊者生命的最后两个月,发生了许多预示其末日即将来临的事件。然而,还是很少有人会想到,那个日子竟然会如此之临近!

从瓦拉纳西返回不久,辨喜尊者就非常想见他的那些桑雅士弟子,他写信给他们,让他们赶来贝鲁尔,哪怕只是短暂的停留。

尼薇迪塔修女写道："他的许多弟子从遥远的地方——赶来，聚集在尊者的身边。虽然看上去，尊者整个人是病恹恹的，但可能没人知道他最后的日子已经临近。然而，探望和惜别，不少人是需要绕过大半个地球才能完成。"

众人越来越多地看到尊者从一切职务与责任中解脱出来，把工作一一交托给其他人。

他说："一个人总是和他的弟子在一起，往往会毁了这些弟子；弟子们一旦完成了训练，导师就必须离开他们，因为他不离开，他们就无法发展自己。"很多年以前，他曾经这么说过，"在一棵大树下的植物，总是渺小的，无法长大。"即便如此，那些最亲近的人都不怀疑，认为他至少还可以再生活三四年。

他拒绝就当前的一些工作问题发表任何意见了。他说："我不能再插手这些事情，我准备动身，我就要赶赴另外一条远路了。"还有一次，他说："你们也许都是对的；但是，我不能再参与这些事情。我即将步入死期。"他对世界上的消息，只是远远地回了这么一句。

1902年5月15日，他给麦克劳德小姐写了一封信，这也许是他最后一次写信：

> 我的病情有所好转，当然与我的预期相去甚远。我萌生了一个安静的念头。我打算永远退休，不再劳作。如果可能的话，我将重操乞食的旧业。一切祝福都会伴随着你的，乔；你一直是我的好天使。

但是，他很难放弃工作。对他来说，这是放弃比生命还重要的事情。在临终前的最后一个周日，他这样对自己的一个弟子说过："你知道，说到'工作'，这一直会是我的一个软肋。当我想到工作可能会结束，我就会变得一蹶不振。"他可以轻易地从各种软弱和执念中抽身,但工作仍然保持着一种特殊的打动他的力量。

罗摩克里希纳和神圣母亲占据了他的心灵。他就像神圣母亲的孩子或在达克希什瓦的罗摩克里希纳脚下玩耍的小男孩。他说:"一个至大的苦行和冥想,已经降到我的身上,我正在为死做最后的准备。"

看到他专注冥想的样子,他的弟子和同门都很担心。他们记起了罗摩克里希纳说过的话语——纳兰在完成使命之后,就将永远地融入三摩地;如果他意识到自己是谁,他将拒绝活在这一具身体里面。

有一天,一位同门兄弟很随意地问他,"你知道自己是谁了吗?"结果,回答是出乎意料的:"是的,我现在已经知道了!"于是,当时在场的所有人都一阵静默。没有人再敢问下去了。因为所有人都想起了纳兰年轻时经历过梵涅槃的往事,当那种伟大而罕见的经历结束时,罗摩克里希纳当时是如此说的:"现在,迦梨母亲已经向你展示了一切。但是,这种伟大的觉悟就像锁在盒子里的宝石一样,它会被我深深地隐藏起来,钥匙由我保管。只有当你完成了在这个世界上的所有使命之后,盒子才会被重新打开,你才会像刚才那样,了解一切。"[①]

他们还记得,1898 年的夏天,在阿玛尔纳特的山洞里,他得到了湿婆大神的恩典——除非他自己愿意,否则他是不会死去的。他看着慢慢走近的死神,心中毫不惧怕。

在这些日子里,辨喜尊者的一切举止都是深思熟虑、意味深长的,但没有人能够理解其中的确切含义。人们被他那种外表的开朗所欺骗,失去了警惕。而且,从 6 月初开始,他的健康似乎在恢复之中。

---

① 参见第三章"灵魂操练"的相关部分内容。译者注。

第十二章 功成身藏

临终前一周的一天,他嘱咐一名弟子,给他带来一本孟加拉的历书。随后的几天里,人们多次看到他在聚精会神地研读这本时间之书,似乎他对自己想知道的事情还有一些拿捏不准。直至圆寂后,同门师兄弟和他的门徒才知道,他一直在思考,何时应该弃下这凡人的肉身。当初,罗摩克里希纳于去世前,也查阅过孟加拉的历书。

最后大涅槃的前三天,辨喜尊者向普利玛南达指出——希望在道院中将他火化的一个特定地点。

那是星期三,辨喜尊者按照平时的规定时间禁食:这一天是趋近满月的第十一天。尼薇迪塔修女来到道院,想向他请教一些关于她们学校的事情;但他显然不感兴趣,而是把她介绍给了其他一些斯瓦米。不过,他坚持陪尼薇迪塔修女用了晨餐。引用尼薇迪塔的话:

> 每一道菜上来——其中,有煮熟的菠萝籽、煮熟的土豆,甚至有白米饭和冰牛奶——都成了那天早上尊者轻松谈话的内容;最后,饭毕,他亲自把水倒在她的手上,然后,用毛巾把她擦干。
>
> "斯瓦米,这是我应该为你做的事!而不是你为我做的!"这自然是她的抗议。但是,他的回答却无比庄严,令人吃惊——"耶稣也为他的门徒洗脚!"
>
> 一个可怕的念头陡然升起——"但是,那是最后一次晚餐啊!"尼薇迪塔修女的嘴巴似被什么东西封住了,一句话也没能说出口。就这样好了。
>
> 因为,就在这里,一个重要的时间到点了。

在这些日子里面,辨喜尊者没有显示出任何悲伤或严肃的表情。众人也努力不让他劳累疲倦。谈话尽量保持轻松,他仅仅接触他身边的宠物、他的花园实验、他阅读的一些书籍，也没有什么外面的朋友来打搅。但也是在这段时间，人们一直都能感受到一种光辉的存在，而尊者的身体似乎只是一个影子，或似一个符号般的象征物。道院的成员从未像现在这样强烈地感受到，在他的面前，他们自己好像是站在无穷无尽的永恒之光的面前；然而，对于这么快就要结束，就要告别，并没有人做好准备，尤其是在那个星期五，7月4日的那一天，多年以来，他似乎从来没有像这一天那样显得更加强壮、更加健康。

就在星期五，这个重要而神圣的日子，他起得特别早。独自一人来到了小礼拜堂，一反常规地从里面关上了窗户，再闩上了房门，在里面整整冥想了3个小时。走出礼拜堂的楼梯时，他唱起了一首迦梨女神的优美圣歌：

迦梨，我的母亲，她真的是黑色的吗？
她无相无色，最纯真的神，尽管看上去是黑色的，
却开启了人们心中的莲花。

人们说她是黑色的，但我的心却不愿相信；
现在的她，是白色的，是红色的，是蓝色的；
现在的她，也是黄色的。

现在，我不知道神圣母亲是谁，
尽管我毕生在冥思她：
现在是原人，现在是原质，
现在，她又看似彻底虚无。

冥想所有这一切，

让可怜的卡玛拉康塔(Kamalakanta)[1]也深感困惑。

然后,辨喜尊者几乎用耳语一般的声音,说道:"如果有另一个辨喜,那么他就会理解这个辨喜所做的一切! 然而,随着时间的推移,将会有许许多多的辨喜诞生!"

他希望第二天在道院祭拜迦梨女神,并让他的两个弟子采购神圣仪式所需的物品。接下来,他请弟子苏达南达(Suddhananda)朗读《耶柔吠陀》(*Yajur-veda*)中的一段经文,并附上一位著名阐释家的解说。辨喜尊者说,他并不同意该注释者的观点,并劝诫弟子们对吠陀经文要做出崭新的解释。

中午,辨喜尊者与道院的成员一起,津津有味地吃了一顿午餐。尽管因为生病之故,那时他通常是一个人在自己房间里面用餐。紧接着,他充满活力和幽默感,给梵行生上了 3 个小时的梵文语法课。下午,他与普利玛南达一起散步,大约散步了两英里,讨论了将来在道院里开办吠陀大学(Vedic College)的计划。[2]

---

[1] 18 世纪晚期出生在印度布尔德万(Burdwan)的诗人,从小对性灵事物感兴趣,后来成了一位密乘瑜伽士的门徒。他的歌曲使他生前声名显赫。因为他作为歌手的名声,布尔德万的大君邀请卡玛拉康塔担任他的导师。卡玛拉康塔一生都是迦梨女神的忠实信徒,为之创作了大量的颂神诗。卡玛拉康塔认为,迦梨虽然被描绘成黑色的可怕形象,但这只是她作为毁灭者的一个方面。他的一首著名诗歌,就叫作《我的神圣母亲是黑色的吗?》。据说,迦梨女神为虔诚的信徒能够取得最快的进步,通常被描绘成无明与敌对势力的毁灭者。卡玛拉康塔的诗歌,就展现了这种英雄主义的气概,祈求迦梨女神摧毁这种无明和束缚。辨喜尊者临终的吟唱,具有类似的情感品质,虽然表达有所不同。译者注。

[2] 这所大学后来建立在贝鲁尔道院,叫作"辨喜大学"(Ramakrishna Mission Vivekananda University)。他当年对该大学有所预言:"就在贝鲁尔道院,正是此地,其灵性的影响可以持续 1 500 年,这里将有一所伟大的大学出现,这不是我的幻觉与想象,而是我实实在在地看见了。"今天的辨喜大学兼容并包,其办学宗旨与尊者的世界和平、人类大同的理想完全一致。故,其教学亦是传统与现代并重,但作为传承古老文明的主体,它更偏向于传统学问,尤其是梵文教学与传习,比如图书馆虽是新馆,然其中梵文典籍所占比重最多,学生也每天都在背诵梵文版的《薄伽梵歌》。译者注。

"学习吠陀经典有什么好处?"帕里玛南达问道。

"它会帮助人们消除迷信。"辨喜尊者说。

回来后,辨喜尊者非常亲切地询问了道院里每一位成员的情况。然后,他与道院同门就印度的兴衰,进行了长时间的交谈。"印度是不朽的,"他说,"如果她坚持寻找神的话。但是,如果她去追求政治权力和社会权力,她就会死亡。"

晚上7点钟,小礼拜堂的祈祷声响起。辨喜尊者回到了自己房间,并叮嘱看护他的那位门徒:除非他需要,否则,谁也不能来找他。他在冥想与唱诵中度过了一个时辰,然后,他把那个门徒叫来,让他打开房间的所有窗户,为他的头部扇风;他自己则静静地躺在床上。门徒以为他要么在睡觉,要么在冥想。

一个小时之后,他的手微微有些颤抖,深深地呼吸了一次。沉寂持续了一两分钟,他再次以同样的方式呼吸。他的两只眼睛定于眉心之间,面容焕发出神异的光彩,十分庄严……最后,陷入了永恒的渊默。

辨喜尊者的门徒说:"当时,在他的鼻孔里面、嘴角边,还有眼睛里都有一些血丝渗出。"根据瑜伽的圣典,一位彻底觉悟的瑜伽士,其生命气息可以从头顶的一扇密门出去,导致血液从鼻孔和口腔中流出来。

伟大的梵涅槃狂喜,发生在9点10分。辨喜尊者去世了,享年39岁。他实现了他对自己的预言:"我活不过40岁。"

一开始,弟子们认为尊者可能陷入了三摩地。于是,他们念诵大师的名号,希望能够唤回他的正常意识,恢复知觉。但是,他躺在那里,一动不动。

人们请来了医生,对他的身体进行了彻底检查。医生认为他没有死,只是生命垂危之象,于是,尝试了人工呼吸。然而,午夜时分,辨喜尊者被宣布死亡,根据现代医学,其死因是中风或心脏衰竭。但僧人们深信,他们的精神领袖已经按照罗摩克里希纳的预

第十二章 功成身藏 377

言,终于返回到他的无余三摩地中,自愿舍世。①

第二天早上,消息传出,人们从四面八方涌来。尼薇迪塔修女坐在他的身边,一直在用扇子为他轻轻扇着风,直至下午两点,身体才被抬起,抬到庭院的门廊之上。上面覆盖着黄赭色的道袍,上面装饰着鲜花。人们开始焚烧香烛,并用灯光、海螺与钟声,举行神圣的宗教仪式。尊者的同门兄弟和弟子们向他做最后的告别,队伍开始行进,缓缓走过庭院,穿过草地,直到那棵维尔瓦(vilva)②树旁,辨喜尊者希望埋葬自己的地方。

葬礼的火堆已经搭好,遗体慢慢被抬起,放置在用檀香木点燃的火焰之中。在恒河的对岸,罗摩克里希纳,16年前,也已经在彼处被火化。

尼薇迪塔修女开始像一个孩子那样哭泣,在地上打滚,哭得非常悲伤。突然,一阵风吹过,把火葬场中的一件赭红色长袍吹到了她的脚上,她接受了这一祝福。火焰熄灭,时间已是黄昏。人们收集圣物,并用恒河的水冲洗了火堆。

这个地方现在建有一座寺庙,祭坛的桌子,矗立在尊者遗体火化的地方。

贝鲁尔道院立时陷入了一片阴郁和悲伤之中。僧人们于内心

---

① 普利玛南达尊者,当时在印度的贝鲁尔主掌祭祀仪轨,曾经写信给当时在美国纽约的阿贝达南达尊者,因为阿贝达南达对于辨喜的圆寂甚为震惊,故去信询问实情。此信书写时间是1902年8月20日。这封信表明,当年辨喜尊者确凿是主动离开人世,而不是人们曾传言的那样,是病情严重,是身体被工作拖垮云云。这封书信中,如此说道:"我们至今还生活于恍惚之中,未曾从那种情境中回过神来,这种状况是自斯瓦米(指辨喜尊者)离开的那一日开始的。那些曾经从他那里散发出来的灵性力量,那些被他以最权威的方式说出的、也曾一再促成我们向上精进的话语,那些我们常常发生的、促成我们的精神视野不断扩大的种种讨论,如今看来,似乎全都要消失了。其实,那些时日,在阿育吠陀的护理与调养之下,斯瓦米的身体已经复原了。他去世那一天,并没有任何病相。他放弃他的身体,完全是在他的禅定当中,出于他的自由意志。"译者注。
② 也作bilva,佛经译作波罗树,或毕钵罗树(Bo-Tree)。印度教徒尊为圣树,人祠天时,多用此木作幢,以庄严供养。译者注。

辨喜在恒河边上的舍利塔

深处祈祷:"主啊！愿一切皆按照你的旨意实现！行在地上，如同行在天上！"

但是，在众人深深的悲伤当中，几乎所有的人都觉得这不是一个终点。因为在他们的耳边响起了这位伟大的精神界领袖于临终前说过的话语①：

> 也许，你们将会发现，我离开自己的身体是一件好事——把它像一件破旧的衣服一样扔掉。但是，我并不会停止我的工作。我将激励万国的人民，直到整个世界都知道上帝是唯一的，而且，他有无数种神性的表达。

---

① 辨喜尊者所云——印度的不二论哲学是勇气与力量的哲学，因智慧而来的勇气与力量是死亡所无法截断的。另外一个印度圣徒临终告别辞，也许可以在这里，为尊者的离世作一个圆满的解释："当我不在这个身体里的时候，我会和现在 （转下页）

第十二章 功成身藏

另外，他还说过："愿我一次又一次地重生，遭受一次又一次的磨难，这样，我就可以崇拜唯一存在的上帝、我唯一信仰的神，它是所有灵魂的合一者。"

未来许多世纪，世界各地的人将会受到斯瓦米·辨喜所给出的伟大教诲之启示：

哦，大地上的人们呐！你们首先要认识到"自己与梵是一体的"（Aham Brahmasmi）①。然后，再认识到，"整个宇宙都是这同一个梵"（Sarvam khalvidam Brahma）②的无穷显现。

（接上页）一样，只是有一个小小的区别。那就是，现在我的存在，它有一个身体；彼时我的存在，就没有了身体。现在，我只能以某种形式或某种形态被具体化、被囚禁，从而直接被你掌握。而当这一身体的形式也消失时，我将呈现在风的吹动中、在花的香气中、在星光的眨眼中、在溪流的低语中、在新生婴儿的微笑中，还有，在宇宙海洋的波浪中，我就在那里。所以，如果你爱我，如果你信任我，你将有一千零一种方式来感受我，感受我的存在。那些爱我的人，以及接受我爱的人，我对他们皆有此一承诺。在寂静时刻，你会突然感觉到我的存在；在美好时刻，你会突然感到我的爱。你不需要到处寻觅我、呼唤我。无论你在哪里……你都会发现，我就在你的心里，而且在你每一次的心跳中。"译者注。

① 出自《广林奥义书》（Brhadaraṇyaka Upanishad, 1.4.20），字面含义是：我是梵。译者注。
② 出自《歌者奥义书》（Chandogya Upanishad, 3.14.1），字面含义是：一切皆是梵。译者注。

词 汇 略 释

ACHARYA：阿阇梨，宗教导师。

ADVAITA：不二论，非二元论哲学；吠檀多哲学的一个流派，教导神、灵魂和宇宙的一体。其主要代表人物是商羯罗大师（Sankaracharya, A. D. 788—A. D. 820）。

AHIMSA：不害，不杀生。

ANANDA：喜乐，灵性极乐。

ANNAPURNA：神圣母亲的一个名字，作为食物之神、赐食者。

ARJUNA：阿周那，史诗《摩诃婆罗多》中的英雄，克里希纳的朋友和弟子。

ARYA SAMAJ：雅利安社或圣社，由斯瓦米·达耶南陀（1824—1883年）创立的印度教社团。

ASHRAMA：印度文化中的四行期；也可以指生命四个阶段中的任何一个：独身学习的梵行生阶段（Brahmacharya）、家居者阶段（Garhasthya）、林栖期阶段（Vanaprastha）以及桑雅士，即托钵僧阶段（Sannyasa）。

ATMAN：阿特曼，指自我或灵魂；表示最高灵魂和个人灵魂——依据非二元的吠檀多哲学，最终两者是相同的，即梵与阿特曼的合一。

AVATAR：阿瓦塔，神的化身。

BHAGAVAD GITA：《薄伽梵歌》，一部重要的印度教经典，史诗《摩诃婆罗多》的第六篇"毗湿摩篇"中的第18章的内容，里面含有室利·克里希纳（Sri Krishna）最重要的生命教义。他将该教义传给英雄阿周那。

BHAKTA：虔敬瑜伽士，奉爱上帝的虔信者。

BHAKTI：音，巴克提意，神性之爱。

BHAKTI-YOGA：二元世界里面的一种救赎之道，也是崇拜者所遵循的虔信之路、奉爱之道。

BHAKTI-YOGI：虔信之路的追随者、实践者，即奉爱瑜伽士。

BHOGA：享受，享乐主义者的追求。

BODHISATTVA：佛教中的圣者，即菩萨，正在通往最终觉悟的路途中，通过一系列的无私行为达到涅槃境界。

Bo-TREE：波罗树或毕钵罗树，佛陀在此树下悟道的名树，故也叫菩提树。辨喜尊者临终前告诉师弟，指定将自己火化在毕钵罗树下。

BRAHMACHARIN：梵行生、守贞者，一个处于人生第一阶段的誓言独身的学生。

BRAHMACHARINI：一个遵守贞节誓言的女子。

BRAH MACHARYA：人生修道四个阶段中的第一个阶段；未婚禁欲的学生期。见 Ashrama。

BRAHMAN：梵，绝对者；吠檀多哲学的最高实在。

BRAHMANA：《梵书》，属于《吠陀经》中规定各种祭祀如何使用赞歌的规则、起源和详细解释。它有别于《吠陀经》中的"曼陀罗"（咒语）部分。

BRAHMIN：婆罗门；印度教社会最高种姓，属于祭司阶层。

BRAHMO：梵社的成员。

BRAHMO SAMAJ：拉姆莫汉·罗易（1772—1833年）创立的印度教社团。

BUDDHI：思想的决定能力，分别智；有时被翻译为"智力"或"智性"。

CHAITANYA：1485年出生的印度先知，居住在孟加拉的纳瓦德维普。他强调通过神圣之爱来认识与亲证上帝，实现人生的终极解脱。

CHANDALA(Caṇḍāla)：不可接触者，不可触碰。印度教社会的贱民阶层。

DAKSHINESWAR：达克希什瓦，加尔各答附近的一个村庄，靠近恒河；罗摩克里希纳作为当地一座迦梨神庙的祭司居住在这里；是今日印度教的一个圣地。

DARSHANAS：印度六大哲学体系，即迦毗罗的数论、帕坦伽利的瑜伽学、迦那陀的胜论学说、乔达摩的正理学说、贾弥尼的前-弥曼差派、毗耶娑的后-弥曼差学说，即吠檀多学说，合称"六派正统哲学"。

DHARMA：音，达磨；意为法、正义、责任；也指一个事物的内在结构，它支配着事物的成长。

DHAMMAPADA：法句经，佛教的著名圣典。

DIWAN：宰辅，印度地方城邦或土邦统治者的首席大臣。

DURATMAN：邪恶的灵。

DURGA：神圣母亲的一个名字，杜伽女神。

GARDEN HOUSE：花园小屋，一座富人的洋楼别墅。

GITA：圣歌，通常指《薄伽梵歌》。

GOPIS：温达文的放牛女孩，克里希纳的童年玩伴。

GUNAS：属性，原质三种德行。数论哲学的一个概念，与原人相对的原质，由三个属性构成，通常也被翻译为"品质"，即萨埵（Sattva），代表智慧的平衡；罗阇（Rajas），代表冲动、焦躁不安的品质；答磨（Tamas），代表惰性品质。

GURU：古鲁，性灵导师。

HALDARPUKUR：哈达普库尔，室利·罗摩克里希纳的出生地卡玛普库尔的一个湖泊。

HARI：哈利，神性的一种称谓，常常是指克里希纳。

HOLY MOTHER：神圣母亲，其一，指室利·罗摩克里希纳的性灵伴侣，真实名字叫作莎拉达·黛薇（Sarada Devi）；另一指迦梨女神。

JAINS：信仰耆那教的信徒。

JAPA：重复神圣的名字，或性灵导师的神圣心咒。

JIVA：个体灵魂，本质上，与宇宙灵魂是一体。

JIVANMUKTA：有身解脱的人。

JIVANMUKTI：有余解脱。修行者的灵魂已经解脱，同时生活在其身体之内。

JNANA：智慧，通过推理和分辨而得出的实相知识；也是获得真理的纯粹理性过程。

JNANA-YOGA：一种精神路径、借由理性追问而进行性灵修行的一种方式，主要基于对真实与虚幻的哲学分辨，以及对虚假的放弃。其原理出自《奥义书》的思辨哲学。

JNANA-YOGI：智慧瑜伽士。

JNANI：通过推理和辨别来实现终极真理的人；一般用来指

非二元论者。

JAMUNA：亚穆纳河，印度的一条神圣河流。

KALI：字面意思是"黑色"的那一位，是神圣母亲的昵称；代表原始能量。

KALIDASA：迦梨陀娑（活跃于公元4—5世纪），印度伟大的梵语诗人，《沙恭达罗》（*Sakuntala*）的作者。

KALIYUGA：迦梨时代，世界周期的第四纪。根据印度教神话，世界的持续时间分为四个时期（Yugas），即萨提亚（Satya）、特雷塔（Treta）、德瓦帕拉（Dwapara）和迦梨（Kali）。在第一个时期也被称为黄金时代，人性中的美德占了很大的优势。但随着每一时期的结束，美德减少，邪恶增加。在迦梨年代尤其如此，美德最少，罪恶最多。据说，克里希纳逝世之后，迦梨年代就开始了，直至今日世界；人类需要穿越迦梨年代的种种罪恶，经历时代的大劫，并由四种瑜伽的智慧来救赎。

KAMALAKANTA：卡玛拉康塔（1769—1821年），孟加拉地区的神秘主义诗人。

KARMA：行动；责任。《吠陀经》里面最初用这个词来指祭祀，《薄伽梵歌》里面指责任。

KARMA YOGA：一种精神路径，主要在《薄伽梵歌》中被讨论；人们基于无私而不执的精神，来履行世界的职责，完成性灵的修行。

KARMA-YOGI：行动瑜伽士。是行动瑜伽的实践者。

KRISHNA：克里希纳，《摩诃婆罗多》和《薄伽梵歌》中重点描述的神，毗湿奴的化身。

KSHATTRIYA：刹帝利，印度教社会四种姓中的第二种姓，武士与国王阶层的种姓。

KUNDALINI：字面意思是"盘绕的蛇"，指的是蛰伏在众生体内的性灵力量。按照瑜伽哲学，当通过精神的修行被唤醒，它就会通过脊柱而上扬，经过不同的能量中枢，最后，抵入大脑的顶部，此时，瑜伽士会体验到三摩地，完全沉浸在神性意识之中。

KURUKSHETRA：俱卢之野，德里附近的一个古代圣地。据传，古时候在那里进行了《摩诃婆罗多》中描述的伟大战役。

LAKSHMI：拉克希米女神，代表幸运，毗湿奴神的伴侣。

LINGAM：林伽，湿婆的符号。

MADHVACHARYA：摩陀婆大师（1199—1276年），吠檀多二元论哲学的主要代表。

MAHABHARATA：《摩诃婆罗多》，一部著名的印度教史诗。

MAHASAMADHI：梵涅槃，至高三摩地，三昧；神圣意识的最高境界。该词通常是指觉悟者的寂灭离世。

MAHATMA：伟大的灵魂，圣雄。

MALABAR：马拉巴尔，印度西南部的一个地方。

MANTRA：咒语，曼陀罗。精神导师用以启蒙弟子的神圣咒语，往往出自吠陀经典中的诵诗与圣言——主要集中在《吠陀经》中的两个部分，即《本集咒语》和《梵书咒语》，前者包含了祭祀中所使用的赞美诗。

MATH：道院，或修道院；出家僧人生活的寺庙。

MAYA：音，摩耶；意为幻觉，是吠檀多哲学中的一个术语，表示无明遮蔽了对实相的认识。因此，宇宙幻觉一般地使"一"呈现为"多"，"绝对"显现为"相对"。

MERU：迷卢峰。神话中盛产黄金和宝石的山峰。它是造物主梵天的居所,也是天神、半神、仙人和超自然生命的生活场所。迷卢峰被视为行星围绕其旋转的轴心。

MIRABAI:米拉拜,16世纪印度著名的女圣徒,奉爱宗(Bhakti)的女圣人。在北印度的传统当中,影响尤其深远。她出身于印度拉贾斯坦邦(Rajasthan)的一个皇室家庭,在北印度的巴克提崇拜的运动中广为人知。

MLECHCHHA:非印度教徒,野蛮人。这是正统印度教徒对不符合印度教和印度社会既定习俗的外国人的蔑称。该词相当于基督徒的"异教徒"(Barbaros)和穆斯林的"卡菲尔"(Kafir)。

MUKTI:音,穆克提;意为解脱,即从世界的束缚中解放出来。这是性灵修行的最终目标。

NARAYANA:纳拉亚那,毗湿奴的称谓之一。

NIMBARKA:宁姆巴卡,伟大的印度教哲学家,在13世纪,其影响力在南印度达到鼎盛,是一位说泰卢固语的婆罗门哲学家,也是杰出的天文学家。他创立了一个虔敬派,崇拜克里希纳神及其情人拉达(Radha)。

NIRVANA:涅槃。在《薄伽梵歌》中,通过个体自我的彻底消解,最终融入梵,即遍在的实相,这叫作梵涅槃。与佛教的空涅槃相似,名称不同而已。

NIRVIKALPA SAMADHI:无余三摩地,属于性灵意识的最高境界。在这种境界中,寻道者实现了自己与梵的完全合一。

OJA:灵能,是长期守贞之后的性灵能量。

OM:唵,吠陀传统中最神圣的语词,也常常写作Aum。它既是人格神的象征,也是绝对者的象征。

PANCHAVATI：潘查瓦蒂，室利·罗摩克里希纳在达克希什瓦寺庙的花园里种植了五棵神树，供他冥想、修行之用。

PANDIT：学者。大学问家。

PANINI：帕尼尼，著名的梵语语法学家，著有《帕尼尼语法》。

PARAMAHAMSA：至尊天鹅。属于最高等级的托钵僧（Sannyasins）。

PATANJALI：帕坦伽利，《瑜伽经》的作者。瑜伽体系是印度哲学的六大正统体系之一，该体系涉及专注力及其方法、制心以及类似的法门。

PRAKRTI：原始自然；原质，创造万物的物质基础，由萨埵、罗阇和答磨三属性组成。参见 Gunas。

PRANA：普拉那，生命气，维持肉体的生命；原始能量或力量，其他物质力量都是在它的作用下的不同表现形式，帮助呼吸、食物在体内的分配和消化。在瑜伽的经典书籍中，"普拉那"或"生命气"根据其不同的身体功能被描述为有五种变化：（1）生命气，Prana；（2）下行气，Apana；（3）遍行气，Vyana；（4）上行气，Udana；（5）平行气，Samana。普拉那也是"有属性梵"（Saguna Brahman）的名称。

PUJA：一种宗教崇拜的仪式。

PURANAS：往世书，印度教的众多神话书籍，主要有 18 部。

PURUSHA：原人，数论哲学中的一个术语，指个体意识，与原质相对。在吠檀多的哲学中，"原人"大体等同"阿特曼"或"自我"。

RAJAS：罗阇，原质自然中的活动或欲望的原则。参见 Gunas。

RAJA YOGA：胜王瑜伽，属于帕坦伽利的瑜伽体系，涉及如何凝聚专注力及其方法、心意控制、三摩地与相关的修行原则。

RAMA：《罗摩衍那》中的英雄，伟大的王子罗摩，被印度人视为神的化身。

RAMANUJACHARYA：罗摩努阇大师（1017—1137年），印度南部的一位伟大圣人，吠檀多哲学传统中"限制性-不二论"的重要诠释者。关于"限制性-不二论"，辨喜尊者在《千岛语录》中解释说："在罗摩努阇的'限制性-不二论'（Vishishtadvaita）看来，存在只是部分而非整体的合一。这其实是完成最终不二论的一个阶段。限制性（Vishishta），意为'有差别的''相对性的'。因原质是世界的本质，所以无常变化便随之而来。无常的话语，表达着无常的思想，永远也不可能证明是绝对者本身。人们只能抵达某些属性渐渐趋于稀少的事物，但毕竟还不是梵本身。"

RAMAYANA：《罗摩衍那》，一部著名的印度教史诗。

RISHI：仙人，领悟吠陀智慧的先知；印度圣人，或苦行者的总称。通常隐居在喜马拉雅山中。

SAKTI：沙克蒂，一般指梵的创造之力；也指神圣母亲的名字。

SAMADHI：三摩地，三昧；出神，恍惚，禅定的最高境界，或指与神合一的性灵状态。

SAMKHYA：数论，印度哲学的六大正统体系之一，由迦毗罗创立，认为宇宙的演化是原质和原人相互结合作用的结果。

SANKARACHARYA：商羯罗大师，印度教最伟大的圣人和哲学家之一，吠檀多不二论哲学的杰出代表。

SANNYASA：人生修道四个阶段中的第四个阶段；见Ashrama。

SANNYASIN：桑雅士，印度教的托钵僧侣，为了亲证上帝而放弃了世界。

SANTIH：和平，宁静。

SARASVATI：萨拉斯瓦蒂女神，知识女神与学问女神。

SATCHIDANANDA：存在－智慧－喜乐，梵的特质或终极实相。

SATTVA：萨埵，原质自然中的平衡或正义原则，光明属性。参见 Gunas。

SEN, KESHAB CHANDRA：柯沙布·钱德拉·森（1838—1884年），梵社的第三代领袖。

SISHYA：门徒。

SITA：悉多，罗摩王子的妻子。

SANTHALS：桑塔尔人；印度东部与中部的一个原始部落。

SIVA：湿婆，毁灭者之神。印度教"三位一体"中的第三位，另外两位是造物主梵天和维系者毗湿奴。

SRI：室利，该词常被用作神灵和伟大圣徒，或一般指具有神圣性质的著名书籍名称的敬语前缀；也被用作书信、手稿等开头的吉祥符号，用作与英语单词"先生"（Mr.）相当的词。词源学上，最初出自太阳神苏利耶（Surya）。

SUDRA：首陀罗，印度教社会四种姓中最低的种姓——服务阶层。

SUTRA：箴言，经句。

SWAMI：法师，大师。印度教的吠檀多派僧侣的称号。

SWAMIJI：斯瓦米吉，是对出家的印度吠檀多派僧人的尊称，在书中专指辨喜尊者。

TAMAS：答磨；原质自然中的惰性原则。参见 Gunas。

TANTRA：音，坦特罗，意为密乘，一种以神圣母亲或能量为终极实相的宗教哲学体系;也指涉及这种哲学的经典。

　　TAPASYA:苦行。

　　UPANISHADS:《奥义书》。吠陀哲学的著名印度经典。共有108部,其中有13部被称为核心《奥义书》。

　　VAISYA:吠舍。印度社会中的第三种姓,其成员从事农业、商业等。

　　VEDANTA:吠檀多,《吠陀经》的精髓或结论部分。主要基于《奥义书》《薄伽梵歌》和《吠檀多经》教义而形成的哲学体系,在印度哲学史上影响重大。

　　VEDANTA SUTRAS:《吠檀多经》,即《梵经》,吠檀多的权威论著,在传说中,由毗耶娑(Vyasa)撰写。

　　VEDAS:吠陀,印度传统文化里面的重要经典,被誉为"天启圣典",总共四部,包括梨俱吠陀(Rig-Veda)、萨摩吠陀(Sama-Veda)、耶柔吠陀(Yajur-Veda)和阿闼婆吠陀(Atharva-Veda)。

　　VIDYA:知识,带来解脱即亲证实相的知识。

　　VIRAT:维拉特,受限于或制约于"乌帕蒂"的宇宙意识,即"粗糙身"的集合;宇宙灵魂的称呼。

　　VISHNU:毗湿奴,维系与守护存在之神,印度教"三位一体"中的第二位,其他两位分别是创造者梵天和毁灭者湿婆;至高神的名称。

　　VISWANATH:维希瓦纳特,湿婆的称谓之一。

　　VIVEKA:分辨,区别真实与虚幻的分辨力。

　　VRINDAVAN:温达文,亚穆纳河畔的一个小镇,与室利·克里希纳的童年生活有关。

词汇略释

YAJUR-VEDA：耶柔吠陀，四部吠陀之一。见吠陀(Vedas)。

YOGA：瑜伽，指个体灵魂和宇宙灵魂的联结、合一；也指实行这种联结的路径。帕坦伽利的瑜伽哲学体系，是印度六大正统哲学体系之一，通过集中与专注心意来亲证真理。

YOGI：修习瑜伽的人，即瑜伽士。

专 用 名 词

Almora 阿莫拉
Allahabad 阿拉哈巴德
Ambala 安巴拉
Amritsar 阿姆利则
Alwar 阿尔瓦尔
Ajmer 阿杰梅尔
Abu 阿布
Ajanta 阿旃陀
Agra 阿格拉

Baranagore 巴拉那戈尔
Barrows 巴罗斯
Bloomsbury 布鲁姆斯伯里
Bareilly 巴雷利
Bengali 孟加拉语

Catskill 卡茨基尔
Cologne 科隆
Comorin 科摩林角
Colombo 科伦坡

Dharamsala 达兰萨拉
Delhi 德里
Dakshineswar 达克希什瓦

Ellora 埃洛拉
E. T. Sturdy 斯图迪

Froebel 福禄贝尔
Funke 芬克

Goodwin 古德温

Henrietta Müller 亨利埃塔·穆勒
Heidelberg 海德堡
Hyderabad 海得拉巴
Hastie 哈斯蒂
Hale 黑尔

Indore 印多尔

Jaipur 斋浦尔
Jammu 查谟
Jodhpur 焦特布尔

Khandwa 坎德瓦
Kathiawar 卡提瓦
Keswick 凯西克

Leggett 莱格特

Matteini 马泰尼
Murree 穆里
Mahratta 马拉他人
MacLeod 麦克劳德
Mysore 迈索尔
Metcalf 梅特卡夫
Meru 迷卢山

Nizam 尼萨

Pondicherry 钵地舍里
Piccadilly 皮卡迪利
Percy 珀西
Pestalozzi 裴斯泰洛齐

Rajputana 拉杰布达纳
Raipur 赖布尔
Rajput 拉杰普特

Swami Akhandananda 斯瓦米·阿坎塔南达
Swami Abhedananda 斯瓦米·阿贝达南达
Swami Turiyananda 斯瓦米·图里雅南达
Sarada Devi 莎拉达·黛薇
Sevier 西维尔

Temple Beth-El 贝塞尔教会

Varanasi 瓦拉纳西

Wright 赖特
Wrexham 雷克瑟姆

辨喜云游路线图

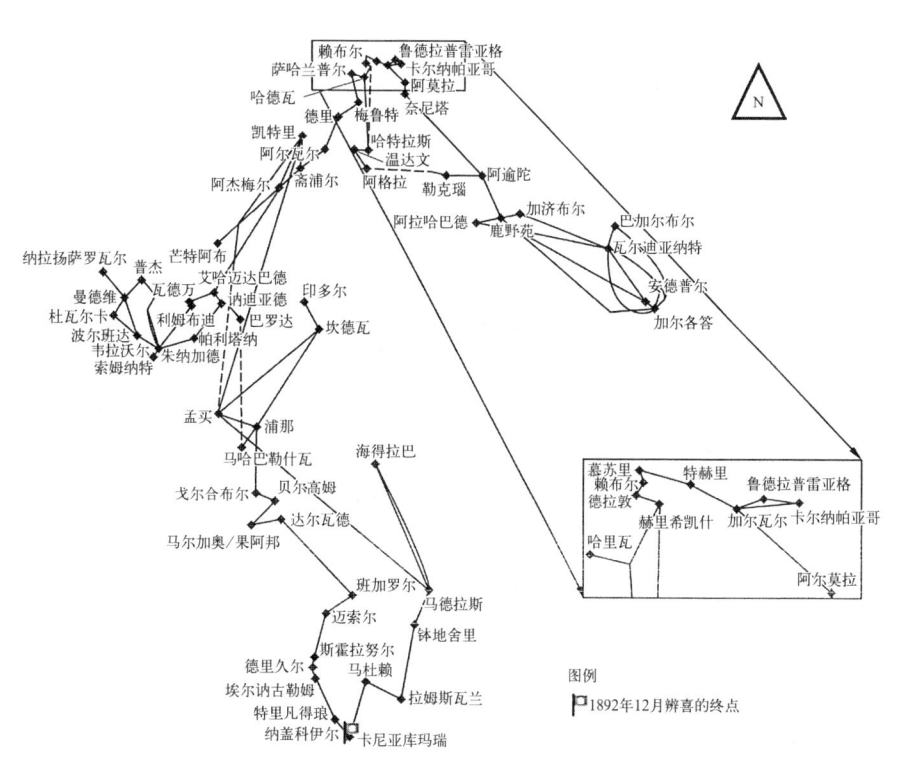

辨喜漫游印度的路线图

图例
⚑ 1892年12月辨喜的终点

辨喜云游路线图

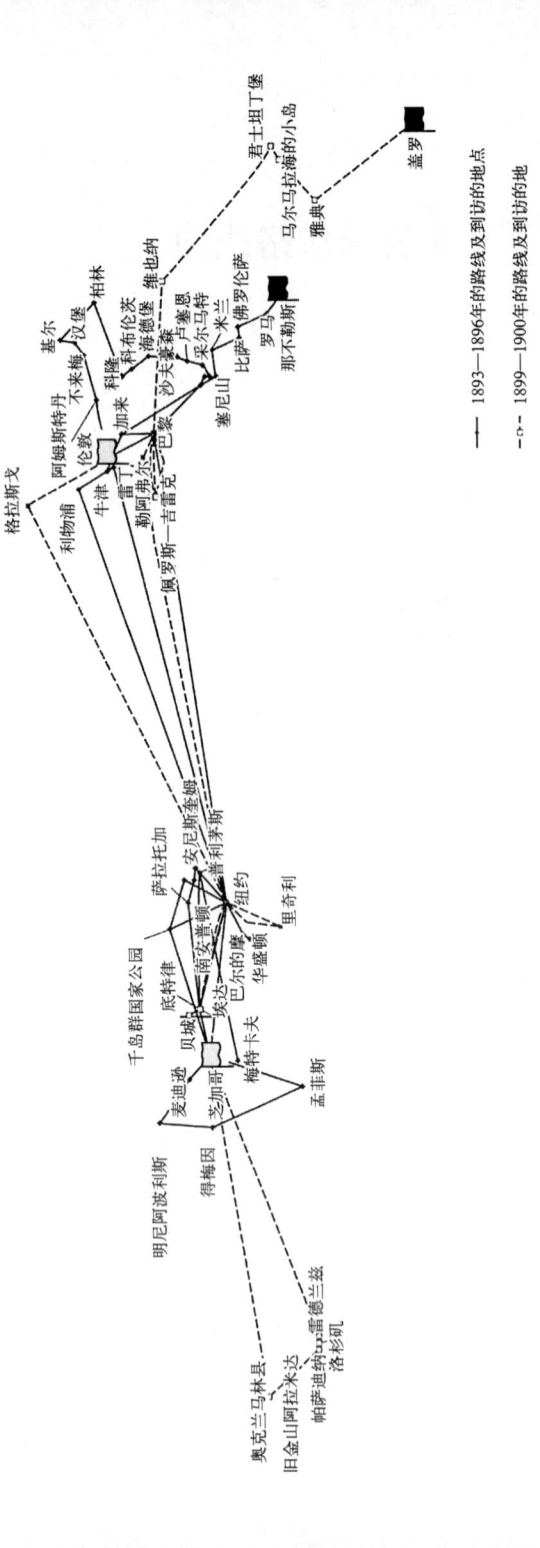

辨喜云游欧美诸国路线图（1893—1900）

附　　录

【本附录包含斯瓦米·辨喜关于宗教和
哲学等方面的一些重要陈述】

宗　　教

1

每一个灵魂都是潜在的神。我们人生的目标,就是通过控制自然——无论是外部的自然,还是内部的自然——来体现这种神性。这种目标,或通过工作,或通过崇拜,或通过禅定,或通过哲学——通过其中的一种、多种,或所有这些方法——来实现。走向解脱之境,这就是全部的宗教。至于其余,比如学说、教义、仪式、圣典、庙宇,都不过是一些相对次要的细节而已。

2

真正的宗教是完全超越性的。宇宙中的每一种存在物都具有超越于感性的潜力;甚至是一只小小的虫子,也总有一天会超越感官,触及神。就此,没有一种生命会例外,宇宙中,本质上并无失败这样的事情。

3

人必须亲证神,感受神,看见神,与神交谈。这就是宗教。所有的古代典籍和天启经文，都是那些直接触碰到性灵事实的人的著作。他们说，即使在今生今世，也能有亲证、觉悟这样的事情，它对每一个人开放；宗教性便始于这种能力的普遍性，如果我可以用宗教性来称呼它的话。

4

没有人生来就属于某一特定模式的宗教。因他自己的灵魂里就有宗教。现在，根据我的一点点经验，我收集了这样一些知识：尽管有时宗教常常被指责为魔鬼，但宗教根本没有错。没有一个宗教迫害过人，没有一个宗教曾经烧死过一个女巫，是的，没有一个宗教做过这些事情。那么，究竟是什么在煽动宗教里面的人去做这一类事情呢？那是政治，从来不是宗教。如果这种政治以宗教为名，那你们说说，这会是谁的错？

5

宗教论争总是围绕着宗教的外壳。若争论的中心归于纯洁，归于性灵，一切争论自会消失。唯有灵魂的中心干涸之后，宗教争论才会开始，而不是在这之前。

6

人类有一种观念，即只能有一种宗教，只能有一位先知，只能有一位道成肉身。但这种想法并不符合事实。通过研究所有这些伟大使者的生命，我们发现每个人都注定只扮演一个角色，而且只是一个角色。交响的和谐在于总的和谐，而不是单个音符、一种调子。

7

从来没有我的宗教或你的宗教；也从来没有我的民族宗教或

你的民族宗教。从来没有很多宗教存在。存在的只有一个宗教，一个无限的宗教，它存在了永恒，并且将永远存在。这个宗教正在以不同的形态与方式，在不同的民族与时代表达它自己。

8

我接纳所有过去的宗教，而且崇拜它们。我愿与他们中的任何人，以他们所崇拜的任何形式一起崇拜上帝：我愿意到穆罕默德教的清真寺去崇拜；我愿意进入基督教的教堂，跪倒在十字架前面；我也愿意进入佛的庙堂，在那里我皈依佛陀与他的律法；我也可以进入森林，与印度教徒一起坐下来冥想，与他们一起去亲证那闪耀在我们所有人内心的阿特曼的光芒。非但如此，我甚至还向所有未来的宗教敞开我的心灵。难道神的作品已经完成了吗？或者，他的启示仍然是在进行之中？它是一本伟大的书——世上的所有性灵启示源于此。那些《圣经》《吠陀经》《古兰经》，所有的圣典，都只是其中的一些页码，而仍有无数页还有待于我们继续去打开。我愿意让我的心灵向这一切永远开放。

上　帝

9

整个宇宙存在的总和，就是上帝自己。那么上帝是物质的吗？不，当然不是。因为物质只是我们通过五种外在的感官所感知到的上帝。若是我们通过内在的感官来感知上帝，那么上帝就是精神；若是我们通过性灵的感官来感知上帝，那么上帝就是性灵。上帝不仅仅是物质，但凡物质中的真实，那就一定是他了。

10

宇宙智慧就是我们所说的上帝。你可以用任何其他的名字来称呼他，但有一点绝对可以肯定，即宇宙的一开始，就预先存在无限的智慧。

11

全世界不假思索的群众宗教都教导，而且一直都在教导，有一位立在宇宙之外的上帝，他住在天堂，在那个地方治理一切，他是恶人的惩罚者，也是善人的奖赏者，等等。随着在性灵上的进步，人们便开始感觉到上帝的无所不在——他并不是一个遥远的上帝，而显然是所有心灵的心灵、所有灵魂的灵魂。而且，还有极少数的一些人，他们是性灵足够纯粹、足够发展的人，将走得更远。最后发现，他们和上帝是一体的，自己就是上帝。

12

除非通过人类的表现，否则，没有人能真正看到上帝。每当我们试图把上帝想象成上帝的样子，想象上帝的绝对完美时，总是会遇到最可怜的失败。因为只要我们是人，我们就不能想象出任何一种高于人类的东西之真实形态。当然，那一时刻也将会到来，即，我们将超越我们人性的边界，彼时，将认识上帝的本质。

13

要坚强，要站立起来，要去寻求上帝的爱。这就是最强大的力量。还有什么力量比纯洁的力量更高？是爱和纯洁统治着整个世界。弱者无法找到上帝，因为无法体验到上帝的这种爱。因此，无论是在身体上、精神上、道德上、还是性灵上，都不能趋于软弱。

14

存在界只是同一个"一"，无明者视其为物质，而智者则视其为神。

15

一个人若能够体验到"一切即一"之时,或若能够所视无他、所想无他时,唯此,他的恐惧方能停止,死神方能退去,轮回也已经终结。因此,不二论教导我们,人是存在于普遍当中的个体,而不是存在于特殊当中的个体。只有当你是整体的时候,才是不朽的。一旦你意识到自己是普遍的,是整体的,就能够坦荡,就能够无畏生死;彼时,你所谓的宇宙,和你所谓的上帝是一回事;你所谓的存在,和你所谓的整体也是一回事。它原本就是一个不可分割的存在,也就是被我们所看见的无穷尽的世界。他人亦是如此,因同样的心意,所见到的也必是同样的境界。

16

"唯神实在,余皆虚空。"(Only God is all are not.)唯独上帝是真实的,其他一切都是不真实的。因上帝的缘故而认识上帝,除此之外,皆当弃绝。虚空,虚空的虚空,一切尽是虚空。只侍奉上帝,再无其他。

17

上帝是爱的不可思议、无法表达的本质,是爱的本质——可以被亲证,却不可被定义。

神 圣 化 身

18

"每当一个人身上彰显非凡的属灵力量时,要知道,我就在那里了。这种性灵的显化皆是从我这里来的。"这句话为印度教的教徒崇拜世界上的一切宗教化身敞开了大门。印度教的信仰者是可以崇拜任何国家的任何圣人的。

19

无法崇拜绝对者。我们能够崇拜的，是崇拜一种显化、一种具有我们人类本性的表现。耶稣有我们人的本性，他成了基督，所以，我们也可以，而且，我们还必须这样去做。基督和佛陀，是我们要达到的那种绝对境界之神名；耶稣和乔达摩是我们要实现该境界之人名。

20

我们向所有过去的先知致敬，我们继承了他们的教义、他们的生活，无论他们的种族、地域或信仰究竟如何。我们向所有那些神一样的男人和女人致敬，他们是这一段时间中，正在努力帮助人类的伟人，无论他们的出身、肤色或种姓如何。我们还要向那些将来能活出来神性的人致敬——因为，他们为我们的后代而将无私地工作着！

阿特曼，或灵魂

21

是什么让我们的存在在不断变化的元素中得以统一？每时每刻都在变动，又是什么让个性保持着它的个性？我们所有不同的印象，都是通过什么而得以综合，即这些感知如何得以聚集，并形成一个统一的整体？这个东西，思想在它的上面画出所有这些图画；这个东西，由头脑携带的我们的感觉，被放置、被分组、被安排，并形成一个统一体。这就是人类的灵魂。

22

印度教的信徒相信,人具有精神性的灵魂。剑不能刺穿它,火不能燃烧它,水不能浸湿它,空气不能令它干燥。印度教的信徒认为,每一个灵魂都是一个圆,它的周沿无边无际,但其中心只有一个,位于身体之内。死亡,就意味着这个中心从一个身体,迁徙到另一个身体。灵魂从不受物质条件的束缚。就其本质而言,它是自由的、无限的、神圣的、纯洁的和完美的。但不知何故,它发现自己被物质束缚住了,并认同物质,认为自己就是物质。

23

每一个人、每一种动物,无论软弱或强大、善良或邪恶、大或小,都居住着同一个无所不在、无所不知的灵魂。区别不在于灵魂,而在于灵魂表现的程度。

24

落在时间、空间和因果关系上的一切,都是有束缚的。唯有灵魂超越了一切的时间、一切的空间、一切的因果关系。被束缚的是自然,是原质,而永远不可能是灵魂。因此,宣告你的自由,以成为你自己——永远自由,永远受祝福的自己。

25

你是自由的,自由的,自由的!"哦,我有福了!我是自由的!我就是无限!在我的灵魂里面,我找不到我的开端,也找不到我的结束。一切都是我,都是我自己。"不断地说,不断地重复它。

26

如此多的人完全专注于外在的仪式仪轨,而没有将心思直接用到阿特曼的思想上！如果你仍然昼夜蜷缩在规则与戒律的窄小的窝槽中，灵魂怎么会有它的表现？其实，一个人对阿特曼领悟得越深，他对外在形式的依赖就越少。

导　师

27

这样的人是导师——"他自己已经跨越了可怕的轮回之洋，他来此世不是为自己谋利益，而是为了帮助别人也能跨越这个海洋"。这样的人就是导师，除此之外，没有其他人可以被称为导师，称为古鲁。

28

真正的古鲁必然会教导我，引领我走向光明之域，使我成为他自己也是其中一员的伟大系谱当中的一个环节。街上的常人是不能称为古鲁的，因为古鲁必须是一位见道者，他已经觉悟到了宇宙间最神圣的真理，他已经亲证自己为灵魂。而只是停留于嘴上功夫的人，他不可能是古鲁。

29

这是一条神秘的自然法则：田地一旦准备好，种子就一定会出现；一旦灵魂想要宗教，传播宗教力量的那位信使就一定会到来。"寻找救主的罪人与寻求罪人的救主，两者注定会相遇。"

30

在师徒之间，往往存在着巨大的危险。有许多人，虽然沉浸在无知之中，但因为内心的骄傲，常自以为无所不知，不仅没有就此止步，反而要把别人扛在肩上；这样，"盲人"带着"盲人"，一起掉进了沟里。世界上这样的人比比皆是。每个人都想要当老师,每个乞丐都想捐出一百万美元!我们知道这些乞丐是可笑的,是荒谬的,但这些老师何尝不是很可笑,很荒谬。

31

蒙受神的恩宠与他的伟大孩子(指前面的神圣化身与人间导师)的恩赐,是通往神性的两条重要道路。有这种光明之子的陪伴,是人间罕见的福气;与他们在一起5分钟,就能改变一个人的全部人生。如果你真的有足够的需要,那样的人就会在你的生活中出现。与爱上帝者一起同在,会使一个地方成为圣洁之地,圣化一方,这些都是上帝之子的荣耀。他们就是他的代表。而且,只要他们一开口,他们的话语就是上帝的经典,那个他们驻足之地,立即充满了能量;那些去往那儿的人,将会感觉到他们的存在,并且会产生一种成圣的内动力。

对自己要有信念

32

无神论,一般是指不相信上帝。吠檀多哲学却说,一个不相信自己的人,他就是一个无神论者。但这并不是一种自私的信仰,因为吠檀多是一种不二论学说。它意味着对一切的信仰,而且,你就是一切。

33

不要害怕,什么都无须担心。这样,你就能够做神奇的事情。当你害怕的那一刻,你就什么也不是了。恐惧是造成世界苦难的最大原因;恐惧是最大的一种迷信;恐惧是我们不幸的根源。而正是无所畏惧,一瞬间就为人们打开了天堂的大门。

34

人们从小就被教导说,他们是罪人,是弱者。不,应当这样告诉他们:你们都是不朽之子,是潜力无穷、神光熠熠的孩子。即使呈现为最软弱、最无力者,也应是如此。应当从孩提时代开始,把积极、强劲与有益的思想教给他们。让这些思想源源不断地进入你们开放的心灵,而不是削弱与废弃。要对自己的心灵说:"我即是他。我即是他。(I am He, I am He)"让它像一首宇宙的歌,在你的每一个日夜,于你的脑海中鸣唱,直至你的死日。与死神终于会面时,你仍有勇气,宣称道:"我就是他。"这就是真理,这世界上有无穷尽的力量,都属于你。

行动之道(Karma Yoga)

35

究极而言,行动瑜伽是什么?行动瑜伽就是工作的秘密知识。我们看到整个宇宙都在工作,那是为了什么而工作呢?为了救赎,为了自由,为了从原子的状态趋向于最高的存在。所有的创化与运行就是为了那唯一的目的……当经由长时间的耽搁、延误与颠沛流离之后,了解了事情的真相,我们便从行动瑜伽中学得了工作的秘密、工作的方法,学得了如何从行动中生发出崭新的力量,便不再于此宇宙内盲目漫游、漂泊了。如果不懂得如何利用行动,很可能我们会把巨大的能量给浪费掉……行动是不可避免的,它是存在的必然。但我们应该为最高的目的工作。行动瑜伽让我们承认这个世界是一段无须久驻的旅途,是一个我们必须穿越过去的界面,因为解脱不是在这里,而只能在超越的界面被发觉。为了找到摆脱此世界之束缚的道路,我们必须缓慢而坚定地穿越它。行动瑜伽如是云:"精勤不息地行动,但必须弃下对行动的所有执着。"

36

我们的心智（Chitta）里面的每一个波动都在说"我和我的"，此念一生便立即将我们锁住了，并且使我们做了奴隶；我们越说"我和我的"，我们被奴役的时间就越久，我们的痛苦也越深重。因此，行动瑜伽告诉我们，在世界上可享用所有精美的图景，但不要认同其中的任何一幅。

37

行动瑜伽教会我们如何为工作而工作，不执着，无牵无挂，也毫不在意谁是自己帮助的对象。同时，它教会了我们为什么应该工作：行动瑜伽士之所以行动，是因为行动是他为人的本性；是因为他觉得这样做是乐意的，是自己赋予自己的意义世界。除此以外，他再没有任何别的追求了。他在这个世界上的身份，就是一个纯粹的给予者。他从不在乎自己会获得什么样的结果，这些不是，也不能成为他行为的动机。他知道自己在付出，但绝不寻求任何一种回报。因此，他也就避开了人世痛苦的律则。

奉爱之道（Bhakti Yoga）

38

奉爱瑜伽是人们对上帝真正发乎内心的一种性灵探索，它是在爱中发育，在爱中展开，又是在爱中结束的寻找。爱上帝的某个神圣而疯狂的时刻，会带给人们一种彻底的解脱、永恒的自由。

39

"巴克提是对上帝强烈的爱。"一个人一旦获得了这种爱，他就会爱上所有人、所有事物，再也不会恨任何人、任何一事一物。因为，他是永远地被满足了。而这种爱不能被简化为任何一种世俗利益,因为,只要世俗的欲望存在,这种爱就一定不会发生。

40

奉爱瑜伽不会说"弃绝"与"不执",而是会说:"爱,去爱吧,去爱至高的那一位。"于是,一切低级的存在,自然而然地会从他的身边消失,因为他所爱的对象,是那么崇高。这一至高无上的爱情,让你越过了一切俗物。

41

完美的奉爱瑜伽士拜见上帝并不一定要跑去寺庙或教堂。因为,他已经知道上帝的无处不在;在圣殿里面与圣殿外面,他都能够找到上帝。甚至,在恶人的邪恶与圣徒的圣洁中,他也能找到上帝。因为,他已经把上帝作为唯一的全能之主、永不熄灭的爱的圣火,坐落在自己的内心之中,使之永远闪光、永恒存在。

42

我认识一个常常被世人认为是疯子的人。他说:"我的朋友,整个世界都是疯人院:有些人疯狂地追求世俗的爱情;有些人疯狂地追求万世流芳;有些人疯狂地追求此世的权威与名望;有些人拼命地追求那数不完的金钱;也有些人,他的疯狂就是追求救赎、追求如何登上天堂。在这个巨大的世界疯人院里面,我也确实疯了。只是我为我的上帝而疯狂。是的,我疯了,你也疯了。不过,我认为我的疯狂是一切疯狂中最好的疯狂。"

禅 定 之 道

43

时刻记得,你是无所不在的阿特曼。"我既不是身体,也不是心意,更不是分辨的菩提;我既不是粗糙的身体,也不是精微的身体"。通过这种损之又损的消解之法,让你的心灵逐渐沉浸于一种超验的知识当中,那才是你本性真正生长的方向。通过长期的训练,反复浸润其中,各种凌乱的思想与念头将一一被杀死。唯有如此,你才能觉悟到智慧的本质,并立足于你的真实本性。认识者与被认识者、冥想者与被冥想的对象也将合二为一,然后,一切多元的现象叠置,也将随之而终止……在那种状态之下,没有相对的或有条件的知识了。因为,当"阿特曼"是唯一的认识者时,你凭什么路径可以认识它呢?它就是知识,就是智慧的本身,是"存在-智慧-喜乐"。

44

世界上所有的知识都是如何获得的?不都是通过心灵的专注而获得的吗?如果我们知道如何敲打,如何给予必要的锤击,那么这个世界就准备供出它的秘密了。击打的强度和力量都来自我们专注的程度。人类心灵的力量是无穷尽的。你越是心意专注,在那一点上所生成的力量就越强大。这就是秘密,是获取一切知识的秘密。

45

专注是一切知识的精髓所系;没有专注,一切都无从谈起。90%的心灵力量都被常人给浪费掉了。因此,人们会不断地犯错。而训练有素的人或头脑从不犯这些错误。

一 体 性

46

这样的人确实是一个瑜伽士,他在整个宇宙中看到了自己,又在自己身上看到了整个宇宙。

47

宇宙中没有一粒原子可以不经过整个世界的同意，而能独自移动起来。没有整个世界的追随，宇宙中的任何一个点都不可能取得进步。同样，任何一个问题的解决，都不能以某一族群、某一国家或任何一类狭隘化的理由为依据。这一点已越来越被人们所认识到，日趋显著。

48

我深信，任何个人或国家都不可能脱离他人的社会而生存，不宜将自己与他者分开来去理解生命。每当有人在伟大的、政策性的、神圣的等虚假概念的驱使下要做这种尝试时，其结果总是给离群索居者带来了灾难性的后果。

49

所有让人与普遍性结合的行为都是美德；所有让人与普遍性分离的行为都是罪恶。

50

当你伤害任何一个人时，就是在伤害自己。因为你和你的兄弟原是一体的。

服　　务

51

自私是最大的罪过：考虑问题时，总是优先考虑自己的逻辑在先。那些认为"我要先吃，我要比别人拥有更多的钱，我要拥有一切"的人,认为"我要比别人先上天堂,我要比别人先得解脱"的人,都是自私的人。而无私的人则说:"我将是最后一个;我不在乎上天堂;如果能帮助我的兄弟,我宁愿下地狱。"能否拥有这种无私品格,即是对人类宗教精神的真实考验。

52

我们有幸被允许在这个世界上做善事,因为只有这样我们才能得以成长。故而穷人受苦,我们才能得到帮助。让施者跪下感恩,让受者起身允许。要看到众生身后的上帝,让你的爱倾囊而出。

53

你们需要常常扪心自问:你是公正而无私心的人吗?这就是问题的关键所在。你若是这样的人,一切自会圆满,即使你不读一本宗教圣典,即使你从不曾进入任何一所教堂,或一座寺庙。

54

你越为他人的幸福而着想,你就会变得越是忘我。长此以往,你的心就逐渐被这些行为所净化,你将体会到这样一个真理:你自己的真我,遍及了所有的生命与万物。因此,对他人的行善就是一种方式,一种展示真我,或阿特曼的方式。人们理当明白这一点,对他人的行善,就是一种性灵的实践,一种亲证神性、实现真我的切实修行。

55

每一种施舍与慈善的行为都是伟大的,但只要你把这一切都说出来了,你就有陷入物质主义的危险。

56

行动目标的洁净，只能通过对他人的行善来实现。

不　　害

57

不以思想、言语或行为给任何其他的生命造成痛苦，这就是所谓的"不害"。没有比不害更高尚的美德了。同样，没有比一个人以这种不害万物的态度，所获得的幸福更高级的美满了。

58

只有自由的人，才能真正臻入不害的境界；没有比达到这种不害境界的人更有力量的人了。没有人可以与之争斗；没有人可以与之反目。确实，无论在哪里，他的存在，就意味着和平；他的出现，就意味着满满的爱。在他面前，无人会生气或战斗，甚至，连动物，连最凶残的动物，也都会在他面前安静下来。

59

任何一种行为，只要是让我们趋向于神，就是好的行为，就是我们的责任；反之，任何一种行为，若是让我们趋向于非神，就是邪恶的行为，就悖逆了我们的职责。从主观的立场，我们会明白，某些行为会造成一种倾向，使我们得以升华，使我们高贵；同时，存在另外一些行为，这些行为所带来的趋势则是令我们堕落，令我们野蛮。即便如此，若是要我们找出某类行为，而该类行为具有某种相对一致的内驱力，适合所有的人、所有的类别与所有的情境，那是不可能的。然而，尚存有某一种关于"责任"的理解，却可以被所有的人、所有的时代、所有的社会与国家所普遍接纳，此种理解用古梵文的经句概括为："不要伤害任何的生命。不伤害生命是善，伤害生命就是罪。"

业力与转生

60

我们每一个人的所思所想、我们所做的每一个行为,过了一段时间之后,都会变得精微,最后进入了种子状态。换言之,它们是以一种潜在的方式存在于我们精微的身体之中,再经过一些时日,时机一到,就会重新出现,并自己承担思想与言行的后果。正是这些结果决定了人们的具体生活。因此,人们是自己塑造了自己的生命。人并不真的受任何其他法则的约束,除为自己规定的之外。我们的思想、语言与行为,或善或恶,都是我们自己为自己铺设的罗网;只要我们一旦发动,就必须承担全部的后果。这就是因果法则(The Law of Karma)。

61

任何导致某种结果的行为、活动和念头,都叫作业力(Karma)。因此,业力法则就是因果律(The Law of Causation),即必然性的结构。无论何时何地,有因必有果。这种必然性是不可抗拒的。而根据我们的哲学,这一业力法则或因果法则,是适用整个宇宙的大法则。无论我们的所见、所感、所为,或在宇宙任何的地方所采取的任何行动,一方面是过去行为的结果;另一方面,这一切又转而成为一个新的原因,并将产生其自身的结果。一个小孩子来到这个世界上,并不是经由大自然的神奇之手,转瞬一闪而变化出来的,如诗人们所乐意描述的那样;相反,他是承载着无穷尽的过去;他是过往岁月当中的那些或善或恶的行为造成的结果,于是就形成了各种各样的人格差异。这就是业力法则。这也意味着,我们每一个人都是自己命运的创造者!

教　育

62

什么是教育？教育，就是把你先天既已完美的那部分体现出来。

63

教育，绝不是把大量的信息塞进人们的大脑，让它们在大脑中肆虐，不加消化，终其一生。恰好相反，我们必须将所有学到的思想在生命建设、寻找自我、人格形成的过程中加以消化。如果你吸收了五种思想，并使之成为你的生活和品格，那你所受到的教育，就比一个背诵了整座图书馆的书的人还要多，还有效。

64

世界曾经出现过的所有知识都来自人类的心灵。宇宙无限的图书馆就在你自己的心灵当中。所有的外部世界，只是一种提醒与暗示。是知识的场合，让你借以研究你自己的心灵；但你研究的真正对象，其实永远都是你自己的心灵。苹果的掉落，只是给了牛顿一个提醒，他研究起了自己的心灵，在他的脑海中重新排列了先前所有的思想线索，并在它们之间发现了一条新的线索，我们今日称之为"万有引力"定律。其实，这一定律既不在苹果那里，也不在大地上的任何一种事物中，而是在你们的心中。

65

的确，性灵之光唯有在纯净的心灵中闪耀着。因此，它并非得之于外。但要使得心地纯洁而无染，则意味着要在外部的世界进行长期的奋斗与艰辛的劳作。关于如何探究物质世界领域的知识，人们发现，那些伟大的科学家不时发现的更高真理，曾经如万丈光芒突然照临在他们的心中，所以他们必须去获得，去阐明。但是，这样的事实永远不会出现在没有文化的那些野蛮人的大脑中。所有这些都证明了，严苛的苦行、虔诚的冥想，以及对同一个主题深入而持续的沉思与研究，是其各自领域中一切启迪的源头。

66

有意识的自觉努力，会让你走向超意识的光明之路。

67

你是古往今来最伟大、最宏伟的圣典；你就是万有的无尽藏。除非我们开启出内在的老师，否则，一切外在的教育都归于徒劳。必须开启心灵的大书，方能获得价值与意义。

68

这就是你们西方文明的一个罪恶——你们只重知识的教育，根本不曾照顾到心灵。它只会让人十倍地自私，而这就埋下了将来的毁灭之因。

69

消极的思想、负面的观念只会使人软弱。难道你们没有发现，为父母者不断地监督孩子，给孩子施以压力，让孩子学习阅读与创作，当没有达到他们的要求时，就指责孩子永远学不好，说孩子是"笨鸟"云云。而且许多事实证明，这样的孩子果真成了一只"笨鸟"！如果你一直对孩子说正面的话，激励他们，他们的进步一定会很快。这种方法对孩子的成长有益，自然也适用于思想层次较高的那些孩子。如果你能积极地鼓励他们，他们就会成长、学会自立。在语言和文学中、在诗歌和艺术中,在教育的每一个方面,我们都不要揪住孩子在思想和行动上的弱点不放,而是要让孩子逐步把这些事情做得更好。

70

愚昧的父母会教自己的孩子这样祈祷:"神啊,你为我创造一个太阳吧;你为我创造一个月亮吧。"好像神没有别的事可做,就专为这些"宝贝"创造这个,创造那个似的。请不要拿这样的无稽之谈来教育你们的孩子。

印　　度

71

政治知识的礼物,可以通过号角的吹响和队列的齐整来实现。社会意义上的世俗知识,其礼物可以用剑和火焰来制造。但是,性灵的知识只能在沉默中被给予。它就像清晨的露珠一样,落在看不见和听不到的地方,却让玫瑰一般的心灵得以开放。这就是印度一次又一次送给这个世界的礼物。

72

世界对印度的亏欠是巨大的。在这个世界上,没有任何一个民族会像印度人——温和的具有无限耐心的印度人——那样,让世界有如此巨大的亏欠与感激。

73

印度思想的特点之一,就是它的沉默、宁静与耐心。它背后的巨大力量从来不是依靠暴力来实现的。

其 他

74

记住基督的话:"我又告诉你们,你们祈求,就给你们;寻找,就寻见;叩门,就给你们开门。因为,凡祈求的,就得着;寻找的,就寻见;叩门的,就给他开门。"这话是真实的,而非猜想或虚构。它们是从上帝最伟大的儿子之一的心胸中直接流淌出来的,他曾经来到我们这个世界;它们是从一个已经触碰与看过上帝的人那里得到的亲证果实。他与上帝说话的真实程度,比你我眼前看到的这座建筑物、这个演讲台,还要真实100倍。

75

以纯洁的心灵、以虔敬的态度到来的人,上帝将敞开自己的心扉。秘门将为他打开,让他见到真理。

76

吠檀多哲学说你是纯洁的,是完美的,说你有一种超善恶的状态,那就是你自己的本性。它高于善。至于善,只是与恶有一点点的区别,那不是本质的部分。吠檀多哲学里面,没有关于恶的本质理论。我们只是称恶为无知。

77

吠檀多哲学的一个重要特点是,我们必须允许宗教的思想有无限变化、有无穷形态,而不是让每个人都拥有相同的意见。因为,目标是相同的,道路是不同的。吠檀多哲学将该特点以诗的语言说出来:"正如许多条河流,源于不同的山脉,奔流而下,其路径或弯曲或笔直,最后都会进入海洋;所以,上帝啊,所有这些不同的信条和宗教,从它们各自不同的立场起步,穿过或弯曲或笔直的不同路径,最终无一例外地都要来到你的面前。"

<h3 style="text-align:center">78</h3>

你们是上帝的孩子,是不朽福祉的享用者,是圣洁和完美的存在。你们是大地上的神——"罪人"!这样来称呼一个人,就是一种大大的罪过,这是对人类本性的大污蔑。

译后记
光澍千里,泽被人世

一

"记得,永远不要忘记人性之荣光!我们乃是最伟大的神……基督、佛陀和克里希纳,其实也只不过是无限的'我是'(I am)之意识海洋中的一朵朵浪花而已!"这是辨喜尊者于1896年在美国说过的话语。他吐露的这些真言,语调激昂、精光四溢,令人鼓翼欲飞,又有着不二论哲学的深邃,俱可归于存在界永恒的真理而作为近代之启示。

近代的印度风起云涌,其中为推动世界文明的进程,在人类精神领域做出卓越贡献的印度人物,被我们中国人所知道的,至少已有两位重要代表,一位是泰戈尔(1861—1941年),一位是辨喜尊者(1863—1902年)。在一般人的认知当中,泰戈尔的身份是文学家、诗人;而辨喜则是一位宗教家与神秘主义者。前者属诗国之巨擘,后者属宗门之雄杰。他们管领各自的"星系",放射各自的光辉,分明是19世纪末叶以来,印度乃至人类的孪生并立的精神重镇。而在这些身份的背后,他们都是"觉悟者"(Jnani),又是"Bhakta",即神的奉爱者。他们以其神圣之爱的品质,带着觉悟者透辟之慧见,进入人间世道,力行不懈(Karma),卷起新旧更替时代的风云,促进了东西方文明世界的精神结盟。

与泰戈尔稍有不同,辨喜作为印度的先知,现身人类的文明世界,可谓是因缘际会。早年,他确实受过良好的西式教育,遇到精神导师之后,又接上了印度自古流传下来的秘修传统。古老的印度文明万流归壑,而他成了应时而召的那样一个人,几乎每一种传统,都能够在他那里获得深度的回应。同时,他是托钵僧人,曾经托钵漫游于五天竺,后来干脆又游历到了欧美诸国,参加宗教盛会。结果,从一个无名的僧人,骤然变成了一位世界级的导师。

尽管人们希望了解辨喜作为"东学西渐第一人",在西方传播印度的吠檀多哲学与瑜伽思想的底细,但困难之处在于,这个人的神秘性,远远超过了我们用凡间的言辞所能描述的。他短促的一生,留下了太多精神界的疑点与奥秘,供后来者深思。100多年过去了,余波未歇,可见尊者经得起人们累年的开掘。

就在最近,在西方学术界出版了一部研究辨喜尊者的生平和思想之作,是英国科学院院士,牛津大学万灵学院的教授露丝·哈里斯(Ruth Harris)写的《辨喜:世界的导师》(*Guru to the World: The Life and Legacy of Vivekananda*)。该书是2022年在哈佛大学出版社问世的新著。露丝·哈里斯教授致力于研究19世纪末叶到20世纪中期的南亚精神对世界的影响。

我们知道,辨喜现身的时间是1893年,前往美国参加当年9月在芝加哥举行的世界宗教议会,他是第一位获得世界承认与拜服的印度瑜伽士;彼时,他以"美国的姐妹们、美国的兄弟们"作为开场白的标志性演讲,深深吸引了西方的听众,赢得广泛赞誉。之后,掀起了一波又一波的精神浪潮。哈里斯教授的研究主题甚为集中,自然会将这样一位重要人物纳入自己的笔端。若我们细细读过几种辨喜尊者的书,尤其是手上这本细腻而深幽的杰出传记,深入默观与冥想,当不奇怪为何哈里斯教授将辨喜称为"世界的导师"(Guru to the World)。100多年以来,这类著作的数量十分庞大,是值得有心人去留意、去深深研习的学问课题。

二

我们这本由印度大学问家（Pandit）、托钵僧斯瓦米·尼基拉南达书写的辨喜传记，是这方面的权威著作，十分引人入胜，在"中译者前言"里面，我们已经部分提到了它的价值，重复之言，此处不赘。总之，该书是一部传记名著，它结合辨喜尊者的生平，含摄了他的精神成长的全过程，包括其信仰的最重要的教义，借由各种讲座、信件、诗歌、报道，以及亲身接触过辨喜的时人之回忆，全面展示了辨喜作为一代大师的精神肖像，以及他对现代社会的深刻洞见与忧患，传递出了他对精神民主、人文主义与东西方结盟的前瞻性预判，以及富于世界影响力的先驱者信息。

尊者气象开阔恢宏，充满着不可阻挡的精神性力量，以对抗与消解时代中暗藏的劫难。关于人类的未来，他确实一直有着强烈的危机意识。书中说，早在1895年，他就对克莉丝汀修女说过："整个欧洲正处于火山的边缘。如果不以性灵精神的洪流将此火浇灭，它必定会爆发出来。"而在东欧旅行期间，从巴黎到君士坦丁堡，他立刻闻到了战争的气味。他感到四面八方都弥漫着战争的恶臭，深感震骇，他说道："欧洲，就是一个巨大的军营，一个火药库！"他直觉到西方地平线上方的亮光，可能不是新黎明的预兆，而是巨大的火葬堆上面将要焚烧起来的血红色火焰。果然，他刚刚去世之后，一战爆发；不久，二战爆发，人类自相残杀的规模史无前例。可见，辨喜尊者很早就察觉到了摆在西方社会前方的悲剧性景象，还有整个人类面临的深度隔阂与巨大危机。在此，东方的不二论哲学与文化精神，或许可以提供一种挽回世道的药石。

当然，没有一种预言是铁定的宿命论；所有事端之肇辟，其受难与解决与否，尽属"事在人为"一途。因为，一切既是征兆的同时，一切都是一种隐藏、一种可消解的微妙时间状态。所以，辨喜尊者强调行动的吠檀多。当他证悟三昧至境之后,就直接走出了这种个人解脱的理想境界,奔走东西方,10 年之间,历经了无尽的人世苦楚(因他非常重视人间之情分,在与玛丽告别之际,深深叹息道:"打破人与人之间的联结,竟是如此困难!"),一直致力于人类性灵生命的复苏,建立了各种道院、僧院与吠檀多中心,在东西方造成了深刻的思想影响。其事功成就之巨是惊人的,堪称浩大无边!

印度学者拉贾戈帕拉查理(C. Rajagopalachari)在总结辨喜尊者的伟大贡献时,认为其主要有以下几个方面[①]:

1. 通过创建罗摩克里希纳道院、僧院和罗摩克里希纳传道会,他不仅使印度的僧伽寺院制度恢复了生机,而且将其重塑成一个全新的更符合这个时代的范型;

2. 他为印度的民族独立运动立下了思想根基,并指明了正确的方向,近现代印度的大部分领袖都受到了他的演讲和著作的影响与鼓舞;

3. 他肯定了印度过去的辉煌,他的这些思想教育一并恢复了当时日益疲敝的民族自尊,他还奉劝人们不要盲目地追随与模仿西方,当然,同时他希望人们应虚心学习西方文化中最好的部分,以弥补自身的不足;

4. 他的锋芒所致之处,批判了精英阶层对底层大众的忽视、盘剥与压迫。他鼓励精英阶层与底层大众应该互相携手,为了民族的崛起而奋斗;

5. 他一针见血地指出,就于人类精神的进化意义上而

---

① Swami Harshananda, *A Concise Encyclopedia of Hinduism*, Bangalore: Ramakrishan Math, 2008, p. 500.

论,宗教一直是印度的灵魂,而且所有的发展或变革都应该借着宗教来完成,这是印度的特色,也是印度对人类文明的最大贡献;

6. 他也极为重视一个国家在物质领域的发展,因为宗教并不会发生在人们尚处于物质饥渴的时候。但是我们要明白,他提出这样的主张,应是基于他的人文主义而不是物质主义。他一直以为贫穷和无知是精神进步的障碍,而绝非它的必要前提;

7. 他将吠檀多思想从传统的印度教和学者们的窒息中解救出来,并且教导说,这是一种适用于所有人的"普遍性宗教"。确实,就这种意义而言,他应该是整个世界的性灵导师;

8. 在他关于印度教和吠檀多的演讲中,通常会追随商羯罗的思想,但是他也做出了开创性的贡献,借着《薄伽梵歌》的启示,将诸家思想加以整体的会通。而且,更重要的是,他借着强调瑜伽修行的内容,通过不执与追求真理的训练,使得吠檀多成为操作性很强的实践哲学——推崇行动之道。

这种概括很全面,也很宏观,为我们总结了辨喜在印度,乃至人类历史上的重要贡献,但对于我们深度认识辨喜思想本身的复杂性却稍嫌不足。为此,我们或许需要借由尼基拉南达所著的这部精妙传记来一并深入了解辨喜的思想。一旦于深海探骊得珠,我们将邃然发现,辨喜尊者的灵魂中有许多不可测的幽深地带。

他的外在形象与内心隐秘是存在一种相当大的张力结构的,他的心胸之间实有大苦恼与大矛盾,但他又确确实实把最美好、最雄健的人间思想一一传递给了这个世界。以如此清澈、如此有力、如此畅美的方式而流淌出来的思想宝珠,粒粒饱满、颗颗精纯。从书中附录的这少数言论,亦可窥其豹斑。他把这些"宝珠"毫不吝啬地赐予了众人,但其如同深海一般的平和的内心,却一直有一股他者永远看不见的洋流与暗礁,时时卷起心灵的波澜,汹涌激荡。诚如罗曼·罗兰所云:"在他那里,过去和现在、东方和西方、梦想和行动,都在为了赢得主权而斗争。他知晓并可以达成太多,而不能通过放弃他的本性的一部分或真理的一部分去建立和谐。为了综合那些强大的对立力量,他持续斗争了若干年。"最后,他耗尽青春,耗尽毕生,早早离世而去,令人扼腕不已。虽然草木为之含悲,天地因之变色,然斯人已去,曷其奈何!悲哉!

三

我们借着尼基拉南达所著的这部传记,可以深入了解辨喜尊者那海洋一般的知识储备。比如,书中写到那几次海上的长途旅行,辨喜尊者与弟子们一起,于海上纵论天下大势与印度的未来。他那百科全书式的大脑,几乎触及了所有人类文明的主题:基督、佛陀、克里希纳、罗摩克里希纳、民间传说、印度和欧洲的历史、印度社会的堕落及其未来伟大复兴的保证、人类不同的哲学系统和宗教体系,以及许许多多其他思想主题。

辨喜尊者的人格复杂,既有悬崖高处的那种孤独,也有入世的宏大悲心。结合本部传记的精微阐述,我们综合起来看,可以大体认为辨喜尊者至少含摄了三重身份:其一,作为哲学家的辨喜;其二,作为行动家的辨喜;其三,作为神秘家与人类先知的辨喜。

从其第一重身份来看,他与佛陀、商羯罗一样,借由自己的证悟与弘道,重新振作了印度精神,挽救了它的性灵与哲学,将其复归人性本质中的高贵与清明,这是一种醇美的人性复归。其中,辨喜关于人类精神一元论的教诲,是深深植根于印度吠檀多的哲学传统的,它强调个体灵魂与终极实在(Brahman)的本质不二,属于典型的由东方道谛开悟出来的透辟智慧,将宗教、哲学与生命,以及天人之间秘义,于精髓处统一起来去冥思,属于无为法的妙观。

第二重身份非常重要,具有救世的价值,试图为这个吠舍与首陀罗渐渐唱响主调的新时代,提供一条有效的精神出路。显然,这不可能是古典时期的山林修道与静坐冥想了,而应该是人间行动中的默观,日常实践里的心学。生命与战斗,在这一点上是一个同义词,这是他悟透了《薄伽梵歌》后,再赠送给这个世俗社会的重要救赎路径。

但是,这绝非一种思想或理论,而是行动的瑜伽:一种精微而不执的心法在现实中的运用,使得人们在喧嚣动态的人世结构中,由内而外地贯穿每一个行动;也是日复一日于细小琐碎里的无尽践行。不执的心意,来自内心深处虔信的力量,关乎爱的本体——通过爱回到内心的源头,通过爱抵达人道的通途。心气之高昂,直入云端;力行之细密,深达万物。这是一种力量、智慧与圣爱兼备的救赎路径。将一切日常之行为,化作宗教一般的祭祀境界,哪里有祭祀,哪里就是存在界之轴心。故人们不需要逃开任何一种人世的生活与职责,于各种风雨的挑战中,锤炼出大无畏的自性勇气。所以,在这一部传记中,作者还援引了辨喜尊者的原话:"你们通过踢足球,比通过学习《薄伽梵歌》更能靠近天堂。""Karma"一词,有着"行动"与"责任"的意义。在《吠陀经》里,最初用这个词来指"祭祀";而在《薄伽梵歌》中,该词则直接指向了人世的解脱道,属于正面的价值,强调健行有为之价值。而在佛教传统中,一直用"业力"来表达"Karma",是相对负面的概念,故而佛家一直反其道而行,强调无为。印度教与佛教的价值指向不同,这是我们需要了解的。如果理解了行动瑜伽的心髓,就知道其本质上,属于有为法的救赎,它十分雄健有力。这就是行动家的辨喜所推崇的一条世俗救赎之路径。

第三重身份是特殊的,非常神秘,也一直是云遮雾罩的,让人

译后记　光澍千里,泽被人世

高不可攀。我们显然无法察知其内在的深度与高处的秘境,辨喜也无法把自己所知道的最深处之思想向这个世界直接剖明。他似乎在为世界的利益而奔走,但同时说,谁为世界而挂怀,谁就是生活在无明的黑暗之中;他一边说我们的灵魂是自由的,一边又说它被深深捆绑着;他还说这个世界既是存在的,又说它并不存在,只是一个幻,是摩耶,等等。

在我们看来,这些看似歧义纷然的论说,所传达出来的并非他的困惑,而是我们的无知。我们的"尺度、尺寸"太短太小,叫作"褚小者不可以怀大,绠短者不可以汲深"。同时,这意味着我们离真正的辨喜还十分遥远。为此,他的古鲁罗摩克里希纳早就有过预言:

> 不要草率地评价他。人们也许永远不会彻底了解他。

辨喜晚年第二次访问西方后回到印度,便匆匆奔赴喜马拉雅山的白雪之林中的"幻住庵"去见西维尔夫人,去安慰她的悲伤。他当时有一次著名的愤怒,简直比耶稣洁净耶路撒冷的圣殿更为彻底。在那里,辨喜驱散了一切偶像崇拜与宗教仪轨,谴责门徒不理解他的用心之深彻。以至于,在最后的岁月,他极力培养与推崇隐秘修行的桑雅士理想,只重视不二论的证悟。其甚深用意,或许在此可以找到一解。

罗曼·罗兰在《辨喜传》的生平结语中说:

> 罗摩克里希纳去世 16 年后,这名伟大的弟子也随导师而去了……那些大火熊熊燃烧的年份……当这个身强力壮之人直挺挺地躺在火葬柴堆上时,还不到 40 岁……然而,那个火葬柴堆的火焰燃烧至今。从他的灰烬中——仿佛从神鸟凤凰

的灰烬中——出现了对大一的信仰、对一个伟大信息的信仰；自吠陀时代起，一个古老的民族就在以其梦想精神哺育这个信息，它必须被传达给全人类。

在本书《爱与勇气：印度思想家斯瓦米·辨喜传》的结语中，尼基拉南达则说：

未来许多世纪，世界各地的人们将会受到斯瓦米·辨喜所给出的伟大教诲之启示：哦，大地上的人们呐！你们首先要认识到自己与梵是一体的。然后，再认识到，整个宇宙都是这同一个梵的无穷显现。

四

16年以前，笔者有幸，在英国的考文垂见到了英国学者艾伦·亨特教授。他有着西方人的肤色，骨子里却是一个东方人，既热爱中国，也热爱印度。其博士论文的研究对象，则是印度现代重要的思想家克里希纳穆尔提（J. Krishnamurti）的教育哲学。我曾在他的家里住过一宿，他帮助我了解了辨喜尊者一百年前于英国的一些行踪。第二天，黎明即起，日色未开，他亲自驾车，将我从考文垂送至伦敦的南部，位于泰晤士河岸边的一座山林当中。

那里，繁花似锦、鸟语花香，这座浓荫匝地的森林里面，居然坐落着一座传播印度思想与文化的吠檀多中心（Ramakrishna Vedanta Centre）。我在那里生活了一个星期，第一次读到了尼基拉南达这部传记的印度版，那是2008年的版本，里面还写着"于印度加尔各答问世的初版"，时间是1964年11月；现在，修订后的版本，已经是第20版，时间是2008年1月，几乎是每两年就重印一次。时日如飞，如今又过了16年，我不知道此后的印版情况。但是，单单在印度，我们就大体可以推想它的畅销程度了。而它的原版则是在美国——那是在更早的20世纪50年代——纽约问世，在英语世界里更是热销之书，一直拥有崇高的世界声望。

如今，笔者不辞自身文辞之谫陋，将该著典丽语词一一译成中文，前后花去了不少的岁月，因自身学力与思力皆有不逮，而"新理踵出，名目纷繁，索之中文，渺不可得"，故只能苦吟踟蹰，还常常"绕树三匝，何枝可依"，可谓费时费力，心中长叹息。但是，将译笔搁下之际，回首昔日昔年的种种文字因缘，遽然间又发觉劳作不虚、人世不妄，是谓"惟克天德，自作元命，配享在下"矣。

需要说明的是，在2008年的印度第20版中，出版社将一个附录——关于辨喜尊者的思想性言论的附录删掉了。我想，在印度，尊者圣言之流传甚广，取之亦属方便，故不亟须，而汉语学界却十分匮乏；迄今为止，辨喜思想研究的硕博论文，亦是寥寥可数，远远落后于欧美诸国。总体上看，梵学一系的思想靡不畅机，然汉语学界之研究，目前尚罕见金声玉振之作。独可赞者，唯以才具闳辟，沉潜印土几十载的徐梵澄先生为最，其融通中西印圣典所酿就的哲学慧见灵光孤耀，惜乎此后几成绝响。

所以，吾人愿意不揣冒昧，稍尽绵薄，不但将此有世界性影响的辨喜传记译出，并将原书所附的重要言论重新找回，再结合欧美世界的版本，补译增译一些内容回来，为汉语学界的梵学，尽量留下一些线索：除"词汇略释"是原来就有的以外，还再加了"专用名词"附表；而译文当中，除将原英文注翻译为中文外，还增入一些译者注，尤其对近现代由孟加拉地区发端，并引领了整个印度思想风云的内容，也做了一些补注。限于才力与学识，其中未必周全，或"言之成理而未澈，持之有故而未周"，仅供读者参考，谨此不赘。

五

1879年7月,英国的埃德温·阿诺德爵士(Edwin Arnold,1832—1904)的《亚洲之光》(Light of Asia)第一版在伦敦问世,它是西方人所著的第一部关于佛陀生平的著名史诗,全书洋溢着无比美好的诗意光辉,相当于新时代的马鸣菩萨的《佛所行赞》。自问世以来,此书便备受赞誉,广受欢迎,并被改编成戏剧、电影等,属于19世纪传播东方文化的经典之作,尤其是在西方读者中,第一次成功地普及了佛陀思想,令佛学走进了西方的人心。而1893年,辨喜尊者亲渡重洋,出现在美国芝加哥的宗教议会上,其中的意义,若是按照人类的时间纪与印度本土的预言来看,尤为深幽,很耐人思量与寻味。

我们知道,人间无非两种力量在较量:一种是愿力,一种是业力;前者归于主体性,后者归于自然性。而人类中的觉醒者,必求助无穷之愿力,以造就无量之价值,从而破除命运之魔咒。这里说的,不但指个人,也是指家国与天下。比如,辨喜尊者曾说:"给我100个真正有行动力的人,我将改变这个国家的面貌。"果然,他先以一人之力,鼓舞师门同道,再振作门徒与时代的青年,最后,当真促进了印度精神的独立、摆脱了西方的束缚,更促成了东方性灵知识在世界范围内的全面传播。在东洋与西洋,已有成千上万的人,皆从他的行走与言说中获益,其话语至今光澍千里,犹在泽被人世的心田,滋润方寸的肺腑。

当然,对于人类世来说,只有一个乔达摩·佛陀或只有一个辨喜拥有此类远见是不够的。所以,他们必会弘道不懈,要坚韧力行,其理由是充分的。最后的人世生活就不免是"狐狸有洞,天空的飞鸟有窝",而他们到处奔走,却常常没有一个安放枕头的地方,沉浸于人世命运的沉痛与悲苦,内心还常常怀着无边的寂寞。他们强健的身体和无比开阔的大脑是注定的战场,要经受在风暴中飘摇的灵魂冲击。思之令人胸中肠热,感慨良多。

而后人既已知晓,自不能辜负圣者的美意。为此,我们期待更多的人,能了解与深入这种梵学的知识。此处,相比佛陀与耶稣,辨喜是离我们更近的一位先知,而且还是现代社会的价值守护者,是时间浪潮掀起在最高处站立着的那位时代人物;故他于人类未来际的意义,比起古典时代的圣徒,应该更为切近、更为重大。这一点,罗曼·罗兰在《辨喜传》中已经先行为我们铺路,我们引用在此:

> 然而,在我看来,这是进步,是一次伟大的哈奴曼式跳跃,①跳过了分隔两个大陆的海峡……我从未在任何时代的任何宗教精神中见过任何更加新颖或有力的东西。他们把"四海之内皆兄弟"的启示带给所有的信徒、所有的梦想家、所有既无信念也无梦想但真诚地寻求它们的人、所有善意之人、理性主义者和虔诚人士、怀有纯真信赖的人、不可知论者与知识分子和文盲。不仅是头生子的兄弟情义,而且是众生平等的权利和殊荣。

而本书作者尼基拉南达在书中也用比喻的方式,表达了时代与先知的关系:

> 一枚钱币无论多么贵重,只要属于历史更早阶段的事物,就不能在后来的岁月里面作为通货使用。上帝为了服务于不

---

① 哈奴罗是《罗摩衍那》中的神猴,也是罗摩的崇拜者,具有神力。它曾跳跃起来,跨过了一片海域,抵达楞伽岛,救出了罗摩的妻子悉多。译者注。

同时代的不同需求,就会显现出他不同的形态。

所以,我们迻译此书,既有因缘,亦有动念。毕竟,人类的思想并没有被"头生子"的特权垄断,思想领域的那些所谓觉醒的"头生子",往往也就是伟大的新时代之弘道者。他们知道,唯有大部分的人都拥有理性的清明、得着性灵的卓识,人类社会才当真有了一份盼望,能发生一些真正美好的事情;"不仅是头生子的兄弟情义,而且是众生平等的权利和殊荣",许多福祉,也将因此络绎而至。

总之,辨喜尊者作为现代世界的主要奠基者、印度民族的先知与伟大的英雄、全球化时代最早的亚洲思想家,对他的介绍,我们需要一些因缘,复加上一些愿力,此意义应当不亚于当年阿诺德的一卷《亚洲之光》,将佛陀介绍给了西方世界;此刻,应该轮到2 400年之后的辨喜了,我们需要深深地凝视他,正如凝视一个深渊,或凝视一座高峰,它的雄峻能扩展我们自己的心量与知识版图。

最后,我想用汉语世界的梵学大家徐梵澄先生的一首诗来煞尾:

弹指流光物外新,千秋圣学未为陈。
此花此叶当前意,此是灵山悟道因。

是为译后记。

闻　中
甲辰年中秋于杭州

图书在版编目(CIP)数据

爱与勇气：印度思想家斯瓦米·辨喜传 /（印）斯瓦米·尼基拉南达著；闻中译. -- 上海：上海社会科学院出版社，2025. -- ISBN 978-7-5520-4610-6

Ⅰ. B351.4

中国国家版本馆 CIP 数据核字第 20258AL154 号

爱与勇气——印度思想家斯瓦米·辨喜传

著　　者：[印] 斯瓦米·尼基拉南达（Swami Nikhilananda）
译　　者：闻　中
责任编辑：朱敏明
封面设计：杨晨安
出版发行：上海社会科学院出版社
　　　　　上海顺昌路 622 号　邮编 200025
　　　　　电话总机 021 - 63315947　销售热线 021 - 53063735
　　　　　https://cbs.sass.org.cn　E-mail: sassp@sassp.cn
排　　版：南京展望文化发展有限公司
印　　刷：浙江天地海印刷有限公司
开　　本：890 毫米×1240 毫米　1/32
印　　张：14.5
插　　页：1
字　　数：359 千
版　　次：2025 年 6 月第 1 版　2025 年 7 月第 2 次印刷

ISBN 978 - 7 - 5520 - 4610 - 6/B·549　　　定价：88.00 元

版权所有　翻印必究